Allianz ⑩ Reiseführer

Kreta

VERLAG KARL BAEDEKER

Die wichtigsten Reiseziele

** Top-Reiseziele – auf keinen Fall versäumen!

Iráklion 120
Knossós 147
Golf von Mirambéllou . . . 81
Kritsá:
Panagía-Kerá-Kirche 156
Samariá-Schlucht 186

Knossós: der bedeutendste minoische Palast ▶ S. 147

◀ Das meisterhafte Stierrhyton
(Archäologisches Museum
Iráklion)

* **Herausragende Reiseziele – möglichst besuchen!**

Agía Triáda	74
Ágios Nikólaos	76
Arkádi-Kloster	176
Chaniá	89
Diktéon Ántro	163
Elafonísi	143
Festós	105
Górtys	111
Gourniá	84
Gouvernéto-Kloster	97
Ida-Gebirge	115
Imbros-Schlucht	103
Jouchtas	88
Káto Zákros	144
Lassíthi-Hochebene	160
Mália (Palastruinen)	166
Préveli-Strand	184
Réthymnon	172
Týlisos	135
Váï-Bucht	192
Valsomonéro-Kloster	140

Váï: der einzige Palmenstrand Kretas ▶ S.192

Inhalt

Natur, Kultur Geschichte

Seite 10 – 65

Lévka Óri ▶ S. 16

Zahlen und Fakten	**12**
Allgemeines	12
Naturraum und Klima	13
Baedeker SPECIAL Afrika gegen Europa	14
Pflanzen und Tiere	19
Umweltschutz	21
Bevölkerung	22
Baedeker SPECIAL Stammkneipe der Männer	23
Mythologie	25
Religion	28
Wirtschaft	30
Geschichte	**33**
Baedeker SPECIAL Kreta – die weibliche Wiege Europas	34
Berühmte Persönlichkeiten	**43**
Kunst und Kultur	**47**
Kunstgeschichte	47
Musik und Tanz	62
Baedeker SPECIAL Wenn Sorbas den Sirtaki tanzt	64/65

Reiseziele von A bis Z

Seite 66 – 195

Hafen von Chaniá ▶ S. 55

Routenvorschläge	**68**
Agía Triáda	74
Ágios Nikólaos	76
Archánes	85
Chaniá	89
Chóra Skafíon	103
Festós	105
Gávdos	110
Górtys	111
Ida-Gebirge	115

Ierápetra	127
Iráklion	120
Baedeker SPECIAL Heilige Bilder	132
Kastélli Kísamos	141
Káto Zákros	144
Knossós	147
Krtisá	155
Lassíthi-Hochebene	160
Mália	164
Palaiochóra	169
Réthymnon	172
Baedeker SPECIAL "Freiheit oder Tod"	178/179
Samariá-Schlucht	186
Sitía	189

Kloster Arkádi ▶ S. 176

Praktische Informationen von A bis Z

Seite 196 – 244

Anreise	198
Antiquitäten	198
Apotheken	199
Ärztliche Hilfe	199
Auskunft	199
Autohilfe	200
Behindertenhilfe	201
Busverkehr	201
Camping	201
Diplomatische und konsularische Vertretungen	202
Einkaufen und Souvenirs	202
Elektrizität	204
Entfernungen	204
Essen und Trinken	204
Baedeker SPECIAL Geschenk der Göttin	205
Fähren	208
Feiertage	209
Ferienwohnungen	210
Flugverkehr	210
Geld	211
Hotels	212

Fischauslage ▶ S. 206

Jugendherbergen	220
Karten	220
Kreuzfahrten	220
Literaturempfehlungen	221
Mietwagen	222
Museen	222
Notdienste	223
Öffnungszeiten	224
Post	224
Reisedokumente	224
Reisezeit	225
Restaurants	226
Sport	227
Sportschifffahrt	229
Sprache	230
Strände	237
Straßenverkehr	238
Taxi	239
Telefon	239
Trinkgeld	240
Veranstaltungskalender	240
Wandern	242
Zeit	243
Zeitungen und Zeitschriften	243
Zollbestimmungen	244

Das Restaurant La Rentzo in Réthymnon ▶ S. 227

Glossar	**245**
Register	**249**
Verzeichnis der Karten und grafischen Darstellungen	**253**
Bildnachweis	**254**
Impressum	**255**

Die Kirche Panagía Kerá bei Kritsá ▶ S. 156

Mythische

Der Zauber der mythischen Insel Kreta erschließt sich einem erst, wenn man sich Zeit nimmt, um die Insel abseits der sehr frequentierten und stark vom Tourismus geprägten Küstenorte vor allem im Norden zu entdecken. Außergewöhnlich sind die einmalige minoische Kultur, von der noch zahlreiche Ruinenstätten vorhanden sind, und die landschaftlichen Schönheiten, die "frei von Überladenheit" sind, wie der berühmte kretische Schriftsteller Níkos Kasantzákis schreibt. Das Spektrum dieser Landschaften reicht von steinernen Einöden bis zu waldreichen Höhen mit Kastanien-, Eichen- und Zypressenwäldern. Olivenbäume prägen weithin das Bild der Insel. Man trifft auf steile zerklüftete Felsküsten und gleich daneben auf Strände mit weichem Sand oder rundgeschliffenen Kieseln. Zudem gibt es auf der Insel Berge mit tief eingeschnittenen Buchten, von denen die Samariá-Schlucht die bekannteste ist, und fruchtbare Ebenen wie die Messará und die Lassíthi-Hochebene.

Die Wurzeln der griechischen Mythologie lassen sich auf Kreta ausmachen. Göttervater Zeus soll hier in Höhlen geboren und aufgewachsen sein. Mit der Entführung der phönikischen Prinzessin Europa durch den

Knossós
Der größte und beeindruckendste minoische Palast Kretas

Ágios Nikólaos
gefällt durch sein malerisches Ortsbild am Voulisméni-See.

Insel

stiergestaltigen Zeus auf die Insel wird angedeutet, dass die Wiege der europäischen Kultur hier stand. Auf Kreta hat sich mit der minoischen Zivilisation eine der Hochkulturen der Menschheit entwickelt. Heute zu bewundernde Zeugen dieser Kultur sind die großen Palastanlagen von Knossós, Festós, Mália und Káto Zákros. Zu den hervorragendsten Ausducksformen gehören die Keramik sowie die Vasen- und Freskenmalerei. Diese Kunstwerke kann man vor allem im Archäologischen Museum von Iráklion, aber auch in den Museen von Chaniá, Réthymnon, Ágios Nikólaos und Sitía bewundern. Aus byzantinischer Zeit sind besonders die zahllosen alten Kirchen mit schönen Fresken, aus der venezianischen Periode die Hafenanlagen und aus türkischer Zeit Moscheen sehenswert. Vor allem aber locken zahlreiche Strände und hübsche Buchten – verbunden mit einer Sonnenscheingarantie für 300 Tage im Jahr – nach Kreta. Die relativ flache und buchtenreiche Nordküste ist das Ziel zahlreicher Urlauber. Die weniger besuchte Südküste dagegen ist stark zerklüftet und von steilen Felshängen geprägt.

Kanne

Ein Meisterwerk ist die 4000 Jahre alte Kanne mit feinem Schilfdekor.

Mirambéllou-Golf

Die herrliche Küstenregion im Osten Kretas

Natur, Kultur, Geschichte

Zahlen und Fakten

Allgemeines

Schreibweise griechischer Namen

Die Schreibung der griechischen Namen ist problematisch, da es für die Transkription der griechischen Sprache ins Deutsche keine allgemein verbindlichen Richtlinien gibt. Um zumindest in diesem Reiseführer eine Einheitlichkeit zu erreichen, erfolgt die Umschrift nach einer auch von der UNO verwendeten Transliterationstabelle (vgl. S. 231), wobei einige Namen in der allgemein üblichen Transliteration wiedergegeben werden (wie z. B. Iráklion statt Irákleio). Die Betonung des Wortes ist durch die Akzente zu erkennen.

Allgemeines

Größe

Kreta (Neugriechisch: Kríti) ist mit 8261 km² die größte griechische Insel – ungeachtet des eigenständigen Zypern im östlichen Mittel-

Kreta

Lage: zwischen 34° und 35° nördlicher Breite sowie 23° und 26° östlicher Länge

Fläche: 8261 km²

Einwohnerzahl: 600000

Hauptstadt: Iraklion

◀ Der traumhafte Mirambéllou-Golf im Osten Kretas

meer – und die fünftgrößte im Mittelmeer nach Sizilien, Sardinien, Korsika und Zypern. Die Insel weist eine Breite von 12 bis 60 km auf und erstreckt sich auf 260 km Länge annähernd von Westen nach Osten. Die Küstenlänge beträgt 1046 km.

Größe (Fortsetzung)

Kreta liegt ungefähr 100 km südöstlich der Peloponnes am Südrand des Ägäischen Meeres und bildet den südlichsten Teil Europas sowie ein Hauptglied des Inselbogens, der Südgriechenland mit Kleinasien verbindet. Mit seiner Lage auf dem 35. Breitengrad reicht es weiter nach Süden als Tunis.

Lage

Kreta ist unterteilt in vier Verwaltungsbezirke (griech. Nomós; in Klammern die Bezirkshauptorte): im Westen Chaniá (Chaniá), im Kernland Iráklion (Iráklion) und Réthymnon (Réthymnon) sowie im Osten Lassíthi (Ágios Nikólaos). Die Verwaltungshauptstadt ist Iráklion. Die Nomi sind wiederum in Kreise oder Provinzen (Eparchien) unterteilt. Diese Verwaltungsgliederung wurde von den Venezianern eingeführt. Die Bezirke werden von Präfekten regiert, die die Zentralverwaltung ernennt. Jede Stadt und Gemeinde wählt selbst ihren Bürgermeister bzw. Vorsteher.
Die Insel, die traditionell grün, d.h. sozialistisch, wählt, ist mit durchschnittlich zwölf von den Kretern gewählten Abgeordneten im Athener Parlament vertreten.

Verwaltungsgliederung

Naturraum

Vor der sachlichen Beschreibung der kretischen Landschaft soll die poetische Darstellung aus Níkos Kasantzákis' berühmten Roman "Alexis Sorbas" (1946) stehen:
"Die kretische Landschaft ist gleich einer guten Prosa: klar durchdacht, nüchtern, frei von Überladenheiten, kräftig und verhalten. Sie drückt das Wesentlichste mit einfachen Mitteln aus. Sie spielt nicht. Sie wendet keine Kunstgriffe an und bleibt jeder Rhetorik fern. Was sie zu sagen hat, das sagt sie mit einer gewissen männlichen Strenge. Aber zwischen den herben Linien dieser kretischen Landschaft entdeckt man eine Empfindsamkeit und Zartheit, die keiner vermuten würde – in den windgeschützten Schluchten duften Zitronen- und Orangenbäume, und in der Ferne ergießt sich aus dem endlosen Meer eine grenzenlose Poesie".

Auszug aus "Alexis Sorbas"

Kreta ist das Hauptglied des Inselbogens, der sich von Südgriechenland bis Kleinasien erstreckt. Es sitzt auf dem Schelfsockel der Ägäischen Platte, unter die sich die in nördlicher Richtung driftende

Geologie

Baedeker SPECIAL

Afrika gegen Europa

Den 24. Mai 1994 werden die Bewohner der Insel Kreta so schnell nicht vergessen. Am helllichten Montagvormittag um zehn vor zehn begann die Erde zu wackeln. Schulkinder liefen schreiend aus ihren Klassenzimmern ins Freie, Hauswände bröckelten, die Stromversorgung und die Telefonverbindungen brachen zusammen.

Was war geschehen? Ein Erdbeben der Stärke 6,1 auf der nach oben offenen Richter-Skala hatte die Insel erschüttert. Glücklicherweise waren keine Menschenleben zu beklagen.

Schwere Erdbeben

Es war nicht das erste Mal, dass es in Kretas Untergrund rumorte. In den letzten sechs Jahrtausenden ist die Insel schon mehrfach von schlimmen Erdbeben-Katastrophen heimgesucht worden. So nimmt man auch an, dass beispielsweise die minoische Hochkultur nach einem verheerenden Erdbeben untergegangen ist. Im 3. Jh. v. Chr. hatte ein Erdstoß eine solche Wucht, dass er den Westteil der Insel um etliche Zentimeter anhob. Seit dem 13. Jh. ist Kreta von mindestens sechs schlimmen Erdbeben-Katastrophen heimgesucht worden. Dabei wurden zahlreiche prachtvolle Bauten der byzantinischen und venezianischen Periode zerstört. Schlimme Schäden richtete auch ein Beben an, das sich im Juni des Jahres 1926 ereignete.

Driftende Kontinente

Warum sich auf Kreta die Erde immer wieder einmal heftig bewegt ist leicht erklärt, denn die Insel liegt in einer der seismisch aktivsten Zonen des gesamten Mittelmeerraumes, nämlich genau dort, wo sich die nordwärts driftende Afrikanische Platte unter die am Südrand der Eurasischen Landmasse ausgebildete Ägäische Platte schiebt. Dieser Vorgang verläuft jedoch nicht kontinuierlich und vor allem auch nicht ohne Spannungen. Dennoch kommt die Afrikanische Platte jährlich mehrere Zentimeter voran. Die Gesteinskörper der Erdkruste sind jedoch nur bis zu einem gewissen Grad elastisch. Auch verhaken sich mehr oder weniger mächtige Schollen ineinander. Entlang der Gleitflächen können sich somit extreme Spannungen aufbauen, die sich nach Erreichen eines bestimmten Grenzwertes ruckartig entladen. So ist es nicht verwunderlich, dass die Athener Erdbebenwarte monatlich bis zu 500 Erdstösse unterschiedlicher Stärke im Ägäischen Meer registriert.

Schwimmende Landmassen

Nach neueren Erkenntnissen der Geowissenschaft werden die Landmassen unserer "Mutter Erde" wie fest mit Gesteinsplatten verbundene Passagiere an der Erdoberfläche transportiert. Die Platten selbst schwimmen auf dem zähflüssigen oberen Erdmantel, driften gegeneinander oder schrammen aneinander entlang. So gesehen erscheint die Oberfläche der Erdkruste inklusive der Meeresböden als globales Mosaik. Wenn das Gestein den Spannungen nicht mehr standhält, zerbricht es in einzelne Schollen. Die Energie entlädt sich und lässt die Erdoberfläche von einem Epizentrum aus erbeben.

Afrikanische Platte schiebt. In dieser geologischen Spannungszone werden gelegentlich Erdbeben ausgelöst, deren Auswirkungen an der Erdoberfläche mitunter katastrophale Ausmaße annehmen (▶ *Baedeker Special* S. 14).

Geologie (Fortsetzung)

In geologisch jüngster Zeit ist der Westen Kretas durch tektonische Vorgänge emporgehoben, der Osten der Insel hingegen abgesenkt worden. Welche Spannung in der Kruste dieses Teils der Erde herrscht, zeigt die Tatsache, dass der Höhenunterschied zwischen der höchsten Erhebung der Insel und der tiefsten vor Kreta gemessenen Stelle im Meer über 7000 m beträgt.

Das Relief der Insel Kreta hat sich in besonderem Maß seit dem Pleistozän, also seit den letzten von mehreren Eiszeiten geprägten zwei Millionen Jahren, herausgebildet. Die an sich plump wirkenden Gebirge sind stark verkarstet, ihre Ränder von Schluchten und Tälern zerfranst. In höchst spektakulärer Weise wirken die landschaftlichen Kräfte der Erosion im Süden des Levká-Gebirges, wo die Samariá-Schlucht inzwischen zu einem Touristenmagnet erster Ordnung geworden ist.

Relief

Die verschiedenen Kalt- und Warmzeiten haben zu Meeresspiegelschwankungen geführt, die vor allem an den Küsten Ostkretas nachweisbar sind. Auch junge Niveauveränderungen sind im Landschaftsbild nachweisbar.

Der Westen Kretas ist seit der Antike durch tektonische Vorgänge um fast 10 m angehoben worden. In der Antike genutzte Häfen im Südwesten der Insel sind inzwischen landfest geworden. Tektonisch bedingte Absenkungen führten jedoch im Osten Kretas zum Abtauchen einiger antiker Hafenstandorte.

Die Levká Óri sind mit 2452 m Höhe das zweithöchste Gebirge der Insel.

Naturraum

Gebirgsmassive	Drei überraschend hohe Gebirgsmassive bilden das Rückgrat Kretas. Im Westen der Insel erheben sich die oft schneebedeckten Levká Óri ("Weiße Berge") bis zu 2452 m über den Meeresspiegel. Im Zentrum Kretas ragt das ebenfalls schneereiche Ida-Gebirge (Psilorítis-Gebirge) auf, das im 2456 m hohen Psilorítis, dem höchsten Berg Kretas, gipfelt. Im Osten ist das Díkti-Gebirge (Berge von Lassíthi) aufgewölbt, dessen höchste Erhebung 2148 m erreicht. An der Ostspitze der Insel – jenseits des nur 12 km breiten Isthmus von Ierápetra – schwingen sich die Thryptis-Berge bis zu 1476 m auf. Die großflächig entwaldeten kretischen Gebirge sind stark verkarstet und zerklüftet. Sie lassen nur eine eher bescheidene Weidewirtschaft zu. In den mit fruchtbarer Erde angefüllten Poljen (Einbruchswannen) dagegen kann Landwirtschaft und Gartenbau betrieben werden. Ganz im Süden der Insel begrenzt die Asterousia-Küstengebirgskette, deren höchster Gipfel der 1231 m hohe Kófinas ist, die fruchtbare Messará-Ebene. Nördlich vor dem Ida-Gebirge erstreckt sich das Kouloukonas-Bergland westwärts bis an die Peripherie der Stadt Réthymnon. Seine Plattenkalke tauchen im Osten in den Golf von Iráklion ein.
Höhlen und Grotten	Auf Kreta sind mehrere Tausend Grotten und Höhlen bekannt, von denen viele überwältigende Tropfsteinbildungen (auch Stalaktiten und Stalagmiten) aufweisen. Sie sind in erster Linie das Ergebnis chemischer Verwitterung im wasserdurchlässigen Kalkstein. In Risse, Spalten und Klüfte dringt Oberflächenwasser ein, das unterirdisch abfließt. Das Sickerwasser reichert sich vor seinem Eindringen ins klüftige Gestein mit Kohlensäure aus der Luft an. Das nunmehr leicht säurehaltige Wasser löst den Kalk in Rissen und Spalten auf. Die schmalen Hohlräume werden mit der Zeit immer größer, bis schließlich eine Grotte oder Höhle entsteht. Dort, wo das Wasser in die Hohlräume tropft, wird der gelöste Kalk aus dem Wasser wieder ausgeschieden. So entstehen bei der Verdunstung des Wassers an der Höhlendecke Tropfsteine, die als so genannte Stalaktiten nach unten wachsen. Tropft das Wasser relativ schnell auf den Höhlenboden, so bilden sich Stalagmiten. Oft verwachsen die Tropfsteine miteinander und bilden steinerne Orgelpfeifen oder gar versteinerte Wasserfälle.
Dolinen, Poljen	Wenn die Decke einer Höhle oder Grotte einbricht, dann entsteht an der Erdoberfläche eine schüssel- oder trichterförmige Mulde, die als Doline bezeichnet wird. Brechen die Decken ganzer Höhlensysteme ein bzw. breiten sich die chemischen Lösungsvorgänge in die Tiefe und die Breite aus, so können ganze Dolinenfelder, Poljen und Karstebenen entstehen.
Ebenen	Zwischen den hohen Gebirgsmassiven dehnen sich fruchtbare Ebenen aus, in denen lukrativer Obst- und Gemüseanbau betrieben werden kann. Berühmt ist die weite und sehr fruchtbare Messará-Ebene im Süden. Das Wasser des Hieropotamos ermöglicht hier einen besonders ertragreichen Gartenbau. Für allerlei Obst- und Frühgemüsesorten sind Sonderkulturen angelegt. Von Bergzügen umschlossen sind hingegen die Hochebenen von Omalós (Lévka Óri), Nída (Ida-Gebirge) und Lassíthi (Díkti-Gebirge). Die Lassíthi ist besonders eindrucksvoll. Sie erstreckt sich mit einer Fläche von rund 45 km^2 in ca. 800 m Meereshöhe und ist fast rund.

Schon vor Jahrhunderten hat man hier ein ausgeklügeltes Be- und Entwässerungssystem installiert, das einen lohnenden Acker- und Gartenbau ermöglicht. Auf der Lassíthi werden vor allem Kartoffeln, Gurken und Getreide angebaut.
Im Norden der Insel ist eine fruchtbare Küstenebene ausgebildet, die seit dem Altertum landwirtschaftlich genutzt wird und verkehrsmäßig gut erschlossen ist.

Ebenen (Forsetzung)

Betrachtet man das Relief Kretas, so fällt ein vergleichsweise dichtes Netz von Tälern und Tälchen ins Auge. Die meisten Bach- und Flussläufe führen nur in den regenreichen Wintermonaten bzw. zur Zeit der Schneeschmelze Wasser und bieten sich ansonsten in ausgetrocknetem Zustand dar.
Westlich von Réthymnon gibt es den kleinen Süßwassersee Kourná, der von einem unterirdischen Wasserlauf gespeist wird und auch einen unterirdischen Abfluss hat. Der fischreiche ehemalige Süßwassersee Voulisméni von Ágios Nikólaos ist im 19. Jh. durch einen Kanal mit dem Meer verbunden worden und enthält heute Mischwasser.

Wasserläufe, Seen

Unterirdische Wasserläufe (Höhlenbäche) bringen das an den drei hohen kretischen Gebirgsmassiven reichlich eindringende Sickerwasser – es handelt sich hierbei um Süßwasser – südostwärts in Küstennähe, wo es sich mit unterirdisch eindringendem und salzhaltigem Meerwasser vermischt. Das Mischwasser tritt an etlichen Stellen auf der Insel in "Almiros" genannten Quelltöpfen aus, so z. B. westlich von Iráklion, am Golf von Georgoúpolis und östlich von Ágios Nikólaos.

Almiros

Die felsige Südküste bei Agía Rouméli

Küsten, Strände	Während die buchtenarme Südküste über weite Strecken schroff und steil ins Meer abfällt, ist die Nordküste flacher und stärker gegliedert. Deshalb sind an der Nordküste die größten Siedlungen der Insel herangewachsen, und auch der Hauptfremdenverkehr spielt sich zum größeren Teil an den eher geschützten und flacheren Stränden der Nordküste ab. Zwar gibt es auch an der Südküste einige schöne Badestrände, doch sind diese nur schwer zu erschließen. Einige dieser Strände sind gar nur vom Meer aus zugänglich.
Kranz von Inselchen	Die Hauptinsel Kreta ist von mehr als zwei Dutzend kleinen Inseln umgeben, von denen die meisten ziemlich kahl und unbewohnt sind. Die Insel Día vor Iráklion ist ein 12 km² großes Eiland, dessen höchste Erhebung immerhin 265 m erreicht. Südlich vor Kreta, im Libyschen Meer liegt das kleine Eiland Gávdos als am weitesten im Süden gelegener Punkt Europas.

Klima

Klimatyp	Die Insel Kreta liegt in der mediterranen Klimazone, deren besondere Merkmale eine ausgeprägte sommerliche Trockenzeit mit subtropischen Temperaturen und eine verhältnismäßig milde winterliche Regenzeit sind.
Jahreszeiten	Berühmt ist der kretische Frühling. Nach den örtlich recht ergiebigen Niederschlägen der Wintermonate Dezember bis März entfaltet sich für einige Wochen eine sinnenbetörende Blütenpracht. Der kretische Sommer beginnt bereits Ende April bzw. im Mai und dauert bis zum Oktober. In dieser Zeit kommt es nur noch zu sporadischen Niederschlägen. In den Monaten Juni bis September fällt so gut wie kein Niederschlag. Es herrscht ausgesprochene Dürre. Erst ab der zweiten Oktoberhälfte bringen örtlich sehr heftige Gewitter den lang ersehnten Regen. Das bis in den Spätherbst noch relativ warme Mittelmeerwasser bewirkt auch in der kühlen Jahreszeit vergleichsweise angenehme Temperaturen. Erst im Dezember wird es recht unfreundlich, mitunter auch empfindlich kühl. Von November bis März dauert die niederschlagsreiche Periode.
Temperaturen (s. Klimatabelle S. 225)	Die kältesten Monate sind der Januar und der Februar. Es kann in dieser Zeit sowohl ausgesprochen warme Tage mit mehr als 23 °C geben, als auch sehr kalte Tage, an denen die Quecksilbersäule unangenehm spürbar unter den Gefrierpunkt rutscht. In den hohen Berglagen kommt es zu Schneegestöber. Bereits im März ist die kühle Periode überwunden. Das Thermometer übersteigt gelegentlich schon die 30 °C-Marke. Richtig warm, ja bisweilen sogar heiß wird es im Mai, wenn die Tagesdurchschnittswerte die 25 °C-Marke überwinden und Maximalwerte jenseits der 30 °C-Grenze erreicht werden. Ausgesprochen heiß ist es von Juni bis September. In dieser Zeit kühlt es sich nur äußerst selten bis knapp unter die 20 °C-Marke ab. Längere Hitzeperioden mit Temperaturen bis zu 42 °C erschweren das Leben von Mensch und Kreatur. Erst die herbstlichen Gewitterregen sorgen für eine Abkühlung der Atmosphäre.

Die Hauptniederschläge fallen – wie bereits erwähnt – in den Monaten November bis März. Von Ende November bis Februar gehen in Iráklion drei Viertel der gesamten Jahresniederschlagsmenge nieder. Die Ergiebigkeit der Regenfälle schwankt jedoch nach Höhenlage und Exposition (Luv oder Lee) beträchtlich. Die Nordküste ist niederschlagsärmer als die Südküste, die hohen Berglagen verzeichnen den meisten Regen. Während der herbstlichen Gewitterstürme können sintflutartige Starkregen niedergehen, die bis zu einem Viertel der gesamten Jahresniederschlagsmenge bringen und katastrophale Überschwemmungen verursachen.

Naturraum (Fortsetzung) Niederschläge

In den Sommermonaten sorgen die berühmten Etesien, jene fast ständig wehenden Nordwinde, dafür, dass die Hitze nicht ganz so unangenehm empfunden wird. Vor allem im Frühling hat man mit dem Schirokko zu rechnen, einem heißen und kräftigen Südwind, der vom afrikanischen Kontinent herüberweht.

Winde

Bereits im Mai kann man baden. Bewegen sich die Wassertemperaturen zu Beginn des Monats noch um die 18 °C-Marke, so werden Ende Mai schon Werte um 20 °C gemessen. Im August ist das Wasser über 25 °C warm. Bis Mitte Oktober sinkt die Wassertemperatur dann langsam auf etwa 21 °C ab.

Wassertemperaturen

▶ Praktische Informationen von A bis Z, Reisezeit

Reisezeit

Pflanzen und Tiere

Die Vegetation der ursprünglich weithin von lichten Eichen-, Zedern- und Kiefernwäldern sowie von Zypressenhainen bedeckten Insel Kreta korrespondiert stark mit den klimatischen Verhältnissen. Die obere Waldgrenze liegt bei 1700 bis 1800 m, wobei Kermes- und Steineichen (Quercus ilex, Quercus coccifera) in besonderem Maß hervortreten. Als "Frigana" bezeichnete Felsheiden und Macchiengestrüpp prägen jedoch weite Bereiche der kretischen Landschaften. Dies sind mehr oder weniger offene mediterrane und bis zu zwei Meter hohe Gebüschformationen, in denen Kermeseichen, Zwergeichen, Myrte, Mastix sowie diverse andere Hartlaubzwergsträucher und Wolfsmilchgewächse vergesellschaftet sind. Dazu gehören – sozusagen als besondere "Duftnoten" – Diktamon (Oregano), Majoran, Lavendel, Rosmarin, Thymian, Salbei – und verschiedene Orchideenarten.

Flora

Die Zypresse (Cupresseus sempervirens) ist für viele Inselkenner der Charakterbaum Kretas. Sie ist in südexponierten Lagen bis in eine Höhe von 1200 m anzutreffen. Das Landschaftsbild prägt heute der genügsame Olivenbaum, der die wichtigste Wirtschaftspflanze auf der Insel ist. An noch trockeneren Standorten gedeihen Johannisbrotbaum, Agave und Feigenkaktus.

Wichtige Wirtschaftspflanzen neben der Olive sind die Weinrebe (u. a. Kulturen zur Gewinnung von Wein- und Tafeltrauben, Rosinen und Sultaninen), Zitrusfrüchte (besonders Orangen und Mandarinen) und Getreide. Seit einiger Zeit florieren auch Gemüseanbau (u. a. Frühkartoffeln, Gurken, Tomaten, Zwiebeln), Obstkulturen (u. a. Aprikosen, Pfirsiche, Äpfel, Melonen, Esskastanien, Bananen, Feigen, Mandeln) und Blumenkulturen.

Thymian: eine "Duftnote" der kretischen Pflanzenwelt

Fauna

Vergleichsweise arm an Arten ist die Tierwelt der Insel Kreta. Nutztiere haben längst die Wildtiere verdrängt, auch wenn man in abgelegeneren Bereichen noch die berühmten kretischen Wildziegen Agrími (Capra aegarus), Schafe, Wildkatzen, Dachse und Wiesel antreffen kann. Stark zurückgedrängt sind Vögel und Reptilien. Im Gebirge sind noch Wanderfalken und Habichte zu beobachten. Vereinzelt sieht man auch Lämmergeier durch die Lüfte schweben. Im Winter suchen Seeschwalben und schwarz-weiße Austernfischer an den Küsten nach Nahrung. Zu den schönsten Vögeln Kretas zählen der überraschend bunte Bienenfresser und die Blauracke, die sich besonders an Steilküstenabschnitten wohlfühlt. Häufiger sieht man diverse Ammern und vor allem Elstern.

Typisch für den Mittelmeerraum – und somit auch auf Kreta heimisch – ist die Zikade, deren Zirpen bei massenhaftem Auftreten geradezu ohrenbetäubend sein kann. Nicht nur im Dickicht und Gestrüpp hat man sich vor den aggressiven Vipern sowie vor den vielerorts auftretenden Skorpionen und giftigen Rogalida-Spinnen in Acht zu nehmen.

In ihrem Bestand bedroht sind einige Vogelarten – u.a. Singdrossel, Nachtigall, Wachtel – und die früher an einigen Stellen zu beobachtenden Robben. Schutzmaßnahmen werden für die Meeresschildkröten (Caretta caretta) durchgeführt. Kreta beherbergt einige der letzten Brutgebiete im Mittelmeerraum; eine große Kolonie brütet in der Bucht von Réthymnon. In den Gewässern um Kreta leben mehrere Arten von Triglidenfischen. Besonders begehrt ist das weiße und sehr schmackhafte Fleisch des "Trigla lineata". Weitere in größerer Zahl vorkommende Meeresbewohner sind der Thunfisch, die Meeräsche, die Makrele, der Stint, diverse Brassen (u.a. Barsch und Zahnbrasse), die rötliche Meerbarbe, Hechtdorsch, Kabeljau und Sardelle sowie Delphine. An der Küste der südlich vor Kreta liegenden Insel Gávdos leben noch einige der stark gefährdeten Mönchsrobben.

Fauna (Fortsetzung)

Umweltschutz

Das natürliche Gleichgewicht auf der Insel Kreta ist seit dem Altertum durch menschliches Handeln nachhaltig beeinträchtigt worden. Um Holz für den Haus- und Schiffbau bzw. für die Energiegewinnung zu erhalten und um Kulturland – besonders Ackerbauflächen – zu gewinnen, hat man die Zedern- und Pinienwälder sowie die Zypressenbestände bis heute auf wenige Prozent ihres ursprünglichen Bestandes reduziert.
Und auch die Sekundärvegetation (Phrigana, Macchie) wird seit einiger Zeit durch Kultivierungsmaßnahmen stark zurückgedrängt. Dadurch werden die zerstörerischen Kräfte der Erosion freigesetzt. Im Lauf der Zeit haben sich auch signifikante klimatische Veränderungen ergeben. Vereinzelt ist man bemüht, durch Wiederaufforstung zumindest auf lokaler Ebene eine Bodenverbesserung herbeizuführen.

Raubbau

Die Landwirtschaft, vor allem aber der intensiv betriebene Obst- und Gemüseanbau mit übermäßig hohem Düngemittel- und Pestizideinsatz haben inzwischen auch auf Kreta verschiedenenorts zu einer Besorgnis erregenden Verschlechterung der Bodenqualität und des Grundwassers geführt.
Zudem tragen die fortschreitende Industrialisierung und der stürmisch wachsende Fremdenverkehr zu einer Verschärfung der bestehenden ökologischen Probleme bei. Sichtbares Zeichen dieser Entwicklung ist der alarmierende Rückgang von Pflanzen- und Tierarten im Küstenbereich.

Situation

Raubbau an der Naturlandschaft und übermäßige Entwicklungsbestrebungen haben in den letzten drei Jahrzehnten zu einer drastischen Verschärfung des Wasserproblems geführt. Die natürlichen Süßwasservorkommen werden vor allem in den sehr trockenen Sommermonaten regelmäßig übernutzt. In den dicht besiedelten und vom Fremdenverkehr besonders frequentierten Gebieten an der Nordküste hat man die Grund- und Quellwasservorkommen örtlich bis zur Neige ausgeschöpft mit der Folge, dass der Grundwasserspiegel immer weiter absinkt. Damit korrespondiert im küstennahen Bereich ein Eindringen von salzhaltigem Meerwasser in den klüftigen Untergrund.
Mit rigorosen Bau- und Nutzungsvorschriften versucht man seit einiger Zeit, das Problem in den Griff zu bekommen. So sind für alle größeren Beherbergungsbetriebe eigene Kläranlagen mit biologischer Stufe zwingend vorgeschrieben. Das auf diese Weise aufbereitete Wasser wird zum Berieseln von Gärten und Feldern benutzt. Erst danach gelangt es wieder in den natürlichen Kreislauf. Der komplizierte geologische Aufbau Kretas erschwert die Trinkwasserversorgung in erheblichem Maße. Trotzdem bemüht man sich mit enormem Aufwand, ein zumindest dezentrales Trinkwasserversorgungssystem aufzubauen.

Wasserarmut

Bevölkerung

Bevölkerungszahl

Die Bevölkerungszahl Kretas stieg von der Mitte des 19. Jh.s bis 1960 trotz der Auswanderungswelle nach Übersee zur Jahrhundertwende stetig an. Sie verringerte sich in den 60er-Jahren durch Landflucht. Die kleinen Ackerbauflächen reichten nicht mehr für den Lebensunterhalt, weshalb eine große Anzahl von Männern nach Deutschland zum Arbeiten ging. Viele zogen auch nur nach Athen oder Iráklion. Inzwischen hat sich die Bevölkerungszahl wieder erhöht und beträgt heute ca. 600 000. Die Landflucht allerdings hält weiterhin an; die Menschen ziehen in die Städte und Hotelorte.

Siedlungsstruktur

Die Verteilung der Bevölkerung auf die vier Verwaltungsbezirke sieht etwa so aus: die Hälfte in Iráklion, ein Viertel in Chaniá und je ein Achtel in Réthymnon und Lassíthi. Auf einem Quadratkilometer leben 73 Menschen. Die größte Stadt ist Iráklion, dann folgen Chaniá, Réthymnon, Ágios Nikólaos, Sitía und Ierápetra. Somit leben die meisten Bewohner an der Nordküste, nur ein Viertel im Süden, wobei hier der Schwerpunkt in der Messará-Ebene liegt. Die restliche Südküste und die Gebirge sind dünn oder gar nicht besiedelt. Die Hälfte der Bevölkerung lebt noch auf dem Land.

Bevölkerungsentwicklung

Die Kreter sind in ethnischer Hinsicht keine einheitliche Volksgruppe, denn im Lauf der letzten 8000 Jahren kam es durch Zuwanderung zur Vermischung der Einheimischen mit den Fremden. Zudem haben Abwanderungen die Bevölkerungsstruktur verändert. Nachdem die Minoer und Mykener auf die Insel gekommen waren, vollzogen sich im Rahmen der sogenannten ägäischen Völkerwanderung um 1200 v. Chr. die Abwanderung der Kreter in die Levante und der Rückzug von den Küsten- in die Bergregionen. Dann siedelten die Dorer auf der Insel. Nachdem seit der arabischen Eroberung Kretas (824) muslimische Flüchtlinge hier sesshaft geworden und die noch existierende alte Inselbevölkerung emigriert war, setzte im Jahr 961, als die Region wieder zum Byzantinischen Reich kam, die Zuwanderung von dort ein. Später zogen Italiener und Türken – von denen die letzten 1923 verjagt wurden – und anschließend griechische Flüchtlinge aus Kleinasien nach Kreta.

Familienstrukturen

Die kretische Gesellschaft ist immer noch durch Patriarchalismus gekennzeichnet. Der Grund, warum er sich so lange erhalten hat, besteht zum einen darin, dass es in der kretischen Geschichte keine sozialen Reformen gegeben hat. Zum anderen ist die Industrialisierung, die für die Frauen mehr ökonomische Unabhängigkeit mit sich bringt, in Griechenland geringer als in anderen europäischen Ländern. Darüber hinaus bietet die patriarchale Ordnung mehr soziale Sicherheit als der Staat, dem die Kreter grundsätzlich mißtrauisch gegenüberstehen.

In der kretischen Familie herrscht strikte Rollenverteilung. Der Mann ist Familienoberhaupt, auch nach dem Gesetz, während die Frau für Haushalt und Kindererziehung zuständig ist. Die Landwirtschaft ist weitgehend ihre Aufgabe. Sie verdient damit den größten Teil des Familieneinkommens und bestimmt über die Ausgaben. Durch die in der Landwirtschaft zunehmende Technik, die eine Domäne der Männer ist, verliert die Frau jedoch an Einfluss und Selbstständigkeit.

Baedeker SPECIAL

Stammkneipe der Männer

Das Kafenion, das traditionelle griechische Café, ist der Ort, wo sich die Männer treffen, lesen, reden und Karten oder Tavli spielen. Hier zeigt sich noch besonders deutlich der kretische Patriarchalismus.

Die Domäne des Mannes ist das Kafenion. Vor allem ältere Männer treffen sich hier und "palavern" über die "große" und "kleine" Politik sowie über das Neueste aus dem Ort. Zudem spielt man Karten oder Tavli, eine Art Backgammon, oder liest Zeitung. Oder die Männer lassen das vom Islam übernommene Komboloi, eine Kette aus Perlen, Olivenholz, Bernstein, Silber oder Edelsteinen, spielerisch durch die Finger gleiten. Das wichtigste Getränk ist dabei der griechische Kaffee, der kafés ellinikós, den man ohne Zucker (sketos), leicht gezuckert (métrios) oder süß (glikós) bestellen kann. An dem Kaffee wird immer nur genippt, und zwar über einen langen Zeitraum, so daß er schon längst kalt ist. Wem nicht nach Kaffee ist, der kann sich auch einen Ouzo oder "gliko tu kutaliou" bestellen, eine sirupartige Masse mit eingelegten Früchten (z. B. Kirsche oder Quitte).

Kein Getränkezwang

Getränkezwang gibt es allerdings nicht, und es wird niemand schief angesehen, wenn er stundenlang bei einem Kaffee oder der Zeitung sitzt oder ins Tavli-Spiel vertieft ist. Auch Geschäfte werden im Kafenion abgeschlossen, wobei ein Handschlag bindend ist, denn Unehrlichkeit kann sich niemand erlauben. Noch heute tragen die Männer manchmal im Kafenion ihre Partisanen-Kleidung: Pluderhosen, hohe Schaftstiefel und Fransen-Kopftuch. Man geht in das Lokal, dessen Wirt die gleiche politische Einstellung wie man selbst hat. Die Kafenia sind oft nüchtern und einfach ausgestattet. Die Jüngeren ziehen deshalb die schickeren Cafés und Bars als Treffpunkte vor.

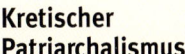

Kretischer Patriarchalismus

Im Kafenion zeigt sich der kretische Patriarchalismus besonders deutlich. Der Besuch des "Männerlokals" ist Frauen zwar nicht verboten, aber für sie sind andere Treffpunkte vorgesehen. So begegnen sich die Frauen vor den Häusern oder beim Einkaufen.

Die Männer treffen sich vorzugsweise im Kafenion.

23

Familienstrukturen (Fortsetzung)	Auch die Freizeit verbringen Mann und Frau getrennt. Während er ins Kafenion geht, sitzt sie mit anderen Frauen zusammen vor den Häusern und redet über die Ereignisse im Dorf. Es gibt jedoch Tendenzen, den Patriarchalismus zurückzudrängen, vor allem in den Städten, nicht zuletzt unter dem Einfluss des Tourismus.
Familienpolitik	In den 80er-Jahren des 20. Jh.s änderte das griechische Parlament in wesentlichen Punkten das Ehe-, Familien- und Scheidungsrecht. So soll die Frau gleichberechtigt über die Erziehung der Kinder mitbestimmen und gleichen Lohn für gleiche Arbeit erhalten. Bei Scheidung bekommt sie ein Drittel des während der Ehe erworbenen Zugewinns.
Geschlechterbeziehung	Zwischen den Geschlechtern besteht ein strenger Sittenkodex, wobei die Kluft zwischen Stadt, wo zunehmend nach westlichen Normen gelebt wird, und Land immer mehr zunimmt. Bewundert ein Mann eine Frau, wird das vor allem auf dem Land noch heute als Eheversprechen gesehen. Dem Mann wird zugestanden, vor der Ehe seine Erfahrungen zu sammeln, entweder bei einem Straßenmädchen, einer "ehrlosen" Frau oder einer Witwe. Die Jungfernschaft hat dagegen immer noch große Bedeutung. Die Volta, das abendlich Hin- und Herbummeln auf der Hauptstraße oder am Hafen bietet auch für die jungen Leute Gelegenheit zu sehen und gesehen zu werden.
Hochzeit	Eltern und Verwandte suchen einen Bräutigam für die junge Frau aus, und zwar nach pragmatischen Erwägungen wie Herkunft, Vermögen, Einfluss, wobei die älteste Tochter zuerst an der Reihe ist. Ehelosigkeit gilt für beide Geschlechter als trauriges Los. Nach traditionellen Vorstellungen ist für ein Mädchen ein erfülltes Leben nur als Frau und Mutter möglich. Obwohl 1983 die Aussteuerpflicht gesetzlich abgeschafft wurde, müssen Frauen eine reiche Mitgift in die Ehe einbringen, weshalb "teure" Töchter nicht so erwünscht sind wie Söhne. Es wird entweder ein Eigenheim, ein größeres Stück Land, ein höherer Viehbestand oder ein guter Beruf der Braut erwartet. Die Mitgift ist zum einen eine Prestigesache, dient aber auch der Versorgung der Frauen in den neuen Familien und gewährleistet ihnen somit eine gewisse ökonomische Unabhängigkeit. Da die Familien dadurch finanziell sehr belastet werden, ersetzen sie die materielle Mitgift durch die "geistige", indem die Mädchen Schulen und Universitäten besuchen, wo sie inzwischen etwa die Hälfte der Studierenden ausmachen. Diese gebildeten Frauen sind jedoch nicht mehr bereit, sich den patriarchalen Strukturen der kretischen Gesellschaft unterzuordnen. Die Hochzeit kommt die Familien teuer zu stehen. Nicht selten dauert sie mehrere Tage, und das ganze Dorf ist dazu eingeladen. Nach der Hochzeit zieht die "frischgebackene" Ehefrau in der Regel in das Haus des Mannes. Erst mit der Geburt von Kindern, vor allem von Jungen, festigt sich ihre Stellung in der neuen Familie.
Gastfreundschaft	Die Gastfreundschaft hat bei den Kretern eine uralte Tradition und ist geradezu sprichwörtlich geworden. Sie war in der Notwendigkeit begründet, auch außerhalb der Familie Kontakte zu anderen Menschen aufzunehmen, wobei eine Verpflichtung zur Gegensei-

tigkeit herrschte. Die Gastfreundschaft hatte einen außergewöhnlich hohen Stellenwert, was schon darin zum Ausdruck kommt, dass das griechische Wort "xénos" gleichzeitig "Fremder" und "Gast" bedeutet. Aus dieser Auffassung erwuchsen bei der Zunahme des Tourismus Probleme, denn man konnte nicht alle Besucher einladen. Zudem nutzten Touristen bedauerlicherweise die Gastfreundschaft der Einheimischen aus. Die Kreter schufen einfallsreich Abhilfe: Sie bezeichneten die Fremden mit dem Begriff "touristas" und waren damit der Pflicht zur Gastfreundschaft enthoben.

Bevölkerung Gastfreundschaft (Fortsetzung)

Am Ende dieses Kapitels über die kretische Bevölkerung soll der deutsch-griechische Schriftsteller Johannes Gaitanides (1909 – 1968) mit einem Zitat aus seinem Reisebuch "Das Inselmeer der Griechen·Landschaft und Menschen der Ägäis" (1962) zu Wort kommen, wo er die Kreter so beschreibt:
"Kreta, das älteste Europa, trägt sein jugendlichstes Volk, berstend vor Vitalität und Originalität, ebenso unersättlich in seinem Lebenshunger wie bedenkenlos in der Selbstvergeudung. So viele Sedimente der Geschichte auf ihm lasten, keine Müdigkeit, keine Spur von Verbrauchtheit – allenfalls ein Touch von Weisheit, so weise, daß sie sich keine Torheit entgehen läßt."

Zitat von Johannes Gaitanides

Mythologie

Viele Geschichten der griechischen Mythologie haben mit Kreta zu tun, was darauf hinweist, dass die Menschen späterer Zeiten die Wurzeln ihrer Kultur hier sahen. Diese Mythen umgeben die Insel noch heute mit einem geheimnisvollen Glanz und besonderem Zauber.

Die zentrale Rolle in der kretischen Mythologie spielt der griechische Göttervater Zeus, um den sich die folgenden Sagen ranken. Kronos, der Herr der Erde, verschlang seine Kinder Hades, Poseidon, Hera, Hestia und Demeter, weil ihm prophezeit worden war, dass er durch einen Sohn seine Macht verlieren würde. Seine Ehefrau Rhea gebar deshalb ihren Sohn Zeus zum Schutz in einer Höhle auf Kreta (vielleicht die Diktäische Höhle bei Psichró) und gab ihm dafür einen in Windeln gewickelten Stein zum Essen. Um das Babygeschrei zu übertönen, beauftragte sie die Kureten Krach zu machen, damit Kronos nichts hören sollte. Das Kind wurde von Nymphen aufgezogen. Seine Jugendjahre verlebte es dann in der Idäischen Höhle.

Zeus

Später verabreichte Zeus seinem Vater als Mundschenk eine Art Brechmittel, so dass Kronos seine Kinder wieder ausspie. Diese ernannten ihn zu ihrem Anführer, und er trat die Weltherrschaft an. Zeus schuf einen Götterstaat mit festgelegten Herrschaftsbereichen und bestimmte den Olymp als Göttersitz. Nach einer kretischen Sage soll Zeus am Berg Jouchtas bei Iráklion begraben sein, wo er jedes Jahr bestattet und dann wiedergeboren werde. Heute sieht man – mit etwas Phantasie – in der Bergsilhouette das Gesicht des schlafenden Gottes.

Zeus, der unzählige amouröse Abenteuer hatte, verliebte sich in die phönikische Königstochter Europa und entführte sie in Gestalt ei-

Europa

Europa
(Fortsetzung)

nes schönen Stieres nach Kreta. Nach der Ankunft am Strand von Mátala, verwandelte er sich in einen Adler und flog mit ihr nach Górtys. Hier nahm Zeus Europa mit Gewalt und zeugte mit ihr die Söhne Minos, Rhadamantys und Sarpedon, das Herrschergeschlecht der Minoer. Dies geschah unter einer Platane, die von da an das ganze Jahr über nicht mehr ihre Blätter verlor. Es gibt tatsächlich auf Kreta eine immergrüne Platanenart. Den Fremden wird in Górtys die Platane, die Stelle des mythischen Ereignisses, gezeigt.

Zeus hatte bald andere Liebschaften. Europa heiratete deshalb den kretischen König Astarios, der ihre drei Söhne adoptierte und nach dem dieses Königsgeschlecht Astriiden genannt wurde. Aus der Ehe ging eine Tochter mit Namen Krete hervor, die der Insel den Namen gab.

Minos, Minotauros

Minos wurde neun Jahre lang von seinem Vater Zeus in einer Höhle im Ida-Gebirge im Regieren unterrichtet und brachte Gesetze für sein künftiges Reich mit zurück. Als Bestätigung seiner Herrschaft über Kreta (sein Hauptsitz war der Palast von Knossós) schenkte ihm Poseidon einen herrlichen Stier als Opfergabe. Als Minos jedoch ein schlechteres Tier dazu verwendete, ließ der Gott als Strafe Pasiphae, die Frau des Herrschers, sich heftig in den Stier verlieben. Das Universalgenie Dädalos fertigte Pasiphae eine bronzene Kuh an, in der sie sich versteckt dem Stier hingab. Daraufhin brachte sie den Minotauros als Menschen mit Stierkopf zur Welt. Entsetzt über dieses Geschöpf versteckte Minos ihn in dem ebenfalls von Dädalos erbauten Labyrinth, das mit dem Palast von Knossós wegen seinem komplizierten Aufbau gleichgesetzt wird.

Nach seinem Tod auf Sizilien (s. u.) wurde König Minos, der wegen seiner großen Gerechtigkeit sehr geschätzt wurde, später neben seinem Bruder Rhadamanthys einer der drei Richter im Hades.

Minos gab einer ganzen Epoche der kretischen Geschichte seinen Namen. Es ließ sich bis heute jedoch noch kein historischer Herrscher dieses Namens belegen. Man nimmt heute an, daß "Minos" eine allgmeine Bezeichnung für den Herrscher ist.

Das berühmte Labyrinth

Theseus und Ariadne

Nachdem Androgeos, ein Sohn von Minos, der sich bei Wettkämpfen in Athen aufhielt, umgekommen war, zwang Minos aus Rache die Athener, ihm alle neun Jahre sieben Jungfrauen und sieben Jünglinge zu übergeben, die er dem Minotauros zum Fraß vorwarf. Beim dritten Mal fuhr Theseus, der Sohn des Königs Aigeus von Athen, mit nach Kreta, um das Ungeheuer zu töten. Ariadne, die Tochter von Minos, die sich in Theseus verliebt hatte, versprach, ihm zu helfen, wenn er sie als seine Frau mit nach Athen nähme. Sie gab Theseus den sprichwörtlich gewordenen Faden, mit dem er sich in dem Labyrinth orientieren konnte, wo er schließlich den Minotauros tötete. Dann zerstörte Theseus nach dem Rat von Dädalos

Theseus und Ariadne (Fortsetzung)

alle Böden der Schiffe von Minos und floh mit Ariadne sowie den geretteten Jungfrauen und Jünglingen nach Náxos. Hier verließ er die Königstochter, weil sie Dionysos als Braut versprochen worden war, und kehrte nach Athen zurück. Bei der Ankunft vergaß er, das weiße Freudesegel zu setzen, wie er es bei einem guten Ausgang des Unternehmens seinem Vater versprochen hatte. Als Aigeus das schwarze Trauersegel sah, glaubte er, sein Sohn sei ums Leben gekommen, und stürzte sich deshalb in die See, die seither den Namen Ägäisches Meer trägt. Theseus nahm später Phädra, die Schwester von Ariadne, zur Frau. Diese Geschichte kann als mythische Erinnerung an die Befreiung der Griechen von der minoischen Vorherrschaft im östlichen Mittelmeer gedeutet werden.

Dädalos, Ikaros

Minos ließ Dädalos und dessen Sohn Ikaros als Strafe für die Hilfe zur Flucht von Theseus in das Labyrinth einkerkern. Der versierte Konstrukteur stellte jedoch für sich und seinen Sohn Flügel her, womit sie durch die Luft entflohen. Als Ikaros, berauscht von der Höhe und der Geschwindigkeit, der Sonne zu nahe kam, schmolz das Wachs seiner Flügel, und er stürzte bei einer Insel ins Meer. Seither wird diese Insel Ikaría und das Meer das Ikarische genannt. Dädalos flog nach Sizilien weiter, wo er bei König Kokalos Aufnahme fand.
Der Rachedurst von Minos war jedoch noch nicht gestillt. Um Dädalos ausfindig zu machen, stellte er allen Königshöfen die Aufgabe, einen feinen Faden durch eine spiralförmige Muschel zu ziehen. So fand Minos schließlich den berühmten Tüftler, der die Aufgabe löste, indem er den Faden an eine Ameise band und diese mit Honig durch die Muschel lockte.
Um zu verhindern, dass er Dädalos fing, verbrühten die Töchter von Kokalos den König im Bad. Die Archäologen haben auf Sizilien tatsächlich Erzeugnisse aus dem Ägäisraum gefunden, und sizilianische Ortsnamen wie Heraklea Minoa könnten auf minoische Flüchtlinge hinweisen.

Herakles

Herakles verrichtete seine siebte Arbeit auf Kreta, indem er den Kretischen Stier fing, den Minos einst von Poseidon erhalten hatte. Er zwang ihn, mit ihm aufs Festland zu schwimmen, wo Herakles das Tier freiließ. Theseus tötete später den Stier.

Britomartis

Britomartis, die auch den Namen Diktýnna trägt, wurde auf Kreta besonders verehrt. Man sagt, sie sei in Kainó in der Samariá-Schlucht geboren. Britomartis ist die Göttin der Reinheit und Keuschheit. Da König Minos ihr immer wieder nachstellte, stürzte sie sich ins Meer, wo sie von Fischern in Netzen gerettet wurde. Seither galt sie auch als Göttin der Fischer.

Talos

Minos ließ sich von Hephaistos, dem Gott der Schmiede, aus Erz den Riesen Talos (auch Tauros) als Bewacher von Kreta anfertigen. Dieser Riese vertrieb Eindringlinge entweder mit großen Steinen oder preßte sie an seine Brust, nachdem er im Feuer siedend heiß geworden war. Auch die Argonauten versuchte er auf diese Weise an der Landung auf der Insel zu hindern. Eine verletzliche Stelle an seinem Knöchel wurde Talos schließlich zum Verhängnis. Durch einen Zauber Medeas geriet er in Raserei, verletzte sich seinen Knöchel und verblutete.

Religion

Minoische Religion

Die Forschung zur minoischen Religion ist auf die Deutung der minoischen Bildwelt angewiesen und versucht Verbindungen zu knüpfen zu späteren mythologischen Vorstellungen wie zu Zeugnissen zeitgleicher Kulturen oder der vorangegangenen Epochen der ägäischen Kultur.

Große Göttin

Die Hauptgottheit der Minoer war wohl die Große Mutter-, Erd- und Fruchtbarkeitsgöttin, deren Name nicht überliefert ist. Charakteristisch in den Darstellungen der Göttin ist die Hervorhebung von Brüsten und Becken. Sie wurde in Kultbauten, Bergheiligtümern und Höhlen, die man mit dem Gebären in Verbindung brachte, verehrt.

Zugeordnet sind ihr neben Bäumen auch Bergziegen, Vögel, Schlangen und Schiffe. Diese stellen als Symbole für Wiedergeburt und Unsterblichkeit vielleicht ein Indiz dafür dar, dass die Göttin auch als Herrscherin der Unterwelt fungierte.

Kult

Der Kult war im Wesentlichen ein Vegetations- und Fruchtbarkeitskult, der um Geburt, Tod sowie Werden und Vergehen in der Natur kreiste. Die Heiligtümer waren Stätten der Erscheinung der großen Naturgöttin; ekstatische Zeremonien (Tänze), Gebete und Opfer riefen sie herbei. Mohn nahm man dabei vielleicht wegen seiner rauschhaften Wirkung ein.

Darstellung des kultischen Stierspringens auf einem Fresko

Der Stierkult spielte in der minoischen Religion eine zentrale Rolle; seine Bedeutung ist allerdings bis heute nicht klar. Auch in der Mythologie nimmt der Stier einen wichtigen Platz ein. Stierhörner sind deswegen neben der Doppelaxt wichtige Kultsymbole. Stiere dienten im Kult daneben vor allem als Opfertiere.

Stierkult

Ein außergewöhnlicher und nur auf Kreta üblicher Brauch war das Stierspringen, das vielleicht zur Abwehr von Urgewalten veranstaltet wurde. Die meisten Springer haben diese Kulthandlung wohl mit dem Leben bezahlt, denn solche Sprünge sind kaum durchführbar. Der Stier wurde am Ende dieser Kulthandlung geopfert, möglicherweise als Symbol für die endgültige Überwindung der Urgewalt.

Stierspringen

Griechisch-orthodoxe Kirche

Fast die ganze Bevölkerung Kretas gehört der griechisch-orthodoxen Kirche an, deren Einfluss im privaten wie im öffentlichen Leben ungebrochen ist. Kirche und Staat stehen in engem Verhältnis zueinander, was auch in der Zeit der Militärjunta gepflegt wurde. Die gegenwärtige sozialistische Regierung will jedoch dieses Verhältnis lockern. Bei öffentlichen Angelegenheiten ist die Kirche stets präsent. Auch private Feiern wie Hochzeit und Begräbnis sind ohne kirchlichen Segen kaum vorstellbar, obwohl im Jahr 1982 die Zivilehe eingeführt wurde.

Bedeutung

In den Zeiten staatlicher Machtlosigkeit hat die Kirche nicht nur für die Erhaltung der Kultur gesorgt, sondern auch die staatliche Autorität ersetzt. Unter den Fremdherrschaften kämpfte sie mit geistigen Mitteln und sogar mit Waffen für die Befreiung. Vor allem während der türkischen Besatzung waren Kirchen und Klöster Orte des Widerstandes, die Verfolgten Schutz boten. Deshalb haben viele Klöster festungsähnlichen Charakter, so Toplou, dessen Name "Kanonenkloster" bedeutet. Vielfach werden als Ortsheilige so genannte Neomärtyrer verehrt, das sind Christen, die während der Türkenzeit für ihren Glauben ihr Leben ließen. Diese geschichtliche Entwicklung erklärt den hohen Stellenwert der kretischen Kirche bis auf den heutigen Tag.

Geschichte

Kreta gehört nicht zur autokephalen Kirche Griechenlands mit dem Metropoliten von Athen an der Spitze, sondern untersteht wie die Mönchsrepublik Athos und die Inseln des Dodekanes dem Ökumenischen Patriarchen von Konstantinopel (Istanbul/Türkei). Allerdings nimmt es mit seinem halbautonomen Status eine Sonderstellung ein, d. h., die Kirchenprovinz ist verwaltungsmäßig unabhängig und der Metropolit wird vom Patriarchen bestimmt. Die unterschiedliche Entwicklung der Kirchen des Festlandes und von Kreta hängt damit zusammen, dass sich die griechische Kirche 1850 als Folge des Befreiungskampfes gegen die Türken von Konstantinopel gelöst hat, während die kretische Kirche dies auch nach der Eingliederung der Insel ins Mutterland 1913 nicht tat.
Die kretische Kirche weist sieben Bistümer, die von Metropoliten geführt werden, auf: Chaniá, Réthymnon, Kaliviáni, Neápolis, Sitía und Iráklion, wo der Erzbischof residiert.

Kirchenstruktur

Religion (Fortsetzung) **Priester**	Ein einfacher Priester muß verheiratet sein, die Ehe kann aber nur vor der Priesterweihe geschlossen werden. Stirbt die Ehefrau eines geweihten Priesters, darf er nochmals heiraten. Verheiratete Geistliche können allerdings weder in ein Kloster eintreten noch höhere Kirchenämter einnehmen. Die Kreter haben eine enge Verbindung zu ihren Papas, da diese am täglichen Leben teilnehmen. Die Geistlichen, die vom Staat bezahlt werden, stehen zur Verfügung, wenn es etwas zu besprechen und zu regeln gibt. So sind sie beispielsweise auch im Kafenion anzutreffen. Auf der Insel gibt es knapp 800 Gemeinden mit den entsprechenden Kirchen und nahezu der gleichen Anzahl von Priestern. Zudem finden sich noch 30 Klöster und etwa 3000 kleinere Kirchen und Kapellen.
Klöster	Einige Klöster auf Kreta sind direkt dem Patriarchen von Konstantinopel unterstellt, so das Arkádi-Kloster. Die Klöster haben weitgehend ihre Bedeutung verloren, viele sind aufgegeben worden, einige haben nur noch wenige Mönche oder Nonnen, da es an Nachwuchs fehlt.

Wirtschaft

Situation	Die wichtigsten Erwerbszweige der Inselbewohner sind die Landwirtschaft und der Fremdenverkehr. Im Dienstleistungsbereich sind inzwischen mehr als die Hälfte der arbeitenden Bevölkerung beschäftigt.

Landwirtschaft

Allgemeines	Die Landwirtschaft ist immer noch ein bedeutender Wirtschaftszweig Kretas. Die Insel hat wegen ihres fruchtbaren Bodens und des günstigen Klimas eine reiche Agrarproduktion. Die zu etwa 41% bebaute Fläche wird überwiegend von Kleinbauern und ihren Familien bestellt. Obwohl auf Kreta der Durchschnittsbetrieb kleiner ist als sonst im Land, liegt das landwirtschaftliche Einkommen höher als im griechischen Durchschnitt. Der Ausbau des Straßennetzes und der Fährschiffverbindungen sowie der Gewächshausanbau führten dazu, dass heute landwirtschaftliche Produkte, die früher für den Eigenbedarf bestimmt waren, zum Großteil nach Athen und nach Mitteleuropa ausgeführt werden. Hauptexportprodukte sind Apfelsinen und Zitronen. Getreide muss Kreta allerdings importieren, was vor allem darauf zurückzuführen ist, dass heute überwiegend Früchte und Gemüse kultiviert werden.
Oliven	Oliven sind das wichtigste Anbauprodukt der kretischen Landwirtschaft, aus dem Olivenöl von hervorragender Qualität gewonnen wird. Die Früchte sind zum großen Teil für den eigenen Verzehr bestimmt. Das Olivenöl, mit dem die Kreter ausschließlich kochen und dessen Verbrauch etwa doppelt so hoch ist wie in Italien, wird überall in Griechenland geschätzt. Es wird in Ölmühlen gepresst, die meist genossenschaftlich organisiert sind. (*Baedeker Special* S. 205)

Oliven gehören seit Jahrtausenden zu den wichtigsten Anbauprodukten Kretas.

Von großer Bedeutung ist auch der Traubenanbau, der neben Wein – bekannt ist der Retsina – vor allem Tafeltrauben sowie Rosinen und Sultaninen umfasst. Die Weine, denen keine chemischen Mittel zugesetzt werden, sind von guter Qualität und Verträglichkeit. Wichtige Anbaugebiete sind der Bezirk von Iráklion – bei Archánes wächst die berühmte Rosakitraube – und der Osten der Insel. Die Rosinenherstellung wurde von in den letzten Jahrzehnten eingewanderten kleinasiatischen Siedlern auf der Insel eingeführt, die inzwischen der viertgrößte Rosinenexporteur der Welt ist. Der Bedarf der Kreter an diesem Tockenobst ist gering, Hauptabnehmer ist Deutschland.

Traubenanbau

In der Landwirtschaft ist der Gemüseanbau wichtig, der vor allem in den nördlichen Küstenebenen Westkretas, in der Gegend von Iráklion, in der Messará, dem wichtigsten Anbaugebiet Kretas, und in der Ebene von Ierápetra betrieben wird. Die Hauptprodukte sind Tomaten, Melonen, Gurken, Bohnen, Kürbis, Pfeffer, Auberginen und Avocados. Auf der Lassíthi-Hochebene gedeihen vor allem Kartoffeln, Gurken und Getreide. Die wichtigsten Anbaugebiete für Zitrusfrüchte (Orangen, Mandarinen, Zitronen) liegen im Süden und bei Chaniá im Westen. Eine gewisse Bedeutung haben noch die Früchte des Johannisbrotbaumes und Bananen, die bei Mália und Árvi wachsen.

Gemüse- und Obstanbau

In zunehmendem Maß geht man zur Bewässerung der landwirtschaftlichen Flächen über, wobei die traditionellen Windräder durch Motorpumpen ersetzt werden. Außerdem hat man eine riesige Anzahl von Gewächshäusern aus Kunststofffolien erstellt, die

Gemüse- und Obstanbau (Fts.)	eine ganzjährige Produktion von Nahrungsmitteln ermöglichen. Dadurch konnte der Export von Gemüse enorm gesteigert werden.
Tierhaltung	Ein weiterer wichtiger Wirtschaftszweig ist die Viehzucht. An Nutztieren werden vorwiegend Ziegen, Schafe, Schweine und Hühner gehalten. Im Sommer treiben die Hirten ihre Ziegen- und Schafherden zum Weiden bis in die Hochgebirgsregionen hinauf. Etwa die Hälfte des kretischen Bodens ist Weideland. Durch die Tiere, die auch Bäume und Büsche fressen, kommt es zur Überweidung und zur zunehmenden Verkarstung des Landes. Erst allmählich setzt hier ein Umdenken ein. Sehr gefragt ist der Schafs- und Ziegenkäse, der sich durch hervorragende Qualität und guten Geschmack auszeichnet.

Industrie

Allgemeines	Die Industrie ist auf Kreta nicht von Bedeutung, denn es sind kaum Rohstoffe vorhanden. Diese werden zur Verarbeitung eingeführt und danach wieder exportiert. Es gibt fast nur Nahrungs- und Konsumgüterindustrie (Seifenfabriken, Ölpressen, Weinkeltereien, Getränkeindustrie und Möbelwerkstätten), und zwar überwiegend in Iráklion.
Bodenschätze	Die vorkommenden Bodenschätze – Eisen, Kupfer, Zink, Blei, Magnesium, Kreide und Braunkohle – werden bis auf Gips wenig ausgebeutet.
Handwerk	Eine wichtigere Rolle als die Industrie spielen die Handwerksbetriebe mit meist nur wenigen Arbeitskräften. Man findet Metallverarbeitung, Spinnereien, Webereien, Stickereien und Töpfereien. Die kunsthandwerklichen Produkte werden hauptsächlich für den Tourismus hergestellt.
Handel	Zahlreiche Bewohner Kretas sind im Handel beschäftigt, wobei die Ertragslage der vielen Geschäfte oft nicht sehr gut ist.
Tourismus	Der Tourismus ist der dynamischste Sektor der kretischen Wirtschaft, begünstigt durch das milde, sonnenreiche Klima und zahlreiche archäologische Stätten. Die Zahl der Besucher erreicht inzwischen jährlich mehr als zwei Millionen. Die Hotelkapazitäten wurden enorm ausgebaut. Vor allem die Küste zwischen Iráklion und der Bucht von Mália sowie Ágios Nikólaos erschloss man für den Fremdenverkehr. Inzwischen wurde jedoch für diese Städte ein Baustopp für Hotels verordnet. Die Orte, wo es keine größeren Hotels gibt, verfügen über ein großes Angebot von Pensionen und Privatzimmern. Der Tourismus bringt jedoch auch Probleme mit sich. Die jungen Leute arbeiten lieber in der Gastronomie als auf dem Feld, was zur Folge hat, dass die Dörfer verlassen werden und längerfristig die Landwirtschaft vom Niedergang bedroht ist.

Geschichte

Aus der Jungsteinzeit stammen die ersten Siedlungsspuren auf Kreta. Zu dieser Zeit bevölkern Jäger und Sammler die Insel.
Mit der Sesshaftigkeit von Siedlern, die wohl aus Anatolien und/oder Afrika kommen, beginnen Ackerbau und Viehzucht sowie die Herstellung von Gebrauchskeramik. Feste Häuser aus Bruchsteinen oder luftgetrocknetem Lehm werden gebaut. Die sich herausbildende Sozialstruktur ist dörflich geprägt, und in der Religion herrschen Fruchtbarkeitskulte vor.

Neolithikum (6000 – 3100 v. Chr.)

In der Vorpalastzeit (Frühminoisch I – III) ist seit dem 3. Jahrtausend die Herstellung und der Gebrauch von Bronzegegenständen sowie die Einführung der Töpferscheibe, mit der man u. a. die Schnabelkannen formen kann, von besonderer Bedeutung. Neben einfachen Bauten aus Lehmziegeln gibt es auch ein- bis zweigeschossige palastartige Gebäude. Die Toten werden in Kammergrabanlagen beigesetzt. In diesen Grabanlagen fand man z. B. in Móchlos filigranen Goldschmuck in stilisierten Blatt- und Blütenformen.

Vorpalastzeit (3100 – 2100 v. Chr.)

Alte Palastzeit (2100 – 1700 v. Chr.)

Um 2100 v. Chr., zu Beginn der Alten Palastzeit (Mittelminoisch I – III), festigt Kreta seine Vorherrschaft im Ägäischen Meer. In Knossós, Festós, Mália und andernorts werden Paläste errichtet als mehrgeschossige Bauten mit ausgedehnten Hofanlagen und zahlreichen Räumen. Die Keramik im sogenannten Kamáres-Stil zeichnet sich durch ornamentale Bemalung aus, z. B. durch feines Spiraldekor. Auch die Siegelschneidekunst steht in hoher Blüte. Aus der anfänglichen Hieroglyphenschrift, die von Forschern teils als eigenständige minoische Leistung teils als ägyptischer Import beurteilt wird, bildet sich langsam die Linearschrift (Linear A) heraus. Um 1700 v. Chr. kommt es zu einem abrupten Ende dieser Kulturstufe, vermutlich als Folge eines starken Erdbebens, das erhebliche Zerstörungen auf der Insel anrichtet.

Diskos von Festós

Neue Palastzeit (1700 – 1400 v. Chr.)

Mit dem Wiederaufbau der Paläste beginnt die Neue Palastzeit (Spätminoisch I – III a), die zur

Baedeker SPECIAL

Die weibliche Wiege Europas

Die minoische Kultur, die älteste Hochkultur Europas, übt in ihrer Fremdartigkeit eine große Faszination aus, weil sie immer noch viele Geheimnisse birgt. Sie weist starke matriarchalische Züge auf.

Unser Kontinent hat seinen Namen von jener phönikischen Prinzessin Europa, die Zeus in Gestalt eines Stieres nach Kreta entführte und mit der er drei Söhne, das Herrschergeschlecht der Minoer, zeugte. Auch der griechische Göttervater Zeus selbst wurde auf der Insel geboren und wuchs hier auf. Diese und weitere auf Kreta spielende mythologische Geschichten deuten darauf hin, daß die europäische Kultur ihre Wurzeln hier hat. Um das zweite Jahrtausend vor unserer Zeitrechnung entstand auf Kreta, am Schnittpunkt der Hochkulturen von Ägypten und Mesopotamien, eine neue, eine "europäische" Kultur. Mit der minoischen Kultur entwickelte sich die älteste Hochkultur Europas, die auf das griechische Festland und weiter ausstrahlte. Sie ist deswegen so faszinierend, weil das Minoische immer noch ein großes Geheimnis darstellt. Diese Kultur ist zerstört, nur wenige Mauerreste und schwer faßbare Mythen zeugen von ihr. Da sie keine Fortsetzung fand, bleibt sie uns fremdartig. Es ist kaum möglich, eine Verbindung zwischen unseren abendländischen Traditionen, die von der griechisch-römischen Welt geprägt sind, und den Minoer herzustellen.

Rätselhafte Kultur

Viele Fragen stellen sich bei der Besichtigung der minoischen Ausgrabungsstätten, sie können oft auch von Archäologen nicht hinreichend beantwortet werden. Gefallen dem Besucher auch viele Zeugnisse dieser Kultur – wie etwa die bezaubernden Wandmalereien –, so bleibt ihm doch ihr Sinn verborgen. Aber gerade dieses Geheimnisvolle übt eine außergewöhnliche Faszination aus. Welcher Art war diese rätselhafte Kultur? Es ist heute unbestritten, daß die Frau eine herausragende Stellung in der minoischen Religion und Gesellschaft einnahm. So stand die Große Göttin im Mittelpunkt der religiösen Anschauungen. Weitere Indizien für eine matriarchale Gesellschaft sind die außergewöhnliche Friedfertigkeit und die Dominanz des "weiblichen Geschmacks" (Pflanzen, Tiere). Die Männer spielten eher untergeordnete Rollen. Fraglich ist noch, ob eine Priesterkönigin re-

Minoische Schlangengöttin

giert hat. Was macht nun die minoische Kultur aus? Es sind weder gewaltige Bauwerke, noch materielle Schätze, noch militärische Taten oder politische Erfolge. Vielmehr ist es eine Kultur voller Schöpferkraft, Phantasie und geistiger Fähigkeiten und damit eine Kultur im echten Sinn.

Neue Palastzeit (Fortsetzung)

höchsten Entfaltung der minoischen Kultur führt. Die Ausweitung des Fernhandels erfolgt bis nach Sizilien, Ägypten und in den Vorderen Orient. Mehrstöckige, aufwendig ausgestattete Palastanlagen mit großen Innenhöfen als Verwaltungs-, Wirtschafts- und Kultzentren unabhängiger Fürsten entstehen in Knossós, Festós, Mália und Zákros. Die Einwohnerzahl steigt auf schätzungsweise 200 000 bis 250 000 Menschen an, die offenbar friedlich zusammenleben, da es keine Wehrbauten gibt. Große Städte mit mehrräumigen Wohnbauten in Palastnähe, Gutshöfe und Landhäuser werden auf der Insel errichtet.

Intensiver Ackerbau, Ziegen- und Schafzucht in Verbindung mit Vorratswirtschaft sichern die Ernährungsgrundlage. Die Metallverarbeitung mit Schmelzöfen und fortschrittlichen Guss- und Schmiedetechniken liefern hervorragende Bronzeerzeugnisse. Die Keramikherstellung floriert und bringt äußerst vielgestaltige Gefäßformen hervor, die aufwendige Bemalungen und plastische Applikationen erhalten. Die Holzgewinnung kommt dem Haus- und dem Schiffsbau zugute. Eine große Handelsflotte sorgt für regen Im- und Export. Eingeführt bzw. eingetauscht werden vor allem Metalle wie Gold und Silber, Kupfer und Zinn gegen Inselprodukte wie Öl, Wein, Honig, Keramik und Waffen. Sehr gut ausgebildete Handwerker und eine fähige Beamtenschaft, die die Linear-A-Schrift beherrscht, garantieren Qualität im Handel und Effektivität in der Verwaltung. Im religiösen Bereich herrscht anfänglich der erdverbundene Naturglaube in Berg- und Höhlenheiligtümern vor, der zunehmend vom Schlangen- und Stierkult überlagert wird. Um 1628 kommt es zu dem Vulkanausbruch von Thera (Santorin), der durch Flutwellen und Aschenregen auch einige Gebiete Kretas verwüstet.

Mykenische Herrschaft (1400 – 1200 v. Chr.)

Gesellschaftliche Konflikte und Rückgang des Handels schwächen die minoische Zivilisation, so dass die vom griechischen Festland vordringenden Mykener Teile der Insel erobern und beherrschen können (Spätminoisch III a – c). Während einige Paläste zerstört und aufgegeben werden, bleibt Knossós auch in mykenischer Zeit Herrschaftszentrum, doch setzt allgemein ein Rückgang in der handwerklichen und künstlerischen Produktion ein. Befestigte Burgen und Megaronanlagen der neuen Herren bestimmen die Baukunst. Als besondere Leistung der Mykener ist die Weiterentwicklung der Schrift zur so genannten Linear-B-Schrift als Vorläufer des griechischen Alphabets hervorzuheben. Mit der endgültigen Zerstörung des Palastes von Knossós (1200 v. Chr.) endet die minoische Zivilisation, ob durch eine Naturkatastrophe oder durch fremde Eroberer ist ungeklärt.

Nach-Palastzeit (1200 – 1000 v. Chr.)

Flucht- und Wanderungsbewegungen führen zu starken gesellschaftspolitischen und wirtschaftlichen Veränderungen. Stämme der Äolier und Ionier gelangen vorübergehend in die Inselwelt der Ägäis, richten Zerstörungen an und verdrängen die alteingesessene Bevölkerung.

Protogeometrische und geometrische Epoche

Dorische Einwanderer gelangen auf die Insel und bringen neue Sitten und Gebräuche mit. Eine strenge Militärhierarchie setzt sich in Gesellschaft und Politik durch. Zahlreiche neue Siedlungen entstehen meist in Hanglage oder auf Bergkuppen mit separatem Hafen.

Protgeometrische und geometrische Epoche (1000 – 700 v. Chr.; Fortsetzung)

In der Metallverarbeitung wird vorwiegend das Eisen genutzt, aus dem Waffen hergestellt werden, während in der Kleinkunst nach wie vor Bronze verwendet wird. In der Gefäßkeramik setzt sich ein neuer Dekorationsstil durch mit geometrischen Mustern aus konzentrischen Ringen und Kreuzformen. Anstelle der Erdbestattung kommt die Leichenverbrennung in Gebrauch. Der personifizierte Götterglaube ersetzt zunehmend die Naturreligion. In der Erzähl- und Dichtkunst werden die griechisch-kretischen Mythen und Sagen geprägt um König Minos, den Minotauros und das Labyrinth, Ariadne und Theseus und das Zeuskind in der Idäischen Grotte.

Orientalisierende Epoche (700 – 620 v. Chr.)

Auf Kreta bildet sich ein System von miteinander konkurrierenden Stadtstaaten heraus. Durch die Handels- und Schiffahrtsverbindungen mit Rhodos, Zypern und der kleinasiatischen Küste gelangen orientalische Kunstformen auf die Insel. Aus dem syrisch-phönikischen Raum wird das Schriftsystem übernommen und als griechisches Alphabet weiterentwickelt, wenngleich in Ostkreta noch lange eine als eteokretisch bezeichnete Schriftsprache minoischen Ursprungs in Gebrauch ist, die bis heute nicht entziffert worden ist.

Archaische Zeit (620 – 480 v. Chr.)

Kreta bleibt in zahlreiche kleine Stadtstaaten aufgeteilt, die wohl im wesentlichen nach dem Vorbild der griechischen Polis organisiert sind. Górtis, Knossós und Kydonía (Chaniá) zählen zu den mächtigsten Städten. Der Handel mit der übrigen Mittelmeerwelt kommt allmählich zum Erliegen.

Klassik

Weder an den politischen Ereignissen der griechischen Antike noch an der Blüte der Kunst in der Zeit der Klassik hat Kreta einen

Das Stadtrecht von Gortys ist das älteste europäische Gesetz.

nennenswerten Anteil. Die Kreter verbünden sich nicht mit den übrigen Griechen gegen die Perser und ergreifen im Peloponnesischen Krieg nicht Partei für Athen oder Sparta, sondern zerreiben sich in endlosen Kleinkriegen untereinander. Auf der anderen Seite gibt es Beziehungen zur Argolis und zu Sparta. Die griechische Rechtstradition findet in Górtys eine Heimat, wo sich 12 für die Zeit sehr fortschrittliche Gesetzestexte als sogenanntes Stadtrecht von Górtys, in einem kretisch-dorischen Dialekt verfasst, auf Steintafeln aus dem 5. Jh. v. Chr. erhalten haben.

Klassik (Fortsetzung)

Die Eroberungszüge Alexanders des Großen betrachten die Kreter mit Skepsis und erlauben sogar seinen Gegnern, z. B. den Persern und dem König von Sparta, auf ihrer Insel Unterschlupf zu finden. Wechselnde Bündnisverträge vor allem der westkretischen Städte mit auswärtigen Herrschern haben das wiederholte, doch meist nur vorübergehende Eingreifen fremder Herren auf der Insel zur Folge. Lediglich zu Sparta intensivieren sich im Lauf der Zeit die Beziehungen einiger kretischer Städte.

Hellenismus (330 – 67 v. Chr.)

Die miteinander rivalisierenden Städte Knossós und Górtys versuchen, sich auf eine Teilung der Insel in zwei Einflusssphären zu einigen, scheitern aber am Widerstand kleinerer Städte, von denen Lyttos nach heftigem Kampf besiegt und zerstört wird. Die innerkretischen Konflikte bewirken das Eingreifen der Großmächte, doch die griechische Welt ist durch den Bundesgenossenkrieg stark geschwächt. Dem mächtigen König Philipp V. von Makedonien gelingt es nur für kurze Zeit, Kreta zu einem Bundesstaat zu machen.

220 – 217 v. Chr.

Die Hegemoniebestrebungen des makedonischen Königs rufen die Römer auf den Plan. König Philipp V. muss sich ihnen im Jahr 197 v. Chr. unterwerfen, und 184 v. Chr. erscheint eine römische Senatskommission auf Kreta, um Streitigkeiten zu schlichten. Mehr und mehr greifen nun die Römer ins östliche Mittelmeer aus und betrachten Kreta als einen wichtigen Flotten- und Handelsstützpunkt. Die Inselbewohner selbst gelangen als Söldner zu bescheidenem Wohlstand und machen mit der Piraterie gute Geschäfte.

Um 200 v. Chr.

Im Rahmen der mediterranen Expansionspolitik und zur Unterbindung der Seeräuberei versucht der römische Konsul Marc Antonius die bis dahin autonom gebliebene Insel zu besetzen, scheitert aber am erbitterten Widerstand der Kreter.

74 v. Chr.

Der römische Feldherr Quintus Caecilius Metellus, der den Beinamen "Creticus" erhielt, erobert von 69 bis 67 v. Chr. Kreta, das fortan als Provincia Creta zum Römischen Reich gehört. Nach dem römischen Bürgerkrieg fällt die kretische Provinz 42 v. Chr. Marcus Antonius zu und erhält unter Augustus den Status einer Senatsprovinz, zu der Kreta mit der Kyrenaika vereint wird. Die neue Hauptstadt der Insel ist Górtys, wo der römische Statthalter seinen Sitz hat. Tempel, Aquädukte, Häuser und Landvillen entstehen in verschiedenen Teilen Kretas. In Knossós werden Ländereien an Soldaten vergeben, die der neuen Siedlung zu Wohlstand verhelfen.

Römische Zeit (67 v. Chr. – 337 n. Chr.)

Der Apostel Paulus soll in dieser Zeit in Kalí Liménes gelandet sein und das Christentum auf die Insel gebracht haben, das in der Folgezeit von Kretas erstem Bischof Titus, möglicherweise der Adressat des paulinischen Titusbriefes der Bibel, weiterverbreitet wird.

59 n. Chr.

Die Christenverfolgungen unter den römischen Kaisern Decius und Valerian fordern auch auf Kreta ihre Opfer mit den "Heiligen Zehn"

Um 250

Römische Zeit (Fortsetzung)	("Ágioi Déka"), jenen zehn Bischöfen, die der Überlieferung nach hingerichtet werden, weil sie an einer heidnischen Tempeleinweihung nicht teilnehmen wollen. Allerdings ist die Anzahl der kretischen Bischöfe in frühchristlicher Zeit nicht gesichert. Frühe Bischofssitze sind in Górtis, wo sich auch die Titusbasilika ursprünglich befunden hat, in Knossós und Kydonia (Chaniá) nachweisbar, aber erst im 8. Jh. sind zwölf Bistümer wirklich bezeugt.
311	Durch ein Edikt des Kaisers Galerius in Thessaloníki erlangt das Christentum staatliche Anerkennung und wird auf Kreta stärker an die östliche Reichshälfte gebunden trotz der fortbestehenden Kirchenhoheit der römischen Päpste.
Erste byzantinische Periode (337 – 826/827)	Im Rahmen der Verwaltungsreform des Römischen Reiches verlegt Kaiser Konstantin seinen Amtssitz im Jahr 330 nach Konstantinopel und schließt 337 die neue Pronvinzialeinteilung ab, so dass Kreta fortan zur Praefectura praetoria Illyrici, Italiae et Africae gehört. Mit der endgültigen Teilung des Römischen Reiches 395 kommt Kreta unter die Oberhoheit des oströmisch-byzantinischen Reiches, das die Insel als militärischen Stützpunkt nutzt und mit Verwaltern besetzt. Im Verlauf des 5. und 6. Jh.s entstehen zahlreiche Kirchenbauten in Form großer Basiliken, die jedoch während der Araberzeit weitgehend zerstört werden. Im 7. Jh. greifen die Araber ins Mittelmeer aus und gefährden den Handel durch Seeräuberei, können sich aber auf Kreta zunächst nicht dauerhaft festsetzen. Im Jahr 731 verstärken sich die kirchenpolitischen Bande Kretas zur Ostkirche, denn die Inselbischöfe werden dem Patriarchen von Konstantinopel unterstellt.
Arabische Besetzung (826/827 – 961)	Die Araber landen unter ihrem Anführer Abu Hafs Omar an der Südküste Kretas und zerstören die antike Stadt Górtis. Sie gründen an der Stelle der heutigen Stadt Iráklion al Khandaq. Die Bevölkerung wird von den Besatzern ausgebeutet und unterjocht. Mehrere Versuche von Byzanz, die Insel wiederzuerobern, schlagen fehl.
Zweite byzantinische Periode (981 – 1204)	Der byzantinische Feldherr Nikephóros Fokás erobert nach einer halbjährigen Belagerung von Iráklion Kreta zurück. Die Kirche wird reorganisiert, und eine Rechristianisierung der vom christlichen Glauben abgefallenen Bewohner findet statt. Siedler vom Festland, von den Inseln und Kleinasien lassen sich auf Kreta nieder. Die Feudalherrschaft wird begründet. Die Insel erlebt eine wirtschaftliche Blütezeit. Ende des 12. Jh.s kommen Genuesen hierher und bauen zum Schutz ihres Handels einige Befestigungsanlagen.
Venezianische Zeit (1204 – 1669)	Nachdem Byzanz beim vierten Kreuzzug zerstört wurde und Bonifatius von Montferrat Kreta erhalten hat, verkauft er die Insel an Venedig. Die neuen Herren nennen die Hauptstadt (das heutige Iráklion) und die Insel Candia. Große Ländereien werden an Venezianer und später auch an griechische Archonten vergeben, was mit der Zuweisung eines Wohnsitzes in der Hauptstadt verbunden ist. Die Landbevölkerung muss hohe Steuern zahlen sowie Schanz- und Ruderdienste auf den Galeeren verrichten. Die vorherrschende Glaubensrichtung ist zumindest in den Städten der Katholizismus, aber auch die orthodoxe Kirche wird toleriert. Schon bald beginnen die Aufstände der Landbevölkerung gegen die Fremdherrschaft, an denen sich auch Venezianer beteiligen. Die Re-

aktion Venedigs darauf besteht zum einen in der Vertreibung der Bevölkerung aus den Aufstandsgebieten, vor allem aus der Sfakía und der Lassíthi, deren Wiederbesiedlung verboten wird, andrerseits in Reformen.	**Venezianische Zeit** (Fortsetzung)
Als im Lauf der Jahrhunderte die venezianische Herrschaft gemäßigter wird, entwickelt sich allmählich eine Blütezeit auf der Insel, und zwar auf den Gebieten der Kunst, vor allem der Literatur und Malerei, sowie der Wissenschaft. So stammt wahrscheinlich der berühmte Maler Doménikos Theotokópulos, genannt El Greco, aus Kreta.	
Die Insel wird immer öfter von türkischen Piraten überfallen. So plündert im Jahr 1538 der berühmte Pirat Chaireddin Barbarossa 80 Häfen und Ortschaften. Aufgrund dieser Ereignisse wird der Bau von Festungen an der Küste verstärkt.	16. Jh.
Die Türken erobern 1645 als erste Stadt Chaniá und 1646 Réthymnon. Mit dem Fall von Iráklion (1669), das elf Jahre lang belagert wird, ist Kreta endgültig unter türkischer Herrschaft.	17. Jh.
Die türkische Herrschaft ist eine noch schlimmere Zeit der Unterdrückung für Kreta. Die Insel wird islamisiert; nur in entlegenen Gebirgsregionen kann sich die orthodoxe Kirche noch halten. Diese Regionen, in die viele Flüchtlinge kommen, versuchen die Türken oft zu unterwerfen. Die Bevölkerung muss hohe Steuern entrichten und leidet unter dem Druck der Janitscharen. In landwirtschaftlich prosperierenden Gebieten lassen sich türkische Großgrundbesitzer nieder.	**Türkische Zeit** (1669 – 1898)
Die Venezianer versuchen vergeblich, Kreta wieder zurückzuerobern. Sie können jedoch nur noch Souda, Gramvousa und Spinalónga bis zum Jahr 1715 halten.	1692
Verschiedene Aufstände – bekannt ist vor allem der von 1770 unter Daskalojánnis – werden niedergeschlagen.	18. Jh.
Bei der Bildung des unabhängigen griechischen Staates wird die Insel von den Großmächten Großbritannien, Russland und Frankreich der Verwaltung Ägyptens unterstellt.	1832
Nach der Wiederherstellung der vollen Herrschaft der Türken über Kreta kommt es zu einer Reihe von blutigen Revolutionen (1858, 1866 – 1869, 1878, 1889, 1896 – 1898), wobei von den Aufständischen eine Vereinigung mit Griechenland angestrebt wird. Der berühmteste Aufstand, der ein grausames Ende nahm, findet 1866 im Kloster Arkádi statt.	1840 – 1898
Die Revolte von 1889, die bürgerkriegsähnliche Ausmaße annimmt, bildet den Hintergrund für den Roman "Freiheit oder Tod" (1953) des berühmten kretischen Dichters Níkos Kasantzákis. Erst 1898, nach mehreren erfolglosen Versuchen, gelingt es den Großmächten Großbritannien, Frankreich und Rußland, den Abzug der Türken aus Kreta zu erzwingen. Die Insel erhält einen autonomen Status unter dem Hochkommissar Prinz Georg von Griechenland, bleibt aber unter der Souveränität des Osmanischen Reiches. (▶ *Baedeker Special* S. 178/179)	
Im Zug einer erneuten Revolte 1906 unter Führung des liberalen Politikers Eleftérios Venizélos mit dem Ziel der Vereinigung Kretas mit Griechenland wird Prinz Georg zur Abdankung gezwungen. Venizélos wird 1910 griechischer Ministerpräsident, und 1913 erfolgt der Anschluss Kretas an Griechenland.	1906 – 1913

Kloster Arkádi: Schauplatz eines blutigen Aufstandes gegen die Türken

1914 – 1920	Im Ersten Weltkrieg bewahrt König Konstantin I. strikte Neutralität. Da Venizélos hofft, mit Hilfe der Entente Gebiete von den Türken zu gewinnen, zwingt er den König zur Abdankung. Er erklärt den Mittelmächten, zu denen die Türkei gehört, den Krieg. Obwohl griechische Truppen wenig zum Einsatz kommen, kann Venizélos nach dem Krieg griechische Gebietserweiterungen herausschlagen.
"Kleinasiatische Katastrophe" (1922)	Der von Venizélos aus der Wahnidee von einem Großgriechenland angezettelte Krieg gegen die Türkei (1920 – 1922) endet mit der "Kleinasiatischen Katastrophe", als deren Resultat Griechenland im Austausch gegen 600 000 Türken 1,5 Mio. Griechen aus Kleinasien aufnehmen muss. So verlassen alle Türken Kreta, und kleinasiatische Flüchtlinge kommen auf die Insel.
Zwischenkriegszeit	Im Jahr 1925 wird unter Venizélos die Monarchie abgeschafft. Infolge der Weltwirtschaftskrise, die auch Griechenland trifft, wird die Monarchie wiederhergestellt; König wird Georg II. (Reg. 1922 – 1923 und 1935 – 1946). General Ioánnis Metaxas beseitigt 1938 das Parlament und errichtet eine vom König gebilligte Diktatur, die von Geheimdienst, Zensur und nationalistischer Ideologie geprägt ist.
Zweiter Weltkrieg	Nach der deutschen Eroberung Griechenlands ziehen sich die britischen Truppen nach Kreta zurück, um sich die strategisch wichtige Insel zu sichern. Am 20. Mai 1941 beginnt das deutsche Unternehmen "Merkur", die bis dahin größte Luftlandeoperation der Geschichte. Überall stoßen die Deutschen auf härteste Gegenwehr der Briten und erleiden große Verluste. Nur unter rücksichtslosem Einsatz von Menschen und Material können sie die Briten allmählich

zurückdrängen. Am 23. Mai erreichen die Kämpfe ihren Höhepunkt, und am 26. Mai wird der Befehl zur Evakuierung der Briten und Griechen gegeben. Am 1. Juni 1941 ist Kreta in der Hand der deutschen und der zwischenzeitlich im Osten der Insel gelandeten italienischen Truppen.
Die Bewohner leiden unter der harten, dreieinhalb Jahre dauernden Besatzung, die Terror, Folter und Spitzelwesen mit sich bringt. In den Jahren 1941/1942 kommt es zu einer großen Hungersnot. Viele Kreter kämpfen als Partisanen zusammen mit dem britischen Geheimdienst gegen die Besatzer, was zu Zwangsarbeit und Vergeltungsaktionen führt.

Zweiter Weltkrieg (Fortsetzung)

Der Zweite Weltkrieg geht in Griechenland und besonders auf Kreta in einen grausamen und blutigen Bürgerkrieg zwischen der Regierung und links bzw. kommunistisch orientierten Gruppen über. Auf der Insel werden viele kommunistische Partisanen von den Regierungstruppen hingerichtet.
Durch den Bürgerkrieg verlieren mehr Griechen ihr Leben als durch den Zweiten Weltkrieg. Während dessen kehrt König Georg II. nach einer Volksabstimmung 1946 zurück, nach seinem Tod 1947 wird sein Bruder als Paul I. König. 1949 gelingt den Regierungstruppen der entscheidende Sieg am Berg Grammos (an der Grenze zu Albanien).

Bürgerkrieg (1945–1949)

Infolge des NATO-Beitritts Griechenlands wird Kreta zum bis heute auf der Insel umstrittenen, wichtigen Militärstützpunkt des Bündnisses.

NATO-Beitritt (1951)

1967 putscht der Obrist Georgios Papadopoulos vor den anstehenden Neuwahlen unter dem Vorwand einer kommunistischen Bedrohung. Die Militärdiktatur verbietet Parteien, schränkt die Bürgerrechte ein und bringt Tausende von Regimegegnern in berüchtigte Konzentrationslager. Konstantin II., seit 1964 König, versucht im selben Jahr vergeblich einen Gegenputsch und flieht nach Rom.
Nach der blutigen Niederschlagung einer Studentenrevolte in Athen durch die Armee 1973 gibt es einen weiteren, noch rücksichtsloseren Militärputsch, in dem Papadoulos gestürzt wird. 1974 versucht die Militärjunta Zypern ganz in griechische Gewalt zu bringen, was fehlschlägt. Die international isolierte Junta muss zurücktreten.
Bei der Volksabstimmung über die Monarchie in Griechenland stimmen 70% aller Griechen, aber 90% der Kreter gegen die Monarchie. Der ehemalige Ministerpräsident Karamanlis wird aus dem Exil zurückgerufen.

Militärdiktatur (1967–1974)

Mit Karamanlis "Regierung der nationalen Einheit" normalisieren sich die politischen Verhältnisse. 1975 tritt eine neue demokratische Verfassung in Kraft, in der die Grundrechte verankert sind.

Neue Republik

Bei den Parlamentswahlen am 18. Oktober 1981 erreicht die Panhellenische Sozialistische Bewegung (PASOK) die absolute Mehrheit, und ihr Führer Andréas Papandréou wird neuer Ministerpräsident. Auch aus den vorgezogenen Parlamentswahlen am 2. Juni 1985 geht die PASOK erneut als Siegerin hervor. In beiden Wahlen liegt ihr Stimmenanteil auf Kreta überdurchschnittlich hoch.

1981/1985

1989	Bei den Parlamentswahlen (18. Juni) verliert die PASOK ihre Vormachtstellung. Nach Neuwahlen (5. November) wird eine Allparteienkoalition unter Xenophón Zolóthas gebildet.
1990	Die Allparteienregierung zerbricht (12. Februar). Bei neuerlichen Parlamentswahlen (8. April) verfehlt die konservative Partei Nea Dimokratia (ND) die absolute Mehrheit um eine Stimme. Mit seinem Übertritt zur ND verhilft ein Abgeordneter der Partei Demokratische Erneuerung (DEANA) der ND zur Mehrheit, die eine Regierung unter Konstantínos Mitsotákis bildet.
1993	Bei den vorgezogenen Neuwahlen zum Parlament (10. Oktober) erlangt die PASOK die absolute Mehrheit der Mandate, und Papandréou wird erneut Ministerpräsident.
1996	Papandréou tritt aus gesundheitlichen Gründen von seinem Amt zurück, und neuer Ministerpräsident wird Kostas Simitis. Bei den Parlamentswahlen am 22. September erhält die PASOK knapp die Mehrheit.

Berühmte Persönlichkeiten

Der Dramatiker Georgios Chortátzis lebte um die Wende vom 16. zum 17. Jh. in Réthymnon. Er gilt als Verfasser der Komödie "Katzurbos", des Anfang des 17. Jh.s entstandenen Liebesdramas "Erophile" (1637 in Venedig gedruckt) und des Schäferdramas "Panoria". "Erophile" gehört zu den Werken, die den Ruf der kretischen Dichtung im 17. Jh. begründeten. Die Theaterdichtung auf der Insel war zwar von italienischen und französischen Vorbildern beeinflusst, erhielt jedoch durch vorherrschende lyrische Passagen ein eigenes Gesicht.

Georgios Chortátzis (Ende 16. Jh./ Anfang 17. Jh.)

Vom Leben des Michael Damaskinós (Michele Damasceno), des Hauptvertreters der kreto-venezianischen Malerei, ist wenig bekannt. So weiß man nur, dass er aus Iráklion stammt, wo er an der bedeutenden Hochschule der Mönche vom Berg Sinai in der Agía-Ekateríni-Kirche studierte. Im Jahr 1577 berief ihn die griechische Kolonie von Venedig dorthin und beauftragte ihn, in der Kirche Giorgio dei Greci künstlerische Arbeiten auszuführen. Später wurde dem Maler die gesamte Innendekoration der Kirche übertragen. Nach einem Aufenthalt auf Korfu kehrte er nach Kreta zurück. Einige seiner bekanntesten Werke sind im Ikonenmuseum in Iráklion ausgestellt.

Michael Damaskinós (1535 – 1591)

Der Freiheitskämpfer Ioánnis Vláchos, wegen seiner Bildung Daskalojánnis ("Jannis der Lehrer") genannt, stammt aus Anópolis auf der Sfakiá-Hochebene, die ein Zentrum des Widerstands gegen die Türken bildete. Er war der wichtigste Führer der Revolution von 1770, für die er sein ganzes Vermögen verwendete. Daskalojánnis ging auf Sicherheitsversprechen hin zu Friedensverhandlungen mit den Türken nach Iráklion, die ihn jedoch 1770 gefangen nahmen und bei lebendigem Leib häuteten. Sein Bruder war bei der Hinrichtung anwesend und verlor deswegen den Verstand. Der Freiheitskämpfer wurde zum Nationalhelden Kretas.

Daskalojánnis (gest. 1770)

Der Dichter Odysseas Elytis, mit eigentlichem Familiennamen Alepudelis, stammt aus Iráklion, verbrachte seine Jugend in Athen und studierte hier Jura. Bis zu seinem Tod lebte er in dieser Stadt. Er gehörte zum Kreis um G. Seferis, der die neugriechische Dichtung in den 1930-er Jahren erneuerte. 1979 erhielt er den Nobelpreis für Literatur.
Elytis schuf surrealistische Dichtung mit starker Naturverbundenheit, wobei die Besonderheit die gewagte neuartige Metaphorik darstellt. Sein Hauptwerk ist der Gedichtband "To axion esti" (1959), das von Mikis Theodorakis vertont wurde. Weitere Werke von ihm sind: "Ta ro tu erota" ("Lieder der Liebe", 1972), "Maria Nephele"

Odysseas Elytis (2. 11. 1911 – 18. 3. 1996)

Odysseas Elytis ("Maria Nepheli", 1978) und "Hemerologion henos atheatu Apriliu"
(Fortsetzung) ("Tagebuch eines nichtgesehenen April", 1984).

Sir Arthur Evans "Ein kleiner, ganz unglaublich kurzsichtiger Mann, der stets einen
(8. 7. 1851 – dicken Spazierstock trug, um den Weg zu ertasten", so beschreibt
11. 7. 1941) C. W. Ceram den britischen Archäologen Arthur Evans.
Als Korrespondent des "Manchester Guardian" auf dem Balkan bezog Evans Stellung für den Freiheitskampf gegen die türkische Herrschaft. Er ging nach Griechenland, wo er von den Entdeckungen Heinrich Schliemanns, auch durch persönlichen Kontakt, fasziniert wurde. Hieroglyphen-Siegel mit vorphönikischen Schriftzeichen brachten ihn nach Kreta (1893). Der Forscher kaufte mit seinem ererbten Vermögen das Gebiet des sagenhaften Knossós, wo bereits Schürfungen vorgenommen worden waren, und unternahm ab 1900 auf eigene Kosten hier Ausgrabungen. Diese führten zur Entdeckung des Palastes von König Minos mit 2800 Tontafeln in altkretischer Schrift.
Evans war wie besessen von Knossós. In dem vierbändigen Werk "The Palace of Minos" beschrieb er in den Jahren 1922 bis 1935 das Leben im Palast der minoischen Könige. Der Archäologe erstellte aufgrund seiner langjährigen Grabungen eine Chronologie der minoischen Kultur. Evans nahm auch Restaurierungen und Rekonstruktionen vor, die heute jedoch umstritten sind. Seine Forschungen erfuhren weitgehende wissenschaftliche Anerkennung, und er wurde 1911 in den Adelsstand erhoben. Zudem berief man ihn als Professor nach Oxford. In den vier Jahrzehnten bis zu seinem Tod gelang es ihm allerdings nicht, die Schrifttafeln zu entziffern.

El Greco El Greco (spanisch "Der Grieche") wurde als
(um 1541 – 1614) Doménikos Theotokópoulos um das Jahr 1541 wahrscheinlich in Fódele, westlich von Iráklion, geboren. Schon als Kind erlernte er in seiner Heimat die Ikonenmalerei. Als junger Mann kam er nach Venedig, wo er u. a. bei Tizian und Tintoretto in die Lehre ging, und später nach Rom. Da man dort seinen Namen nicht aussprechen konnte, wurde er Il Greco genannt. Seit 1577 lebte und wirkte er in Toledo, wo er sich um Aufträge des spanischen Königs Philipp II. und der Kirche bemühte.
Sein Werk befasst sich überwiegend mit religiösen Themen, doch schuf er auch zahlreiche eindringliche Porträts und Landschaften. Seine Kunst gehört zum Höhepunkt des Manierismus. Charakteristisch sind seine langgestreckten, gewundenen Gestalten, die unwirklich fahle Farbgebung und die irrealen Lichteffekte, die zusammen den Eindruck von Übersinnlichkeit und Vergeistigung erwecken. Gegen die Vermutung, dass die Verzerrungen der Proportionen durch ein Augenleiden bedingt seien, spricht, dass auch die späteren Bilder Tintorettos dieses Merkmal aufweisen. El Greco starb Anfang April 1614 in Toledo.

Níkos Der aus Iráklion stammende Schriftsteller Níkos Kasantzákis ist ei-
Kasantzákis ner der bedeutendsten Vertreter der neugriechischen Literatur.
(18. 2. 1883 – Schon seit frühester Jugend an allen geistigen Strömungen interes-
26. 10. 1957) siert, studierte er zunächst in Athen Jura und anschließend in Paris

Philosophie (u.a. bei H. Bergson) sowie politische Wissenschaften. Nach Griechenland zurückgekehrt, arbeitete er als Ministerialdirektor und bekleidete 1945/1946 ein Ministeramt, von dem er wegen parteipolitischer Auseinandersetzungen zurücktrat. Kasantzákis lebte dann überwiegend in Südfrankreich. Er starb 1957 in Freiburg im Breisgau und fand seine letzte Ruhe auf der Martinengo-Bastion der alten Stadtmauer in Iráklion. Sein umfangreiches Wissen vertiefte Kasantzákis auf ausgedehnten Reisen durch England, Spanien, Russland, Japan und China, von denen er in außergewöhnlichen Reisebüchern berichtet. Außer diesen Reisebeschreibungen schrieb er lyrische und epische Gedichte ("Odyssee", 1938), Erzählungen, Romane, Tragödien mit altgriechischen, frühchristlichen und byzantinischen Stoffen sowie philosophische Prosa. Seine Werke zeichnen sich durch eindringliche Darstellungskraft, unverbrauchte Sprache, lyrische Fülle und philosophische Tiefgründigkeit aus.

Níkos Kasantzákis (Fortsetzung)

In dem nicht zuletzt durch die Verfilmung weltweit bekannt gewordenen Roman "Alexis Zorbas" (1946; ▶ *Baedeker Special* S. 64/65) hat Kasantzákis in zwei Hauptgestalten die beiden Seiten seiner kretischen Persönlichkeit aufgezeigt, einerseits die zivilisierte Gelehrsamkeit und andrerseits die unverbrauchte, ursprüngliche Kraft und Vitalität. Weitere sehr bekannte Romane sind "O Kapetan Michalis" ("Freiheit oder Tod", 1953), in dem der Dichter sehr drastisch den Aufstand von 1889 gegen die Türkenherrschaft schildert, und "Ho teleutaios Peirasmos" ("Griechische Passion", 1954). Dieser Roman wurde im Jahr 1957 von dem Regisseur Jules Dassin in dem Dorf Kritsá bei Ágios Nikólaos ebenfalls verfilmt. Als Übersetzer übertrug Kasantzákis u.a. Werke von Homer, Dante, Goethe, Shakespeare, Darwin, Nietzsche, Rimbaud und García Lorca ins Neugriechische.

Der Epiker und Dramatiker Vitsentsos Kornáros, dessen Geburtsort Sitía ist, schrieb die romanhafte epische Dichtung "Erotokritos" (hg. 1713) – etwa 10 000 Verse in Reimpaaren –, die zu den bedeutendsten Werken der neugriechischen Literatur jener Zeit zählt. Das Werk ist von französischen sowie italienischen Ritterromanen und Dramen beeinflusst. Kornáros gilt auch als Verfasser des religiösen Dramas "Das Opfer Abrahams".

Vitsentsos Kornáros (gest. 1677)

Der Schriftsteller Pantélis Prevelákis studierte Philologie in Paris und Thessaloníki. Von 1939 bis 1975 war er Professor für Kunstgeschichte an der Athener Kunstakademie, blieb jedoch seiner Heimatstadt Réthimnon zeitlebens verbunden.
Prevelákis wurde bekannt durch eine neue geschichtliche Betrachtungsweise, die "Mythistorie", eine Mischung aus historischer Darstellung und subjektiv-mythischer Eindrücke, wie z.B. in dem 1938 erschienenen Roman "Chronik einer Stadt", in der er Réthymnon beschreibt. Das Thema des Romans "Die Sonne des Todes" (1961) ist die Blutrache. Der Schriftsteller ist im Gegensatz zu Kasantzákis zu Unrecht in Vergessenheit geraten. Doch sind beide Dichter für denjenigen, der die kretische Denk- und Lebensweise kennenlernen will, unbedingt zu empfehlen.

Pantélis Prevelákis (18. 2. 1909 – 13. 3. 1986)

Mikis Theodorakis
(geb. 29. 7. 1925)

Der griechische Komponist Mikis Theodorakis wurde zwar auf der Insel Chíos geboren, aber seine Eltern stammen aus Kreta, wodurch er Verbindung zu der Insel hatte. Theodorakis studierte in Athen und Paris (bei Messiaen). Er war mehrmals Abgeordneter im griechischen Parlament und wurde dazwischen nach dem Putsch von 1967, wie schon einige Jahre zuvor, inhaftiert.

Seine von politischem Engagement geprägten Kompositionen, u. a. Orchesterwerke, Ballette, Oratorien, Lieder, Bühnen- und Filmmusik (darunter "Alexis Sorbas", 1964), erlangten durch die Verwendung griechischer Volksmusik sowie durch ihre eingängige Melodik und Rhythmik große Breitenwirkung. Theodorakis sagt selbst von sich, dass die kretische Musik von ausschlaggebender Bedeutung für seine Entwicklung als Komponist gewesen sei.

Eleftérios Venizélos
(23. 8. 1864 – 18. 3. 1936)

Der Jurist, Politiker und Staatsmann Eleftérios Venizélos, in Murnies bei Chaniá geboren, war eine charismatische, bis heute in Kreta sehr verehrte Persönlichkeit, der für die Vereinigung der Insel mit Griechenland kämpfte. 1905 leitete er zur Verwirklichung dieses Ziels den bewaffneten Aufstand von Therisso (bei Chaniá), der allerdings nur zur Ablösung des Statthalters von Kreta führte. Auch ein weiterer Versuch scheiterte, als Venizélos einfach den Anschluss der Insel an Griechenland proklamierte. Als Begründer der griechischen Liberalen Partei wurde er erstmals im Jahr 1910 Ministerpräsident des Landes. Diese Partei strebte die Wiederherstellung eines Großgriechenlands an, das Konstantinopel und die kleinasiatische Küste einschließen sollte. Durch weitreichende innenpolitische Reformen (Bodenreform, Zulassung von Gewerkschaften, Sozialversicherung) schuf Venizélos das moderne griechische Staatswesen.

Außenpolitisch betrieb er die Einigung aller Griechen und die territoriale Ausweitung mit militärischen Mitteln. Zwei Balkankriege (1912/1913) brachten beträchtliche Gebietsgewinne und den endgültigen Anschluss Kretas an Griechenland, doch scheiterten weitere Expansionsversuche am Widerstand der Türken unter Mustafa Kemal Paşa (Atatürk). Nach einem misslungenen Putschversuch gegen die Regierung Tsaldáris ging Venizélos nach Paris ins Exil, wo er 1936 verstarb. Venizélos' Verdienste liegen in den innenpolitischen Reformen, während seine Expansionspolitik für die Griechen katastrophale Folgen hatte.

Kunst und Kultur

Kunstgeschichte

Minoische Zivilisation

Aus der Vielzahl der Kunstwerke kann im Rahmen eines kunstgeschichtlichen Überblicks nur eine kleine Auswahl näher vorgestellt werden. Soweit nicht anders erwähnt, befinden sich die Werke im Archäologischen Museum Iráklion einschließlich der Fresken, die in Knossós nur zum Teil als Kopien vorhanden sind.

Die großen Paläste, deren Überreste heute noch in Knossós, Festós, Mália und Káto Zákros Bewunderung erregen, zählen zu den bedeutendsten Bauschöpfungen der Bronzezeit im östlichen Mittelmeer, ja in Europa überhaupt. Obwohl sich in der Palastarchitektur der Minoer der kulturelle und künstlerische Einfluss des Vorderen Orients widerspiegelt, sind Anlage und Aussehen der Paläste an den spezifischen Lebensbedingungen auf Kreta orientiert. Die ersten Palastbauten entstanden in der Zeit von 2100 bis 1700 v. Chr., die deshalb als Alte Palastzeit oder auch als mittelminoisch bezeichnet wird. Daran schloss sich die Neue Palastzeit oder auch spätminoische Epoche mit noch aufwendigeren Palastbauten an, die allerdings durch das Eindringen der Mykener um 1420/1410 v. Chr. abrupt beendet wurde.

Von Anfang an ging der Palastbau mit tiefgreifenden politischen und wirtschaftlichen Veränderungen auf der Insel einher. Die Ausbildung einer Zentralmacht im Sinn eines Priesterkönigtums führte gleichzeitig zu einer hierarchischen Verwaltungsstruktur und einer zentral gelenkten Wirtschaftsform, die auf den Palast als Dreh- und Angelpunkt aller Entscheidungen und Aktivitäten ausgerichtet waren. Durch die intensive Nutzung der Inselressourcen in Verbindung mit ausgeprägter Vorratswirtschaft, Arbeitsteilung und Güteraustausch wurden Kaufleute, Handwerker und Künstler vom unmittelbaren Broterwerb freigestellt und konnten sich ganz auf die eigenen Aufgaben konzentrieren. Als Auftraggeber und Abnehmer ihrer Erzeugnisse kam dabei dem Herrscher mit seinem Hof eine Schlüsselrolle zu. Durch gezielte Förderung und Kontrolle der Warenherstellung und der Verkaufsbedingungen gelangten die Inselherrscher zu immer größerer wirtschaftlicher und politischer Macht, die in den Palastbauten ihren Ausdruck fand.

Bereits in der einfachen Baukunst der Vorpalastzeit (3100–2100 v. Chr.) spielte der zentrale Innenhof eine wichtige Rolle, um den sich zahlreiche nach Funktionen aufgeteilte Räume gruppierten. Seit der ältesten Palastzeit war die Raumanordnung in der Regel zentrifugal, d.h. sie führte vom Kernbau mit den Repräsentations-

Minoisches Kreta

- 🔴 Palastzentren
- 🟤 Kulthöhlen
- 🟠 Siedlungen
- 🌸 Gräber, Nekropolen
- 🔵 Landsitze, Villen
- 🟢 Gipfelheiligtümer

Minoische Zivilisation (Fortsetzung)

und Kultsälen weg zu den schlichten Kammern, die als Werkstätten oder Vorratslager in den Randbereichen des Palastes lagen. Von Anfang an war der Gebäudekomplex des Palastes nicht von einer Umfassungsmauer umgeben und zeigte auch kein wehrhaftes Aussehen, sondern ging oft bruchlos in die angrenzenden Wohnsiedlungen über. Offenbar hatten die Minoer weder Feinde von außen noch Rebellionen im Innern zu fürchten. Auch die Neue Palastzeit wies dem rechteckigen Mittelhof als Urzelle der gesamten Palastarchitektur besondere Bedeutung zu im Schnittpunkt der vielen Wege, die von dort in die einzelnen durch unterschiedliche Schaufassaden gekennzeichneten Bereiche der Palastanlage führten. Die Bauten wurden mit Mauerwerk aus behauenen Steinen errichtet, die später verputzt wurden. Holzständer und -balken dienten zur Verstärkung der Wände und zur Deckenkonstruktion, wobei die Geschossdecken mit Reisigschichten und gestampfter Erde verstärkt wurden. Die Fußböden bestanden teilweise aus perlmuttartig glänzendem Muschelkalk. Zahlreiche Stützen wie Pfeiler und Säulen, die sowohl als Raumteiler als auch zur Ausschmückung von Wandelgängen, Treppenhäusern und Veranden dienten, wurden aus Holz gefertigt, mit Stuck verziert und bemalt.

Ein Vergleich der Grundrisse der wichtigsten Paläste auf Kreta ergibt große Ähnlichkeiten bei der Raumanordnung. In der Regel sind die Gebäudegruppen in einer Längsachse mit Nord-Südrichtung um den rechteckigen Mittelhof angelegt. Der Haupteingang lag meist im Norden und war monumental als torartige Halle mit Säulen oder Pfeilerreihen gestaltet. Die übrigen Nebeneingänge führten in die verschiedenen Teilbereiche der Palastanlage. Der Fassade des Westflügels außen vorgelagert war häufig ein weiträumiger gepflasterter Westhof, den leicht erhöht liegende Prozessionswege querten. Da der Westflügel meistens den heiligen Handlungen vorbehalten war, gab es dort zahlreiche dunkle, nur künstlich beleuchtbare Kulträume analog zu den Grotten- und Höhlenheiligtümern andernorts auf der Insel in Verbindung mit den minoischen Erd- und Fruchtbarkeitskulten. Zur Ausstattung gehörten auch Ritualbecken, Altäre, Votivgaben und Schatzgruben. Daneben gab es im zweigeschossigen Westflügel auch herrlich geschmückte Repräsentationssäle für Kultzwecke und offizielle Anlässe, z. B. einen sogenannten Thronsaal. Auch eine Reihe von Magazinen als einfache rechtwinklige Zellen, wo in großen Terrakottagefäßen (Pithoi) die verschiedenen Lebensmittel gespeichert wurden, gehörten zum Westflügel.

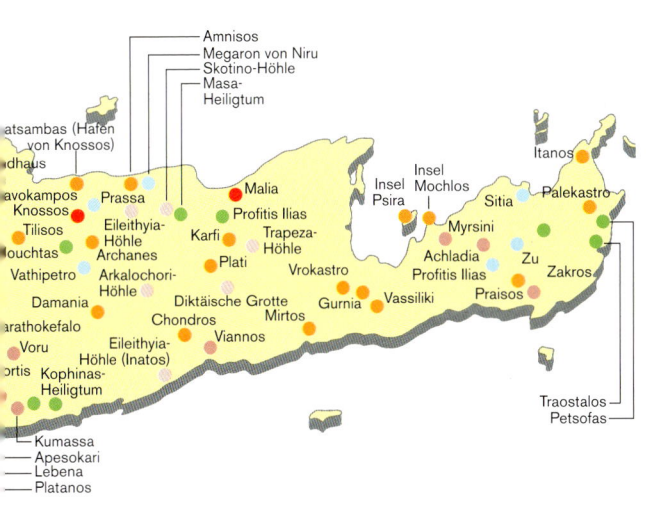

Minoische Zivilisation (Fortsetzung)

Der Ostflügel auf der anderen Seite des großen Mittelhofes bestand dagegen aus Wohn- und Repräsentationsräumen für den Herrscher. Im gleichen Flügel lagen hinter den königlichen Gemächern die Räume für die Dienerschaft und weitere Magazine, in deren Nähe sich auch die Werkstätten für die Kunsthandwerker befanden. Zahlreiche Brunnen, Reinigungsbecken und Zisternen dienten der Wasserversorgung mittels eines ausgeklügelten Kanalsystems, das auch Wasser aus nahegelegenen Quellen herbeischaffte, während die Abwässer in besonderen Kanälen abgeführt wurden. Außergewöhnlich in der minoischen Architektur war die Mehrstöckigkeit der Paläste mit großen Treppenhäusern, Freitreppen, langen Korridoren, Veranden und Rampenwegen. Die Fassadengestaltung war nicht mittenbetont, sondern bestand aus mehreren unregelmäßigen, vor- und zurückspringenden Bauteilen, und die Flachdächer waren zum Teil zinnenartig mit Stierhornmotiven verziert. Die Zugänge zu den Flügelbauten lagen meistens in den Hofecken. Zahlreiche Treppenanlagen, Säulenreihen, Licht- und Luftöffnungen nahmen dem Baukörper seine Schwere und Massigkeit.

In allen bedeutenden Herrschaftszentren wie Mália, Káto Zákros und vor allem in Festós wurden Überreste von monumentalen Treppenanlagen gefunden. Möglicherweise dienten die gewaltigen Stufenreihen als Sitzbänke, auf denen die Minoer Theateraufführungen oder Kultfeierlichkeiten beiwohnten. Vielleicht waren es aber auch repräsentative Aufgänge für die Prozessionen zu den im Palastinnern gelegenen Kulträumen.

Der Fassade des Westflügels von minoischen Palästen war häufig ein gepflasterter Hof vorgelagert – so auch hier in Knossós.

Minoische Zivilisation (Fortsetzung)

In Knossós gibt es außerhalb des Nordeingangs an der so genannten königlichen Straße ein Theaterbezirk genanntes Areal aus zwei monumentalen, rechtwinklig aufeinanderzulaufenden Freitreppen, die wohl als Tribünen bei festlichen Anlässen genutzt wurden. Einige Archäologen verlegen auch die Stierspiele in den Theaterbezirk, andere in den Zentralhof, und weitere Forscher vermuten die Stierspiele im Gelände außerhalb des Palastes, wobei die Zuschauer von den Veranden zusehen konnten.

In der Neuen Palastzeit nahmen die Paläste sowohl im Grundriss als auch im Aufriss zunehmend monumentalere Dimensionen an, die das komplexe Raumgefüge durchaus als labyrinthisch erscheinen ließen, obwohl die Planer gewissen Regeln folgten. Eine Bereicherung im Palastbau waren die zahlreichen regelmäßig angelegten kleinen Innenhöfe, die den Räumen mehr Licht gaben und sie besser belüfteten. Außerdem ersetzten mehr und mehr Säulen und Pfeiler die massiven Wände im Innenausbau. Auf diese Weise entstanden vielfach Raumkonzeptionen aus zwei aneinandergrenzenden Gemächern, deren Trennwand durch eine Reihe portalartiger Öffnungen durchbrochen war (Polythyron), so dass ein offener und luftiger Raumcharakter erzielt wurde.

Insgesamt fügten sich die Palastanlagen, die in Knossós und Festós beispielsweise in Hanglage errichtet wurden, gut in die Landschaft ein einschließlich der Mehrstöckigkeit der Gebäude, die sich terrassenartig zur Ebene absenkten. Vom Hafen, von den Nekropolen und aus dem Inselinnern führten breite Zugangswege zum Palast hin. Ohne größeren Abstand zum Palast, der nicht ummauert war, schlossen sich die Städte mit den Wohnvierteln der Bürger und einfachen Leute sowie den vornehmen Häusern der Adligen an. Diese Einbindung des Palastes in das Umland machte zugleich die wirtschaftliche Abhängigkeit der Außenbezirke vom Zentrum als auch die unangefochtene Machtposition des Herrschers deutlich.

Minoische Zivilisation (Fortsetzung)

In der Umgebung der großen Paläste haben die Archäologen Überreste von herrschaftlichen Villen gefunden, z. B. Vathípetro oder Tílisos nahe Knossós sowie in Agía Triáda in der Nähe von Festós. Obwohl sich die Forscher über die Funktion der Villen noch nicht im Klaren sind, geht die Mehrzahl davon aus, dass es sich um Sommerresidenzen handelte bzw. um Subzentren, die den Palästen vergleichbare Aufgaben in wirtschaftlicher, politischer und religiöser Hinsicht hatten. Die Anlage einer Villa entsprach der des Palastes in kleinerem Maßstab mit Gebäudetrakten für Repräsentationssäle, Privatgemächer, Kulträume, Magazine und Werkstätten. Lediglich die Villa von Agía Triáda zeigt einen ungewöhnlichen Grundriss aus zwei Höfen, von denen einer nach Norden zum Meer ausgerichtet ist und vielleicht eine Art Handelshof war, während der andere eine Südausrichtung zeigt und möglicherweise Zeremonien und Kulthandlungen diente. Keine Erklärung hat man bisher für die einzigartige exakte Verdopplung des Grundrisses gefunden, denn beide Villenflügel sind in der Raumanordnung identisch.

Villen

Mit Ausnahme der für Kulthandlungen vorgesehenen kryptenartigen Räume im Palastinnern kannte die minoische Baukunst anscheinend keine besonderen Tempelbauten, was mit dem chthonischen Charakter des Götterkultes zusammenhängt, der u. a. in Grotten und Berghöhlen ausgeübt wurde. Lediglich Gipfelheiligtümer auf dem Berg Jouchtas und bei Petsofás sowie ein Felsheiligtum bei Anemóspilia sind bezeugt als schlichte ummauerte Rechteckanlagen mit Hof und einem podestartig erhöhten Kultraum.
Die Sepulkralarchitektur ist allerdings durch zahlreiche Nekropolen belegt, die sich in der Nähe der großen Siedlungszentren befinden. Die Totenstätten zeigen als wiederkehrende Grabtypen vor allem Schacht-, Gang- und Kammergräber, in die die Leichen direkt oder in Sarkophagen gebettet wurden. Fürstliche Grabstätten bestanden sogar aus mehreren unterirdischen Kammern wie im Fall der Nekropole Chrysólakkos nördlich des Palastes von Mália. Das sogenannte Tempelgrab mit zwei Stockwerken oder das Königsgrab von Isópata als Vorläufer des mykenischen Kuppelgrabes nahe Knossós zählen zu den aufwendigsten Grabbauten.

Kult- und Grabbauten

Die minoischen Städte entwickelten sich rund um die großen Paläste, ohne einem einheitlichen Plan zu folgen, obwohl sie sich stets optimal der Topografie anpassten und auch wirtschaftlich-soziale Gegebenheiten berücksichtigten. Im allgemeinen waren die Städte von einem Straßennetz durchzogen, das sich vom Palast in Richtung Meer, Hinterland und Totenstädte erstreckte. In der Stadtmitte war ursprünglich ein Platz für öffentliche Versammlungen, der von Sitzreihen umgeben war, jedoch verschwand, als der Palast zum alleinigen Zentrum der Machtausübung wurde. Gourniá im Ostteil der Insel bietet ein recht anschauliches Bild einer minoischen Stadt in Hanglage nahe dem Meer, die von etwa 3300 bis 1100 v. Chr. bewohnt war. Die flachen Häuser bildeten unregelmäßige Gebäudeblocks, die von engen, gewundenen Gassen durchzogen

Städtebau

Minoische Zivilisation (Fortsetzung)	waren. Im Zentrum stand auf einer Anhöhe ein herrschaftliches Gebäude, vermutlich der Verwaltungssitz eines Statthalters, das den großen Palästen in vielen Merkmalen nachgebildet war. Kenntnisse über den Wohnhausbau verdanken wir andernorts gefundenen kleinen Fayenceplättchen mit Hausfassaden. Demnach waren die Wohnhäuser auf rechtwinkligem Grundriß ein- oder mehrstöckig und hatten ein Flachdach, das auch als Terrasse genutzt wurde. In der manchmal mit Säulen umstandenen Haupthalle befand sich die Herdstelle, und ein offener Innenhof diente als Licht- und Luftzufuhr.
Skulptur	Im Unterschied zur gleichzeitigen Monumentalplastik in Mesopotamien und Ägypten beschränkte sich das skulpturale Schaffen der Minoer auf die Kleinkunst: Gefäßkeramik, Schmuckstücke, Stein- und Siegelschnitt sowie Votivfiguren.
Keramik	Zu den frühen Keramikarbeiten der Vorpalastzeit zählen die sogenannte Göttin von Mírtos (2400–2200 v. Chr.; im Archäologischen Museum Ágios Nikólaos; s. Abb. S. 80) als menschenförmiges Gießgerät sowie die doppelkonischen Kelche mit feinen Oberflächenverzierungen im sogenannten Pirgos-Stil. Mit Hilfe der wohl aus Anatolien eingeführten Töpferscheibe und neuen Brandtechniken entstanden die geflammten Gefäße mit schnabelförmigem Ausguss im Vassiliki-Stil, der vom Barbotine-Stil mit punzierten Oberflächenmustern abgelöst wird. Zu Beginn der alten Paläste (ab 2100 v. Chr.) bestimmte der Kamáresstil die Gefäßkeramik mit ornamentalen Mustern aus Streu- und Laufspiralen, aus Quasten-, Scheiben- und Blattformen, die der Oberflächengestaltung Bewegtheit verliehen. Dünnwandige tassenartige Gefäße, so genannte Eierschalenware, oft in Schwarzweißdekor, sowie männliche und weibliche Idole waren weitere Keramikerzeugnisse. Einmalig ist der tönerne "Diskos von Festós" (s. Abb. S. 33) mit beidseitig eingeprägten hieroglyphischen Schriftzeichen als Beleg für eine noch nicht entzifferte frühe Schrift. Insgesamt herrschten in der Keramik zwei Dekortechniken vor: die Bemalung und das Relief bzw. die Applikation plastischer Elemente, die auch häufig miteinander kombiniert wurden. Dabei entstanden formschöne, oft überreich dekorierte Gefäße in großer Vielgestaltigkeit, insbesondere während der Zeit der
Kanne im Kamares-Stil	

Neuen Paläste, als der Flora- und Meeresstil zur Blüte gelangte, wie er in der Kanne mit dem Schilfdekor (s. Abb. S. 9) zum Ausdruck kommt. Meisterwerke sind die beiden Schlangengöttinnen (s. Abb. S. 34) in beeindruckendem Naturalismus.
Den Schlussakzent in der Keramikkunst setzte der Palaststil ausschließlich in Knossós im Übergang zur mykenischen Epoche auf Kreta, der sich durch naturalistische Darstellungen auszeichnete, die sich an Flora und Fauna der Insel orientierten. In der Nachpalastzeit entstanden u.a. Tonidole mit erhobenen Händen und zylindrischen, reifrockartigen Unterleibern, die Anbetende oder Göttinnen darstellen. Die Tonplastik erreichte u.a. mit dem kleinfiguri-

gen Kreistanz von Frauen, einem runden Tempelmodell und einem von Stieren gezogenen Wagen als Rhyton einen letzten Höhepunkt.

Minoische Zivilisation (Fts.)

Die minoischen Kunsthandwerker stellten auch Sarkophage in Wannenform aus Ton her, die vielfach mit naturalistischen Tier- und Blumenmotiven bemalt waren. Lediglich in einem Grab bei der Villa von Agía Triáda fand sich der einzige Steinsarkophag (s. Abb. S. 129) auf Kreta (um 1400 v. Chr.), der außergewöhnlich reich bemalt ist.

Sarkophage

Durch die Beeinflussung des Vorderen Orients über Handelsbeziehungen entwickelte sich auch auf Kreta die Steinschnittkunst. Ein frühes Werk aus der Vorpalastzeit von großer Schönheit ist die Steinpyxis aus Káto Zákros mit feiner Ritztechnik und einem Griff in Gestalt eines liegenden Hundes.
Ein meisterliches Rhyton (s. Abb. S. 1) aus Steatit ist der ungemein realistische Stierkopf aus Knossós. In diese Zeit fallen auch die reliefverzierten Gefäße aus Steatit, die in der Villa Agía Triáda gefunden wurden. Zu den bedeutendsten Stücken zählen die so genannte Schnittervase (s. Abb. S. 127) und der so genannte Prinzen- oder Rapportbecher.
Sie zeugen vor allem durch die Bewegtheit der Darstellung von großer künstlerischer Begabung und Raffinesse. Besonders kostbar ist auch ein Rhyton aus Bergkristall mit einem Henkel aus Kristallperlen (s. Abb. S. 128). Eine Rarität ist der Kernos im Palast von Mália, ein runder Opfertisch aus Kalkstein.

Steinschnitt

Die in Halbedelsteinen oder Elfenbein geschnittenen Siegel bildeten einen weiteren Bereich, bei dem sich die minoischen Kunsthandwerker von Vorbildern aus dem Orient inspirieren ließen. Vor der Einführung der Schrift hatten die Siegel ganz praktischen Wert als Erkennungszeichen für ein Besitztum und dienten der Versiegelung von Truhen, Kisten und Gefäßen. Da das Zeichen leicht wiedererkennbar, aber auch unverwechselbar sein musste, entstand eine Vielzahl verschiedener Formen.
Anfangs wurden Rollsiegel aus Mesopotamien, Stempelsiegel aus Syrien und Skarabäensiegel aus Ägypten nachgebildet. Doch schon bald entstanden eigene minoische Siegel, z. B. in Form abgeflachter Zylinder mit kleinen Henkeln oder in Linsen- und Ringformen bis hin zu einem vierzehnseitigen Siegel. Im Vergleich zum Orient zeigten die Gravuren von Anfang an eine größere Freiheit in der Wahl der Motive, die meist aus der Natur (Landschaftselemente, Tiere) genommen wurden, aber auch Jagdszenen, göttliche Erscheinungen oder rituelle Tänze wiedergaben, bis es zur Ausbreitung rein heraldischer Motive kam.

Siegelschnitt

Zu den ältesten Schmuckstücken der Insel zählen die filigranen Goldarbeiten als Ketten und Anhänger aus den vorpalastzeitlichen Gräbern von Móchlos, z. T. in zarten Blätter- und Blütenformen (im Archäologischen Museum Ágios Nikólaos). Auch der Halsschmuck aus Archánes besticht durch seine ungewöhnliche Verbindung von Gold, Elfenbein und Fayence. Daneben gibt es zahlreiche goldene Ringe mit figürlichen Motiven sowie Halsketten aus Gold und Glasfluss, Goldanhänger in Tierform, vergoldete Schwertgriffe, zeremoniale Doppeläxte aus Gold sowie Goldbecher mit eingepressten Spi-

Goldschmiedekunst

Minoische Zivilisation (Fortsetzung)

ralen. Das große technische Können der minoischen Goldschmiede belegen so berühmte Schmuckstücke wie der Bienen-Anhänger, den man in der Nekropole von Mália fand.

Bronzekunst

Obwohl die Metallverarbeitung auf Kreta bekannt war, wurde sie kaum zur Anfertigung von Bronzeplastiken genutzt. Die wenigen entdeckten Statuetten und Tierfiguren zeigen eine mindere Qualität. Geschätzt dagegen waren die minoischen Waffenerzeugnisse, die in der Regel für den Export bestimmt waren. Zu kultischen Zwecken wurden auch Doppeläxte aus Bronze hergestellt.

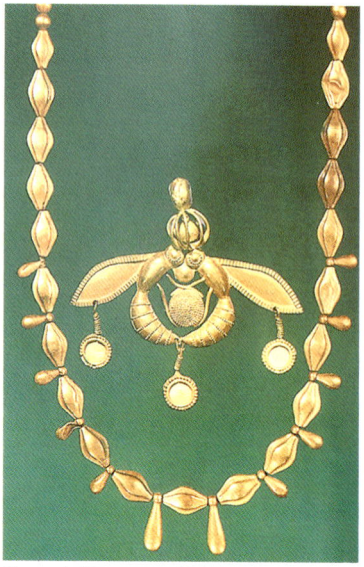

Bienen-Anhänger von Mália

Elfenbein

Elfenbeinarbeiten aus der Neuen Palastzeit sind vor allem als Grabbeigaben gefunden worden, u. a. Plättchen mit Reliefdarstellungen, Fragmente von einem Fußschemel und Griffe eines Möbelstücks. Außergewöhlich lebendig gestaltet ist die Elfenbeinstatuette eines Stierspringers.

Malerei

Zur Ausgestaltung der Repräsentationssäle, Prozessionskorridore und Kulträume in den Palästen wurden die Wände mit großartigen Malereien überzogen. Obwohl die Mehrzahl der erhaltenen Fresken erst um 1600 v.Chr. entstand, ist anzunehmen, dass es bereits in der Alten Palastzeit Bemalungen auf mit Gips verputzten Wänden, wohl beeinflusst von der ägyptischen Kunst, gegeben hat. Die meisten Wandmalereien stammen aus dem Palast von Knossós, einige wurden auch in Villen und Häusern entdeckt, die in der Nähe der Paläste lagen. Zeigen die Palasträume häufig figürlichen Freskenschmuck, so überwiegen in den Villen florale Dekors.

Die ältesten Malereien werden als Miniaturfresken bezeichnet, da die abgebildeten Motive in sehr viel kleinerem Maßstab als in Wirklichkeit wiedergegeben sind. Häufig werden Hofszenen dargestellt, z. B. eine Zeremonie, die sich vor einem mit Stierhörnern und Doppeläxten geschmückten Heiligtum abspielt. Dabei sitzen die Hofdamen oder vielleicht auch Priesterinnen auf einer Veranda, umgeben von einer Zuschauermenge, die durch viele in verschiedene Richtungen schauende Köpfe überaus lebendig gestaltet ist. Äußerst ausdrucksvoll ist auch die so genannte Pariserin gestaltet als Teil der Darbringung eines Trankopfers.

In der Neuen Palastzeit gewann das Relieffresko an Bedeutung. Das beste Beispiel dafür ist das Stierkopfrelief als Teil einer größeren

Komposition, die einst die Wand des nördlichen Eingangs im Palast von Knossós zierte. In einer baumbestandenen Landschaft wird das Einfangen des wilden Stiers geschildert, wobei gerade in der Wiedergabe der kraftvollen Gegenwehr des Tieres ein hoher Grad von Lebendigkeit erreicht wird. Etliche Freskenmalereien zeigen auch Personen in Lebensgröße mit verblüffendem Realismus. Berühmt ist das so genannte Lilienprinz-Fresko. Es ist eine männliche Figur mit Lendenschurz und Gliedtasche dargestellt; sie trägt einen aufwendigen Kopfschmuck aus Lilien und Pfauenfedern. Nicht weniger bedeutend ist das Stierspringerfresko (s. Abb. S. 28) aus dem Ostflügel des Palastes von

Minoische Zivilisation (Fortsetzung)

Das berühmte Fresko des so genannten Lilienprinzen

Knossós, das drei junge Akrobaten darstellt, die ein rituelles Wettkampfspiel mit einem Stier austragen. Szenen aus dem Hofleben und Kultspiele, Feste und Prozessionen waren aber nicht die ausschließlichen Themen, denn es gab auch reine Landschaftsbilder mit sehr naturalistischen Wiedergaben von Tieren und Pflanzen. Über den Detailrealismus hinaus war es das Ziel der minoischen Künstler, die Vorstellung einer paradiesisch anmutenden Naturlandschaft in den Augen des Betrachters zu erwecken. So entstanden Naturdarstellungen, in denen blaue Vögel und duftende Blumen wie Lilien und Rosen vorkommen. Auf einem anderen Fresko tummeln sich blaue Affen vor einem lotosblütenübersäten Hintergrund aus grauen, türkisfarbenen, gelben und rosa Felsen, wobei sich exotische und kretisch-ländliche Elemente vermischen. Zum Repertoire gehören Rebhühner und Katzen, ferner Delphine, die das Gemach der Königin zierten, sowie ein Greifenfries, der den Thron im Palastsaal umfing.

Große Sensiblität gegenüber der Natur und genaue Beobachtung von Bewegung zeichnen die minoischen Reliefkünstler aus, die das Wiegen der Gräser im Wind genausogut wiedergeben können wie das Rauschen der Blätter, die abrupten Wendungen des Stiers, das Auffliegen der Vögel, die Spiele der Delphine und die Tanzschritte der Menschen. Diese Bewegungsabläufe sind ein bevorzugtes Darstellungsmittel, um im Palastbau die langen Korridore, Treppenhäuser und Säle möglichst lebendig auszugestalten. So begleiten beispielsweise die Prozessionsfresken die Opfernden auf ihrem

Minoische Zivilisation (Fortsetzung)

Weg zum Heiligtum. Die illusionistischen Landschaften erhellen die Innenräume und lassen sie größer erscheinen. Zugleich verlagern die Fresken einen Teil des Naturgeschehens in die Innenräume der Paläste und stellen eine reizvolle Verbindung zwischen natürlicher Außenwelt und von Menschenhand gestalteter Wohnwelt dar.

Griechisch-römische Antike

Nach dem Untergang der minoischen Zivilisation lag Kreta am Rande des Kunstgeschehens im östlichen Mittelmeer, als sich zwischen 1000 und 500 v. Chr. in Griechenland Architektur und Plastik zur vielgerühmten Klassik entwickelten mit großartigen Tempelbauten und idealisierten Menschenfiguren.

Architektur

Eine der frühesten griechischen Stadtgründungen auf Kreta ist Lato (8./7. Jh. v. Chr.), deren Überreste in Hanglage immer noch eindrucksvoll sind. Vom Stadttor windet sich ein Treppenweg an Geschäften vorbei zur Agora, dem zentralen Versammlungsplatz in der griechischen Polis mit den öffentlichen Gebäuden und Tempeln. Die Heiligtümer waren Richtungsbauten in Rechteckform mit Schautreppen an der schmalen Eingangsseite. Ein weiteres Beispiel für die frühe griechische Tempelbaukunst lässt sich in Rizenía bei Priniás finden. Der dortige Tempel A, bestehend aus dem Pronaos und der Cella, entspricht im Grundriss dem griechischen Antentempel, zeigt aber keine Säulen im Eingangsbereich, sondern Pfeiler. Den Tempel B kennzeichnet eine unregelmäßige Anlage mit einem westlich angefügten Opistodomos. Das erste Heiligtum der Diktynna auf der Halbinsel Rodopoú wurde bereits im 7. Jh. v. Chr. errichtet und im 2./1. Jh. v. Chr. in einen dorischen Peripteros umgewandelt. Als Kaiser Hadrian 123 n. Chr. Kreta besuchte, ließ er dort einen neuen Tempel in Form eines Amphiprostylos errichten mit ionischen und korinthischen Säulen.

In römischer Zeit war Górtys die wichtigste Inselstadt und zugleich Hauptstadt der römischen Provinz Creta et Cyrenae. Obwohl es auch noch spärliche Überreste der Akropolis und des Theaters aus griechischer Zeit gibt, bestimmen römische Bauten das Stadtbild. Die Ausgrabungen förderten die Grundmauern des Prätoriums zutage mit einer langen Halle, Verwaltungsbereichen und Privatgemächern, in denen die römischen Statthalter residierten. Das Heiligtum der Isis und Serapis wurde nach der Eingliederung Ägyptens ins Römische Reich als Rechteckbau errichtet mit einer kleinen Krypta und Statuennischen. Der Apollon-Pythios-Tempel geht auf das 6. Jh. v. Chr. zurück, wurde aber in römischer Zeit zu einer dreischiffigen Anlage mit Mittelapsis und Pronaos aus sechs dorischen Säulen umgestaltet. Außerdem haben sich Reste von Nymphäen, Aquädukten und eines Amphitheaters erhalten.

Skulptur

In den archäologischen Museen der Insel sind jeweils kleinere Sammlungen der griechisch-römischen Antike zu sehen. Die Werke können aber nicht mit den großen Leistungen in dieser Epoche andernorts konkurrieren. In der protogeometrischen und geometrischen Epoche (1000–725 v. Chr.) entstand eine Keramik mit Motiven wie Kreisen, Laufspiralen und Schachbrettmustern. Während

56

der orientalisierenden und archaischen Periode (725–550 v. Chr.) wurden formschöne Keramikgefäße hergestellt, z. B. die dreihenklige Hydria mit Bienendarstellung (im Archäologischen Museum Ágios Nikólaos). Zur figürlichen Tonplastik gehören auch die weiblichen Protome (im Archäologischen Museum Ágios Nikólaos) und natürlich die archaischen Frauenköpfe mit ihrem rätselhaften Lächeln (im Archäologischen Museum Réthymnon). In der Bronzekunst wurden Brustpanzer und Waffen hergestellt. Hervorragend sind auch die Bronzereliefs, z. B. das Bronzeschiff mit Ruderern aus der Idäischen Grotte. Außergewöhnlich ist der Relieffries des archaischen Tempels Rhizenía mit einem Reiterzug.

Aus klassischer Zeit sind die fein gearbeitete Grabstele eines jungen Bogenschützen und die Metope mit Herakles und dem erymantischen Eber eines Tempels aus Knossós erhalten. Der römischen Periode entstammen die reich gewandete Figur eines Jünglings in Bronze, eine Marmorstatue von Aphrodite und die bärtige Figur eines Philosophen. Unter den verschiedenen Porträtköpfen der römischen Kaiserzeit ragt das Bildnis von Marc Aurel im Lorbeerkranz hervor (im Archäologischen Museum Chaniá). Daneben gibt es zahlreiche Kleinbronzen, Parfum- und Salbfläschchen, Öllampen, Gebrauchskeramik, Bronzegefäße und auch reliefierte Sarkophage.

Mosaik

Zahlreiche römische Fußbodenmosaiken geben anstelle der verlorengegangenen Wandmalereien einen Eindruck von der Wohnkultur in römischen Stadthäusern und Landsitzen. Besonders schöne Mosaike besitzt das Archäologische Museum Chaniá, darunter eines mit Komödienmotiven von Menander.

Vasenmalerei

Da die Wand- und Tafelmalerei aus griechischer Zeit gänzlich verloren ist, gibt nur die Vasenmalerei eine Vorstellung von der Darstellungsvielfalt. Die in Korinth entstandene schwarzfigurige Vasenmalerei wurde in Athen um 530 v. Chr. zur rotfigurigen Malerei weiterentwickelt. Von Attika wurde sie dann auch nach Kreta importiert. Der Formenreichtum vom 6. bis 5. Jh. v. Chr. umfaßte Vorratsgefäße (Amphoren, Pelike, Stamnos), Gefäße zum Mischen von Wasser und Wein (Hydria), Kannen (Oinochoe), Trinkgefäße (Kylix, Kantharos) und Salbgefäße (Alabastron, Aryballos).

Byzantinische Epoche

Die Gründung Konstantinopels 330 n. Chr. und die Teilung in west- und oströmisches (byzantinisches) Reich 395 n. Chr. brachte vor allem dem östlichen Mittelmeerraum bis zum Untergang des Byzantinischen Reiches 1453 eine neue Kunst- und Kulturblüte, die sich auch auf Kreta auswirkte. Trotz der arabischen Besetzung von 826/827 bis 961 und der 1246 beginnenden venezianischen Herrschaft war das Kunstschaffen auf Kreta von den bedeutenden byzantinischen Stilepochen geprägt: der Kunst der justinianischen Kaiserdynastie (527–565), der Kunst des Ikonoklasmus (Bilderstreit; 726–843), der Kunst unter den Komnenen-Kaisern (1081–1185) und der Kunst der Paläologen-Kaiser (1261–1453).

Architektur

Als im 4. Jh. n. Chr. das Christentum zur anerkannten Religion wurde, entstanden die ersten frühchristlichen Sakralbauten in Form

Byzantinische Epoche (Fortsetzung)

der Basilika. Aus der 2. Hälfte des 5. Jh.s stammen die Grundmauern und das wunderschöne Fußbodenmosaik der Basilika von Olous/Elounda. Ein Hauptwerk frühbyzantinischer Kirchenbaukunst ist die Ágios-Títos-Basilika (wahrscheinlich 6. Jh.) in Górtys als dreischiffige Anlage mit Vierungskuppel und Querhaus.

Im Lauf der Jahrhunderte wurde der Kirchenbautypus vom Richtungsbau immer stärker zum Zentralbau. So entwickelte sich neben der Kreuztonnenkirche vor allem die Kreuzkuppelkirche im 10. Jahrhundert. Der am weitesten verbreitete Typus ist der Vierstützenbau aus Säulen mit Zentralkuppel und vier Tonnengewölben über Kreuzarmen von meist gleicher Länge und Höhe, in deren Ecken vier weitere Räume eingefügt sind. Zu beiden Seiten der Apsis im Osten dienen die Räume, Prothesis und Diakonikon genannt, liturgischen Zwecken, z. B. der Vorbereitung des Priesters auf den Gottesdienst. Im Westen schließt sich häufig eine als Narthex bezeichnete Vorhalle an. Für den Außenbau verwendete man Bruch- und Ziegelsteine in oft kunstvoller Anordnung; das Innere wurde reich freskiert.

In den ländlichen Gebieten Kretas herrscht als Kirchentypus die schlichte Einraumkapelle vor mit oft eindrucksvoller Freskomalerei. Im Innenraum ist der leicht erhöht liegende Altarbereich (Bema) anfangs durch eine steinerne Schranke vom Gemeinderaum (Naos) getrennt, aus der sich später die hohe Bilderwand als Ikonostase entwickelt.

Byzantinische Kreuzkuppelkirche
(Agios Kir Ioannis in Alikianou)

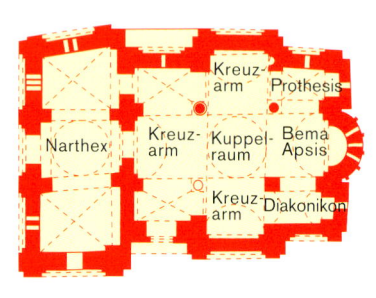

Malerei

Aus frühbyzantinischer Zeit, besonders aus der Periode des kaiserlichen Verbots der figürlichen Heiligendarstellungen (Ikonoklasmus), sind aufgrund der Zerstörungen durch die Araber im 9./10. Jh. nur wenige Malereien erhalten, zu denen die sogenannten anikonischen Motive zählen wie florale oder geometrische Dekormuster, wie sie in kräftigen Farben bruchstückhaft noch in der Ágios-Nikólaos-Kirche in Ágios Nikólaos zu sehen sind. Meisterwerke des monumentalen komnenischen Malstils sind die Fresken (1230 – 1236) der Ágios-Nikólaos-Kirche von Kyriaskosélia mit ausgewogenen szenischen Darstellungen, fein modellierten Körpern, sensibler Linienführung und feierlichem Kolorit.

Die meisten mittelalterlichen Fresken des 14. und 15. Jh.s sind jedoch in Varianten des paläologischen Stils gestaltet worden. Ausdrucksvoll und lebendig ist beispielsweise der Erzengel-Michael-Zyklus (1315/1316) in der Michaíl-Archángelos-Kirche von Assómatos, einer Einraumkapelle. Den Höhepunkt der Sakralraumausschmük‑ kungen bilden die großartigen Fresken (1250 – 1350) der Panagía-Ke‑ rá-Kirche von Kritsá. Kraftvolle lebensnahe Gestalten wechseln sich ab mit dünngliedrigen Figuren von manierierter Bewegtheit. Reiz‑ voll sind auch die bühnenbildartigen Hintergründe mit Land‑ schafts- und Architekturdetails.

Byzantinische Epoche (Fortsetzung)

Großartiges Fresko aus der Panagía-Kerá-Kirche in Kritsá

In spätbyzantinischer Zeit gelangten die Brüder Manuel und Johan‑ nes Phokás mit ihrer Malerei zu Ruhm. Die Ausmalungen der Kir‑ chen von Émbaros (1436/1437) und Avdou (1449) beeindrucken durch ihren feinen Linearismus, durch trotz gewisser Schematisie‑ rungen changierende Farben und durch Architekturhintergünde.
In der Tafelmalerei stand die Ikone im Mittelpunkt, die in der Regel die Ikonostase schmückte (▶ *Baedeker Special* S. 132).

Die Ausmalungen der zahlreichen Kirchen auf Kreta unterlagen ei‑ nem bestimmten ikonographischen Programm, das auch die Vertei‑ lung der Themen im Kirchenraum vorgab, wobei als Leitgedanke die Vorstellung der universalen göttlichen Schöpfung zugrunde lag, die insgesamt im Kirchenbau zum Ausdruck gebracht werden sollte. Besonderer Wert wurde auf die Ausschmückung der Kuppel als symbolischer Ort des Himmels gelegt, so dass hier Christus Pan‑ tokrator als Himmelsfürst, umgeben von Engeln und Propheten, er‑ scheint. Hoher Rang kommt auch der Apsiswölbung zu, die symbo‑ lisch die Brücke bildet zwischen Erde und Himmel Hier wird häu‑ fig die Fürbittegruppe (Deesis), die sich aus Christus, der Muttergot‑ tes und Johannes dem Täufer zusammensetzt, wiedergegeben. Den Altarraum (Bema) schmücken liturgische Themen als Verweis auf

Ikonographi‑ sches Programm

Byzantinische Epoche (Fortsetzung)	die mystische Himmelsvorstellung und im Gewölbe findet sich häufig eine Himmelfahrts- und Pfingstdarstellung. An den Längswänden des Gemeinderaums (Naos) erhalten Märtyrer und Heilige als Zeugen christlicher Lehre ihren Platz. Die Tonnengewölbe in symbolischer Mittlerstellung zwischen himmlischer und irdischer Zone sind mit neutestamentlichen Szenen des Festtagskalenders der orthodoxen Kirche geschmückt. Dazu zählen Verkündigung, Geburt Christi, Darbringung im Tempel, Taufe, Einzug in Jerusalem, Kreuzigung, Höllenfahrt Christi und Marientod. Die Westwand nimmt in der Regel die Darstellung des Jüngsten Gerichts ein.
Kleinkunst	Da an Werken der Monumentalplastik nicht zuletzt aus religiösen Gründen kein Bedarf war, kam es nur zur Ausprägung von Kleinkunst. Dazu zählen kostbare Textilarbeiten bis hin zu liturgischen Gewändern, ferner Elfenbeinarbeiten sowie Werke der Gold- und Silberschmiedekunst, vor allem liturgisches Gerät.

Kreto-venezianische Epoche

Die Übernahme der Inselherrschaft durch die Venezianer 1204 hat nur im Profanbau zu einigen Neuerungen geführt, während der Sakralbau weitgehend unter byzantinischem Einfluss blieb.

Hafen- und Festungsanlagen	In den Küstenstädten Iráklion, Chaniá, Réthymnon und Sitía wurden von den Venezianern eindrucksvolle Häfen als Flotten- und Handelsstützpunkte gebaut mit langen Kaimauern, Leuchttürmen, Arsenalen, Zollgebäuden, Lagerhäusern und Verteidigungsanlagen. In Iráklion beeindrucken das trutzige Hafenkastell Koules (s. Abb. S. 124) mit Markuslöwenreliefs und der Festungswall mit Toren und Bastionen einschließlich Vorwerken, die nach Plänen des berühmten veronesischen Architekten und Festungsbaumeisters Michele Sanmicheli von 1550 bis 1560 ausgeführt wurden.
Öffentliche Gebäude und Wohnbau	Zu den repräsentativsten venezianischen Bauten der Insel zählen die Loggien im Hochrenaissancestil, die in den Städten als Versammlungsort des kreto-venezianischen Adels dienten. Die prächtigste Loggia, erbaut von 1626 bis 1628, wurde nach Vorbildern des italienischen Architekten Andrea Palladio in Iráklion errichtet als zweigeschossiger Bau mit Arkadenzone und Dachbalustrade. Adel und wohlhabende Bürger bauten sich im Spätmittelalter und in der Renaissancezeit zahlreiche Stadtpaläste, von denen einige noch in den ehemaligen venezianischen Stadtvierteln von Chaniá und Réthymnon zu sehen sind.
Brunnenanlagen	Von besonderem Reiz sind die verschiedenen Brunnen. Der prächtige reliefverzierte Morosini-Brunnen (1628) mit apsidialem Beckenrand und von Löwen getragener Mittelschale sowie der Bembo-Brunnen (1558) erfreuen noch heute die Menschen in Iráklion.
Kirchenbau	Als bedeutendster Sakralbau des römisch-katholischen Glaubens gilt die San-Marco-Kirche in Iráklion aus dem Jahr 1239 – von 1239 bis 1669 Sitz des lateinischen Erzbischofs von Kreta – in Gestalt einer dreischiffigen Säulenbasilika mit pultdachförmigen Seiten-

schiffen. Unter den katholischen Klosterkirchen ragt in Chaniá die San-Francesco-Kirche (16. Jh.; heute Archäologisches Museum) als dreischiffige Pfeilerbasilika hervor mit Spitztonne im erhöhten Mittelschiff und Kreuzrippengewölben in den Seitenschiffen.

Der venezianische Renaissancestil hat auch den byzantinisch-orthodoxen Kirchenbau im 16./17. Jh. beeinflusst, besonders bei der Fassadengestaltung. So zeigt die Westfassade (1587) des Arkádi-Klosters eine Doppelsäulenordnung und kräftiges Gebälk. Neben der Kreuzkuppelkirche kommen nunmehr in Westkreta auch häufig Dreikonchenanlagen auf kleeblattförmigem Grundriss vor, wozu auch die Klosterkirche (1634) von Goniás zählt.

Kreto-venezianische Epoche (Fortsetzung)

Im Mittelalter fanden lediglich wenige Heilige wie Franziskus oder das Thema des Gnadenstuhls aus der lateinischen Kirche Eingang in die byzantinische Freskomalerei. Im Verlauf des 16. Jh.s kamen durch die Venezianer die Einflüsse des Renaissancestils nach Kreta. Auf dem Gebiet der Tafelmalerei schuf Michael Damaskinós (▶ Berühmte Persönlichkeiten) hervorragende Werke in der zweiten Hälfte des 16. Jh.s. Seine Abendmahlsikone und die Anbetung der Könige (beide im Ikonenmuseum Iráklion) zeichnen sich durch lebendige Personenschilderung, Bewegungsreichtum, perspektivische Darstellungsmittel und reiches Kolorit aus.

Der berühmteste Maler der Insel, Domenikós Theotokópoulos, genannt El Greco (▶ Berühmte Persönlichkeiten), hat in seiner Heimat keine Werke hinterlassen, zählt aber zu den Meistern des europäischen Manierismus. Aus der ersten Hälfte des 17. Jh.s stammen die Tafelbilder von Emmanuel Skordilis, u. a. ein thronender Christus und ein Jüngstes Gericht im Kloster Agía Triáda.

Die alte Minas-Kathedrale von Iráklion besitzt ausdrucksvolle Werke (1740–1760) von Georg und Zacharias Gastrofilákos, darunter eine farbenprächtige Landschaftsgestaltung mit der Erschaffung Evas. Um 1770 entstanden im Kloster Toplou die vielfigurigen Ikonen von Ioánnis Kornáros mit großem Erzählreichtum.

Malerei

Zahlreiche plastische Werke und Kleinkunst werden im Historischen Museum Iráklion aufbewahrt, angefangen von gotischen Reliefs, venezianischen Grabplatten, Skulpturen von verschiedenen Kirchen, Steinwappen und Architekturfragmenten bis zu Gold- und Silbermünzen, Schmuck, Kacheln, Keramik, holzgeschnitzten Kreuzen und Bischofsstäben.

Skulptur und Kleinkunst

Türkische Zeit

Als die Türken während des Osmanischen Reiches von 1669 bis 1898 Kreta besetzt hielten, wandelten sie einige christliche Kirchen in islamische Gotteshäuser um. In Iráklion wurde beispielsweise die Metropolitenkirche des hl. Titus zur Moschee, die als Zentralbau mit Hauptkuppel und vier Nebenkuppeln nach Mekka ausgerichtet war. Inzwischen wieder (seit dem Jahr 1925) in die orthodoxe Kirche mit drei Apsiden zurückverwandelt, erinnern noch zwei islamische Gebetsnischen mit Stalaktitgewölben an der türkische Epoche. In Chaniá, Réthymnon und Sitía zeugen noch zahlreiche Holzhäuser mit vergitterten Erkern von der Wohnkultur der Türken, die auch verschiedene Bäder und Brunnenanlagen errichteten.

19. Jahrhundert

In der zweiten Hälfte des 19. Jh.s und um die Jahrhundertwende nach der Unabhängigkeit Kretas 1898 entstanden neue Wohnviertel und öffentliche Gebäude in den damals in Europa vorherrschenden historisierenden Stilen von der Neurenaissance über den Neubarock bis zum Neuklassizismus. In einer schönen neuklassizistischen Villa aus der Jahrhundertwende ist heute das Historische Museum Chaniá untergebracht. Bemerkenswert als Industriebau ist die dortige Markthalle aus dem Jahr 1908 auf griechischem Kreuzgrundriss, wobei die vier Kreuzarme als große Hallen konstruiert sind. Im Kirchenbau bleiben die Kreter den traditionellen Formen der byzantinischen Architektur treu einschließlich der Innenraumausschmückungen mit den überlieferten ikonographischen Freskenprogrammen. Die im Jahr 1895 vollendete Metropolitenkirche des hl. Minas in Iráklion zeigt sich als fünfschiffige Kuppelraumanlage in dieser Tradition.

Musik und Tanz

Musik

Musik ist aus dem Leben der Kreter nicht wegzudenken. In den Zeiten der türkischen Fremdherrschaft waren Lieder ein Mittel des Widerstandes und trugen zur Bewahrung der kulturellen Identität bei. Sie werden trotz der heute vorherrschenden Pop-Musik immer noch gesungen. Melodien kretischer Musik sind bei uns u.a. durch die Kompositionen von Mikis Theodorakis (▶ Berühmte Persönlichkeiten) populär geworden.

Instrumente — Das wichtigste Instrument der kretischen Musik stellt die Lýra dar, ein dreisaitiges Streichinstrument mit einem Schellenbogen. Das Santouri, das auch von Alexis Sorbas gespielt wird, ist ein weiteres wichtiges Saiteninstrument. Dazu kommen im Kleinorchester noch die aus Venezianerzeiten stammende Lautros (Laute) und die Askomantoura, ein Blasinstrument.

Mantinádes — Bei Familienfeiern kommen oft Mantinádes zum Vortrag, gesungene Verse mit Musikbegleitung, die aus dem Stegreif die Anwesenden mit Witz und Anspielungen auf die Schippe nehmen.

Tanz

Allgemeines — Tanz ist in der kretischen Gesellschaft – als Ausdruck ihres Lebensgefühls – tief verwurzelt und wird oft und überall ausgeführt. Die meisten kretischen Tänze haben sich in einer bestimmten Region herausgebildet, wurden dann aber abgewandelt auch in anderen Gegenden getanzt. Sie werden von Vereinen und Volkstanzgruppen gepflegt. Außer den unten aufgeführten Tänzen gibt es noch weitere, die heute aber leider nicht mehr in Gebrauch sind. Kreta-Besucher könnten den falschen Eindruck gewinnen, dass hier nur die Männer tanzen. Aber auch die Frauen tanzen viel und gern, auf

Die Lýra ist das wichtigste Instrument in der kretischen Musik.

religiösen Festen und Feiern wie Taufe und Hochzeit. Wenn der Besucher auf eine Gruppe von tanzenden Kretern trifft, sollte er nicht glauben, er könne nicht mittanzen, weil er die Schritte nicht kenne. Die Kreter werden diese Denkweise nicht verstehen. Im Tanz werden positive und negative Gefühle ausgedrückt. Dies wird auch in dem folgenden Ausspruch von Alexis Sorbas in Níkos Kasantzákis' gleichnamigem Roman deutlich: "Chef ich habe dir viel zu sagen, ich habe keinen Menschen wie dich geliebt, ich habe dir viel zu sagen, aber meine Zunge schafft es nicht. Ich werde es dir also vortanzen …"

Tanz (Fortsetzung)

Musik und Tanz

Viele halten den Sirtáki für einen alten kretischen Tanz, aber er ist vielmehr ein Produkt der Traumfabrik Hollywood, denn er entstand 1964 im Zusammenhang mit dem Film "Alexis Sorbas". Da für den Hauptdarsteller Anthony Quinn kretischer Tanz zu schwierig war, wurde für ihn zur Musik von Mikis Theodorakis ein einfacherer Tanz entworfen, eben der Sirtáki (▶ *Baedeker Special* S. 64/65).

Kretische Tänze

Der Siganos ("Langsame"), der auch "Tanz des Theseus" genannt wird, bildet die Einleitung für den Pentosális (s. u.). Er ist ein langsamer Tanz, der von leisen Lauten- und Lyraklängen begleitet wird.

Der Pentosális ("Fünf-Schritt-Tanz"), wie alle kretischen Tänze minoischen Ursprungs, ist ein temperamentvoller Tanz mit lebhafter Musik und besteht aus fünf Grundschritten. Er bietet die Möglichkeit zu Improvisationen und außergewöhnlichen Sprüngen des Vortänzers.

Der leichte Sirtós ("Rundtanz"), auch Chaniótikos genannt, ist der ursprünglichste Tanz Kretas. Er stammt eigentlich aus Chaniá, wird heute aber überall auf der Insel gepflegt. Männer und Frauen führen die Tanzschritte mit schleifenden Füßen aus.

Der aus Réthymnon stammende Sousta ("Federtanz") ist der einzige Paartanz Kretas. Er ist ein erotischer Tanz, bei dem sich Männer und Frauen mit sechs leicht hüpfenden Schritten einander nähern und wieder voneinander entfernen. Der Name des Kastrinós leitet sich von "Megalo Kastro" (Iráklion) ab und wird auch "Maleviziotikos" nach dem Gebiet Maleviziou genannt. Er ist ein Männertanz, der von großen Sprüngen gekennzeichnet ist.

Der Pidikto, dessen Ursprung in der Gegend von Iráklion liegt, weist wie die anderen Tänze auch viele Varianten auf.

Baedeker SPECIAL

Wenn Sorbas den Sirtáki tanzt

Der berühmte Roman "Alexis Sorbas" des kretischen Dichters Níkos Kasantzákis war die Vorlage für den gleichnamigen erfolgreichen Film von Michael Cacoyannis mit Anthony Quinn in der Hauptrolle.

"Alexis Sorbas"

"Ein Unbekannter von ungefähr fünfundsechzig Jahren, hochgewachsen, hager, mit aufgesperrten Augen, hatte sein Gesicht an die Scheibe gepreßt und blickte mich an. Er hielt ein kleines plattes Bündel unter dem Arm. Was mir besonderen Eindruck machte, waren seine Augen. Sie waren spöttisch, traurig, unruhig, ganz Feuer. So schien es mir wenigstens. Sobald sich unsere Blicke begegneten, war es, als sei er sich sicher, daß ich der war, den er suchte." So beginnt die seltsame Begegnung zwischen einem jungen englischen Schriftsteller und einem Mann namens Alexis Sorbas – zwei Menschen, wie man sie sich gegensätzlicher nicht vorstellen könnte: der eine gebildet, introvertiert und eher in seinen Büchern als im richtigen Leben zuhause; der andere voller Lebensdrang und ungestümer Leidenschaft bei allem, was er tut, ein Mann, der vor allem aus dem Bauch und mit dem Herzen lebt. Es ist die Geschichte einer Männerfreundschaft, die vor dem Hintergrund des kretischen Alltags in all seiner Härte, aber auch all seiner Poesie und unverbrauchten, archaischen Schönheit erzählt wird.

Níkos Kasantzákis

Der Autor dieser Geschichte, Níkos Kasantzákis, stammte zwar von Kreta, war bei aller Verbundenheit mit seiner Heimat aber auch ein überaus kosmopolitischer Geist und ein scharfsichtiger Kritiker seiner Landsleute. Sein 1946 erschienener Roman über Alexis Sorbas machte ihn, der in Griechenland als Schriftsteller kein Unbekannter mehr war, mit einem Schlag weltberühmt. Was viele nicht wissen: Alexis Sorbas ist nicht eine reine Erfindung von Kasantzákis, sondern es hat ihn tatsächlich gegeben. Der richtige Sorbas hiess Giorgos und war Bergarbeiter. Im Jahr 1916 kreuzten sich die Wege von Kasantzákis und Sorbas. Der Schriftsteller verbrachte einige Monate mit dem mazedonischen Bergmann auf dem Peloponnes, um Braunkohle zu schürfen – das Bergbauprojekt im Roman hat hier seinen realen Vorläufer. Nach ihrer gemeinsamen Zeit erhielt Kasantzákis angeblich nur noch sporadisch Nachricht von seinem Freund, der 1942 in Skopje verstarb, ohne die Insel Kreta jemals betreten zu haben. Kaum jemand – und er selbst wohl am allerwenigsten – hätte geahnt, dass Giorgos Sorbas, oder, genauer gesagt, der Sorbas, den Kasantzákis aus ihm gemacht hatte, als Romanheld in die Literaturgeschichte eingehen würde! Der Erfolg des Romans war allerdings nur das Vorspiel für eine noch weit grössere Popularität, die der Geschichte dieser beiden Männer durch ihre Verfilmung beschieden sein sollte. Mit "Alexis Sorbas" gelang 1964 Regisseur Michael Cacoyannis ein Streifen, der die Menschen in Scharen in die Kinos lockte und von der Kritik mit Lobeshymnen überschüttet wurde. "Zorba the Greek", so der Originaltitel, avancierte schnell zu einem Klassiker der Filmgeschichte. Gedreht wurde der Film an Originalschauplätzen auf Kreta, vor allem in dem kleinen Fischerdorf Stavrós auf der Halbinsel Akrotíri. So manches, was im Film nach echt kretisch oder echt griechisch aussieht, entpuppt sich bei näherem Hinsehen dann aber doch als (gekonnte) Mogelei. So zum Beispiel der Sirtáki, den Anthony Quinn so hinreißend tanzt. Da der Schauspieler in der kurzen Zeit der Dreharbeiten die komplizierten kretischen Volkstänze nicht lernen konnte, wurde ihm zur Musik von Mikis Theodorakis – immerhin er ist Grieche – eine einfache Variante maßgeschneidert. Die meisten Urlauber halten den Sirtáki deshalb für einen Traditionstanz. Dass der Film von Cacoyannis gegenüber dem Roman vieles vereinfacht oder schematisiert ist jedem, der schon mehr als eine Romanverfilmung gesehen hat, nicht fremd. Natürlich hat Cacoyannis aus den Hauptfiguren Charaktere geschaffen, die am Rand der klischeehaften Überzeichnung stehen. Dass sie dennoch so überzeugend wirken, ist der hervorragenden Besetzung zu verdanken. Die größten Sympathien gelten allerdings dem Hauptdarsteller Anthony Quinn. Der Charakter dieses Lebenskünstlers schien dem Schauspieler mexikanischer Abstammung in einem Maß auf den Leib geschneidert, dass Schauspieler und Rolle für den Zuschauer eins wurden – Quinn spielte nicht den Sorbas, er war Sorbas. Die Neuschöpfung der Filmfigur gegenüber dem Romanhelden liegt in seiner kraftvollen, ungebändigten und grenzenlos optimistischen Ausstrahlung, die sich unwillkürlich auf den Zuschauer überträgt. Wer liebt sie nicht, die grandiose Szene am Schluss des Films, als Sorbas den Zusammensturz seiner Drahtseilbahn so kommentiert: "Chef, hast du schon jemals etwas so schön zusammenkrachen sehen?"

Die beiden Hauptdarsteller von "Alexis Sorbas": Alan Bates und Anthony Quinn
(© Szenenfoto aus dem 20th-Century-Film "Alexis Sorbas")

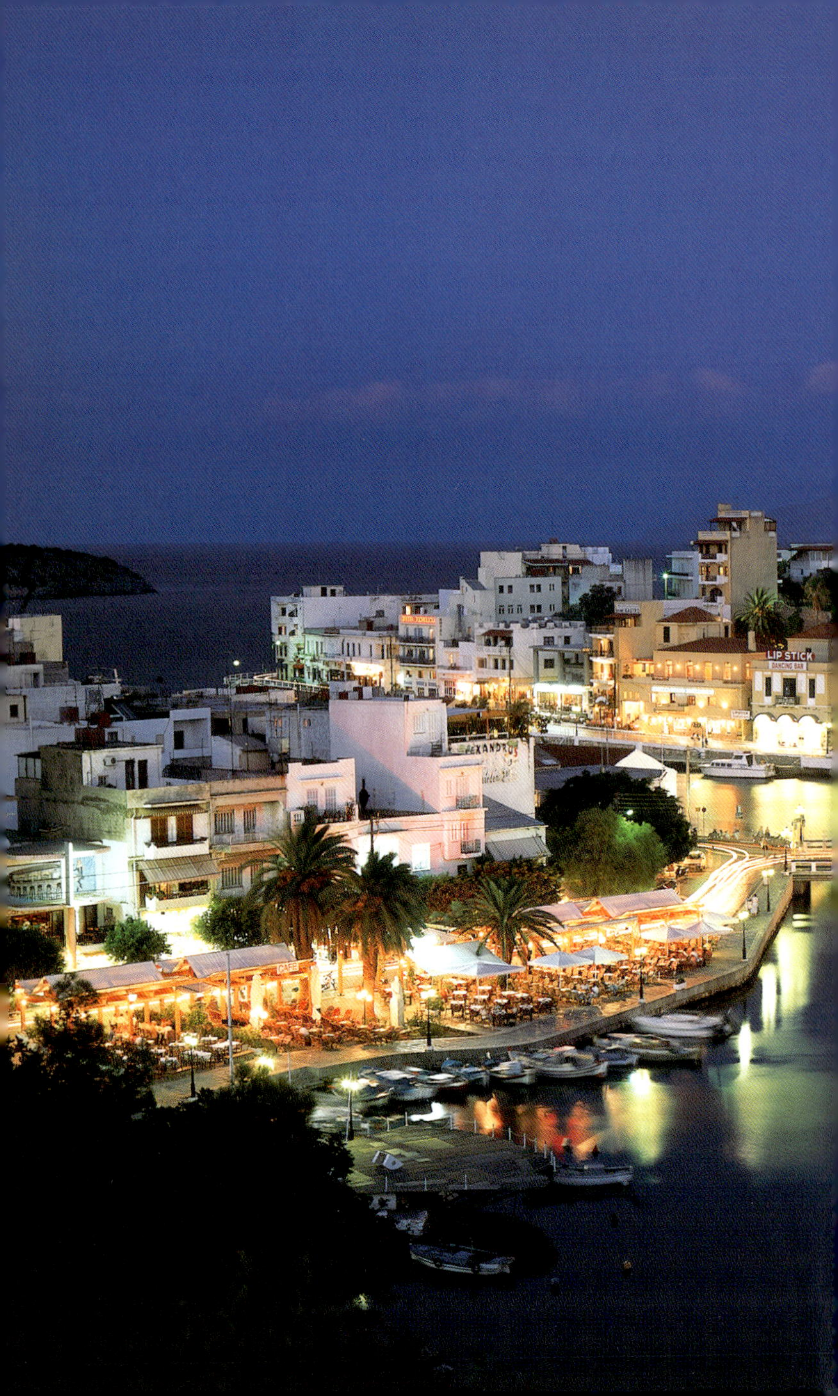
LIP STICK
DANCING BAR

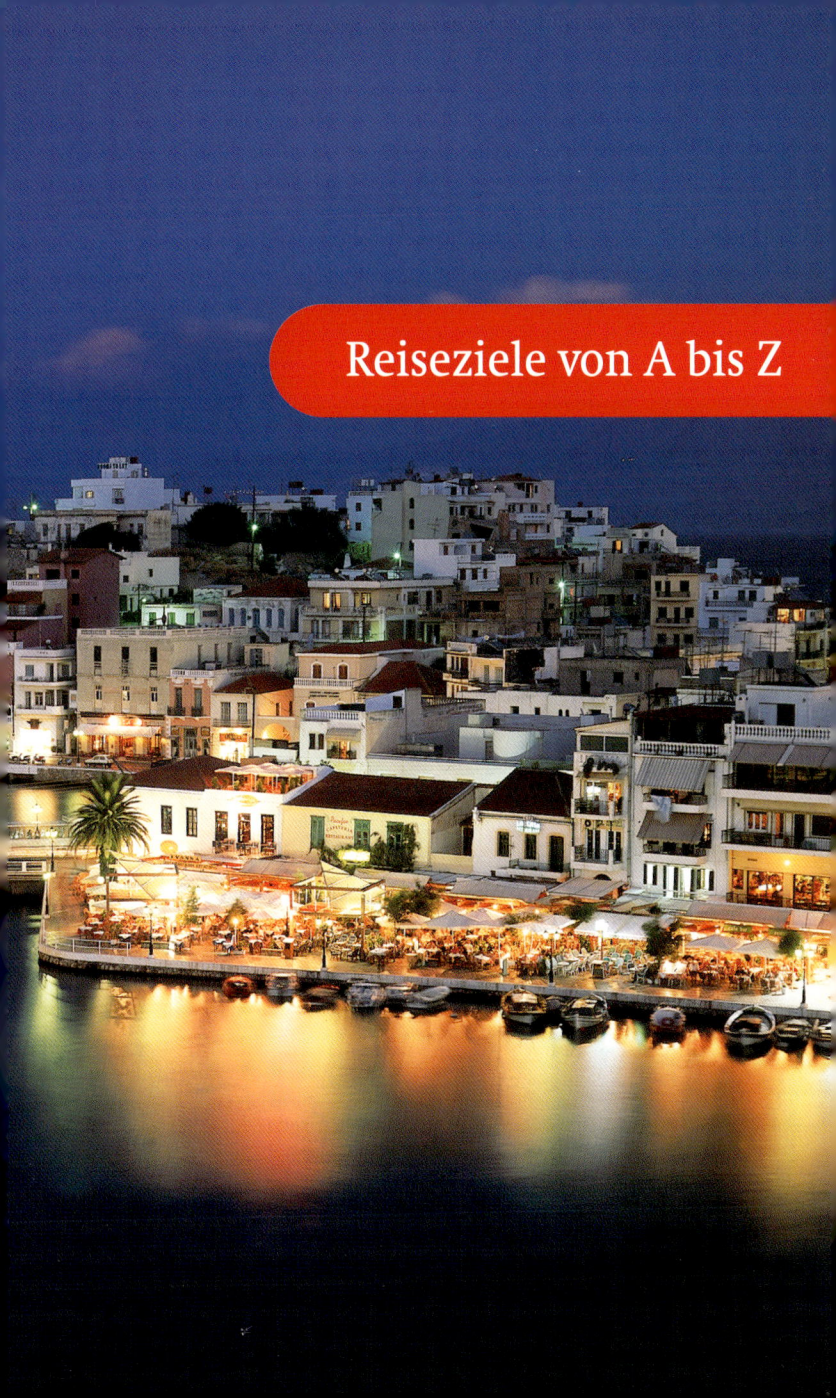

Reiseziele von A bis Z

Routenvorschläge

Vorbemerkung | Die folgenden Routen sind so gewählt, dass die Hauptsehenswürdigkeiten berührt werden. Orte und Landschaften, die in dem Hauptkapitel "Reiseziele von A bis Z" unter einem Hauptstichwort beschrieben sind, erscheinen innerhalb der folgenden Routenvorschläge in **halbfetter Schrift**. Alle anderen erwähnten Orte, Landschaften, Gebirge, Flüsse und Einzelobjekte sind im Register zu finden. Bei den in den Überschriften genannten Entfernungsangaben handelt es sich um gerundete Kilometerzahlen, die sich lediglich auf den direkten Routenverlauf beziehen; bei den empfohlenen Abstechern sind die zusätzlichen Entfernungen jeweils angegeben.

1. Von Iráklion über Górtys und Festós nach Mátala (75 km)

Ausgangspunkt für die 1. Route ist die Inselhauptstadt ****Iráklion**, die man nicht verlassen sollte, ohne sich zumindest das **Archäologische Museum angesehen zu haben, in dem die einmaligen Funde der minoischen Kultur ausgestellt sind. Die Strecke von Iráklion nach Süden zur fruchtbaren Messará-Ebene ist landschaftlich äußerst reizvoll. Man berührt zudem interessante Klöster und bedeutende Ausgrabungsstätten. Von Iráklion fährt man durch das Chaniá-Tor in Richtung Míres nach Süden. Die Strecke führt durch das kretische Hauptanbaugebiet von Sultaninen. Sie steigt nun in großen Kurven sanft an. Beim Dorf Siva beginnt eines der bedeutendsten Weinanbaugebiete der Insel, wo der berühmte Malvasier gekeltert wird. Der weißgetünchte Felsen in Agía Varvára bezeichnet den geographischen Mittelpunkt Kretas.

Abstecher nach Rhizenia | Von hier empfiehlt sich für archäologisch interessierte Besucher ein Abstecher zu den etwa 6 km nördlich gelegenen Resten des antiken Rhizenía, von wo man einen spektakulären Ausblick auf das Meer und die Umgebung genießen kann.

Abstecher nach Kamáres/ Ida-Gebirge | Einen weiteren allerdings längeren Abstecher von Agía Varvára sollte man in westlicher Richtung nach Kamáres im Ida-Gebirge (29 km) wegen der landschaftlichen Schönheiten und der interessanten Klöster unternehmen. Dabei kommt man über Gérgeri, wo eine Gedenkstätte an die Erschießung von Geiseln durch die Deutschen 1944 erinnert, nach Zaros, das für seine Forellenzucht bekannt ist. Vom oberhalb dieses Ortes gelegenem Kloster Ágios Nikólaos hat man einen weiten Blick über die südlichen Ausläufer des Ida-Gebirges bis zur Messará-Ebene. Ebenfalls oberhalb der Straße

◂ Sehr stimmungsvoll präsentiert sich Ágios Nikólaos am Abend.

weiter westlich liegt das Kloster Vrondísi, dessen Kirche mit qualitätsvollen Fresken ein Schmuckstück byzantinischer Baukunst ist. *Valsomónero, das dritte Kloster auf der Route, bei dem Ort Vorízia zeichnet sich durch eine wunderschöne Lage und durch hervorragende Fresken aus. Von Kamáres, dem Endpunkt des Abstechers, besteht die Möglichkeit, zur gleichnamigen Höhle, einem minoischen Heiligtum, und zum Psilorítis, dem höchsten Berg des ***Ida-Gebirges**, hinaufzusteigen.

Route 1 (Fortsetzung)

Die Hauptstraße steigt bald nach Agía Varvára zum 650 m hohen Vourvoulitis-Pass an, von dem sich ein herrlicher Blick in die Messará, der größten Ebene Kretas, öffnet. Sie biegt kurz vor Ágii Déka nach Westen ab. Bald darauf erreicht man die Ruinen von ***Górtys**, der ehemaligen römischen Hauptstadt von Kreta.

Bei der weiteren Fahrt auf der Hauptstraße nach Westen bieten sich immer wieder schöne Ausblicke auf die von Weinbergen und Olivenbäumen geprägte Messará-Ebene. Der 2 km nördlich der Straße liegende Ort *Vori besitzt das schönste und interessanteste Volkskundemuseum Kretas. Man nimmt nun die nach Süden führende Straße und erreicht ***Féstos**, dem nach Knossós bedeutendsten minoischen Palast der Insel, in herrlicher Lage. Knapp 3 km westlich sollte man noch die große minoische Villa ***Agía Triáda** besichtigen.

Die Hauptstraße nach Süden schlängelt sich nun in Serpentinen hinunter in die Messará-Ebene. Schon nach einem Kilometer findet sich am Ortsausgang von Ágios Ioánnis auf einem Friedhof die architektonisch interessante Ágios-Pávlos-Kirche. Weiter auf der Hauptstraße fährt man durch einen prächtigen Olivenhain zu dem hübschen Ort Pitsídia. Von dort geht rechts ein Weg zu der Ausgrabungsstätte Kommós ab, einst einer der Häfen von Festós. Nach dem Ort hat man von einer Passhöhe einen wunderschönen Blick auf die Messará-Bucht. Die Hauptstrecke endet schließlich in Mátala, das einen sehr schönen, kleinen Strand, gesäumt von Kalkfelsen mit Höhlen, besitzt. Hier kann man eine angenehme Ruhepause einlegen.

2. Von Iráklion nach Ágios Nikólaos und zurück (175 km)

Gleich zu Beginn dieser Route in **Iráklion (s. Route 1) sollte man unbedingt zunächst einen Abstecher nach **Knossós, dem berühmtesten und am meisten besuchten minoischen Palast Kretas, machen. Dazu verlässt man Iráklion nach Süden in Richtung Archánes und erreicht nach wenigen Kilometern die berühmte Ausgrabungsstätte.

Abstecher nach Knossós

Nach Iráklion zurückgekehrt, nimmt man die Küstenstraße in Richtung Osten und dann in Káto Goúves die Abzweigung zur Lassíthi-Hochebene. Die Fahrt dorthin zählt wegen der landschaftlichen Schönheiten zu den touristischen Höhepunkten auf Kreta. In Potamiés und Avdou ebenfalls mehrere byzantinische Kirchen sehenswert. Die Straße führt nun in zahlreichen Windungen steil aufwärts durch eine beeindruckende Berglandschaft. Zu einer Rast

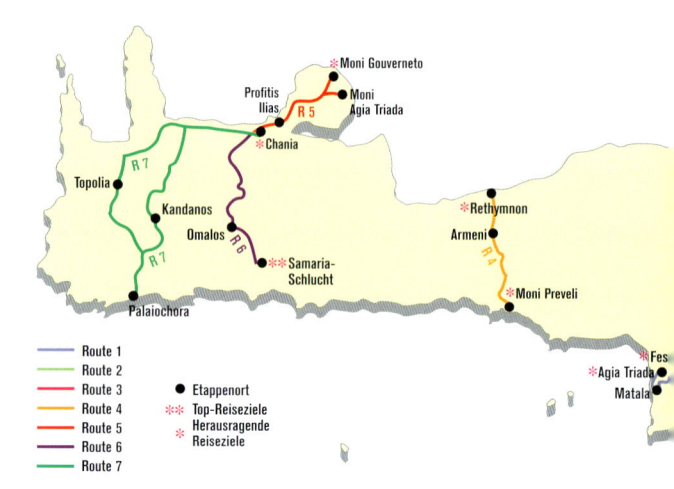

Route 2 (Fortsetzung)	bieten sich die etwas abseits der Route gelegenen Dörfer Mochós und Krási an, wo man sich unter einer der ältesten Platanen Kretas ausruhen kann. Anschließend kommt man zu dem malerischen kleinen Kloster Kardiótissa mit schönen Fresken. Vom 900 m hoch gelegenem Ambelos-Pass, bei dem die Ruinen einiger Getreidemühlen zu sehen sind, kann man einen großartigen Ausblick auf die schöne ***Lassíthi-Hochebene** genießen. Bei der folgenden Abzweigung führt die Straße, die die Hochebene umschließt, in westlicher Richtung zu dem Ort Psichró, wo oberhalb die vielbesuchte Tropfsteinhöhle *Diktéon Ándron liegt, in der der griechische Göttervater Zeus geboren worden sein soll. Wenn man auf der Hochebenen-Straße weiterfährt, erreicht man Ágios Geórgios, in dem ein idyllisches Volkskundemuseum einen Besuch lohnt. Auch die Strecke, die von der Lassíthi in östlicher Richtung hinunter zur Küstenstraße führt, ist landschaftlich reizvoll. Auf ihr erreicht man nach gut acht Kilometern die am herrlichen Mirambéllou-Golf gelegene Stadt ***Ágios Nikólaos**. Die Stadt bezaubert durch ihr malerisches Ortsbild und ihre hübsche Lage am Voulisméni-See.
Abstecher nach Kritsá	Von Ágios Nikólaos sollte man unbedingt einen Abstecher in südwestlicher Richtung nach **Kritsá** (11 km) unternehmen. Vor diesem Ort steht die berühmte **Panagía-Kerá-Kirche, die die bedeutendsten Fresken Kretas besitzt. Etwas weiter führt eine Straße nach rechts zu den beeindruckenden Ruinen der dorischen Stadt *Lató, wo sich ein herrlicher Ausblick bietet. Das malerisch am Berg gelegene Kritsá ist bekannt für seine Webereien und Handarbeiten.
Umweg nach Eloúnda	Zudem bietet sich von Ágios Nikólaos ein Umweg (23 km) an auf der Küstenstraße zu dem nördlich in einer schönen Bucht gelegenen Ort Eloúnda mit den Resten der antiken Stadt Olús. Die Fahrt dorthin bietet herrliche Ausblicke auf den wunderschönen **Mirambéllou-Golf. Von Eloúnda kann man noch einen Bootsausflug zur Felseninsel Spinalónga mit einer bedeutenden Festung unter-

nehmen. Die Straße führt im Bogen nach Westen zu dem sehr schönen Ort Kastélli und trifft dann auf die Hauptstraße.

Route 2 (Fortsetzung)

Auf der Rückfahrt nach Iráklion sollte man noch einen Stopp bei den Ruinen des mittelminoischen Palastes *Mália einlegen, der neben Knossós und Festós bedeutendsten minoischen Anlage Kretas.

3. Von Ágios Nikólaos über Sitía zum Väï-Strand (94 km)

Von Ágios Nikólaos (s. Route 2) nimmt man die Küstenstraße in Richtung Sitía, die unmittelbar am herrlichen **Mirambéllou-Golf entlangführt. Nach 20 Kilometern ist das direkt an der Straße gelegene minoische *Gournia erreicht, eines der frühesten Beispiele europäischen Städtebaus. Bei der Weiterfahrt auf der Straße, die bald etwas landeinwärts verläuft, bieten sich immer wieder spektakuläre Ausblicke auf die Küste. In Sitía sollte man sich das Archäologische Museum ansehen. Die von Palmen bestandene Platia des Städtchens bietet sich dann zu einer angenehmen Rast an.

Von Sitía nimmt man die Straße nach Osten und erreicht bald Agía Fotiá, wo eine minoische Nekropole einen Besuch lohnt. Die Fahrt geht weiter nach Nordosten durch eine herbe, karge Landschaft mit eigenartigem Reiz. Das festungsartige Kloster Toplou war Zentrum des Widerstands gegen die Türken. Die Straße führt nach sechs Kilometern an einer Kreuzung nach Norden und kurz darauf folgt die östlich Abzweigung zum *Väï-Strand, wo der einzige Palmenhain Kretas zahlreiche Besucher anlockt.

Zur Straße zurückgekehrt, empfiehlt sich für archäologisch interessierte Besucher noch ein Abstecher 2 km nördlich zu den Ruinen der einst mächtigen antiken Stadt Ítanos.

Abstecher nach Ítanos

Wer sich noch ausgiebiger mit der minoischen Kultur beschäftigen möchte, dem sei die Weiterfahrt nach Süden, zu dem bedeutenden

Weiterfahrt nach Káto Zákros

Route 3**(Fortsetzung)** minoischen Palast ***Káto Zákros** empfohlen. Dazu fährt man zunächst nach Palékastro, wo die wenigen Reste von Russólakkos, der neben Gourniá wichtigsten minoischen Stadtsiedlung, zu finden sind. Die Strecke endet 25 km weiter südlich bei den Ruinen von Káto Zákros.

Hinweis Die Strecke von Sitía zur Südküste und weiter nach Ierápetra ist wenig empfehlenswert, da weder die Orte noch die Landschaft besonders interessant und sehenswert sind.

4. Von Réthymnon über Arménoi zum Kloster Préveli (38 km)

Ausgangspunkt dieser Route ist die Stadt ***Réthymnon**, die man sich unbedingt wegen der stimmungsvollen Altstadt anschauen sollte. Man verlässt die Stadt in südlicher Richtung und fährt auf der Hauptstraße nach Agía Galíni bis nach Arménoi, wo es eine interessante Nekropole zu besichtigen gibt. Die weitere Fahrt nach Süden führt durch eine reizvolle Landschaft. Nach etwa zwölf Kilometern kommt die Abzweigung von der Hauptstraße nach Süden zum Préveli-Kloster. Die folgende Strecke ist landschaftlich sehr eindrucksvoll. Man passiert die grandiose Kourtaliótiko-Schlucht, in die man hinunterwandern kann.

Wenige Kilometer nach dem Ort Asómatos findet sich eine malerische türkische Brücke, und kurz darauf folgen die Klosterruinen von Kato Moní Préveli. Die Agía-Fotiní-Kapelle einen Kilometer weiter links in der Schlucht ist wegen ihrer Fresken (um 1500) sehenswert. Schließlich ist das vielleicht schon 1000 Jahre alte Kloster *Piso Moní Préveli erreicht, das mit einer herrlichen Lage aufwarten kann. Auch für Badefreunde ist diese Route zu empfehlen, da der nahe gelegene Strand von Préveli mit Palmen sehr schön ist.

5. Von Chaniá zur Halbinsel Akrotíri (24 km)

Auf der Fahrt von Chaniá zur Akrotíri-Halbinsel kommt man zunächst zum Berg Profítis Elías, wo sich die nationale Gedenkstätte für den kretischen Staatsmann Eleftérios Venizélos (▶ Berühmte Persönlichkeiten) und seinen Sohn Sophoklís befindet. Man folgt der Hauptstraße zum Flughafen und fährt von dort nach Norden weiter. Nach wenigen Kilometern ist Ágia Triáda erreicht, eines der bedeutendsten Klöster Kretas. Landschaftlich äußerst reizvoll ist die Fahrt zum 4 km weiter nördlich beeindruckend auf einem Höhenzug gelegenen Kloster *Gouvernéto, von wo man einen herrlichen Ausblick genießen kann. Von dort empfiehlt sich eine schöne kleine Wanderung zum verlassenen Kloster Katholikó.

6. Von Chaniá zur Samariá-Schlucht (42 km)

Bevor man zu der Route aufbricht, sollte man unbedingt ***Chaniá** besuchen, wo besonders der malerische Hafen und die stimmungsvolle Altstadt sehenswert sind. Von dort fährt man in südwestlicher Richtung zur berühmten Samariá-Schlucht, einer der landschaftlichen Höhepunkte Kretas. Nach 15 km ist Fournés erreicht.

Der Abstecher (6 km) nach Mesklá ist kunsthistorisch interessierten Besuchern zu empfehlen. Dazu zweigt man in Fournés südlich nach Mesklá ab, wo die Kirche Sotíros Christou mit Fresken aus dem Jahr 1303 aufwartet.

Route 6
(Fortsetzung)
Abstecher nach Mesklá

Weiter geht die Fahrt in südlicher Richtung durch eine beeindruckende Felslandschaft zur fruchtbaren Ómalos-Hochebene. Sechs Kilometer südlich beginnt am Paß von Xilóskalo die großartige, 18 km lange **Samariá-Schlucht**, die man in etwa sechs Stunden durchwandern kann. Von dem am Ausgang der Schlucht gelegenen Ort Agía Rouméli führt ein 4 km langer Fußweg zur Ágios-Pávlos-Kirche, die sich vor allem durch ihre eindrucksvolle Lage am Meer auszeichnet.

7. Von Chaniá nach Palaiochóra und zurück (223 km)

Von Chaniá (s. Route 5) nimmt man zunächst die Küstenstraße nach Westen, auf der man an touristisch erschlossenen Orten und langen Sandstränden vorbeikommt. In Máleme befindet sich der zweitgrößte deutsche Soldatenfriedhof Griechenlands. Unweit nördlich des bald darauf folgenden Ortes Kolimbári lohnt das festungsartige Kloster Goniás einen Besuch. Bei der Weiterfahrt auf der Küstenstraße sollte man nicht die neue Straße, sondern die alte fahren, die zwar kurvig, aber landschaftlich sehr schön ist. Nach dem Ort Plakalona bietet sich ein hinreißender Ausblick auf den Golf von Kísamos. Man passiert ausgedehnte Olivenhaine.
In Kaloudiana ist die Abzweigung der Straße nach Topólia. Südlich dieses Ortes fährt man durch die beeindruckende Topólia-Schlucht mit 300 m hoch aufragenden Felswänden. Kurz nach dem darauffolgenden Tunnel führt rechts ein Weg zur 80 m hoch gelegenen Höhle Agía Sofía, die schon seit neolithischer Zeit benutzt wurde. Auf der Weiterfahrt passiert man eine herrliche Berglandschaft.

Von Mili sollte man den 30 km langen Abstecher zum Elafonísi-Strand unternehmen. Er führt am Ort Chrissoskalítissa vorbei, wo das gleichnamige Kloster vor allem wegen seiner reizenden Lage am Meer sehenswert ist. Weiter geht es die nur ein Stück ausgebaute Straße zum *Elafonísi-Strand. Dieser vielbesuchte, herrliche Strand ist durch eine begehbare Sandbank mit der gleichnamigen Insel verbunden.

Abstecher zum Elafonísi-Strand

Zurückgekehrt nach Míli, fährt man südwärts weiter nach Strovles. Nach diesem Ort empfiehlt sich, die Abzweigung nach Voutas zu nehmen. Die Straße führt steil bergauf durch eine grandiose Berglandschaft, und bald kann man einen spektakulären Ausblick auf diese Bergwelt genießen. Sie führt durch einige kleine Orte und verläuft dann hinunter zur Südküste, wo dann nach kurzer Fahrt das schön auf einem Kap gelegene **Palaiochóra** erreicht wird. Der angenehme Badeort bietet sich für eine Rast an, bevor man die Rückfahrt über Kandanos zur Nordküste antritt. Auch auf diesem Streckenabschnitt gibt es schöne Landschaftseindrücke. In Tavronitis mündet die Straße in die Küstenstraße, auf der man bald nach Chaniá zurückgelangt.

Routenvorschläge

Reiseziele von A bis Z

Agía Triáda — E 9

Neugriechisch	Αγία Τριάδα
	Nomos: Iráklion
Allgemeines	Etwa 2 km westlich der Ausgrabungsstätte von Festós, am Nordrand des Höhenrückens und mit dem Palast einst durch eine gepflasterte Straße verbunden, liegen die Reste der so genannten königlichen Villa Agía Triáda aus minoischer Zeit. Von Festós ist der Weg dorthin ausgeschildert. Um das Ausgrabungsfeld zu erreichen, muss man vom Parkplatz noch ein kurzes Stück abwärts gehen.
*Villaruinen Öffnungszeiten Di. – So. 8³⁰ – 15⁰⁰	Da der antike Name nicht überliefert ist, erhielt die große minoische Villa ihren Namen nach der 250 m südwestlich stehenden byzantinischen Kirche Agía Triáda ("Hl. Dreifaltigkeit") aus dem 14. Jh. und dem ehemaligen gleichnamigen Dorf. Die Gegend war etwa seit dem 3. Jt. besiedelt. Die Villa wurde um 1550 v. Chr. nach dem Aufbau des neuen Palastes in Festós errichtet, allerdings 1450 v. Chr. durch Feuer zerstört. Etwas später, in der spätminoischen oder mykenischen Periode, war die Gegend wieder bewohnt, wie es die umfangreiche Bautätigkeit erkennen lässt. Während der klassisch-griechischen Zeit gab man Agía Triáda als Wohngegend auf, es blieb jedoch immer eine Kultstätte. Damals stand hier ein Tempel des Zeus Velchanos. Das Areal wurde ab 1902 von italienischen Archäologen erforscht, wobei die Villa mit außerordentlich reichen Funden ans Licht kamen, die sich jetzt größtenteils im Archäologischen Museum von Iráklion befinden. Dazu gehören Fresken und sehr bedeutende Werke der Steinschneidekunst – so die einzigartige Schnittervase (s. Abb. S. 127) – sowie die umfangreichste Sammlung von Linear-A-Schrifttäfelchen. Vor allem aber ist der berühmte Sarkophag von Agía Triáda zu nennen.
Rundgang	Östlich des Eingangs der Villa, die einen untypischen Grundriss in L-Form aufweist, befindet sich zunächst ein spätminoisches Heiligtum, in dem Fresken mit Delphin- und Oktopusmotiven entdeckt wurden. Nördlich stößt man auf den Wohntrakt für die Dienerschaft, westlich davon auf Magazinräume. Der Südhof war nach Ansicht von Archäologen das Zentrum der Kultfeiern von Agía Triáda. An seiner Nordostecke führt eine Treppe auf die Agora und die Wohnstadt hinunter und im Norden des Hofes eine weitere Treppe zu einem Wohntrakt ins Obergeschoß. Dieser Wohntrakt bestand aus prächtigen kleinen Räumen, die durch Lichthöfe erhellt wurden. Westlich schließt sich ein spätminoisches Mégaron an, wohl

Agia Triada

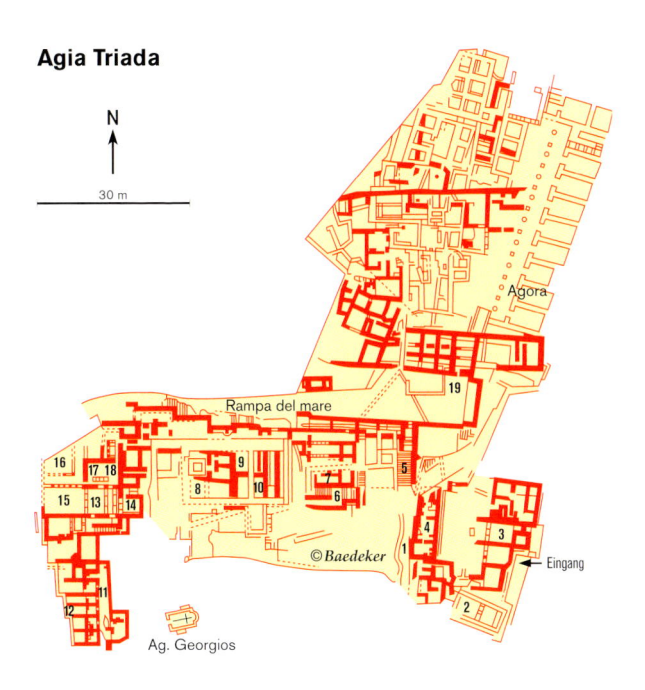

1 Minoische Straße	8 Megaron	15 Hauptsaal
2 Heiligtum	9/10 Magazine	16 Hof
3 Diener-Wohntrakt	11 Korridor	17 Archiv
4 Magazine	12 Magazine	18 Raum mit
5/6 Treppe	13 Portikus	Fresken
7 Wohntrakt	14 Privatraum	19 Pfeilerhalle

einer der ersten mykenischen Fürstenbauten auf Kreta. Innerhalb liegen Magazine, in denen Pithoi zu sehen sind. Hier wurde die berühmte Schnittervase entdeckt. Die oberhalb des Hofes stehende byzantinische Ágios-Geórgios-Kapelle stammt aus dem Jahr 1302. Einige Fresken sind erhalten.

Rundgang (Fortsetzung)

Wenige Schritte westlich der Kapelle trifft man auf das Südende des Westflügels, wo im Korridor der wertvolle Prinzenbecher, eines der Meisterwerke der minoischen Kunst, gefunden wurde. Daran schließen sich Magazine an. Nördlich gelangt man in einen zweisäuligen Portikus, der in einen doppelten Lichthof überleitete. Ganz im Osten liegt ein heute wieder mit einem Dach versehener Privatraum, der an drei Seiten mit einer Bank ausgestattet ist. Durch die Tür an seiner Nordseite kommt man in das so genannte Schlafgemach mit einer Besonderheit: eine erhöhte Platte, die vermutlich als Unterlage für eine Schlafstelle diente.

Geht der Besucher durch den Lichthof und den Portikus zurück, erreicht er den Hauptsaal. Dessen nördliche Türfront öffnet sich zu einem Hof, der wohl als Aussichtsterrasse benutzt wurde, da man von hier einen schönen Ausblick auf das Meer und das Ida-Gebirge

Eine beeindruckende Treppe in den Ruinen von Agía Triáda

Agía Triáda (Fortsetzung)	hat. Östlich des Hofes befindet sich das sogenannte Archiv, denn hier ist der Fundort zahlreicher Tontäfelchen mit der Linear-A-Schrift. Unmittelbar östlich liegt ein kleiner Raum, in dem u. a. das so genannte Wildkatzenfresko entdeckt wurde. Die von den Ausgräbern so bezeichnete Terrasse Rampa del Mare erreicht der Besucher über eine Treppe ganz im Norden. An ihrem Ostende steht eine Halle mit fünf Pfeilern. Weiter nördlich breitet sich ein spätminoisches Stadtviertel aus und davor der Marktplatz, die Agora.
Nekropole	Durch das Tor an der Nordostecke des Ruinengeländes erreicht man eine Nekropole, die zwei Kuppelgräber und ein Schachtgrab umfasst. In diesem wurde der berühmte Sarkophag von Agía Triáda (s. Abb. S. 129) gefunden, auf dem Vorstellungen vom Leben nach dem Tod deutlich werden.

Ágios Nikólaos   D 15

Neugriechisch	Άγιος Νικόλαος
	Hauptort des Nomos Lassíthi Einwohnerzahl: 8000
Allgemeines	Ágios Nikólaos ist die Hauptstadt des Verwaltungsbezirks Lassíthi und einer der bedeutendsten Fremdenverkehrsorte Griechenlands. Es wird wegen der guten Strände in der Umgebung, der vielen, z. T. hervorragenden Hotels und zahlreicher Ausflugsmöglichkeiten, auch in den Ostteil der Insel, von Touristen besonders geschätzt.

Ágios Nikólaos bezaubert durch seine malerische Lage.

Das am Westufer des herrlichen Mirambéllou-Golfs gelegene malerische Städtchen Ágios Nikólaos nimmt vor allem durch seine mediterrane Atmosphäre ein. Es ist geprägt von einer geschäftigen Lebendigkeit, die zwar sehr vom Tourismus beeinflusst ist, sich aber trotzdem noch eine angenehme Atmosphäre bewahrt hat. Obwohl die Platia Elefterias Venizelou der eigentliche Mittelpunkt der Stadt ist, konzentriert sich das Leben am Hafen und an dem kleinen Voulisméni-See mit seinen vielbesuchten Tavernen und Cafés.

*Ortsbild

Seit dem 3. Jh. v. Chr. war der Ort Hafen der Stadt Lató Etéra. Auch in byzantinischer Zeit hatte der Hafen wirtschaftliche Bedeutung. In der Folge des Vierten Kreuzzuges war das Gebiet im 13. Jh. von Genuesen und Venezianern hart umkämpft. Von den Genuesen oder den Venezianern wurde eine Festung errichtet, die wegen der schönen Aussicht den Namen "Mirabello" erhielt. Der Hafen verlor an Bedeutung, nachdem die Venezianer nordwestlich des Ortes, in der Gegend von Elounda, den besser geschützten Hafen Porto di San Nicolo angelegt hatten. Um 1870 siedelten sich mit Zustimmung der türkischen Herren Skafioten aus Westkreta hier an und nannten den bis dahin kaum bevölkerten Ort nach der Kirche Ágios Nikólaos, die auf der Landzunge nordöstlich der Stadt steht.

Geschichte

Sehenswertes in Ágios Nikólaos

Am Hafen liegt der malerische, von Felswänden umgebene, 64 m tiefe Voulisméni-See, der mit dem Hafen durch einen kurzen Kanal verbunden ist. Er ist neben dem Kournás-See der einzige Süßwasser-

*Voulisméni-See

Agios Nikolaos

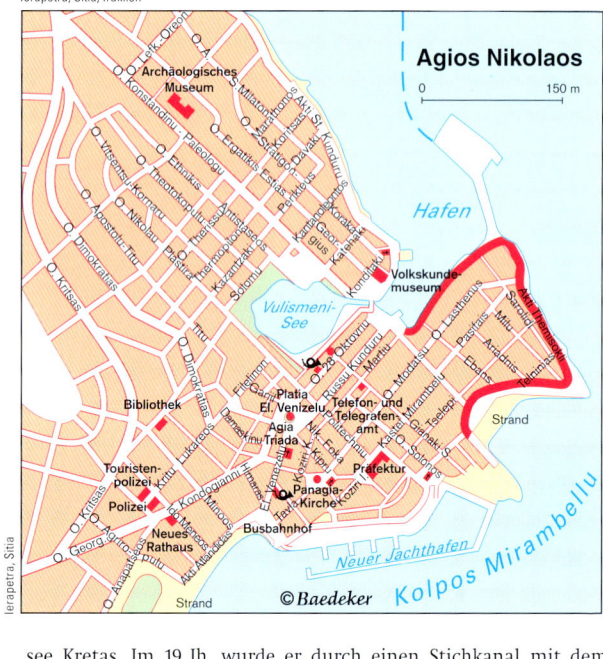

Ierapetra, Sitia, Iraklion

Vouliskméni-See (Fortsetzung)	see Kretas. Im 19. Jh. wurde er durch einen Stichkanal mit dem Meer verbunden. In dem See soll der Sage nach die Göttin Athene gebadet haben. Am See gibt es ein kleines modernes Amphitheater und eine Seebühne, auf der abends Konzerte stattfinden.
*Archäologisches Museum	Das Archäologische Museum, das nach dem von Iráklion zweitbedeutendste Museum Kretas, wurde 1970 errichtet, um die reichen neuen archäologischen Funde aus Ostkreta aufzunehmen, die bis dahin in Iráklion untergebracht waren. Das Museum ist wegen seiner zauberhaften Vasen, der außergewöhnlichen Gefäße und der fremdartigen und geheimnisvollen Idole unbedingt sehenswert. Die Exponate reichen von der neolithischen Epoche bis zum Ende der griechisch-römischen Periode, wodurch der Besucher einen guten Überblick über die Entwicklung der Kunst auf Kreta gewinnt. (Öffnungszeiten: Di.–So. 8^{30}–15^{00} Uhr)

Baedeker TIPP) Abendstimmung

Besonders stimmungsvoll ist der abendliche Voulisméni-See, wenn sich die vielen Lichter der Cafés und Bars im See spiegeln. Trinken Sie hier einen griechischen Kaffee und genießen Sie die gute griechische Musik auf der Seebühne. Viele Menschen werden von der Musik angelockt.

Saal 1

Im ersten Saal, der die neolithische und frühminoische Zeit (6000–2100 v. Chr.) umfasst, fällt zunächst das neolithische phallusartige Idol (Vitrine 2) auf, das ungewöhnlich für Kreta ist. Bemerkenswert sind die frühesten Bronzefischhaken der Insel in Vitrine 1.

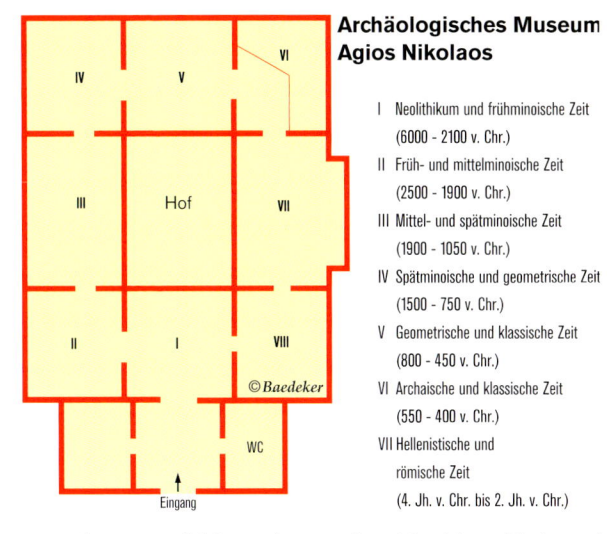

**Archäologisches Museum
Agios Nikolaos**

I Neolithikum und frühminoische Zeit
(6000 - 2100 v. Chr.)

II Früh- und mittelminoische Zeit
(2500 - 1900 v. Chr.)

III Mittel- und spätminoische Zeit
(1900 - 1050 v. Chr.)

IV Spätminoische und geometrische Zeit
(1500 - 750 v. Chr.)

V Geometrische und klassische Zeit
(800 - 450 v. Chr.)

VI Archaische und klassische Zeit
(550 - 400 v. Chr.)

VII Hellenistische und römische Zeit
(4. Jh. v. Chr. bis 2. Jh. v. Chr.)

Unter den Bronzedolchen mit verstärkter Mittelrippe (Vitrine 48) befindet sich der mit 32 cm längste frühminoische Dolch. Von besonderem Interesse ist der hervorragend erhaltene Dolch, der mit umgebogener Spitze neben dem Toten gefunden wurde. Man hat ihn ebenfalls "getötet", damit er seinen Besitzer im Jenseits wiederfindet. Die schwarze glatte Kanne mit einem großen Henkel und einem hohen Ausguss in dieser Vitrine ist eine Seltenheit.

Weitere interessante Gefäße sind in Vitrine 46 zu sehen: Gefäß in einmaliger vogelartiger Form mit Strichverzierung, große Pyxis mit konischem Deckel und Kernos mit zwei auf einem erhöhten konischen Fuß aufgesetzten Pyxiden. Das schwarze "birnenförmige" Gefäß ist der älteste von den Kykladen eingeführte Vasentyp.

Archäologisches Museum (Fortsetzung)

Von den Funden in Saal II, die aus der früh- und mittelminoischen Zeit (2500 – 1900 v. Chr.) stammen, ist zunächst die sehr ansprechende dreifüßige Pyxis mit flachem Deckel (Vitrine 8) erwähnenswert.

Saal II

In Vitrine 9 sind außergewöhnliche Fundstücke aus der Nekropole auf der Insel Móchlos zu sehen: Goldschmuck in Form von Bändern, Blättern und Blumen (z. B. eine Haarnadel in Form eines Gänseblümchens) sowie ein Diadem, das wertvollste Schmuckstück des Museums, auf dem Ziegen in abstrahierter Form zu erkennen sind; den Schmuck fand man in dem zerdrückten Silberväschen. Zauberhaft ist hier auch die kleine Schnabelkanne.

*Schmuck

Beachten sollte man ferner zwei interessante Exemplare der Hell-Auf-Dunkel-Malerei (Vitrine 11): ein konischer Napf, der zum Trinken verwendet wurde, und ein Becher mit einem großen Henkel und reichem Ornament. Besonders schön ist die helle Vase mit roter Linienverzierung im Mirtos-Stil (Vitrine 14).

Die Göttin von Mírtos ist das bedeutendste Exponat des Museums, ein Meisterwerk der frühminoischen Epoche. Die stark stilisierte Figur besitzt einen glockenförmigen Körper, einen überlangen Hals und einen sehr zierlichen Kopf. Die Brüste sind aufgesetzt und das

**Göttin von Mírtos

79

Archäologisches Museum (Fortsetzung)

Schamdreieck gemalt. Im Arm hält sie einen kleinen Krug, der mit roten Linien im Mirtos-Stil bemalt und dessen Öffnung gleichzeitig der Gefäßausguß ist.

Saal III

Der die mittel- und spätminoische Zeit (1900 – 1050) präsentierende Saal III zeigt Adoranten (Vitrine 18), wobei die nackten Brüste der Frauen wohl im Zusammenhang mit der Fruchtbarkeit eine rituelle Bedeutung haben. Einmalig sehen hier die zusammengesetzten Stierhörner aus Stuck. In Vitrine 21 sollte man die zwei wunderbaren Alabastren im Meeresstil besonders beachten. In den Gräbern von Myrsíni wurden herrliche Gefäße (Vitrine 21) gefunden, darunter die sehr formschöne dreihenklige Amphora mit Papyrusdekor. Interessant ist hier der Deckel eines Rauchgefäßes mit Kulthörnern. Hervorzuheben ist zudem der marmorne konische "Kommunionskelch" (Vitrine 26), der durch einen Brand unterschiedlich gefärbt ist. Besonders sehenswert ist eine Sphinx aus Elfenbein; einmalig sind ein Krokodil, ebenfalls aus Elfenbein, und die Ausgussschale aus Gips wegen des eingeritzten Ornamentes (alle Vitrine 24). In der ersten Vitrine in der Mitte des Raums wird eine Tritonmuschel mit der Darstellung von opfernden "Dämonen" gezeigt.

Göttin von Mírtos

Selten ist ein Tonbarren mit der bis heute nicht entzifferten Linear-A-Schrift, bemerkenswert eine goldene Fibel mit Brombeer-Motiv und Zeichen der Linear-A-Schrift (Vitrine 27). Zudem sind in diesem Saal Sarkophage ausgestellt. Die Minoer beerdigten ihre Toten in kurzen und hohen Sarkophagen aus Ton, wobei zwei Formen auftreten: die kastenförmigen mit Füßen und Deckel sowie die wannenförmigen.

Saal IV

Aus der spätminoischen und geometrischen Periode (1500 – 750 v. Chr.) stammen die Funde in Saal IV. Eine Seltenheit stellt das dreiteilige Kultgefäß (Vitrine 34) mit vier kleinen Vögeln mit ausgebreiteten Flügeln dar, die die Epiphanie (Gotteserscheinung) symbolisieren. Charakteristisch für die spätminoische Periode sind Bügelkannen, wovon die hier mit dem Oktopusmotiv ein besonders schönes Beispiel ist.

Erwähnenswert in diesem Saal ist noch die helle Urne (Vitrine 35) mit stilisierten Kulthörnern, eines der frühesten Exemplare für die Sitte der Totenverbrennung. Außerdem findet sich in der Mitte des Raumes die außergewöhnliche Pithosbestattung eines Kindes in einem Miniatur-Tholosgrab, das im Originalzustand ins Museum gebracht wurde.

Saal V

Saal V zeigt Exponate der geometrischen und klassischen Zeit (800 – 450 v. Chr.). Zu sehen sind Tonstatuetten, teilweise nur die Köpfe, mit heraustretenden Augen, gestuften Frisuren und Bemalung; sie zeigen manchmal schon das "archaische" Lächeln. Ein Meisterwerk ist der scharf geschnittene, einst bemalte Kopf in der Mittelvitrine.

Der Besucher kann in Saal VII Exponate der griechisch-römischen Epoche (4.Jh. v.Chr. – 2.Jh. n.Chr.) sehen. An der Rückwand befindet sich ein Totenschädel mit einem einmaligen goldenen Kranz aus stilisierten Blättern. Die Silbermünze, die Kaiser Tiberius zeigt, sollte dem Verstorbenen Einlass ins Totenreich gewähren.

Archäologisches Museum (Fortsetzung) Saal VII

Im Erdgeschoss des Hafenamtes stellt das kleine Volkskundemuseum schöne Webereien, Stickereien, Trachten, Haushaltsgeräte und byzantinische Ikonen aus. Außerdem ist ein traditionelles Bett aufgebaut. (Öffnungszeiten So. – Fr. 10⁰⁰ – 13³⁰, 17⁰⁰ – 21³⁰ Uhr)

Volkskundemuseum

Auf der Halbinsel nordöstlich der Stadt – auf dem Gelände des Hotels Minos Palace, wo auch der Schlüssel erhältlich ist – steht die Ágios-Nikólaos-Kirche aus dem 10.Jh., eine der ältesten, noch intakten Kirchen Kretas. Sie weist einen klar gegliederten harmonischen Bau auf. Die einschiffige, tonnengewölbte Kirche ist kunstgeschichtlich von Bedeutung wegen ihrer Freskenreste. Diese sind vom Ikonoklasmus (726 – 843) beeinflusst, als figürliche Darstellungen in den Kirchen verboten waren und man deshalb nur Ornamente malte. Es ist das einzige Beispiel für diesen Ornamentstil auf Kreta, der allerdings im 14. Jh. mit Figuren übermalt wurde. In der Apsis haben Reisende des 18.Jh.s ihre Spuren hinterlassen.

Ágios Nikólaos (Άγιος Νικόλαος)

Umgebung von Ágios Nikólaos

Auf der Insel Psíra ("Laus"), im Osten des Golfes von Mirambéllou, finden sich die Reste einer mittel- bis spätminoischen Hafensiedlung. Sie ist von Ágios Nikólaos oder von Móchlos mit dem Boot erreichbar. In der Siedlung fand man qualitätsvolle Fresken und Reliefs, und unter Wasser entdeckte der Meeresforscher Cousteau eine Mole und Keramik.

Psíra (Πείρα)

)Der herrliche Mirambéllou-Golf mit seinem tiefblauen Wasser ist ein besonderer "Augenschmaus". Beeindruckende Ausblicke auf den Golf hat man von der Straße nach Elounda – je höher die Straße ansteigt, umso schöner der Blick – und auf der hinreißenden Küstenstrecke von Ágios Nikólaos nach Gourniá.

**Golf von Mirambéllou (Κολπος Μιραμπέλλου)

11 km nördlich von Ágios Nikólaos liegt Elounda schön in einer Bucht, die durch die vorgelagerte Halbinsel Spinalonga vom Meer abgeschirmt ist. Der Touristenort kann mit einem ansprechenden Ortsbild und einem kleinen Naturhafen, der allerdings nur eine geringe Tiefe hat, aufwarten.

Elounda (Ελούνδα)

Am Anfang des Ortes – von Ágios Nikólaos kommend – führt rechts eine Straße zur Landenge, die nach Spinalónga führt. Auf dem Weg kommt man an großen Wasserbecken vorbei, die schon von den Venezianern angelegt und bis vor kurzem zur Salzgewinnung genutzt wurden.
An dieser Landenge, die heute von einem kleinen Kanal durchbrochen ist, stehen drei Windmühlen, die nicht mehr in Betrieb sind. Hier stößt der Besucher auf die Reste der antiken Stadt Olous, teilweise unter dem Meeresspiegel liegen. Sie hatte besondere Bedeutung in der klassischen und hellenistischen Zeit und war vermutlich der Hafen des westlich im Landesinnern gelegenen Dréros.

Olous (Ολούς)

Elounda
(Fortsetzung)

Die Stadt soll eine Figur der Göttin Britomartis gehabt haben, die von Dädalos geschaffen worden war. Um Christi Geburt war sie als Seeräubernest berüchtigt. Vermutlich im 4. Jh. senkte sich die Landenge durch Erdbewegungen, so daß Teile von Olous im Wasser versanken, wo man sie heute noch sehen kann.

Rechts an den Windmühlen vorbei, hinter einer Bar weist links ein Schild zu den Resten einer frühchristlichen dreischiffigen Basilika, von der kaum noch etwas erhalten ist, bis auf die Reste eines außergewöhnlich schönen Mosaikfußbodens mit Ornamenten und Meeresmotiven.

Der Touristenort Elounda mit seinem kleinen Naturhafen präsentiert sich mit einem ansprechenden Ortsbild.

Spinalónga
(Σπιναλόγκα)

An der Nordspitze der Halbinsel Spinalónga liegt die gleichnamige kleine Felseninsel (200 x 400 m), die von Elounda und Ágios Nikólaos mit dem Boot zu erreichen ist. Ihre Festung, eine der bedeutendsten Kretas, wurde 1579 von den Venezianern errichtet, um den Hafen von Elounda zu schützen. Sie galt als uneinnehmbar. So blieb sie nach der Eroberung Kretas durch die Türken (1669) noch in der Hand der Venezianer und war für viele Kreter ein Zufluchtsort vor den neuen Herren. Schließlich kam die Festung 1715 durch einen Vertrag an die Türken und blieb bis 1898 in deren Besitz.

Leprastation

Von 1903 bis 1957 bestand hier eine Leprastation. Wie fast überall auf der Welt wurden die Aussätzigen aus der Gemeinschaft ausgestoßen und gezwungen, hier isoliert zu leben. Sie übernahmen die Häuser der Türken, die vor ihnen geflohen waren. Es bildete sich eine Art Gemeinwesen heraus. Es kam sogar zu Eheschließungen; die gesunden Kinder wurden in ein Waisenhaus auf das Festland gebracht. Erst 1937 wurde ein Krankenhaus errichtet. 1957 löste man die Leprastation auf und brachte die letzten Aussätzigen in ein Krankenhaus nach Athen. Seither ist die Insel unbewohnt. Auf der frei zugänglichen Festung sind zahlreiche Gebäudeteile wegen Einsturzgefahr abgesperrt. Am Südende der Festung, wo die Boote mit den Besuchern anlegen, steht auf der linken Seite die Bastion Riva, unter der ein Gang ins Innere führt, und rechts die Bastion Dona mit dem Friedhof der Leprastation. Auf dieser östlichen Seite lag die Hauptverteidigungslinie mit den Bastionen Scaramella und Molino. In der Mitte auf halber Höhe sieht man das starke halbrunde Mocenigo-Bollwerk, in dem eine Geschützbatterie – 1630 waren es 35 Kanonen – untergebracht war. Auf einer Felsplatte vor ihrem Eingang sind zahlreiche einfache Zeichnungen wie Segelschiffe und Wappen eingraviert, die wohl von den Leprakranken stammen. Eine zweite Mauer verläuft auf dem Bergkamm. Im Westteil befinden sich Häuser und Magazine sowie das Haupttor. Die Nordspitze war von der Bastion St. Michael geschützt.

Spinalónga (Fortsetzung) Festung

Das ehemalige Fischerdorf Pláka, 5 km nördlich von Elounda, ist ein touristisch aufstrebender Badeort, der über zwei Kiesstrände verfügt. Man kann hier in der schönen weiten Bucht ausgezeichnet surfen. Pláka ist auch bekannt für seine Fischtavernen. Zudem gibt es die Möglichkeit, mit Booten zur Insel Spinalónga überzusetzen.

Pláka (Πλάκα)

Mit seinen alten venezianischen Herrenhäusern und kunstvoll geschmiedeten Toren und Geländern ist Kastélli (20 km nordwestlich von Ágios Nikólaos) eines der schönsten Dörfer der Region.

Kastélli (Καστέλλι)

Hoch über dem Meer liegt das um 1600 gegründete und einst wohlhabende Kloster Aretíou (etwa 8 km nördlich von Kastélli) zwischen hohen Zypressen und uralten Feigenbäumen. Lange Zeit eine verlassene Ruine, wurde es wieder restauriert. Von hier kann man einen schönen Ausblick genießen. (Öffnungszeiten: 9⁰⁰ – 13³⁰, 17⁰⁰ – 20⁰⁰ Uhr)

Moní Aretíou (Μονί Αρετίου)

22 km nordwestlich von Ágios Nikólaos und 2 km nordöstlich abseits der Ortschaft Neápolis liegt die ehemals bedeutende archaische Siedlung Dríros, von der nur noch wenige Mauern erhalten sind. Ein Pfad führt in etwa 10 Minuten zur Ruinenstätte auf einen Bergsattel hinauf. An der Westseite des Geländes stößt der Besucher auf terrassenartig angelegte Räume. Die archäologischen Ausgrabungen brachten aber vor allem die mächtigen Grundmauern eines Apollonheiligtums aus dem 7. Jh. v. Chr. zu Tag, das zu den besterhaltenen und bedeutendsten archaischen Heiligtümern auf Kreta zählt. Im Innern fand man die Reste von einem Brandopferaltar und eine Säulenbasis, in der Südwestecke eine Bank, an die später eine niedrigere Steinkiste angebaut worden war. Hier wurden die wichtigsten Fundstücke entdeckt: ein männliches und zwei weibliche Kultbilder aus gehämmertem Bronzeblech mit Holzkernen (im Archäologischen Museum Iráklion). Östlich vom Tempel sieht man eine große Zisterne aus dem 3. Jh. und nördlich führt eine Treppe zur Agora hinunter, an deren Südseite noch stufenförmig angeordnete Sitzreihen zu erkennen sind. Auf dem westlichen Gipfel des Sattels finden sich noch ein Heiligtum der Athena Poliouchos und auf dem östlichen Befestigungsanlagen von der römischen bis zur venezianischen Zeit.

Dríros (Δρήρος)

*Gourniá
(Γουρνιά)

Etwa 20 km südöstlich von Ágios Nikólaos, unmittelbar an der Küstenstraße, liegt das Ruinenfeld der nur teilweise freigelegten mittelminoischen Siedlung Gourniá auf einem kleinen Hügel. Von der Küstenstraße hat man einen guten Blick auf die Siedlung. Die typische Stadtanlage mit engen gepflasterten Gassen, kleinen Wohnhäusern sowie erhöht gelegenem Palast und Heiligtum vermittelt einen lebendigen Eindruck vom Aussehen einer mittelminoischen Ortschaft. Sie ist eines der frühesten Beispiele für europäischen Städtebau. (Öffnungszeiten: Di. – So. 8^{30} – 15^{00} Uhr)

Geschichte

Das Stadtgebiet war von 3300 bis um 1100 v. Chr. besiedelt. Die heute sichtbaren Bauten gehen auf die Periode von 1800 bis 1500 v. Chr. zurück, die auch die Blütezeit der Stadt markiert. Der Name Gourniá ("Krüge"), der aus neuerer Zeit stammt, weist darauf hin, dass hier viele Krüge gefunden wurden. In den Jahren 1901 bis 1904 erforschten amerikanische Archäologen das Areal.

Gourniá: eines der frühesten Beispiele europäischen Städtebaus

Rundgang

Die Stadt, die von einer Ringstraße durchzogen ist, war von relativ wohlhabenden Händlern, Bauern, Handwerkern und Fischern bewohnt. Die kleinen, wahrscheinlich zwei- bis dreistöckigen Häuser, deren untere Mauern aus Bruchsteinen bestanden, hatten meistens gemeinsame Wände und verfügten über winzige Zimmer. Viele Alltagsgegenstände wurden hier gefunden; zu sehen sind noch Mörser und Steinbecken. Oben auf dem Hügel liegt der Marktplatz, nördlich ein kleiner Palast, zu dem eine Schautreppe führt. Eine Halle ist noch zu erkennen, an die im Westen Magazine grenzen. Nördlich des Palastes steht ein kleines spätminoisches Heiligtum, zu dem eine Stichstraße hinführt. Hier wurden zahlreiche Weihegaben gefunden: Frauenstatuetten, Tierplastiken, Votivtäfelchen.

Bekannt geworden ist Vassilikí (5 km südöstlich von Gourniá) durch die bedeutende frühminoische Keramik mit rot- und schwarzgeflammter Musterung, die man nach dem Fundort Vassiliki-Stil nennt. Hier ist eine bedeutende frühminoische Siedlung (2700 – 2300 v. Chr.) zu sehen, die 150 m nach dem Ort auf einer Hügelkuppe liegt. Die Ausgrabungen förderten einen Hof und ein Wohnquartier mit außergewöhnlich kleinen Räumen zutage. Einige Platten des Hofes, an deren Rändern man kleine Vertiefungen sehen kann, wurden für Opfergaben benutzt.

Ágios Nikólaos (Fortsetzung)
Vassilikí (Βασσιλική)

Von dem Ort Kavoussi, nördlich von Tryptí kann man zur Tryptí-Alm in 850 m Höhe wandern; der Aufstieg dauert knapp 3 Stunden. Im Frühjahr sieht man am Weg blühende Anemonen, Zistrosen, Orchideen und Lilienarten. Weiter hinauf geht es zum Aféndis Stavroménos (1476 m), dem schönsten Aussichtspunkt Ostkretas. Noch einmal 1 1/2 Stunden dauert die Wanderung auf diesen Berg. Am 14. September, dem Tag der Kreuzeserhöhung, findet auf der Alm ein Traubenfest statt.

Tryptí (Θρυπτή)

Archánes

D 11

Αρχάνες

Neugriechisch

Nomos: Iráklion
Einwohnerzahl: 4000

Die 16 km südlich von Iráklion, inmitten von Weinbergen gelegene kleine Stadt Archánes (von Iráklion mit dem Bus erreichbar) ist bekannt für Wein- und Tafeltrauben, vor allem für die Rosáki-Traube. Das Zentrum wird von einer dreieckigen Platia gebildet, die von einigen Cafés gesäumt ist. Schon in frühminoischer Zeit (4./3. Jt. v. Chr.) bestand an der Stelle des Ortes ein bedeutendes Kult- und Verwaltungszentrum mit Wohnstadt und außerhalb liegender Nekropole (Fourní). Im Ort und in der Umgebung kamen Funde aus allen minoischen Perioden zutage.

Allgemeines

Sehenswertes in Archánes

An der Platia steht die Panagía-Kirche, die wertvolle Ikonen enthält. Zu erwähnen sind die Gottesmutter mit Kind, der Tod Marias, Jesus mit den Jüngern und Szenen aus dem Leben des hl. Nikolaus.

Panagía

Das kleine Archäologische Museum, das an der Platia ausgeschildert ist, stellt Sarkophage und Schmuck aus. (Öffnungszeiten: 9⁰⁰ Uhr bis Sonnenuntergang)

Archäologisches Museum

Im Ort ebenfalls ausgeschildert ist der Weg zur minoischen Ausgrabung, die allerdings nicht zugänglich und auch nicht besonders sehenswert ist. Die nur teilweise freigelegten Gebäude – es handelt sich entweder um ein Herrenhaus oder einen Palast – sind der spätminoischen Zeit um 1500 v. Chr. zuzuordnen. Erhalten sind etwa ein Dutzend Räume; in einem sind noch zwei Säulenbasen und Fußbodenreste vorhanden.

Minoische Ausgrabung

Die Landschaft um Archánes ist von Weinbergen und Olivenbäumen geprägt.

Umgebung von Archánes

Fourní
(Φουρνί)

Auf dem Hügel Fourní nördlich des Ortes liegt die gleichnamige Nekropole, eine der größten und bedeutendsten aus der Bronzezeit im Mittelmeerraum. Da sie abgeschlossen ist und der Weg dorthin schwer zu finden ist, erkundige man sich im Kafeníon an der Platía nach dem Wächter (Fílakas) mit dem Schlüssel. Bei der Schule (Wegweiser) geht es rechts eine Straße hinunter über eine Brücke bis zum Ende des Weges. Von hier folgt man einem Pfad den Höhenzug hinauf und erreicht in etwa 15 Minuten die Totenstätte.

Rundgang

Nach dem im Osten liegenden Eingang der Nekropole befindet sich ganz links das mykenische Tholosgrab D (um 1300 v. Chr.) mit einer reich ausgestatteten Frauengrabstätte. Die weitere Besichtigung erfolgt von Süden nach Norden. Das höher gelegene anschließende Tholosgrab E ist 1000 Jahre älter und enthielt zahlreiche Sarkophage und zwei Grabpithoi. Die Gräber weiter oberhalb stammen aus der Periode von 2000 bis 1700 vor Christus.

Es folgt ein geschlossener Grabbezirk mit den Rundgräbern G und B und anderen Grabbauten. Das Tholosgrab G barg vorwiegend kykladische Funde, die auf eine kykladische Siedlung schließen lassen. Ganz links stößt der Besucher auf ein Felsgelände, wo Opfergaben und Tierknochen gefunden wurden. In dem nordöstlich davon gelegenen Ossuarium (3. Jt. v. Chr.) entdeckte man zahlreiche aufgestellte Schädel und Siegel, auch mit Hieroglyphen. In dem anderen Ossuarium (4./3. Jt.) rechts davon wurden vorwiegend Zweitbestattungen in Pithoi und Larnakes vorgenommen. Das folgende Tholosgrab B (2000 v. Chr.), das aus einem Rundbau, dem Dromos, der

Grabkammer und umliegenden Räumen besteht, enthält eine umlaufende Bank. Hier fand man zahllose Schädel, Keramikgefäße und Freskenfragmente.
Das anschließende Gebäude kann aufgrund der Funde (Webstuhl, Weinpresse u. a.) als Verwaltungs- und Wirtschaftsgebäude angesehen werden. Die künstliche Kultgrotte ist die einzige ihrer Art auf Kreta. Das ungeplünderte mykenische Tholosgrab A (ca. 1400 v. Chr.) setzt sich aus einem von Osten zulaufenden Dromos, dem Kuppelgrab von mehr als 5 m Durchmesser und 5 m Höhe und der Grabkammer im Süden zusammen. Auf deren Schwelle fand man einen Stierkopf und davor eine Pferdebestattung (letztere im Archäologischen Museum von Iráklion). Die zahllosen Fundobjekte wie die vielen Bronzegefäße, kostbarer Schmuck und erlesene Keramik deuten auf die Bestattung einer wohlhabenden Frau hin. Am Ende des Ausgrabungsgeländes liegen noch sieben mykenische Schachtgräber. (Öffnungszeiten: Mi. – Mo. 9^{00} – 14^{30} Uhr)

Fourní (Fortsetzung)

Das Heiligtum Anemóspilia ("Höhlen des Windes") findet sich ebenfalls nördlich von Archánes, am Nordhang des Jouchtas-Berges. Im Ort fährt man nach der Einbahnstraßengabelung 200 m weiter und dann rechts auf eine schlechte Schotterstraße (etwa 3 km); links oberhalb liegt die Ausgrabungsstätte.
Das Heiligtum (2100 – 1800 v. Chr.) ist optisch zwar nicht sehr interessant, aber archäologisch eine Sensation. Es besteht aus drei nebeneinanderliegenden Räumen und einer davor liegenden Querhalle, in der zahlreiche Gefäße gefunden wurden. Im mittleren Raum stand offensichtlich ein monumentales hölzernes Kultbild, von dem lediglich zwei Tonfüße erhalten blieben. Im östlichen Raum wurden viele Gefäße und Opfergaben ausgegraben.
Sensationell war die Erforschung des westlichen Raumes, wo man Hinweise für Menschenopfer fand. Hier lag auf dem heute noch von Holzkasten abgedeckten Altar ein an den Füßen gefesselter junger Mann und ein Bronzedolch, mit dem ihm die Halsschlagader geöffnet worden war. Neben ihm entdeckten die Archäologen einen Priester in ekstatischer Haltung und eine Priesterin, die mitten in der Opferung von dem herabstürzenden Gebäude erschlagen worden waren.
In der Vorhalle lag schließlich noch ein Mensch mit einem wertvollen Spendegefäß, der das Blut des Opfers zu dem Götterbild bringen sollte. Vermutlich war das Menschenopfer als Schutz vor den Erdbeben um 1800 v. Chr. vorgesehen, jedoch wurde die Zeremonie gerade durch den von einem Erdbeben bedingten Einsturz und Brand des Tempels auf tragische Weise beendet. (Öffnungszeiten: Di. – Sa. 8^{45} – 15^{00}, So., Fei. 9^{30} – 14^{00} Uhr)

Anemóspilia (Ανεμόσπιλια)

Von dem südlich von Archánes gelegenen Dorf Asómatos, das im 16. und 17. Jh. hier bestand, blieb nur die kleine sehenswerte Micháïl-Archangélos-Kirche (Schlüssel in der von Bäumen umstandenen Taverne an der Platia) übrig, die bekannt ist für ihre Fresken von 1315. Die Kirche ist zu erreichen, indem man nach dem Ortsende von Archánes links den Feldweg einschlägt (immer links halten). Das Gotteshaus ist nach ca. 2 km etwas versteckt unterhalb des Weges zu finden. Die Malereien der einfachen Einraumkirche zeigen vor allem Szenen aus dem Leben Jesu und des Erzengels Michael in einer feierlichen, teils lebhaft-bewegten Darstellungsweise.

Asómatos (Ασώματοσ)

Jouchtas: In einer Höhle auf dem Gipfel soll Zeus begraben sein.

*Jouchtas
(Γιούχασ)

Der sich westlich von Archánes erhebende Jouchtas (811 m) ist ein langgestreckter Bergrücken, in dessen Silhouette man, mit viel Phantasie, das Profil eines Gesichtes mit Bart erkennen kann. Es soll das Antlitz von Zeus darstellen, der in einer Höhle auf dem Gipfel begraben liege, wie die Kreter sagen. Diese Behauptung brachte den Inselbewohnern bei den Festlandsgriechen den Ruf der Lügenhaftigkeit ein, denn für diese ist Zeus unsterblich. Von der Höhle indes fand sich keine Spur. Im Frühling blühen an den Berghängen Orchideen.

Zum Gipfel führt eine sehr schlechte Fahrstraße. Der Aufstieg lohnt sich vor allem wegen des herrlichen Blicks auf die Umgebung bis nach Iráklion. Auf dem Südgipfel steht die Kirche Aféndi Christou mit vier aneinandergereihten Kapellen. An der letzten Kurve vor dem Südgipfel führt ein Pfad zum Nordgipfel, wo sich eine Sendestation erhebt. Davor breitet sich ein minoisches Gipfelheiligtum aus, das allerdings eingezäunt ist. Das Heiligtum, das von 2100 bis 1700 v. Chr. in Gebrauch war, ist von einem Mauerring umgeben. In den Räumen und auf der großen Terrasse fand man zahlreiche Idole und Weihegaben.

Vathýpetro
(Βαδύπετρο)

Das 3 km südlich von Archánes gelegene minoische Herrenhaus Vathýpetro gefällt durch seine Lage auf einer Bergnase über einem schönen Tal. Das Haus wurde um 1700 v. Chr. erbaut und um 1600 aufgegeben. Wahrscheinlich war eine größere palastähnliche Anlage geplant, von der der fertiggestellte Teil dann als Gutshaus benutzt wurde. Geht man vom Eingang nach rechts, erreicht man einen Hof und dann gleich wieder rechts über einen weiteren Hof das einzige bisher bekannte dreischiffige Heiligtum. An den Hof schließt sich westlich der Hauptraum mit einer säulengestützten Vorhalle an, auf den westlich ein Magazin und Nebenräume folgen. Ganz im Westen hinter diesem Raum befindet sich ein Zimmer und dahinter eine Nische, das als Schatzkammer mit Kultnische gedeutet wird. Hier wurden die bedeutendsten Funde gemacht. Anschließend trifft der Besucher auf einen großen Raum (überdacht) mit zwei Pfeilern und ganz hinten auf einen weiteren großen Raum mit vier Pfeilern. Über einer Treppe liegt der interessanteste Raumkomplex (überdacht), in dem einige Pithoi und eine Weinpresse zu sehen sind. Dies belegt, dass schon die Minoer Weinbau betrieben. (Öffnungszeiten: Di. – So. 9⁰⁰ – 14³⁰ Uhr)

Archánes, Vathýpetro (Fortsetzung)

Östlich des Dorfes Ágios Vassílios (14 km südöstlich von Archánes) steht die Kirche Ágios Ioánnis Pródromos, die wegen ihrer Fresken von 1291 bemerkenswert ist. Folgende Motive sind dargestellt: in der Apsis die Panagia (Muttergottes), darüber eine Verkündigung und darunter die Kirchenväter; im Nordgewölbe Johannes der Täufer und die Hll. Geórgios und Dimítrios zu Pferd; im Südgewölbe die Beerdigung von Johannes dem Täufer sowie die Heiligen Barbara, Kiriakí und der Erzengel Michael.

Ágios Ioánnis Pródromos

Chaniá   B 5

Χανιά

Neugriechisch

Hauptort des Nomos Chaniá
Einwohnerzahl: 62 000

Chaniá, die zweitgrößte Stadt Kretas, liegt an der Inselnordküste in der Südostecke der Bucht von Chaniá am Kretischen Meer. Sie gehört zum einen vor allem durch ihr malerisches Stadtbild zu den sehenswertesten Städten Kretas und ist andrerseits auch ein guter Ausgangspunkt, um Westkreta kennenzulernen, das weniger Ausgrabungsstätten als landschaftliche Schönheiten bietet.
Der Politiker Eleftérios Venizélos, der in dem nahen Dorf Murniés geboren wurde und unweit der Stadt auf der Halbinsel Akrotíri bestattet ist, wird in Chaniá besonders verehrt.

Allgemeines

Vom Stadtbild ist vor allem der von vielen Tavernen und Cafés gesäumte schöne venezianische Hafen mit der ehemaligen Moschee und das malerische verwinkelte Stadtviertel Topanás hervorzuheben. Es gehört zu den Höhepunkten des Besuchsprogramms von Chaniá, einige Zeit am Hafen zu verbringen.

***Stadtbild**

Der Ort war bereits in minoischer Zeit ein bedeutender Mittelpunkt Kretas. In der klassischen Periode spielte er ebenfalls über Jahrhunderte eine führende Rolle in Westkreta, auch nach der Einnahme durch die Römer (69 v.Chr.). Im 13. Jh. wurde der Ort von den Venezianern als La Canea an der Stelle des antiken Kydonia neu errichtet und erfuhr nach einem genuesischen Zwischenspiel (1267 – 1290) einen wirtschaftlichen und geistigen Aufschwung, der etwa Ende des 16. Jh.s in einer Glanzzeit gipfelte. Die Venezianer umgaben die Stadt 1537 mit einer Mauer als Schutz gegen die Türken, die jedoch den Ort als ersten auf Kreta bereits 1645 einnah-

Geschichte

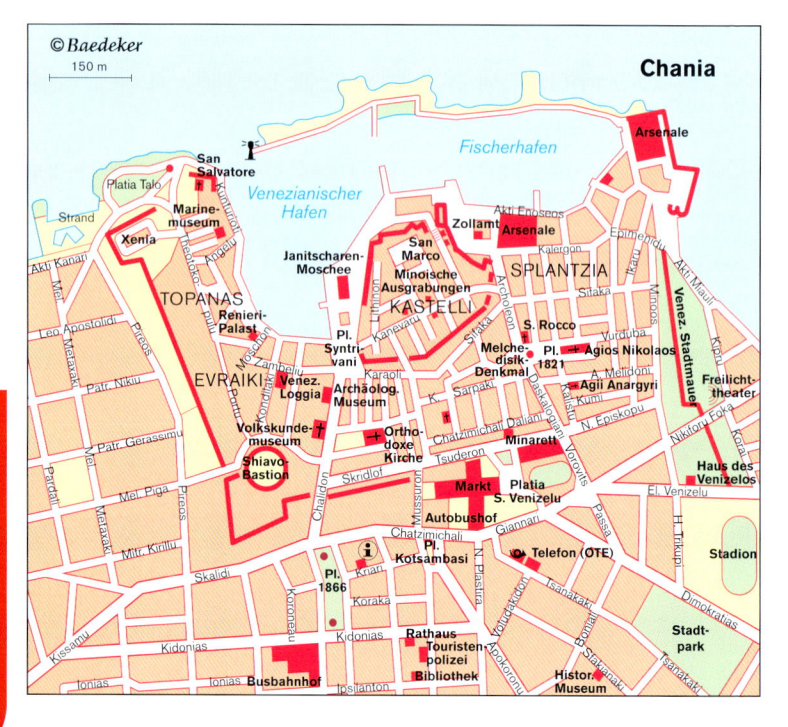

| Geschichte (Fortsetzung) | men. Chaniá erhielt nun einen stark türkischen Charakter. Im Jahr 1851 verlegten die Osmanen ihren Verwaltungssitz für Kreta hierher. Nach der Befreiung von den Türken 1898 wurde Chaniá Hauptstadt des autonomen kretischen Staates unter dem Generalgouverneur Prinz Georg von Griechenland. Es wurde von den Geschehnissen des Zweiten Weltkrieges stark in Mitleidenschaft gezogen. Die Stadt war bis 1971 Verwaltungssitz von ganz Kreta. |

Sehenswertes in Chaniá

| *Venezianischer Hafen | Im Norden von Chaniá liegt der malerische venezianische Hafen, ein lebhafter Treffpunkt der Stadt. Er wurde im 14. Jh. von den Venezianern durch Aufschüttung einer Mole angelegt, auf der die Italiener und Türken Todesurteile vollstreckten. Der Hafen hatte wegen seiner geringen Wassertiefe und des ungenügenden Schutzes gegen die Nordwinde nie eine große Bedeutung, an seine Stelle trat schon früh die Souda-Bucht. Seine Einfahrt war von Minaretts flankiert, deren Stümpfe noch zu sehen sind. Heute wird er nur von Booten angelaufen. Am östlichen Hafen liegen die 1497 erbauten venezianischen Arsenale, aneinander gefügte Steinhallen mit mächtigen Tonnengewölben, von denen am Südkai sieben erhalten, allerdings ziemlich verwahrlost sind. Von den im 17. Jh. erbauten fünf Arsenalen am östlichen Kai sind noch zwei übriggeblie- |

Der Venezianische Hafen von Chaniá ist ein Muß für jeden Besucher.

ben. Die ursprünglich 23 einst bleigedeckten Hallen wurden zum Bau und als Winterlager der Galeeren sowie als Depot für Kriegsmaterial benutzt. Heute dienen sie als Lagerräume für Fischer. Auf der Molenspitze erhebt sich der venezianische Leuchtturm. Von hier hat man einen recht schönen Blick auf den Hafen, die Stadt und die Gipfel der Levká Óri.

Venezianischer Hafen (Fortsetzung)

Am Ostufer des äußeren Hafenbeckens steht als markanter Blickpunkt die imposante ehemalige Janitscharen-Moschee, die gleich nach der Eroberung der Stadt durch die Türken 1645 erbaut wurde. Die Janitscharen waren eine Kampf-Elitetruppe, zusammengesetzt aus geraubten christlichen Knaben, die zum Islam konvertieren und eine harte militäische Schulung durchlaufen mussten. Heute finden in dem Gebäude Wechselausstellungen statt. Die Kuppel der Moschee bildet einen ungewöhnlichen Kontrast zu den äußeren schlanken Stützbögen.

Janitscharen-Moschee

Baedeker TIPP ▶ Fischtavernen

Abends sollte man in den guten Fischtavernen am Fischerhafen, der sich östlich an den Venezianischen Hafens anschließt, essen. Es ist hier preiswerter und besser als am vielbesuchten Venezianischen Hafen, außerdem kann man hier in Ruhe seine Mahlzeit genießen.

Die Altstadt, die sich südlich des Hafens ausbreitet, ist von einer 3 km langen Stadtmauer aus dem 16. Jh. umgeben. Sie wird

Altstadt

Altstadt (Fortsetzung)	zur Zeit umfassend mit finanzieller Unterstützung der Europäischen Union renoviert.
*Topanás	Das malerischste Stadtviertel ist das westlich des Hafens gelegene verwinkelte Topanás ("Kanonenhof"), einst zentraler Wohnort der Türken. Hier sind noch einige venezianische und türkische Bauten vorhanden, die teilweise sehr geschmackvoll renoviert wurden. Nirgends sonst auf Kreta findet man eine größere Auswahl an stilvollen kleinen Hotels.
Evraikí	Das Evraikí-Viertel breitet sich südlich des Hafens aus. Hier befand sich in venezianischer und türkischer Zeit das jüdische Ghetto. Die Juden hatten oft unter den Repressionen der Christen und Muslime zu leiden. Die meisten lebten in bescheidenen Verhältnissen, nur wenige gelangten vor allem durch Handel in einflussreichere Positionen. 1944 sollte die ganze jüdische Gemeinde auf deutschen Befehl in ein Vernichtungslager gebracht werden. Das Transportschiff explodierte auf See – ob mit Absicht oder durch Fremdeinwirkung, wie es offiziell hieß, ist ungeklärt.
Kastélli	Das älteste Viertel von Chaniá liegt auf dem Hügel im Osten der Stadt. In venezianischer Zeit standen hier die öffentlichen Gebäude. Von der einstigen Pracht ist allerdings nichts mehr zu merken. In der Diskaloghani-Straße werden derzeit Ausgrabungen vorgenommen.
Venezianische Portale	Im Kastélli-Viertel in der Straße Lithínou 45 ist das Portal des venezianischen Archivs, 1624 erbaut, erhalten. Daneben sind ein reizvoller Innenhof und ein weiteres prächtiges Portal zu sehen.
San Marco	Ebenfalls im Kastélli-Viertel am Ágios-Títos-Platz und in der von hier abgehenden Straße Ágiou Márkou findet man die Reste der venezianischen Kirche San Marco, vor allem eine Reihe von Rundbögen.
Minoische Ausgrabungen	Die minoischen Ausgrabungen liegen zwischen Häusern beiderseits der Kanevárou-Straße, ebenfalls im Kastélli-Viertel. Sie sind nicht zugänglich, aber von der Straße gut einsehbar, jedoch für den Laien nicht sehr interessant. Es sind hier spätminoische und mykenische Siedlungsreste, u. a. ein Megaron, entdeckt worden.
*Archäologisches Museum	In der ehemaligen Klosterkirche San Francesco (Chálidon 25) aus dem 16. Jh. ist das Archäologische Museum untergebracht. Als die Kirche in türkischer Zeit in eine Moschee umgewandelt wurde, errichtete man den westlichen Anbau. Die Minarettbasis in der Nordwestecke der Anlage erinnert noch an diese Zeit. Die dreischiffige Pfeilerbasilika mit ihren harmonischen Proportionen bildet einen stimmungsvollen Rahmen für die hervorragenden Exponate aus spätneolithischer bis römischer Zeit. (Öffnungszeiten: Mo. $12^{30} - 19^{00}$, Di. - Fr. $8^{00} - 19^{00}$, So. $8^{30} - 15^{00}$ Uhr)

Baedeker TIPP) Traditionelle Weberei

Sehr interessant ist ein Besuch in der Teppichweberei Roka (Zambeliou 61), wo man beim Weben auf alten Webstühlen zusehen und die in traditionellen Mustern angefertigten Teppiche in allen Größen kaufen kann.

Der Rundgang beginnt links vom Eingang und erfolgt im Uhrzeigersinn. Die chronologisch geordneten Vitrinennummern der folgenden Beschreibung entsprechen denen im Museum.
Die ersten 13 Vitrinen enthalten spätneolithische bis spätminoische Funde. Die Dreifuß-Pyxis in Vitrine 4 ist die eindrucksvollste ihrer Art. Ein meisterliches Siegel (Vitrine 11) zeigt einen Minoer auf einer Gebäudegruppe in felsiger Umgebung am Meer. Von den spätminoischen und geometrischen Funden in Vitrine 14 sind die Modelle von Rundhäusern und die geometrische Scherbe mit Menschendarstellung hervorzuheben. Interessant sind die Spielsachen (Vitrine 25) aus einem Kindergrab aus geometrischer Zeit. In der Mitte des Kirchenschiffes, in Vitrine 39, ist eine Sammlung von Kultstieren (4. Jh. v. Chr. – 2. Jh. n. Chr.) zu sehen. Es handelt sich um Votivgaben an Poseidon, der ungewöhnlicherweise als Gott der Stärke und Fruchtbarkeit gesehen wird.
Die römischen Mosaiken (3. Jh. n. Chr.) in hinteren Teil gehörten zu einem Haus in Chaniá. Im Hauptschiff stößt man auf zwei Mosaiken mit der Darstellung von Dionysos. Das Mosaik im Seitenschiff hat Poseidon und Amymone zum Thema. Von den Exponaten aus klassischer bis römischer Periode in Vitrine 28 sollte man besonders den Miniaturschild mit zwei Kriegern und Flachreliefs von Artemis und Apollon beachten. Herausragend ist der wunderbare hellenistische Goldschmuck in Vitrine 40.
Im Museumshof ist ein türkischer Brunnen zu sehen, der ehemals an einem Platz in der Stadt stand, und ein venezianisches Marmorportal, das zu dem im Kastélli-Viertel gelegenen Zangaróla-Palast gehörte.

Weiter südlich wurde in der katholischen Kirche (Chalidon 46 B) ein Volkskundemuseum eingerichtet. Es zeigt kretische Volkskunst vom 18. bis 20. Jh., wobei Häkelarbeiten und Stickereien besonders interessant sind. (Öffnungszeiten: tgl. 9⁰⁰ – 15⁰⁰, 18⁰⁰ – 21⁰⁰ Uhr)

In der Straße Zambeliou 43/45 stößt der Besucher auf eine venezianische Loggia im Renaissancestil, von der nur noch die Außenmauern erhalten sind. Eine Wappentafel zwischen den Fenstern des Mittelgeschosses trägt die Inschrift: "Nulli parvus est census qui magnus est animus" ("Keiner wird gering geschätzt, der einen großen Geist besitzt.").

Im Topanás-Viertel (Odós Móskhon) findet man den Torbogen des einst bedeutenden Renieri-Palastes, über dem das Familienwappen angebracht ist. Die humorvolle Inschrift darauf lautet: "Multa tulit, fecitroque Pater, sudavit, et alsit et studuit, dulces semper requiescerat" ("Vieles ertrug und tat der Vater, er schwitzte und fror und mühte sich, und die süße Ruhe ging ihm immer ab").

Das Marinemuseum (Kunturioti) liegt an der Nordwestecke des Hafens, im venezianischen Fort Firkas. Es zeigt in mehreren Räumen Schiffsmodelle, z. B. eine attische Trireme, und Schiffsinstrumente sowie eine Muschelausstellung. Zudem werden antike Seeschlachten dargestellt. Darüber hinaus sind Dokumente und Bilder zur Kriegsmarine des 19. und 20. Jh.s, so auch zur Schlacht um Kreta 1941, und zur Handelsschifffahrt zu sehen. (Öffnungszeiten: Di. bis So. 10⁰⁰ – 16⁰⁰ Uhr)

Archäologisches Museum
(Fortsetzung)
Rundgang

*Siegel

Museumshof

Volkskundemuseum

Venezianische Loggia

Renieri-Palast

Marinemuseum

Chaniá

San Salvatore	Oberhalb des Marinemuseums steht die kleine venezianische Kirche San Salvatore (16. Jh.), die in türkischer Zeit eine Moschee war.
Befestigungen	Von den Befestigungen der alten Stadt ist nicht mehr viel erhalten. So sind noch Teile einer älteren byzantinisch-sarazenischen Mauer um den Kastélli-Hügel, die von den Venezianern im 13. und 14. Jh. erneuert wurde, zu erkennen. Den Bau der neueren Befestigungsanlagen (15./16. Jh.) führte wie in Iráklion der Festungsbaumeister Michele di San Michele aus. Die Wälle, die die Stadt rechteckig umschlossen, waren etwa 2 km lang. Im Osten der Stadt kann man noch ein Stück der Stadtmauern sehen. Von den Bastionen ist am besten die Shiavo an der Südwestecke erhalten, von der man einen weiten Blick auf Stadt und Umland hat. Von hier nach Norden ist die Mauer recht gut erhalten.
Ágios Nikólaos, San Rocco	Die beiden Kirchen Ágios Nikólaos und San Rocco findet man im Splantzia-Viertel, in der östlichen Altstadt an dem recht hübschen Platz 1821. Hier ist unter einer alten Platane ein Gedenkstein für Bischof Melchédisik angebracht, der 1821 von den Türken an diesem Baum erhängt wurde, weil er an einem Aufstand teilgenommen hatte. Die große Nikolaus-Kirche wurde von den Venezianern für das Dominikanerkloster erbaut und in türkischer Zeit in eine Moschee umgewandelt, die zu Ehren von Sultan Ibrahim, dem Eroberer von Chaniá, "kaiserliche Moschee" tituliert wurde. Von dieser zeugt noch rechter Hand das Minarett. Die Kirche und die Inneneinrichtung gestaltete man nach 1918 neu. Die kleine venezianische San-Rocco-Kirche (1630) im Renaissancestil befindet sich in schlechtem Zustand. Der hl. Rochus war der Fürbitter der Pestkranken.
Ágii Anárgiri	Etwas weiter südlich trifft der Besucher auf die Ágii-Anárgiri-Kirche aus dem 16. Jh., die in venezianischer und türkischer Zeit das einzige orthodoxe Gotteshaus war. Sie weist eine prächtig geschnitzte Ikonostase auf.
Markthalle	Die kreuzförmig angelegte dekorative Markthalle (1911) befindet sich an der Platia 1897. An den Fisch-, Obst- und Gemischtwarenständen kann man alle Produkte des Landes kaufen.
Minarett	Nordöstlich der Markthalle in der Straße Chadzmikháli Daliáni ist noch ein kleines Minarett erhalten.
Historisches Museum	Südlich der Altstadt findet sich das in einer stattlichen Villa untergebrachte kleine Historische Museum (Odos Sfakianaki 20) mit dem Stadtarchiv. Das Museum ist nur Besuchern zu empfehlen, die sich besonders für kretische Geschichte interessieren. Im Museum werden die Freiheitskriege gegen die Türken sowie der Zweite Weltkrieg und der Widerstand gegen die deutsche Besatzung dargestellt. Zudem ist ein kleiner Raum Eleftérios Venizélos gewidmet. (Öffnungszeiten: Mo.–Fr. 9⁰⁰–14⁰⁰ Uhr)
Stadtpark	In dem unweit des Historischen Museums gelegenen schönen Stadtpark werden die kretischen Wildziegen Agrími in Gehegen gehalten. Die Grünanlage lockt am Abend viele Einheimische ins Parkkafenion oder ins Freilichtkino.

In der Markthalle kann man alle einheimischen Produkte kaufen.

Ungefähr 1,5 km östlich des Stadtzentrums liegt die Villenvorstadt Chalépa, die um die Jahrhundertwende als Regierungsviertel angelegt wurde. Hier befinden sich das repräsentative Regierungsgebäude und verschiedene Konsulate.

Chalépa

Umgebung von Chaniá

Ungefähr 4 km südöstlich der Altstadt erstreckt sich die Bucht von Souda, der größte und am besten geschützte Naturhafen der Insel. Er ist Handels- und Fährhafen von Chaniá – von hier verkehren täglich Schiffe nach Piräus – sowie Flottenstützpunkt.

Bucht von Souda

An der Straße von Souda zur Akrotíri-Halbinsel liegt ein gepflegter britischer Soldatenfriedhof, auf dem 1527 Gefallene aus dem Commonwealth begraben liegen, die bei der Schlacht um Kreta 1941 getötet wurden.

Britischer Soldatenfriedhof

Am Eingang der Souda-Bucht, in unmittelbarer Nähe der Schnellstraße findet man auf der südlichen Seite die türkische Festung Kalámi. Nach der Vertreibung der Türken diente sie als Staatsgefängnis.

Festung Kalámi

Die Festung Souda, auf der Insel Souda am Eingang der Bucht gelegen, wurde seit 1570 von den Venezianern ausgebaut und diente dann als Stützpunkt im türkisch-venezianischen Krieg. Nachdem die Türken 1669 Candia (Iráklion) und damit Kreta erobert hatten, schichteten sie zur Einschüchterung 5000 Köpfe enthaupteter Christen um die Festung. Doch die Verteidiger hielten durch, und so blieb die Festung bis ins 18. Jh. im Besitz der Venezianer.

Festung Souda

Profítis Ilías
(Προφήτης
Ηλίς)

Etwa 8 km nordöstlich von Chaniá, auf dem Berg Profítis Ilías, liegt eine weiträumige gepflegte Gedenkstätte mit den Gräbern des kretischen Staatsmannes Eleftérios Venizélos (▶ Berühmte Persönlichkeiten) und seines Sohnes Sophoklís. Hier kann man einen herrlichen Ausblick auf die Stadt bis hin zu den Levká Óri genießen.

Diese Gedenkstätte ist für die Kreter von herausragender nationaler Bedeutung. Hier wurde 1897 zuerst die griechische Fahne gehisst. Als die Großmächte, die gegen den Anschluss der Insel an Griechenland waren, den Hügel beschossen und dabei den Fahnenmast zerstörten, soll sich ein Kreter als Ersatz hingestellt haben, worauf das Feuer eingestellt wurde. In der Folge wurde Kreta ein Autonomiestatus zugestanden.

Moní Agía Triáda
(Μονί Αγία
Τριάδα)

17 km nordöstlich von Chaniá liegt das Kloster Agía Triáda von 1631, das zu den größten und bedeutendsten Klöstern Kretas gehört. Nachdem es die Türken 1821 niedergebrannt hatten, erlangte es bald nach seinem erneuten Aufbau 1830 seinen einstigen Reichtum wieder. Das Kloster heißt nach seinen Gründern, der venezianischen Familie Zangarola, auch Moní Tzangarólou.

Den Eingang der Anlage bildet ein mächtiges Portal mit Doppelsäulen, korinthischen Kapitellen und Dreieckgiebel. Die Fassade der Kirche zeigt einfachen Renaissancestil. Beeindruckend im Innern ist die reich geschnitzte Ikonostase. Links vom Eingang gibt es noch ein kleines Ikonenmuseum mit Werken aus dem 18. und 19. Jh., u. a. von dem Maler Emmanuel Skodilis. An der Südseite der Treppe sieht man einen Baum, der gleichzeitig Orangen, Mandarinen, Zitronen und Limonen hervorbringt. (Geschlossen 14^{00} – 17^{00} Uhr)

**Agía Triáda – hier die Klosterkiche –
ist eines der bedeutendsten Klöster Kretas.**

Die Lage des festungsartigen Klosters Gouvernéto auf einem Höhenrücken ist beeindruckend.

Wohl mit der schönste Ausflug von Chaniá führt zu dem beeindruckend auf einem Höhenzug gelegenen Kloster Gouvernéto (4 km von Agía Triáda entfernt), von dem man einen herrlichen Ausblick genießen kann. In der rechteckigen Klosteranlage, die einen wehrhaften Eindruck vermittelt, leben wie in vielen anderen Klöstern nur noch wenige Mönche. Die Gründung des Klosters geht zwar auf das Jahr 1548 zurück, es wurde jedoch durch Brände und die Revolte von 1821, als auch die meisten Mönche ermordet wurden, zerstört, so dass die heutige Anlage aus neuerer Zeit stammt.

Wie bei Agía Triáda wird bei der Renaissancefassade der Kirche, die von einem modernen Glockenstuhl und einer Kuppel bekrönt ist, venezianischer Einfluss deutlich. Die Innenausstattung geht weitgehend auf das 19. Jh. zurück. Eine Ikone in der Vorhalle zeigt die Legende des hl. Johannes von Gouvernéto, der auf der Flucht aus dem Nahen Osten nach einer Meeresfahrt auf seinem Mantel unterhalb des heutigen Klosters landete. Dort lebte er mit 98 Gefährten als Eremit in Höhlen, bis ihn ein Jäger irrtümlich erschoss. Die Höhle des Johannes ist noch vorhanden.

Im Kloster sind eine Bibliothek und eine Sammlung von byzantinischen sakralen Gegenständen (Ikonen und liturgisches Gerät) untergebracht. (Öffnungszeiten: 7^{30} – 12^{00}, 15^{00} – 19^{00} Uhr)

*Moní Gouvernéto (Μονί Γουβερνέτο)

Von Gouvernéto geht man auf breitem, felsigem Weg am rechten Hang abwärts bis zu einigen Hausruinen vor einer geräumigen Höhle, die nach der Form eines Stalagmiten "Bärenhöhle" genannt wird. Vermutlich war sie schon in neolithischer und minoischer Zeit eine Kulthöhle und diente in klassischer Zeit dem Kult der Ar-

Bärenhöhle

Bärenhöhle temis, der der Bär heilig war. Heute befindet sich am Eingang links
(Fortsetzung) die kleine Kapelle der Panagía Arkudiótissa ("Muttergottes von der
Bärenhöhle") aus dem 16. Jahrhundert.

Moní Katholikó Nun führt ein schmaler Pfad in vielen Kurven abwärts zu dem gran-
(Μονί dios gelegenen verlassenen Kloster Katholikó ("Klosterkiche"). Kurz
Καθολικό) davor sieht man an der gegenüberliegenden Felswand die zahlreichen Höhlen der Eremiten und vor dem Tor zur Kirche links die
Höhle des Johannes von Gouvernéto, der um 1100 gewirkt hat. In
dieser ca. 40 m begehbaren Höhle sind noch ein gemauerter Herd
und ein Wasserbecken zu finden. Das schmale Tor führt zu einer
Terrasse vor der Felsenkirche, die eine venezianisch inspirierte Por-
talwand im Renaissancestil besitzt. Die recht gut erhaltenen Klo-
stergebäude datieren auf das 15. und 16. Jahrhundert. Bereits im
16. Jh. wurde Katholikó zugunsten von Gouvernéto wieder aufgegeben, weil es einige Male von arabischen Piraten überfallen worden
war. In dem rechten zweigeschossigen Gebäude befand sich im
Obergeschoss die Abtwohnung. Die zwei in die Schlucht führenden
Öffnungen in der Terrasse davor sind vermutlich eine Toilettenan-
lage. Imponierend ist die 10 m breite, über die Schlucht führende
Brücke, in deren Pfeilern Vorratsräume und eine Zisterne enthalten sind. Sehr schön ist der Weg hinunter zum Meer, wo einst die
Anlegestelle des Klosters war.

Stavrós Im Dorf Stavrós, westlich von Gouvernéto, wurden Szenen zu dem
(Σταυρός) Film "Alexis Sorbas" gedreht; am Strand hat Sorbas Sirtáki getanzt.
Der Ort hat sich zu einem gefragten Ferienziel entwickelt.

Chorafákia Schöner ist allerdings das südlich von Stavrós gelegene Dorf Chora-
(Χωραφάκια) fákia. Der kleine Sandstrand in der windgeschützten Bucht fällt
ganz flach ins Meer ab.

Ágioi Theodóri Wenn man von Chaniá nach Westen fährt, hat man nach etwa 9 km
(Άγιοι Θεοδόρι) rechts einen schönen Blick auf die Insel Ágioi Theodóri. Sie ist
heute eines der Reservate für die kretische Wildziege Agrími.

Máleme Bei dem Ferienort Máleme, 16 km westlich von Chaniá, befindet
(Μάλεμε) sich auf einem Hügel ein 1973 eingeweihter deutscher Soldatenfriedhof, der zweitgrößte in Griechenland. Hier sind 4465 Soldaten,
zumeist Fallschirmjäger, begraben, die bei dem Luftlandeunterneh-
men vom 20. 5. bis 1. 6. 1941, mit dem die Schlacht um Kreta begann, umgekommen sind. Die Gefallenen wurden zunächst von
den Mönchen des Klosters Goniás geborgen. Die Gräber sind in vier
Blöcken angeordnet, die den Hauptkampfgebieten Máleme, Chaniá, Réthymnon und Iráklion entsprechen.

Rodopou 8 km westlich von Máleme zweigt rechts eine Straße zu dem Ort
(Ροδοπού) Kolimbári ab, wo die sich nach Norden erstreckende Halbinsel Rodopou beginnt. Diese grandios wirkende karge Halbinsel bildet die
westliche Begrenzung des Golfes von Chaniá. Nur 6 km breit und
etwa 16 km lang, erreicht sie eine Höhe von 748 Metern. Ihre Hoch-
flächen werden als Weiden für Schafe und Ziegen genutzt.

Moní Goniás Das festungsartige Kloster Goniás (auch Odigítrias genannt), liegt –
unweit nördlich von Kolimbári – da am Meer, wo die Bucht von

Chaniá eine "Ecke" ("goniá") bildet. Die Gründung von Goniás geht auf das Jahr 1618 zurück. Hier landeten 1645 die Türken zuerst auf Kreta, wobei das Kloster teilweise zerstört wurde; aber bereits 1662 baute man es wieder auf. Auch die Revolten des 19. Jh.s, als es Krankenhaus für die Befreiungskämpfer war, und der Zweite Weltkrieg, in dem es als Feldlager diente, hinterließen Zerstörungen. Im 19. Jh. wurden größere Erweiterungen vorgenommen. Nach dem Zweiten Weltkrieg bargen die Mönche die Gebeine der deutschen Gefallenen, bis sie auf dem Soldatenfriedhof von Máleme beigesetzt wurden. Eine Tat, die angesichts dessen, dass das Kloster unter der Besatzung zu leiden hatte, um so mehr Bewunderung verdient.

Moní Goniás (Μονί Γωνιάσ; Fortsetzung)

Gegenüber dem Klostereingang ist noch ein von einem Spitzbogen überwölbter venezianischer Brunnen zu sehen. Von der Innenausstattung der Kirche, die byzantinisch-frühbarocken Stil aufweist, sind die reichgeschnitzte Tür zum Kirchenraum sowie die Rück- und Seitenwände des Bischofsthrones im Querarm hervorzuheben. Zudem enthält das Gotteshaus bedeutende Ikonen (17. Jh.) an der Ikonostase und den Wänden des Langschiffes. In dem kleinen Museum kann man weitere hervorragende Ikonen, vor allem des 17. und 18. Jh.s, sowie sakrale Gegenstände besichtigen. (Öffnungszeiten: Mo. – Fr., So. 8³⁰ –12³⁰ und ab 16⁰⁰ Uhr)

Einige hundert Meter außerhalb des Klosters befindet sich die von der autokephalen (selbständigen) Kirche Kretas unterhaltene Ökumenische Akademie, die von dem fortschrittlichen Bischof von Kissámou und Selínou, Irenéos Galanákis, gegründet wurde. Dieser Kirchenmann hat sich in seinem Bezirk sozial engagiert, die Modernisierung der Landwirtschaft vorangetrieben und die Schifffahrtslinie ANEK gegründet. Die Akademie ist einerseits ein Forum für den Austausch innerhalb der orthodoxen Kirche sowie zwischen östlichem und westlichem Denken.

Orthodoxe Akademie

Am Nordostende von Rodopou, an der Bucht Meniés, nahe dem Kap Skala haben deutsche Archäologen während des Zweiten Weltkrieges das Heiligtum der Nymphe Diktynna freigelegt, die mit der kretischen Britomartis identisch ist und in späterer Zeit Artemis gleichgesetzt wurde. Sie war die Schutzherrin der Fischer und derer Netze (diktyon = Netz). Fischer waren es nämlich, die die Göttin in ihren Netzen retteten, als sie sich, um den Nachstellungen von König Minos zu entgehen, ins Meer warf.

Diktýnnaion (Δικτύνναιον)

Man erreicht die spärlichen Ruinen am besten per Boot von Chaniá oder Kolimbári aus. Vom Anlegeplatz durch ein kleines Tal mit den Ruinen eines aufgegebenen Dorfes gehend und am linken (südlichen) Hang aufsteigend, kommt der Besucher zum Grabungsgelände. Auf dem Landweg steuert man zunächst das Dorf Rodopou an, von wo es auf schlechtem Fahrweg etwa 18 km durch eine ungewöhnliche Felslandschaft weitergeht. Anschließend sind es noch ca. 30 Min. Fußweg zur Ruinenstätte, wo auch eine malerische Bucht zum Baden einlädt.

Auf dem Ausgrabungsgelände sind die Reste eines Tempels zu sehen, der im 2. Jh. n. Chr. an der Stelle eines aus dem 7. Jh. v. Chr. stammenden Vorgängerbaues errichtet wurde, ferner der zugehörige Altar, drei Zisternen und weitere Gebäude, von denen das langgestreckte am steilen Nordhang wahrscheinlich als Pilgerherberge fungierte.

Spiliá
(Σπηλιά)

Der Name des Ortes Spiliá, 25 km westlich von Chaniá, kommt von der oberhalb gelegenen Höhle des Eremiten Johannes von Gouvernéto, in der sich eine kleine Kapelle befindet. Im Dorf ist eine Panagía-Kirche sehenswert mit Fresken aus dem 14. Jh. der so genannten kretischen Schule. Nicht entgehen lassen sollte man sich das Museum kirchlicher Kunst in der Ortsmitte. Ausgestellt sind eine hervorragende Ikonensammlung, Ikonostasen und kirchliches Gerät vom 17. Jh. bis heute.

Episkopí
(Επισκοπή)

3 km südlich von Spiliá, kurz vor Episkopí findet sich eines der außergewöhnlichsten byzantinischen Bauwerke Kretas, die Michaíl-Archángelos-Kirche mit Rotunde aus der zweiten Hälfte des 10. Jh.s, (Schlüssel in dem Haus oberhalb), deren äußerer Anblick allein schon einen Besuch lohnt. Die Rotunde wird von einer Kuppel bekrönt, die sich aus fünf Ringen stufenförmig zusammensetzt. Sie weist in ihrer elliptischen Form orientalische Einflüsse auf. Die Rotunde wird von einem quadratischen Bauköper umschlossen.
Der Rest des Mosaikfußbodens links im Vorraum gehörte zu der frühbyzantinischen Basilika, an deren Stelle die Kirche errichtet ist. In diesem Vorraum steht auch die Büste des letzten von den Türken hingerichteten Bischofs, denn Episkopí war, wie der Name besagt, von mittelbyzantinischer Zeit bis 1821 Bischofssitz. In der Kirche sind nur noch wenige Freskenreste zu sehen.

Agiá
(Αγιά)

In dem 9 km südlich von Chaniá gelegenen Ort Agiá ist die Panagía-Kirche sehenswert, eine dreischiffige Basilika (10./11. Jh.) mit Apsiden. Die zwei Reihen von je drei Säulen – zwei aus Marmor und

Ein außergewöhnliches Bauwerk ist die Michaíl-Archángelos-Kirche von Episkopí.

vier aus Granit –, die die Seitenschiffe vom Mittelschiff trennten, sind noch sehr gut zu erkennen.

Agiá (Fortsetzung)

An der Abzweigung nach Alikianós von der Hauptstraße Chaniá–Omalós-Hochebene steht links ein Denkmal, das an 118 Partisanen erinnert, die hier von deutschen Soldaten getötet wurden. Die Totenschädel sind im Untergeschoss des Denkmals aufbewahrt.
Die Kreuzkuppelkirche Ágios Kír Ioánnis (etwas nordwestlich außerhalb von Alikianós), die inmitten üppiger Vegetation liegt, geht auf das 14. Jh. zurück. Sie ist nach dem Eremiten Ái Kír Ioánnis benannt, der Westkreta nach der Befreiung von den Sarazenen für das Christentum zurückgewann und viele Kirchen baute. Die Kuppel des sehr ausgewogenen Baus, der allerdings in schlechtem Zustand ist, wurde im Zweiten Weltkrieg zerstört.
Ungewöhnlich ist die Apsidenkonstruktion: eine außen fünfseitig geschlossene Mittelapsis und zwei rechtwinklig geschlossene Seitenapsiden. Die stark beschädigten Fresken gehen vor allem auf das 14. Jh. zurück. Außen an der Nordwand findet sich ein überwölbtes Grab.

Alikianós (Αλικιανός)

In dem 20 km südlich von Chaniá, in einem mit Südfrüchten bepflanzten Tal gelegenen Ort Mesklá findet man nach dem Ortseingang links etwas oberhalb die Einraumkapelle Sotíros Christou mit Narthex. Die Kirche wartet mit einigen beachtenswerten Fresken aus dem Jahr 1303 auf, gemalt von Theodorus Daniel und seinem Neffen Michael Beneris. Von den Fresken ist die Verklärung Christi an der Südwand hervorzuheben.
Neben der Panagía-Kirche im oberen Teil des Ortes sind Reste einer frühchristlichen Basilika erhalten. Es ist umstritten, ob es sich bei den antiken Überresten oberhalb von Mesklá um ein zweites Rhizenía handelt.

Mesklá (Μεσκλά)

14 km östlich von Chaniá liegt auf einem Felsplateau die Ruinenstätte Áptera, deren Geschichte mindestens bis in dorische Zeit (ab 1000 v. Chr.) zurückreicht. Seine Blütezeit erlebte der Ort in hellenistischer Zeit.
Von der einstigen 4 km langen Stadtmauer, die 300 v. Chr. errichtet worden war, sind noch gut erhaltene Reste vorhanden. In der Mitte des Geländes findet man eine malerische Klosteranlage, westlich davon eine rechtwinklig angelegte römische Zisterne und weiter nördlich ein dreischiffiges frühbyzantinisches Gebäude, wohl aber keine Kirche. Eine weitere römische Zisterne, ein eindrucksvoller dreigeteilter Bau, schließt sich südöstlich an. An der Südwestecke des Klosters befindet sich ein kleines Heiligtum mit zwei Räumen.
Auf die Reste eines kleinen griechischen Theaters, dessen Sitzreihen noch gut zu erkennen sind, und einer byzantinischen Kirche stößt man im Süden des Geländes. Östlich des Theaters liegen ein dorisches Heiligtum und im Ostteil der Anlage ein hellenistischer Tempel.
Ganz an der Nordostspitze der Ruinenstätte steht das türkische Fort Izzedin (1868/1869), von dem man einen schönen Ausblick auf die Souda-Bucht und die Halbinsel Akrotíri genießen kann.

Áptera (Άπτερα)

In dem Ort Stýlos, südlich von Áptera, fanden Kämpfe zwischen Kretern und Türken sowie das Ende der Schlacht um Kreta 1941

Stýlos (Στύλος)

Stýlos
(Fortsetzung)

statt. Sehenswert ist die nördlich des Ortes, in einem Olivenhain gelegene Panagía-Kirche, die zum Kloster des hl. Ioánnis Theológos gehörte, das im Besitz des gleichnamigen Klosters auf der Insel Pátmos war. Eindrucksvoll ist der Bau, eine hochbyzantinische Kreuzkuppelanlage aus dem 11. oder 12. Jh., dessen Kuppel mit achteckigem Tambour von vier quadratischen Pfeilern gestützt wird. Die Mauern sind aus Quadern und Bruchsteinen mit Zwischenlagen aus Feld- und Ziegelsteinen errichtet.

Kiriakosélia
(Κυριακοσέλια)

Von außergewöhnlicher Qualität sind die Fresken der Ágios-Nikólaos-Kirche in Kiriakosélia (beim Priester hier ist der Schlüssel erhältlich), südlich von Stýlos. Bemerkenswert ist auch der Bau der feingliedrigen Kreuzkuppelkiche aus dem 11. bis 12. Jh., die eine Kapelle als Vorraum aufweist.
Die Malereien stammen aus den Jahren 1230 bis 1236. Dargestellt sind: ganz oben in der Kuppel der Pantokrator (= allmächtiger thronender Christus); im Tambour und in den Pendentifs Propheten und Evangelisten; in den Gewölbezonen die Verklärung Christi, die Auferweckung des Lazarus, Himmelfahrt und Pfingsten; im Altarraum die thronende Muttergottes mit zwei Engeln, darunter Apostel und griechische Kirchenväter bei der Liturgie; die Verkündigung an Maria am Triumphbogen; an den Wänden Szenen aus dem Leben des Kirchenpatrons Nikólaos.

Kalýves
(Καλύβες)

Der große Küstenort Kalýves, 18 km östlich von Chaniá, ist mit seinem kleinen Sandstrand und wenigen Unterkünften noch recht friedvoll. An der Platia steht die Kirche Agía Paraskeví mit neuen Wandmalereien im traditionellen Stil, gestiftet von Gläubigen; Inschriften nennen die Namen der Spender.

Vrísses
(Βρύσες)

Das 33 km südöstlich von Chaniá an einem Flüsschen gelegene große Dorf Vrísses ist bekannt für seine Tavernen unter schattigen Platanen, die zu einer Rast einladen, und für den ausgezeichneten Schafsjoghurt mit Honig. Ein großes Denkmal ist dem Befreiungskampf von 1897 gewidmet.

Máza
(Μάζα)

In der Nähe von Vrísses liegt der Ort Máza, der wegen seiner Ágios-Nikólaos-Kirche sehenswert ist. Kunsthistorisch von Bedeutung sind die Fresken von 1325, die von dem Maler Ioánnis Pagoménos ausgeführt wurden.

Alíkampos
(Αλίκαμπος)

Für Liebhaber der byzantinischen Wandmalerei ist ferner die Panagía-Kirche in Alíkampos (wenige Kilometer südlich von Máza) ein besonderer Genuss. Man findet das Gotteshaus kurz vor dem Ort, links von einer scharfen Rechtskurve. Die einfache Einraumkapelle mit Tonnengewölbe und einer Rundapsis ist über dem Eingang mit Keramiktellern geschmückt und enthält ebenfalls Fresken (1315/1316) von Ioánnis Pagoménos.
Der Stil des Malers ist eine Mischung aus volkstümlichen Elementen mit feineren Formen. Dargestellt sind: in der Apsis die Panagia, darüber die Himmelfahrt und darunter vier griechische Kirchenväter; an der Eingangswand der Tod Mariä und eine Stiftungsschrift; im Tonnengewölbe Szenen aus dem Leben Jesu; an der Südwand der thronende Christus, der Erzengel Michael und Kaiser Konstantin mit seiner Mutter Helena.

Chóra Sfakíon — D 5

Χῶρα Σφακίων — Neugriechisch

Nomos: Chaniá
Einwohnerzahl: 350

Der malerisch an einer Bucht an der Südküste gelegene Hauptort — Allgemeines
der Sfakiá, Chóra ("Hauptort") Sfakíon, mit weiß getünchten Häusern an engen Gassen wurde in den letzten Jahren zum Zentrum des Fremdenverkehrs dieser Region mit zahlreichen Unterkünften und Tavernen. Er ist vor allem Sammelpunkt für die Wanderer der Samariá-Schlucht, die mit dem Boot von Agía Roumeli kommen und hier Busse zur Weiterfahrt besteigen. So bevölkern in den Nachmittagsstunden große Menschenmengen den Hafen. Von der Stadt verkehren im Sommer kleinere Schiffe zudem nach Loutró, Palaiochóra und zur Insel Gávdos. Ein sehr attraktiver Strand ist Glikánera, wo sich Süß- und Salzwasser mischen.

In Chóra Sfakíon, das in früheren Jahrhunderten ein wichtiger Handelsplatz war, bauten die Venezianer eine kleine Festung, deren Reste oberhalb des Ortes zu sehen sind. Der Ort war Mittelpunkt vieler kretischer Aufstände gegen die türkische Fremdherrschaft. Nach der Schlacht von Kreta war er Ende Mai 1941 Hauptstützpunkt der englischen Truppen. Ein Gedenkstein an der Kaimauer ist diesem Ereignis gewidmet.

Umgebung von Chóra Sfakíon

Die Sfakiá, die sich nördlich von Chóra Sfakíon ausbreitet, ist zusammen mit dem Lassíthi im Osten Kretas die dichtbesiedelste Hochebene der Insel. Ihre Bewohner gelten als traditionstreu, stolz und kämpferisch. Bis in die Mitte unseres Jahrhunderts war Blutrache an der Tagesordnung. Die Menschen hier haben immer wieder gegen Fremdherrschaften – Sarazenen, Venezianer, Türken und Deutsche – Widerstand geleistet. Das unzugängliche Gebiet konnte von den Türken nie wirklich unterworfen werden, worauf die Sfakioten heute noch stolz sind. Auffallend ist die Tatsache, dass es auf der Sfakiá viele alte und gesunde Menschen gibt. Die Bewohner züchten Vieh und bauen Kartoffeln, Wein, Obst und Walnüsse an. Eine Spezialität der Region sind Sfakianés Pítes, mit Ziegenkäse gefüllte und mit Honig bestrichene Pfannkuchen. — Sfakiá-Hochebene

Die schöne und wilde Imbros-Schlucht nördlich von Chóra Sfakíon, — *Imbros-Schlucht
die noch steiler und enger als die Samariá-Schlucht ist, weist eine Länge von knapp sieben Kilometern auf und erreicht an ihrer engsten Stelle nur zwei Meter Breite. Von Imbros, einem Dorf auf der Sfakiá-Hochebene, kann man in etwa drei Stunden durch die Schlucht zum Ort Komitádes wandern. In einer Taverne dort steht ein Privattaxi zur Verfügung, das den Wanderer zum Eingang der Schlucht zurückbringt.

Südlich des Dorfes Komitádes, am Ausgang der Imbros-Schlucht gelegen, findet man die Kirche Ágios Geórgios, die die ältesten sehenswerten Fresken des Malers Ioánnis Pagoménos von 1314 ent- — Komitádes (Κομιτάδες)

Komitádes (Fortsetzung)	hält. Es sind vor allem Szenen aus dem Leben Jesu, die Hl. Geórgios und Dimítrios sowie der Erzengel Michael dargestellt. Vor der Kirche steht ein verfallener Altar aus späterer Zeit.
Loutró (Λουτρό)	Das Dorf Loutró, 3 km westlich von Chóra Sfakíon malerisch in einer Bucht gelegen, ist am besten von dort per Schiff zu erreichen. Man kann allerdings auch mit einem mehr als zweieinhalbstündigen Fußmarsch zu dem Dorf gelangen. Baden ist überwiegend von Felsen und in kleinen Buchten möglich. Loutró, das antike Phönix, war im Altertum ein bedeutender Hafen, wo auch Schiffe überwinterten, wie in der Apostelgeschichte zu lesen ist. Der Hafen spielte bis zum Beginn des vorigen Jahrhunderts eine gewisse Rolle. Auf dem Kap westlich des Ortes findet man in herrlicher Umgebung einige Ruinen aus römischer und byzantinischer Zeit: Zisternen, Terrassierungsmauern, Hausfundamente und Gräber. Zudem steht hier die Kirche Sotíros Christou, die im älteren Teil Fresken des 14. und 15. Jh.s enthält.
Anópoli (Ανόπολι)	Das weit verstreut liegende Dorf Anópoli befindet sich westlich oberhalb von Chóra Sfakíon. Von der Kirche Agía Ekateríni auf einem Hügel (20 – 30 Min. Aufstieg) südlich des Dorfes bietet sich ein beeindruckender Ausblick nach Norden auf die Levká Óri mit dem Pachnes (2453 m) als höchster Erhebung und nach Süden zur Küste. Auf dem großen Platz im westlichen Dorfteil steht ein Denkmal für den Freiheitskämpfer Daskalojánnis (▶ Berühmte Persönlichkeiten), der in dem Dorf zur Welt kam. Von Anópoli kann man auf einem Fußweg in etwa einer Stunde hinunter nach Loutró gehen.

Frankkastéllo mit seinem mächtigen venezianischen Kastell hat sich zu einem beliebten Ferienort entwickelt.

Arádena
(Αράδενα)

Wenige Kilometer westlich gelangt man zu der von einer modernen Brücke überspannten Arádena-Schlucht. Das Dorf Arádena weiter westlich liegt an der Stelle der antiken Stadt Aradin, von der sich noch einige Ruinen in der Umgebung erhalten haben. Es kann zudem mit einer Ágios-Micháíl-Archángelos-Kirche aufwarten, ein Kreuzkuppelbau mit eigenartig gerundeter Tambourkuppel, der im 14. Jh. mit antikem Material errichtet wurde und mit Fresken geschmückt ist. In den umliegenden Felsen sind zudem prähistorische, künstlich angelegte Wohnhöhlen zu sehen.

Frangokástello
(Φραγγο–
κάστελλο)

Kleine vorgelagerte Sandstrandbuchten und die schöne Bergkulisse haben Frangokástello (10 km östlich von Chóra Sfakíon) zu einem Ferienort für überwiegend junge Urlauber gemacht.
Nahe dem Ufer steht ein mächtiges Kastell, das 1371 erbaut wurde und damit zu den ältesten venezianischen Anlagen Kretas gehört. Es war ursprünglich nach der benachbarten Kirche Ágios Nikítas benannt, wurde aber wegen seiner Fremdartigkeit von den Kretern in Frangokástello ("Kastell der Franken") umbenannt. Die Festung am Meer mit der schönen Gebirgslandschaft im Hintergrund bietet einen reizvollen Anblick. Das rechteckige zinnenbewehrte Mauergeviert ist an den Eckpunkten mit massiven Turmbauten verstärkt. Über dem Haupteingang an der Seeseite ist der venezianische Markuslöwe angebracht. Im Innern ist nicht mehr viel erhalten.
Das Denkmal an der Nordostecke des Kastells wurde zu Ehren von Chatzimicháli Daliánis aufgestellt, der 1828 mit 700 Sfakioten bei der Verteidigung der Festung gegen die Türken die Schlacht verlor und getötet wurde. Man sagt, dass um den Tag der Schlacht, am 17. Mai, alljährlich bewaffnete schwarze Gestalten, die Seelen der Gefallenen, am Kastell vorbeiziehen. Weil sie im Morgengrauen kommen, nennt man sie "Taumänner". Wissenschaftler meinen, es handele sich bei diesem Phänomen um Luftspiegelungen.
Etwas weiter östlich des Kastells, links der Straße findet man die kleine Ágios-Nikítas- Kirche, die an der Stelle einer frühchristlichen Basilika steht. Von dieser haben sich noch schöne, geometrisch gemusterte Teile des Mosaikfußbodens erhalten.

Hochebene von Askífou

Weiter nördlich führt die Straße nach Chaniá auf die fruchtbare Hochebene von Askífou (800 m), wo vor allem Kartoffeln, Wein, Obst und Nüsse angebaut werden. Jahrhundertelang fanden hier Schlachten zwischen Eroberern und Sfakioten statt.

Festós

E 9

Φαιστός (Faistós)

Neugriechisch

Nomos: Iráklion

Allgemeines

Die Ruinen von Festós (63 km südwestlich von Iráklion) liegen herrlich auf einem Höhenrücken in der reizvollen Landschaft der Messará. Der Palast mit einer Fläche von 8500 m² nimmt entsprechend seiner Größe und Bedeutung nach Knossós die zweite Stelle unter den minoischen Palästen ein. Hier wurde weniger restauriert als in Knossós; das Gesamtbild, das man sich vom Eingang auf den tiefer liegenden Palast verschaffen kann, ist aber sehr beeindruckend.

Von Festós hat man einen herrlichen Ausblick auf die Messará-Ebene.

Geschichte

Der Sage nach soll die Stadt Festós von König Minos gegründet worden sein. Ihr Name geht auf einen Enkel von Herkules zurück. Schon im Neolithikum war der Platz besiedelt. Das älteste hier gefundene Material datiert aus der frühminoischen Periode (um 3000 v. Chr.). Die Hochblüte des Ortes begann mit dem Bau des alten Palastes (um 1900 v. Chr). In dieser Zeit hatte Festós mindestens die gleiche Bedeutung wie Knossós.

Der Palast wurde durch Erdbeben und einen Brand mehrmals zerstört, zuletzt 1700 vor Christus. Den neuen, mit Knossós vergleichbaren Palast erbaute man nach 1700 v. Chr.; er wurde um 1450 v. Chr. das Opfer einer Brandkatastrophe. Festós blieb aber in nachminoischer, geometrischer und klassischer Zeit besiedelt, bis es von Górtys im 2. Jh. v. Chr. unterworfen und zerstört wurde. Die 1900 begonnenen Ausgrabungen führten italienische Archäologen durch; sie dauern bis heute an.

*Palast
Öffnungszeiten
tgl. 8⁰⁰ – 19⁰⁰

Die meisten erhaltenen Gebäude gehören zum neuen Palast. Von den ursprünglich um einen Mittelhof gruppierten Palasttrakten sind nur die Ruinen des westlichen und nördlichen Flügels erhalten, während der südliche und östliche Flügel bei einem Erdbeben abgestürzt sind. An der West- und Nordseite des noch vorhandenen Teils kann man Reste des alten Palastbaus erkennen.

Es bestehen auch noch einige jüngere Gebäude, die nicht wie die anderen abgerissen wurden, um die Ausgrabungen in den minoischen Siedlungsschichten fortführen zu können. Um den Palast befinden sich an den Abhängen des Hügels minoische, geometrische und hellenistische Häuser, die errichtet wurden, als der Palast nicht mehr existierte.

Festos

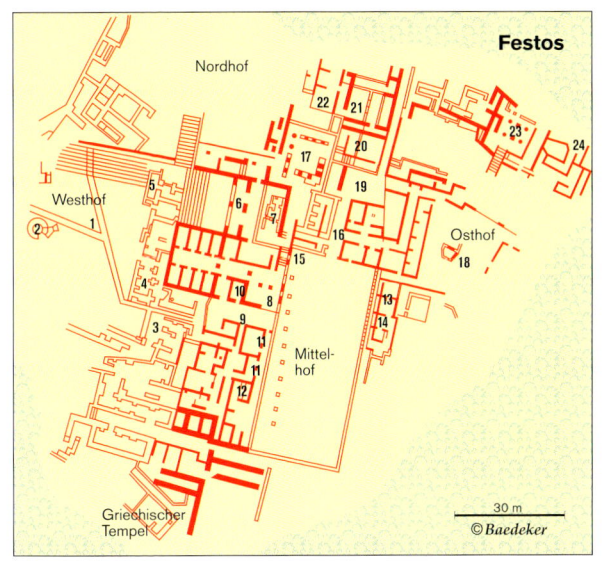

Plan-Legende:

1 Prozessionsweg
2 Rundbau
3 Haupteingang
4 Magazine
5 Heiligtum
6 Propylon
7 Lichthof
8 Säulenhalle
9 Magazineingang
10 Wächterraum
11 Räume mit Alabasterbänken
12/13 Pfeilerraum
14 Kultbecken
15 Altar
16 Korridor
17 Peristyl
18 Schmelzofen
19 Kleiner Hof
20 Megaron der Königin
21 Megaron des Königs
22 Kultbecken
23 Peristyl
24 Töpferwerkstätten

Rundgang

Den Palast betritt man von der Westseite und gelangt zunächst auf den Nordhof, der von Norden nach Süden von einer minoischen gepflasterten Straße durchzogen ist und an die Gebäude aus hellenistischer Zeit grenzen. Eine schmale Treppe führt zum Westhof, der zum alten Palast gehört. An den hiesigen Sockelquadern sind noch die Spuren des Brandes, der den alten Palast zerstört hat, zu sehen. Der Hof weist an seiner Nordseite eine breite Treppe auf und wird von einem diagonal verlaufenden Prozessionsweg durchzogen. Eine schmalere Abzweigung von diesem Weg nach Westen leitet zu einem zisternenartigen Rundbau, an dem eine Straße mündet, die von der Wohnstadt zum Westhof hinaufführte.

Dort, wo der Prozessionsweg am alten Palast endet, befindet sich dessen Haupteingang mit einer Mittelsäule, von dem ein Korridor zum mittleren Hof führt. Nördlich des Korridors liegen Magazine, in denen man noch Pithoi an ihrem ursprünglichen Platz sehen kann. Das Heiligtum mit den drei Räumen an der nordöstlichen Ecke des Westhofes besitzt eine runde Felsaushöhlung für Opfergaben. Weiter östlich führt eine großartige, knapp 14 m breite Treppe zum Propylon des neuen Palastes, das eine Säule mit 1,3 m Durchmesser zwischen zwei Anten aufweist. Durch zwei Räume gelangt man in einen durch drei Säulen begrenzten Lichthof. Eine Treppe führt hinunter zu einer Säulenhalle mit zwei Mittelsäulen, die sich

Rundgang (Fortsetzung)	im Westen zu einem breiten Gang öffnet, der zu beiden Seiten von Magazinräumen gesäumt ist. Weiter nach Süden folgt ein Korridor, der auf den Mittelhof führt. Folgt man ihm, so liegt links der Wächterraum. Zum Mittelhof hin befinden sich anschließend zwei mit Alabasterbänken ausgestattete Räume, die vielleicht für Opferzeremonien benutzt wurden. Noch weiter südlich liegt ein Raum mit zwei Pfeilern, der wohl als Pfeilerkrypta diente.

In der Südwestecke der Anlage steht ein griechischer Tempel. Der große Mittelhof (43 x 23 m), dessen Südostecke bei einem Erdrutsch zerstört wurde, war wahrscheinlich von Säulenkolonnaden gesäumt. An seiner Nordostecke befindet sich ein Raumkomplex, der aus einem Hauptraum, einem Pfeilerraum und einem Lichthof besteht. Am Ende dieses Komplexes führen einige Stufen in ein Kultbecken. Bei der gestuften Konstruktion in der Nordwestecke des Mittelhofes handelt es sich wahrscheinlich um einen Altar. Ein zweiflügeliges Portal, flankiert von zwei Halbsäulen und zwei Nischen für Wächter oder Kultobjekte (vielleicht Doppeläxte), führt an der Nordseite des Hofes zum Nordtrakt, dem vornehmsten Teil des Palastes mit den königlichen Gemächern. Vom anschließenden Korridor leiten links Treppen zu einem Peristyl. Der Gang mündet in einen kleinen Hof, von wo es ostwärts weiter in den Osthof mit einem Schmelzofen geht.

Nördlich des kleinen Hofes befinden sich die Gemächer der Königin. Das mit Gipsplatten verkleidete Mégaron besaß einen Lichthof, der durch vier Säulen begrenzt war. Das sich nördlich anschließende Megaron des Königs mit Polythyra weist im Osten einen durch zwei Säulen abgegrenzten Lichthof auf. Von der offenen Veranda mit drei Säulen nördlich des Megarons bietet sich eine prächtige Aussicht auf die Messará-Ebene mit der Gebirgsumrahmung.

Westlich ist über mehrere Stufen ein Kultbecken zu erreichen. In dem etwas abgesetzten Baukomplex im Nordosten, wo der berühmte "Diskos von Festós" (heute im Archäologischen Museum Iráklion) gefunden wurde, ist vor allem das Peristyl zu nennen. Östlich schließen sich Töpferwerkstätten an.

Umgebung von Festós

Agía Triáda	▶ dort
*Vóri (Βώροι)	Im Dorf Vóri, 5 km nördlich von Festós, gibt es seit 1988 das schönste und interessanteste Museum für kretische Volkskunde. Die didaktisch gut aufgebaute Sammlung aus den letzten drei bis fünf Jahrhunderten umfasst die Bereiche Fischerei, Land- und Forstwirtschaft, Viehzucht, Handwerke (Metallbearbeitung, Schuhmacherei), Weberei, Korbflechterei, Töpferei und anderes Kunsthandwerk. Zudem sind sakrale Gegenstände, Musikinstrumente und Waffen zu sehen. (Öffnungszeiten: tgl. 10 00 – 18 00 Uhr)
Ágios Ioánnis (Άγιος Ιωάννης)	In dem gleich südlich von Festós gelegenen Dorf Ágios Ioánnis ist die Kirche Ágios Pávlos, am Ortsende in einem Kirchhof gelegen, architektonisch bemerkenswert. Die Kirche besteht aus drei Bauabschnitten, wovon der östliche überkuppelte kubische Bauteil der älteste ist, der wahrscheinlich als Baptisterium bis ins 4./5. Jh. zurückreicht. 1303 wurde der mittlere Zentralbau mit hoher Tam-

bourkuppel und im 15./16. Jh. der offene Narthex in venezianischem Stil angebaut. Die Freskenreste gehen auf die Jahre 1303/ 1304 zurück. An der Innenseite der Ostmauer der Kirchhofs befindet sich ein kleines Beinhaus.

Ágios Ioánnis (Fortsetzung)

Das festungsartige Kloster Odigítrias, das einsam 12 km südlich von Festós im westlichen Asterússia-Gebirge liegt, stammt aus venezianischer Zeit. Die nur noch von wenigen Mönchen bewohnte Anlage ist der Panagía Odigítrias ("Wegweiserin Maria") geweiht. Hier verteidigte sich 1829 der Freiheitskämpfer Xopatéras ("Expater") mit seiner Familie und ein paar Mönchen tagelang gegen die Türken. In der zweischiffigen Kirche sind wertvolle Ikonen des Malers Ángelos sowie alte Messgewänder und liturgisches Gerät zu sehen. Zudem enthält das Südschiff einige Fresken.

Moní Odigítrias (Μονί Οδηγήτριας)

Der 30 km südlich von Festós, an einer geschützten Bucht gelegene etwas schäbige Ort Kaloí Liménes besteht aus nur wenigen Häusern. Westlich und östlich des Ortes findet man wunderschöne Badestrände. Kaloí Liménes ist bekannt aus der Apostelgeschichte (Kap. 27, V. 8), wonach der Apostel Paulus auf seiner Reise nach Rom hier landete. Die Kirche westlich des Ortes oberhalb der Bucht erinnert an ihn.

Kaloí Liménes (Καλοί Λιμένες)

Das hübsche kleine Dorf Pitsídia, 5 km südwestlich von Ágios Ioánnis, war vor einiger Zeit eine gute Alternative zum überlaufenen Mátala. Inzwischen quillt es in der Sommersaison von Besuchern über. Allgemeine Treffpunkte sind die Platia und das alte Kafenion Kostas.

Pitsídia (Πιτσίδια)

Kommós (3 km westlich von Pitsídia), seit mittelminoischer Zeit (ab 2100 v. Chr.) besiedelt, war einer der Häfen von Festós. Im 1. Jh. v. Chr. wurde es aufgegeben. Seit 1976 führen kanadische Archäologen hier Ausgrabungen durch.
Zu sehen sind überwiegend im Norden und in der Mitte mehrere Grundrisse von spätminoischen und mittelminoischen Häusern, eines mit sieben Räumen, und eine Straße. Zudem fand man im Süden ein gut erhaltenes klassisch-hellenistisches Heiligtum, dessen Gründung auf das 8./7. Jh. v. Chr. zurückgeht und das 150 v. Chr. zerstört, aber bis 125 n. Chr. weiterbenutzt wurde. Es weist zwei Bauten mit umlaufenden Bänken, zwei Mittelsäulen und einen Opferaltar auf. Östlich des Tempels findet man einen Rundbau, dessen Zweck nicht zu bestimmen ist.

Kommós (Κομμός)

5 km südwestlich von Pitsídia erreicht man das Meer bei Mátala, das in minoischer Zeit wahrscheinlich der Hafen für Festós, in römischer Zeit für Górtys war. In den Felswänden der flachen Hafenbucht sind Höhlen zu finden, die in frühchristlicher Zeit als Gräber dienten. Im Jahr 826 gingen hier die Sarazenen an Land. Auch Zeus soll, dem Mythos nach, in Gestalt eines Stieres mit der aus Phönikien entführten Prinzessin Europa hier gelandet sein. In den sechziger Jahren war Mátala als Paradies für Hippies, die in den Höhlen am Strand lebten, bekannt geworden. Als sich die nachfolgenden Rucksacktouristen und Aussteiger hier auf Dauer einrichten wollten, wurden sie vor allem aus hygienischen Gründen vertrieben. Heute sind die Höhlen durch einen nachts verschlossenen Zaun

Mátala (Μάταλα)

Mit den Kalkfelsen bietet der Strand von Mátala einen schönen Anblick.

Festós
(Fortsetzung)

vom Strand getrennt. Mátala ist noch immer, vor allem bei jungen Leuten, ein beliebter Badeort. Tagsüber kommen noch eine große Anzahl von Ausflüglern hinzu. Der Touristenort mit zahlreichen Tavernen und Souvenirläden besitzt einen schönen Strand, der mit den Kalkfelsen einen reizvollen Anblick bietet.

Gávdos (Insel) F/G 5

Neugriechisch Γάυδος

Einwohnerzahl: 40

Allgemeines

Kretas westlicher Südküste etwa 37 km im Libyschen Meer vorgelagert ist die Insel Gávdos, der südlichste Punkt Europas. Man erreicht sie von Paleochóra (55 km) und Chóra Sfakíon (37 km) mit dem Schiff.
Die flache bewaldete Insel ist 35 km^2 groß; ihre höchste Erhebung beträgt 345 Meter. In den vier winzigen Dörfern wohnen nur noch etwa 40 Gavdioten. Von Paleochóra fährt zweimal wöchentlich ein Post- und Versorgungsboot hinüber, das auch Passagiere mitnimmt. Im Sommer werden zusätzlich Tagesausflüge von Paleochóra und Chóra Sfakíon angeboten. Gávdos wurde zusammen mit der 7 km entfernten Insel Gavdopoula von der EU unter Naturschutz gestellt. Es ist der letzte Rastplatz auf einer der vier Routen, die Zugvögel von Europa nach Afrika nehmen. Die Inselbewohner leben schlecht von der Landwirtschaft, die auf dem kargen, wasserarmen Boden betrieben wird. Ein Zubrot verschafft ihnen der Tourismus.

Gávdos ist wahrscheinlich das mythologische Ogygia (Odyssee VII, 244), die Insel der Kalypso, deren Gefangener Odysseus sieben Jahre lang war. Sicher ist es jedoch mit der Insel Clauda aus der Apostelgeschichte identisch. Hierher wurde Paulus auf seiner Reise von Caesarea nach Rom durch einen Schiffbruch verschlagen.

Gávdos (Fortsetzung)

Die Insel hat an landschaftlichen Schönheiten vor allem mehrere gute Strände zu bieten. Sie wird von Rucksacktouristen besucht, die bevorzugt am Strand von Sarakinikó kampieren. Nur hier und im Dorf Kástri gibt es Privatzimmer zu mieten. Zudem sind auf der Insel ein von den Deutschen 1941 zerbombter Leuchtturm im Nordwesten und drei Höhlen am Meer zu sehen.

Sehenswertes

Górtys

E 10

Γόρτυν (Górtyn)

Neugriechisch

Nomos: Iráklion

45 km südlich von Iráklion liegen westlich des Ortes Ágioi Déka zu beiden Seiten der Hauptstraße Iráklion – Festós die Reste der römischen Inselhauptstadt Górtys.

Allgemeines

In minoischer Zeit (3./2. Jt. v. Chr.) stand Górtys im Schatten von Festós. Die erste Blütezeit erlebte es in der dorischen Periode (6./5. Jh. v. Chr.). Die Stadt brachte nach und nach die ganze Messará-Ebene unter ihre Herrschaft, was in der Eroberung von Festós (3. Jh. v. Chr.) und von dessen Hafen Mátala gipfelte. Sie gewann damit neben dem eigenen Hafen Lébena einen zweiten hinzu. In den folgenden Jahrhunderten kämpfte Górtys mit Knossós um die Vormachtstellung in Mittelkreta. Die zweite außerordentliche Blütezeit erfolgte, als Górtys nach der Unterwerfung durch die Römer (69 v. Chr.) Inselhauptstadt und Sitz des Prätors von Creta-Cyrenaika wurde. Der Apostel Paulus setzte hier Titus als Bischof ein, unter dem die Insel christianisiert wurde. Wahrscheinlich schrieb er ihm den im Neuen Testament enthaltenen Titus-Brief. Im Jahr 330 n. Chr. kam die Stadt zu Byzanz und bestand bis zum Eindringen der Sarazenen 826. Seit den achtziger Jahren des 19. Jh.s führen italienische Archäologen in Górtys Ausgrabungen durch.

Geschichte

Die Überreste von Górtys liegen verstreut nördlich und südlich der Hauptstraße: der nördliche Teil, wo sich die wichtigsten Ruinen befinden, ist bewacht, der südliche Teil frei zugänglich.
Der Rundgang beginnt mit dem Nordteil der Anlage. Gleich nach dem Eingang rechts wurde ein kleines Museum eingerichtet, in dem man römische Marmorstatuen von hervorragender Qualität anschauen kann. Gegenüber steht die eindrucksvolle Titus-Basilika (wahrscheinlich 6. Jh.), eines der bedeutendsten christlichen Baudenkmäler Kretas. Die Reliquie des hl. Titus, die sich heute in der Ágios-Títos-Kirche in Iráklion befindet, wurde hier verehrt. Nach der Zerstörung der Kirche durch die Sarazenen 823 wurde das Gotteshaus 965 wieder aufgebaut und im 14. Jh. erneuert. In türkischer Zeit verfiel es und wurde von den Bewohnern der umliegenden Dörfer als Baumaterial verwendet. Die dreischiffige Basilika in

*Anlage
Öffnungszeiten
tgl. 8⁰⁰ – 17⁰⁰
Rundgang

Rundgang (Fortsetzung)

Form eines lateinischen Kreuzes mit Vierungskuppel weist am Querhaus zwei Apsiden auf. Ihr tonnengewölbter östlicher Teil ist erhalten geblieben. Das Bema verfügt über zwei Innenapsiden, die links zur Próthesis mit den Resten zweier Bischofsgräber und rechts zum Diakonikon führen.

Über die antike Agora geht man weiter zum römischen Odeon (Konzerthaus) aus dem 1. Jh. v. Chr., das im 3. und 4. Jh. erneuert wurde. Die Orchestra ist mit weißen und schwarzen Marmorplatten ausgelegt, und an die Skene grenzen zwei Portiken.

*Stadtrecht von Górtys

Im kreisförmigen, das Odeon umrundenden Portikus sind 12 von einst wohl 20 griechischen Gesetzestafeln aus der Zeit um 500 bis 450 v. Chr. aufgestellt. Auf 42 Steinblöcken ist im "bustrofedón" ("wie ein Ochse pflügt"), d. h. in abwechselnd von links nach rechts und von rechts nach links geschriebenen Zeilen, das Zivil- und Strafrecht der dorischen Stadt Górtys (s. Abb. S. 36) festgehalten – das älteste bekannte europäische Gesetz und damit ein einzigartiges Zeugnis des Rechtswesens. Bemerkenswert an diesen Gesetzen ist das milde Strafmaß – es gibt keine Todesstrafe – und die vermögensrechtlich bevorzugte Stellung der Frau.

Westlich des Odeons am Abhang des Hügels liegen die eindrucksvollen Reste eines griechischen Theaters mit einer Cavea von 120 m Umfang. Auf der darüberliegenden Akropolis sind Ruinen aus griechischer und römischer Zeit zu sehen, z. B. Magazine und ein Tempel (7. Jh. v. Chr). Den zu diesem Heiligtum gehörenden Altar findet man etwas hangabwärts. An der Akropolis entlang und an dem Hang weiter östlich verlaufen Wasserleitungen, die das Wasser aus der Gegend von Zarós herantransportierten.

Südlich der Straße findet man im frei zugänglichen Olivenhain viele römische Ruinen. Von dem Heiligtum der Isis und des Serapis, die von den Römern nach der Eroberung Ägyptens verehrt wurden, ist u. a. noch ein Architrav erhalten, auf dem die beiden Gottheiten genannt werden. Vor der südlichen Außenwand führen einige Stufen in eine kleine Krypta mit zwei Statuennischen. Der weiter süd-

Im Odeon ist auf Steinplatten das Stadtrecht von Górtys, das älteste bekannte europäische Gesetz, festgehalten.

lich gelegene Tempel des Apollon Pythios (3./2. Jh. v. Chr.), dessen Kern auf das 6. Jh. zurückgeht, besteht aus einem Pronaos mit sechs dorischen Halbsäulen und einem Raum, der durch zweimal vier Säulen in drei Schiffe geteilt ist. In römischer Zeit (2. Jh. n. Chr.) wurde eine Mittelapsis angebaut. In dem Heiligtum entdeckte man einen Tempelschatz. Davor steht ein fünfstufiger Altar. Im Südwesten des Tempels befindet sich noch ein Theater. Das Prätorium, der Sitz des römischen Statthalters, weiter östlich gelegen, stammt aus dem 2. Jh. und wurde im 4. Jh. erneuert. Es weist eine portikusgesäumte Halle mit drei Apsiden, die sog. Basilika, Bäder und einen Tempel auf. Auf dem Platz fanden öffentliche Versammlungen und Gerichtsverhandlungen statt. Folgt man dem Weg weiter, liegt links das Nymphaion, eine kleine Brunnenanlage aus dem 2. Jahrhundert. Im südlichen Bereich finden sich ein Amphitheater (2. Jh.), Thermen (2. Jh.), ein Gräberfeld und ein Stadion (2. Jh.).

An der südlich nach Léntas führenden Straße sieht man die Grundmauern einer großen spätantiken Basilika. Interessant ist auch die noch weiter südlich gelegene frühchristliche Dreikonchenanlage (5./6. Jh.). Schöne Mosaiken mit geometrischen und figuralen Motiven sind in der südlichen Konche erhalten.

Rundgang (Fortsetzung)

Umgebung von Górtys

Der Name des Ortes Ágioi Déka ("Heilige Zehn"), unmittelbar östlich von Górtys, geht darauf zurück, daß zehn Christen unter der Herrschaft von Kaiser Decius im Jahr 250 mit dem Schwert hinge-

Ágioi Déka (Άγιοι Δέκα)

Ágioi Déka
(Fortsetzung)

richtet wurden. Sie hatten sich geweigert, an der Einweihung eines heidnischen Tempels teilzunehmen. In der gleichnamigen Kirche im Ort ist neben interessanten Ikonen der Stein zu sehen, der als Richtblock gedient haben soll. Unterhalb der 1927 errichteten Kirche der Märtyrer am Südwestrand von Ágioi Déka befinden sich sechs Gräber, wovon vier überbaut sind.

Plátanos
(Πλάτανος)

In dem 6 km südlich von Górtys gelegenem Ort Plátanos sind für den archäologisch Interessierten zwei sehr bedeutende frühminoische Rundgräber (etwa 2500 v. Chr.) zu besichtigen. Man erreicht die Gräber, indem man im Ort an einer Gabelung rechts den Weg nach Pómbia einschlägt und sich dann nochmals nach rechts hält.
Der östliche Tholos ist mit 13 m innerem Durchmesser der größte seiner Art auf Kreta. Der gepflasterte Platz diente wohl kultischen Zwecken. Die von Osten zugänglichen Gräber, die typisch für die Messará sind, waren Familien- oder Sippengräber, die jahrhundertelang benutzt wurden. Wenn sie belegt waren, bettete man die Gebeine der älteren Bestatteten in die dafür angebauten Kammern (Ossuarien) um.

Léntas
(Λέντας)

In Léntas (17 km südlich von Górtys) sind die Reste der griechisch-römischen Stadt Lébena (phönikisch-semitisch "Löwe") zu besichtigen. Dieser Name kommt von dem westlich gelegenen löwenförmigen Felsen. Eine bedeutende Rolle spielte Lébena in griechisch-römischer Zeit als Hafen von Górtys. Außerdem war es bereits seit dem 4. Jh. v. Chr. für seine Thermalquellen berühmt, zu denen Heilungsuchende aus ganz Griechenland kamen. Die oberhalb des Ortes liegende Ruinenstätte wurde von italienischen Archäologen ausgegraben.
In der Mitte der einstigen Stadt Lébena steht ein Asklepios-Tempel, der aus dem 3. Jh. v. Chr. stammt und im 2. Jh. n. Chr. erneuert wurde. Seine Wand besteht interessanterweise außen aus Bruchsteinen und innen aus Ziegeln. Im Innern sind noch zwei Säulen und die Basis eines Kultbildes – hier standen die Statuen von Asklepios und Hygieia – sowie Mosaikreste zu sehen. In dem Raum unmittelbar nördlich befindet sich ein schönes Mosaik mit Seepferd und Palmetten. Im Boden ist eine 2 m tiefe Grube mit runder Öffnung eingelassen, die in einen unterirdischen Raum führt. Hier bewahrte man den Tempelschatz auf, der allerdings schon in der Antike geraubt wurde. Von der sich nördlich anschließenden monumentalen Marmortreppe ist ebenso wenig erhalten wie von dem östlich angrenzenden Portikus (z. Zt. geschlossen).
Südöstlich dieses Komplexes findet man die heute noch genutzte Heilquelle und südlich einige große Becken, die wahrscheinlich zum Baden verwendet wurden. Das langgestreckte Haus im Dorf und das größere Gebäude weiter südlich waren wohl Gästehäuser. Die Ágios-Ioánnis-Kapelle (11. Jh.) östlich der Tempelanlage steht in den Ruinen einer überwiegend aus antikem Baumaterial erbauten byzantinischen Basilika (5./6. Jh.). Ihre Fresken stammen aus dem 14./15. Jahrhundert. Östlich von Léntas findet man noch zwei frühminoische Rundgräber.

Strand

15 Gehminuten westlich von Léntas breitet sich der schöne Sandstrand Dyskós aus, der besonders bei Rucksackreisenden und bei Campern beliebt ist. Treffpunkt der jungen Leute ist die Taverne Odysseas.

Ida-Gebirge · Psilorítis   D/E 9/1

Ιδη · Ψηλορείτις (Psiloreítis) Neugriechisch

Nomos: Réthymnon

Der mythenumwobene Ida ("Waldgebirge") ist mit seinem breiten Massiv der höchste und eindrucksvollste Gebirgszug Kretas; der Psilorítis ("der Höchste") ragt mit 2456 Metern auf. In der Idäischen Höhle soll der Sage nach der griechische Göttervater Zeus aufgewachsen sein.   *Landschaftsbild

Der mythenumwobene Ida ist das höchste Gebirge Kretas.

Sehr lohnend ist die Besteigung des Psilorítis, entweder vom Ort Kamáres zur Kamáreshöhle und weiter zum Gipfel oder von der Nída-Hochebene, die über Anógia auf einer Schotterstraße zu erreichen ist. Sie ist allerdings praktisch nur in den Monaten Juni bis September möglich. Die Wanderung, die man mit einem Führer unternehmen sollte, erfordert gute Kondition. Wetterfeste und warme Kleidung, feste Schuhe mit Profilsohle, Proviant, Wasser und ein Schlafsack sind für die Kamáres-Tour erforderlich.   Wanderung

Der Aufstieg von Kamáres (600 m) ist vor allem dann ratsam, wenn man die Kamáreshöhle (1525 m) sehen möchte. Dann muss man entweder in der Höhle, auf der Alm Kótila oder auf dem Psilorítis übernachten. Den Weg lässt man sich am besten von der Snack-Bar an der Hauptstraße aus zeigen. Dem roten Punkt folgend gelangt man in etwa 3 Std. zu der Höhle unterhalb des 1981 m hohen Berges Márvi mit seinem markanten Doppelgipfel.   Aufstieg von Kamáres

Kamáreshöhle (Σπήλια Καμάρες)	Die Kamáreshöhle (1525 m), die in mittelminoischer Zeit ein Heiligtum für die ganze Messará-Ebene war, grub man 1913 aus. Dabei wurden zahlreiche polychrome Gefäße aus mittelminoischer Zeit im nach der Höhle benannten "Kamáres-Stil" gefunden, die heute im Archäologischen Museum Iráklion zu bewundern sind. Sie bestehen aus feinstem Ton – die sogenannte Eierschalenkeramik war besonders dünn – und sind mit weißen, gelben und roten Pflanzen- und Spiralmustern auf dunklem Grund verziert. Der Route führt weiter in etwa 3 1/2 Std. zur Alm Kótila. Kurz darauf stößt der Weg, der von der Nída-Hochebene kommt, auf unsere Route (weitere Beschreibung siehe "Aufstieg von der Nída-Hochebene"). Der gesamte Aufstieg dauert je nach Kondition und Pausen 6 bis 7 1/2 Stunden.
Nída-Hochebene	Die vom Dorf Anógia über eine 21 km lange Straße zu erreichende Nída-Hochebene ist vor allem Schaf- und Ziegenweide. Die Fahrt dorthin geht durch eine wildromantische Gebirgslandschaft, vorbei an mehreren Almen bis zu einem 13 km entfernten Pass auf 1500 m Höhe, von wo man einen hinreißenden Blick auf die Hochebene hat.
Idäische Höhle (Ιδαίο Άντρο)	Die Idäische Höhle (Idaío Ántro) ist neben der Diktäischen Höhle auf der Lassíthi-Hochebene die berühmteste Höhle Kretas. Hier wurde dem Mythos nach Zeus von Nymphen mit Milch der Ziege Amaltheia und mit Honig großgezogen. Seine Mutter Rhea hatte ihn hierhergebracht, um ihn vor seinem Vater Kronos zu schützen. Dieser verschlang nämlich alle seine Kinder, weil ihm prophezeit worden war, dass er durch einen Sohn seine Macht verlieren würde. Rhea beauftragte die Kureten, ihre Priester, durch das Aneinanderschlagen ihrer Bronzeschilde Krach zu machen, damit Kronos das Geschrei des Kindes nicht hören konnte. Die Höhle war von minoischer bis römischer Zeit ein Kultort. Von der Análipsis-Kirche auf der Nída-Hochebene geht der Weg in 15 Min. aufwärts zu der an der Nordflanke des Ida, auf 1540 Meter Höhe gelegenen Höhle. Links vom Eingang wurde ein hervortretender Fels in einen Altar umgewandelt. Die seit 1884 erforschte Höhle besteht aus einem großen Hauptraum und drei Nebenräumen, von denen der mittlere, das Allerheiligste, in 8 m Höhe nur mit einer Leiter erreichbar ist. In ihr fand man bedeutende Bronzestücke, darunter die berühmten Kuretenschilde (im Archäologischen Museum Iráklion), Keramik, Gold- und Silberobjekte sowie römische Öllampen.
Aufstieg von der Nída-Hochebene	Von der Nída-Hochebene dauert der Aufstieg auf den Psilorítis und zurück einen Tag. Ausgangspunkt ist auch hier die Análipsis-Kirche. Der Weg ist teilweise mit roten Punkten und Steinzeichen markiert. Auf dem Gipfel gibt es eine Kirche, eine Schutzhütte und eine Zisterne, die im Sommer kein Wasser und sonst nur ungenießbares Brackwasser enthält.
*Ausblick	Auf dem Psilorítis bietet sich dem Wanderer ein großartiger Rundblick: im Südwesten zur Insel Gávdos, zu den Levká Óri im Westen, im Norden nach Iráklion, zum Bergland der Lassíthi im Osten und im Süden über die Messará zu den Asterousia-Bergen.

Ierápetra   E 15

Ιεράπετρα   Neugriechisch

Nomos: Lassíthi
Einwohnerzahl: 9000

An der Südküste Kretas liegt inmitten eines reichen Gemüse- und   Allgemeines
Obstanbaugebietes, das mit Gewächshäusern übersät ist, Ierápetra,
die südlichste Stadt Europas. Die Landwirtschaft, deren Hauptanbauprodukte Gurken und Tomaten sind, bestimmt das Leben der Menschen hier. Während Ierápetra im Hochsommer oft unter Hitze leiden muss, ist es im Winter der angenehmste Aufenthaltsort der Insel. Selbst im Dezember und Januar kann man noch im Libyschen Meer baden.
Ierápetra nahm im Altertum als Hierapydna eine strategisch wichtige Stellung für den Afrikahandel ein. Zu einer der bedeutendsten Städte Kretas stieg es im 4. und 3. Jh. v. Chr. auf. Eine wichtige Rolle spielte der Ort auch in römischer Zeit, als es mit zahlreichen prächtigen Bauten wie Theatern, Tempeln und Bädern ausgestattet war. Von diesen ist allerdings nur noch wenig in der Umgebung zu finden. Durch die arabischen Überfälle im 9. Jh. erlitt es schwere Zerstörungen. Venezianern und Türken diente der Ort als Festung.
Im Jahr 1798 soll Napoleon auf seinem Zug nach Ägypten eine Nacht hier verbracht haben. Der örtlichen Überlieferung nach ist er mit fünf Seeleuten an Land gegangen, um frisches Wasser zu besorgen. Er kam mit einem einheimischen Notar ins Gespräch, der den Kaiser nicht erkannte und ihn zu sich nach Hause einlud. Am

Die Uferpromenade von Ierápetra ist Zentrum und Treffpunkt der Stadt.

Allgemeines (Fortsetzung)

nächsten Morgen fand der Notar im Bett des Gastes nach dessen Abreise einen Zettel mit dem Namen Napoleons.

Für die Fremden ist die mit vielfarbigen Marmor- und Travertinplatten gepflasterte Uferpromenade das Zentrum, denn hier reihen sich vielbesuchte Tavernen und Cafés aneinander. Südlich liegt die Altstadt, der sich nördlich die Neustadt mit Markthalle, Behörden und Geschäften anschließt. Gute Strände finden sich zu beiden Seiten der Uferpromenade.

Sehenswertes in Ierápetra

Altstadt

An der südlichen Ecke der Stadt auf einem vorspringenden Kap steht die im 13. Jh. von den Venezianern erbaute Hafenfestung mit Zinnen und Türmen an den vier Eckpunkten. Dahinter erstreckt sich die Altstadt mit kleinen Gassen aus der Türkenzeit. Unweit nördlich der Festung findet man das kleine Napoleon-Haus ("spíti toú Napoléon"), wo der Kaiser übernachtet haben soll (s. o.). An der Platia steht eine Moschee mit restauriertem Minarett, daneben ein türkischer Brunnen mit Nischen und Kapitellen.

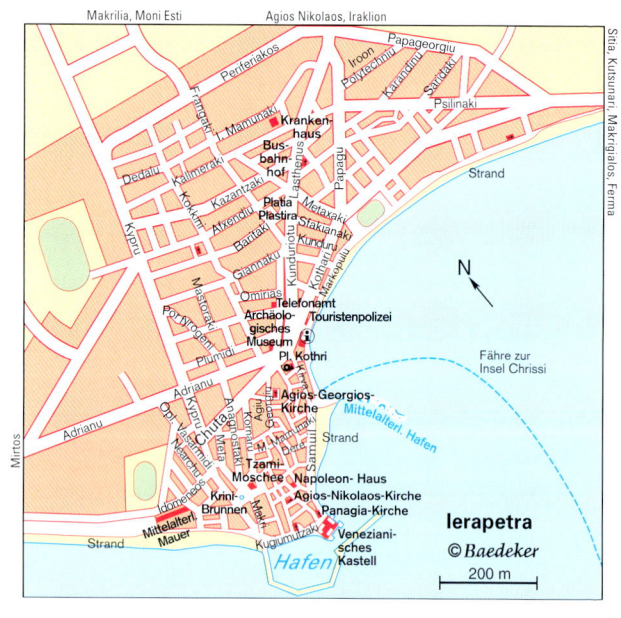

Archäologisches Museum

In einer vormals türkischen Schule befindet sich ein kleines Archäologisches Museum (Odos Adrianou) mit viel Keramik, darunter geflammte Ware im Vassiliki-Stil und Steinschalen aus Móchlos, sowie Münzen. Hervorzuheben ist ein besonders schöner minoischer Sarkophag mit Darstellungen aus dem täglichen Leben und eine hervorragende Statue der Göttin Demeter (2. Jh. n. Chr.). (Öffnungszeiten: Di. – So. 8³⁰ – 15⁰⁰ Uhr)

Umgebung von Ierápetra

Von architektonischer Besonderheit ist die Kirche Ágios Geórgios (12./13. Jh.) in Episkopí, 7 km nördlich von Ierápetra. Der Bau mit zwei Konchen weist feingliedrige Blendbögen aus Ziegelsteinen am Kuppelansatz auf. Das Südschiff ist durch eine dem Ágios Charálambos geweihte Kapelle ersetzt worden. Zu beachten ist noch die Ikonostase mit einem großfigurigen, geschnitzten Kreuz.

Episkopí
(Επισκοπή)

Das 640 m hoch gelegene Bergdorf Anatolí, 18 km nordwestlich von Ierápetra, erreicht man nach einer schönen Fahrt durch reizvolle Berglandschaften. Auf phantastisch anmutenden Felsbuckeln wachsen Kiefern, und im März blühen hier Mandelbäume. Von dem Dorf bietet sich eine schöne Aussicht.

Anatolí
(Ανατολή)

Das Bergdorf Christós (25 km nordwestlich von Ierápetra) liegt 700 m hoch auf einem steilen Hang. Vor dem Ortseingang rechts steht etwas erhöht die Wallfahrtskirche Agía Paraskeví.

Christós
(Χριστός)

12 km westlich von Ierápetra liegt der Ort Mírtos. Das einstige Hippiedorf bietet einen langen Sandstrand und in Richtung Tértsa einsame Badebuchten.

Mírtos
(Μύρτος)

Unmittelbar östlich des Ortes haben Archäologen 1970 auf dem Hügel Pírgos die spärlichen Überreste eines mittelminoischen Herrenhauses (1600 v. Chr.) freigelegt. Zu sehen ist im Süden ein gepflasterter Hof mit einer runden Zisterne, an die sich nördlich eine Vorhalle anschließt, hinter der die zahlreichen Räume der Villa liegen. Vom Hügel hat man einen weiten Blick auf das Küstenland und die Libysche See.

Pírgos
(Πύργος)

Auf dem Berg Fournou Koryfí, 2 km östlich vom Mírtos wurde 1968 eine bedeutende frühminoische Siedlung (2500 – 2150 v. Chr.) entdeckt. Dabei kam umfangreiche Keramik im geflammten Vassiliki-Stil und im Ágios-Onoufrios-Stil mit diagonalem Linearmuster zutage. Die Siedlung besteht aus mehr als 100 miteinander verbundenen Räumen, die auf die Wohnstätte eines Familienclans hindeuten. Es wurden auch zwei Heiligtümer und Kernoi entdeckt.

Fournou Koryfí
(Φούρνου Κορύφη)

Die Fahrt zu dem in einer von Bananenstauden, Apfelsinenbäumen und Gemüse geprägten Gegend liegendem Dorf Árvi an der Südküste (39 km westlich von Ierápetra) ist landschaftlich sehr reizvoll. Es ist kein schöner, aber recht uriger Badeort mit guten Sand- und Kieselstränden. Hinter Árvi gräbt sich eine Schlucht in die Landschaft; an ihrer östlichen Flanke findet man das verlassene Kloster Ágios Antónios, das man in 30 Min. erreicht.

Árvi
(Άρβη)

An der Abzweigung nach Árvi liegt eine Gedenkstätte, die an die Exekution von 800 Kretern im Jahr 1943 durch die deutschen Besatzer erinnert.

Gedenkstätte Áno Viánnos

In dem Ort Áno Viánnos, 36 km westlich von Ierápetra inmitten von Olivenhainen gelegen, kann man direkt an der Hauptstraße unweit der Dorfkirche einem Ikonenmaler bei der Arbeit zusehen. Schon in früh- und mittelminoischer Zeit (3./2. Jt. v.Chr.) war die Ge-

Áno Viánnos
(Άνω Βιάννος)

Áno Viánnos (Fortsetzung) — gend besiedelt. Hier lag die griechische Stadt Viennos, die einen selbstständigen Stadtstaat bildete. In venezianischer Zeit war Viánnos ein bedeutender Ort in Südkreta. Sehenswert in Áno Viánnos ist die Kirche Agía Pelagía mit Fresken aus dem Jahr 1360. Von besonderem ikonographischen Interesse sind im Kirchenraum die Szenen aus dem Leben der hl. Pelagia. Auf dem Gurtbogen kann man die Hl. Zehn von Ágioi Déka sehen.

Keratókambos (Κερατόκαμπος) — Nur wenige Gäste trifft man bisher in dem kleinen, ruhigen Küstenort Keratókambos, 43 km westlich von Ierápetra. Es gibt nur einige Tavernen sowie Privatzimmer und Ferienwohnungen.

Inseln Chrissí und Kufonísi — Ierápetra rund 18 km südlich vorgelagert sind die 5 km lange Insel Chrissí und weiter östlich, etwa 5 km vor Kap Goudoura, die Insel Kufonísi. Täglich fahren Ausflugsboote von Ierápetra und Makrigiálos zur schönen Insel Chrissí ("Goldene Insel"). Im Sommer sind einige Tavernen geöffnet, ansonsten ist das mit Kiefern und Wacholder bewachsene Eiland unbewohnt. Man kann an großartigen Sandstränden in kristallklarem Wasser baden oder Wanderungen unternehmen.
Die kleine, ebenfalls unbewohnte Insel Kufonísi, die gelegentlich im Sommer bei Ausflügen von Makrigiálos angelaufen wird, bietet nicht nur Strände, sondern auch antike Ausgrabungen.

Iráklion · Herákleion — C 11

Neugriechisch — Ηράκλειο (Irákleio)

Nomos: Iráklion
Inselhauptstadt
Einwohnerzahl: 130 000

Allgemeines — Iráklion, die größte Stadt Kretas, ist zugleich Verwaltungssitz und wirtschaftliches Zentrum der Insel mit deren wichtigstem Handelshafen. Die Stadt ist zudem kulturelles Zentrum der Insel; einige Fakultäten der Universität von Kreta, zahlreiche Schulen, eine Bibliothek und einige Museen, darunter das berühmte Archäologische Museum, befinden sich hier. Obwohl Iráklion eine lange Geschichte hat, sind nur noch wenige historische Bauwerke erhalten. Eine große Anzahl der alten Bausubstanz wurde durch neue Bauten ersetzt, so dass das Stadtbild dadurch geprägt ist und deshalb wenig Ansprechendes besitzt.
Die Sehenswürdigkeiten von Iráklion liegen fast alle innerhalb der weitgehend noch gut erhaltenen venezianischen Stadtmauer. Die Atmosphäre der geschäftigen Stadt erlebt man am besten auf der Platia Venizelou mit dem Morosini-Brunnen, wo viele Restaurants, Tavernen und Cafés auf Gäste warten. Von diesem Areal gehen die Schlagadern der Stadt aus: die Leoforos Dikeossinis, die wichtigste Straße der Stadt, mit Geschäften, großen Gerichts- und Verwaltungsgebäuden sowie Cafés, ferner die zum Hafen führende Odos 25 Avgoustou mit Banken, Reisebüros und Autovermietungen, die Fußgängergasse Odos Dedalou mit Souvenirgeschäften, Reisebüros und Restaurants, dann die Marktgasse Odos 1866 mit Lebensmittelgeschäften und die Haupteinkaufsstraße der Einheimischen, die

Odos Kalokerinou. Der zweite zentrale Punkt der lebhaften und geschäftigen Stadt ist die weitläufige, neugestaltete und verkehrsberuhigte Platia Elefterias, wo das außerordentlich sehenswerte Archäologische Museum zahlose Besucher anlockt und einige große Cafés zu finden sind. — Allgemeines (Fortsetzung)

Iráklion war schon in minoischer Zeit Hafenplatz von Knossós. In der Antike hieß es laut Überlieferung Heraklea nach Herakles, der seine siebte Arbeit verrichtete, indem er den Kretischen Stier von Kreta entführte. Von der Geschichte in römischer und frühbyzantinischer Zeit ist kaum etwas bekannt. Im Jahr 824 n. Chr. wurde die Stadt von den Sarazenen erobert und unter dem Namen "Rhabd el Chandak" ("Grabenburg") zum militärischen Hauptquartier ausgebaut. Der byzantinische Feldherr Nikephoros Fokos nahm sie 961 ein und zerstörte die Festung. Man kürzte den Ortsnamen in Chandax. Aus Sicherheitsgründen gründete Phokas eine neue Stadt 19 km südlich der alten, indem er dort das Kastell Témenos errichten ließ. Die Siedler zogen jedoch Chandax vor, so dass dieses wieder aufgebaut wurde. — Geschichte

Nachdem Kreta 1204 nach Kämpfen mit den Genuesen an Venedig gefallen war, wurde die Stadt Sitz des Gouverneurs der Insel und erhielt wie die ganze Insel den Namen Candia. Die Stadt erlangte Bedeutung für den Levantehandel der Venezianer. Sie erhielt in der folgenden Zeit viele prächtige Bauten, weil alle vornehmen venezianischen und griechischen Familien hier Wohnsitze haben mussten. Gegen die Fremdherrschaft kam es zu mehreren Revolutionen. Die Venezianer ließen die Stadt seit 1538 durch den Baumeister Michele Sanmicheli mit einer gewaltigen, festungsartig ausgebauten Mauer umgeben.

Nach der Einnahme Kretas durch die Türken 1648 belagerten diese Candia 21 Jahre lang. Der lange und blutige Kampf endete 1669 mit der Übergabe der Festung an die Türken. Fast alle Christen verließen die zerstörte Stadt. Die Einheimischen nannten Candia nun Megálo Kástro ("Große Burg").

Unter dieser Bezeichnung erscheint es auch in dem berühmten Roman "Alexis Sorbas" des kretischen Dichters Nikos Kasantzakis. Die Stadt wurde Sitz eines Paschas, verlor aber ihre wirtschaftliche Bedeutung. Im 16. und 17. Jh. befand sich hier eine bedeutende Malerschule, aus der auch der berühmte Maler El Greco hervorging. Erst mit dem Anschluss Kretas an Griechenland 1913 gewann Iráklion seine führende wirtschaftliche Stellung zurück. Im Zweiten Weltkrieg wurde es zur Hälfte zerstört. Inselhauptstadt wurde Iráklion 1971.

Sehenswertes in Iráklion

Der schöne Morosini-Brunnen ist der Mittelpunkt der Stadt, wo Tag und Nacht geschäftiges Leben herrscht. Er wurde von dem venezianischen Generalprovveditore Francesco Morosini 1628 unter Einbeziehung von vier wahrscheinlich aus dem 14. Jh. stammenden Löwen errichtet. Er besteht aus acht dreiviertelkreisförmigen Becken, die wiederum kreisförmig angeordnet sind. Ihre Außenwände sind mit Themen aus der griechischen Mythologie, z. B. Europa auf dem Stier, und Fabelwesen verziert. — *Morosini-Brunnen (s. Abb. S. 122)

Der Morosini-Brunnen ist der Mittelpunkt der Stadt.

Ágios Márkos Die dem Schutzheiligen Venedigs geweihte San-Marco-Kirche – gegenüber dem Morosini-Brunnen – bereits 1239 von den Venezianern erbaut, war in venezianischer Zeit Sitz des lateinischen Erzbischofs der Insel und die Hof- und Grabkirche der Herzöge von Kreta. In den Jahren 1303 und 1508 wurde sie durch Erdbeben stark beschädigt. Als türkisches Gotteshaus mit dem Namen Dephterda-Moschee nutzte man sie von 1669 bis 1915. Die 1960 restaurierte Kirche dient heute als Ausstellungs- und Veranstaltungsraum.
Der Campanile, der einst rechts von der Kirche stand, wurde von den Türken durch ein Minarett ersetzt, von dem noch die Grundmauern erhalten sind. Die beiden Seitenschiffe der Basilika sind durch sechs Arkaden mit je fünf grünen Marmorsäulen mit dem Mittelschiff verbunden. An der Nordwand sieht man ein schönes Portal mit Spitzbogen. Die größte Sehenswürdigkeit ist eine Sammlung von Freskenkopien aus bekannten kretischen Kirchen, so der Panagía Kerá in Kritsá.

Baedeker TIPP) Jugendtreff

Wer am Abend quirliges und lautes Leben sucht, sollte in eines der vielbesuchten Cafés oder in eine der Bars auf und um die kleine, östlich des Morosini-Brunnens gelegene Platia Korai gehen, wo sich die jungen Leute von Iráklion treffen. Auch musikalische Untermalung bekommt der Nachtschwärmer hier zusätzlich geboten.

*Venezianische Loggia
Etwas weiter nördlich sieht man die Loggia, einer der schönsten und harmonischsten venezianischen Bauten Kretas. Sie wurde ebenfalls von Francesco Morosini, dem Erbauer des gleichnamigen Brunnens, von 1626 bis 1628 errichtet. Die Loggia war Versammlungsort und Ballsaal für die venezianisch-kretischen Ad-

Iraklion

ligen und die Türken benutzten sie als Verwaltungsgebäude. Nach den Beschädigungen im Zweiten Weltkrieg baute man sie wieder auf. Der zweigeschossige Bau mit Dachbalustrade weist sieben Arkaden an seiner Längsseite und je zwei Arkaden an den Schmalseiten auf. Im Erdgeschoss sind dorische und im Obergeschoss ionische Säulen zu sehen. Auf den Metopen zwischen den beiden Geschossen sind Kriegstrophäen und der Markuslöwe dargestellt.

An der Ostseite der Loggia schließt sich das große venezianische Zeughaus (Armeria) aus dem 17. Jh. an, in dem heute das Rathaus untergebracht ist.

Venezianische Loggia (Fortsetzung)

Den kleinen Sagredo-Brunnen nördlich des Gebäudekomplexes ließ der Duca Sagredo 1602 erbauen; er ist nicht mehr in der Originalfassung erhalten. Die stark beschädigte Frauenfigur, flankiert von ebenfalls teilweise zerstörten ionischen Pilastern, und die Platte mit der Inschrift "Cura Sagredi profluit ista ducis" ("Dieser Brunnen fließt dank dem Herzog Sagredo") sind originale Bauteile.

Sagredo-Brunnen

Die Gründung der Ágios-Titos-Kirche etwas weiter nördlich, die nach dem hl. Titus, dem ersten Bischof von Kreta, benannt ist, geht auf das 10./11. Jh. zurück. Das Gotteshaus wurde mehrmals durch Erdbeben und Feuer zerstört und immer wieder auf- und umgebaut. 1862 wandelten es die Türken in eine Moschee um und erneuerten diese 1872 nach einem weiteren Erdbeben mit dekorativer is-

Ágios Titos

Ágios Titos
(Fortsetzung)

lamischer Außengestaltung. Nachdem die Türken die Insel verlassen hatten, wurde die Kirche zum orthodoxen Gotteshaus umgestaltet. Der islamische Zentralbau mit Zentralkuppel und vier Kuppeln über den Gebäudeecken erhielt drei Apsiden. Zwei islamische Gebetsnischen findet man noch in der Außenwand bzw. im Narthex. Die Innenausstattung ist zwar neu, aber wegen der reichen Schnitzereien, z.B. einer Ikonenwand, sehenswert. In der kleinen Titus-Kapelle, die von der Vorhalle zugänglich ist, wird der Schädel des hl. Titus in einem kostbaren Goldbehälter verwahrt. Nachdem er 1669 bei der Eroberung Candias durch die Türken nach Venedig gebracht worden war, gab man ihn 1966 an Iráklion zurück. (Öffnungszeiten: tgl. 7^{00} – 12^{00}, 17^{00} – 20^{00} Uhr)

Kastell Koules

Geht man die Odos 25 Avgoustou bis zum Ende, kommt man zum alten venezianischen Hafen mit dem eindrucksvollen Kastell Koules, das lange als Gefängnis genutzt wurde. An den Außenseiten des von 1523 bis 1540 erbauten Kastells sind Hochreliefs mit Markuslöwen zu sehen. Im Nordosten erkennt man den Stumpf eines Minaretts.
Zum offenen zinnenbewehrten Obergeschoß führt eine Rampe, die dem Transport von Geschützen diente. Dort befinden sich zahlreiche Magazine, Wohnräume und Kasematten. Heute dient das Kastell als Spielstätte des Sommerfestivals. (Öffnungszeiten: Di.–So. 8^{30}–15^{00} Uhr)

Arsenale

Am alten Hafen sind noch einige venezianische Arsenale mit Tonnengewölbe erhalten. Sie dienten als Werften für Galeeren, die hier gebaut und repariert wurden.

Das venezianische Kastell Koules am Hafen von Iráklion

	OBERGESCHOSS
XIV, XV, XVI	Neue Palastzeit: Fresken aus Zentral- u. Ostkreta (1700-1400 v. Chr.)
XVII	Sammlung Giamalakis
XVIII	Kleinkunst (7. Jh. v. Chr. bis 4. Jh. n. Chr.)

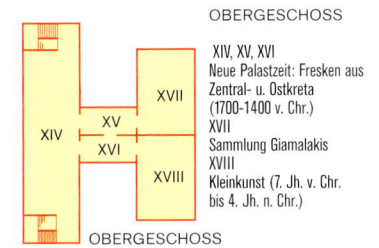

Archäologisches Museum Iraklion

	ERDGESCHOSS
I	Neolithikum, Vorpalastzeit (5000-2100 v. Chr.)
II	Alte Palastzeit: Knossos, Malia (2100-1700 v. Chr.)
III	Alte Palastzeit: Festos (2100-1700 v. Chr.)
IV	Neue Palastzeit: Knossos, Festos, Malia (1700-1400 v. Chr.)
V	Späte Neue Palastzeit: Knossos (1450-1400 v. Chr.)
VI	Neue Palastzeit, Nach-Palastzeit: Knossos, Festos, Archanes (1600-1300 v. Chr.)
VII	Neue Palastzeit, Nach-Palastzeit: Mittelkreta (1700-1300 v. Chr.)
VIII	Neue Palastzeit: Kato Zakros (1700-1400 v. Chr.)
IX	Neue Palastzeit: Ostkreta (1700-1400 v. Chr.)
X	Nach-Palastzeit: Mittel- und Ostkreta (1400-1100 v. Chr.)
XI	Subminoische und protogeometrische Zeit (1100-900 v. Chr.)
XII	Geometrische und orientalisierende Zeit (900-650 v. Chr.)
XIX	Minoische Sarkophage Archaische und dädalische Monumentalkunst (620-480 v. Chr.)
XX	Skulpturen aus klassischer, hellenistischer und römischer Zeit (5. Jh. v. Chr. - 4. Jh. n. Chr.)

Das nach dem Archäologischen Nationalmuseum in Athen bedeutendste Museum Griechenlands ist das Archäologische Museum (Xanthoudidou 1), das die großartigen Funde aus den Palästen und Wohnbauten der Knossós, Festós, Agía Triáda und anderen Ausgrabungsstätten der Insel enthält und damit ein Bild der reichen minoischen Kultur ab dem 3. Jt. v. Chr. wiedergibt. Mit seinen einmaligen Exponaten zu dieser außergewöhnlichen Kultur gehört es zum Pflichtprogramm für jeden Kreta-Besucher. (Öffnungszeiten: Mo. 12³⁰ – 19⁰⁰, Di. - So. 8⁰⁰ – 19⁰⁰ Uhr)

**Archäologisches Museum

Die anschließende Beschreibung erfolgt, beginnend im Erdgeschoss, entsprechend der Saal- und Vitrinennummerierung im Museum und im Grundriss.

In Saal I sind Funde aus dem Neolithikum und der minoischen Vorpalastzeit (5000 – 2100 v. Chr.) zu sehen. Von großer Schönheit ist die Steinpyxis mit feiner Ritztechnik und einem Griff in Gestalt eines liegenden Hundes in Vitrine 7. In der folgenden Vitrine 8 sind hervorzuheben: das Modell eines heiligen Schiffes und eine Göttin mit entblößten Brüsten. Von den Gefäßen im Barbotine-Stil mit aufgesetzten Tontupfen sollte man die sehr schöne Schnabelkanne mit Henkel beachten (Vitrine 9). Zu den herausragenden Exponaten der Vorpalastzeit gehört die Votivschale mit plastischer Innendekoration, die eine Schafherde mit Hirten darstellt (Vitrine 10). In Vitrine 12 befindet sich eine sehr schöne Schnabelkanne mit rotem Strichdekor. Das Kykladenidol aus Elfenbein (Vitrine 18 A) weist auf die intensiven Handelskontakte Kretas hin.

Saal I

*Steinpyxis

*Schale mit Schafherde

In Saal II sind vor allem Funde aus Knossós, Mália und von Gipfelheiligtümern aus der alten Palastzeit (2100 – 1700 v. Chr.) ausgestellt.

Saal II

Archäologisches Museum, Saal II (Fts.)	Vitrine 24 beinhaltet das bedeutende so genannte Dreisäulenheiligtum mit Tauben, die die Erscheinung der Gottheit symbolisieren. Beachtenswert in Vitrine 25 ist der Dolch mit goldenem Griff.
Saal III	Funde aus der Alten Palastzeit (2100 – 1700 v.Chr.) von Festós finden sich in Saal III. Von den Gefäßen im Kamares- und Barbotine-Stil sind hervorzuheben: eine Fruchtpresse (Vitrine 30); ein aufhängbares Gefäß (Vitrine 31) mit großer seitlicher Öffnung, vielleicht eine Lampe; eine schöne Vase mit aufgesetzten Muscheln (Vitrine 32) und ein Fruchtständer mit weißer Bemalung (Vitrine 32 A). Einzigartig ist der Ständer, vielleicht eines Gefäßes, mit der plastischen Darstellung des Meeresgrundes mit Delphinen (Vitrine 33), bemerkenswert die Reibe (Vitrine 38). Vitrine 39 zeigt eine prachtvolle Amphore und eine elegante Kanne mit weißen Spiralmustern.
*Diskos von Festós (s. Abb. S. 33)	Der berühmte tönerne Diskos von Festós (Vitrine 41) ist einer der wertvollsten Gegenstände des Museums und mit seinen spiralenförmig von außen nach innen verlaufenden Hieroglyphen das weltweit älteste Zeugnis eines Schriftdrucks.
	Aus dem königlichen Geschirr im Kamares-Stil stechen ein großer Fruchtständer mit spitzenartigem Rand und Spiralmustern sowie ein Krater mit plastischen weißen Blüten hervor (Vitrine 43).
Saal IV	In Saal IV sind die berühmtesten Funde des Museums der Neuen Palastzeit (1700 – 1400 v.Chr.) aus den Palästen von Knossós, Festós und Mália zu finden. Bedeutend sind eine Amphore und zwei Schalen, beide mit Linear-A-Schriftzeichen (Vitrine 41). Von den Bronzefunden in Vitrine 47 ist besonders schön der Griff einer Kultaxt, vielleicht ein Zepter, in Form eines Panthers. Beachten sollte man den Krug im sogenannten Meeresstil (Darstellung von Meerestieren) in Vitrine 48. Wunderschön ist die Schnabelkanne mit feinem Schilfdekor – ein Meisterwerk (Vitrine 49; s. Abb. S. 9).
*Schnabelkanne mit Schilfdekor **Schlangengöttinnen (s. Abb. S. 34)	In Vitrine 50 sind Kultgegenstände aus den Schatzkammern des Zentralheiligtums von Knossós zu sehen: berühmt sind die drei so genannten Schlangengöttinnen mit Schlangen als Kultattributen. Bemerkenswert sind in dieser Vitrine auch die fliegenden Fische und die Rosette aus Bergkristall.
**Stierrhyton (s. Abb. S. 1)	Das Stierrhyton (Vitrine 51), einer der bedeutendsten Funde der minoischen Kultur, ist eine meisterhafte Arbeit aus Steatit; die Augen sind aus Bergkristall und Jaspis; die goldenen Hörner sind ergänzt. Es macht wie andere Rytha einen Teil des Kultes deutlich: das zeremonielle Vergießen von Weiheflüssigkeiten wie Wasser, Öl, Wein oder Opferblut.
*Stierspringer	Eine sehr bedeutende Arbeit stellt der außerordentlich lebendig gestaltete Stierspringer aus Elfenbein dar, der beim kultischen Stiersprung gezeigt wird (Vitrine 56). In Vitrine 57 sieht man ein beeindruckendes Spielbrett aus Elfenbein mit Gold-, Silber-, Bergkristall- und Lapislazuli-Einlagen sowie mit Spielsteinen, ebenfalls aus Elfenbein. Vermutlich war es in königlichem Gebrauch, denkbar wäre aber auch eine Verwendung durch Priester.
Saal V	Funde der späten Neuen Palastzeit (1450 – 1400 v.Chr.) aus dem Palast von Knossós sind hier ausgestellt. Sehr selten ist die Bronzestatuette eines Gottes mit spitzer Kappe (Vitrine 61). Interessant in diesem Raum sind noch zwei Modelle: das der königlichen Villa von Knossós und das eines minoischen Hauses (Vitrine 70 A).

In Saal VI sind Exponate der Neuen und Nach-Palastzeit (1600–1300 v.Chr.) aus Nekropolen im Gebiet von Knossós, Festós und Archánes zu sehen. Von besonderem Interesse sind Tongegenstände mit der Darstellung von kultischen Szenen (Vitrine 71), wobei die Darstellung von vier Figuren, die einen kultischen Kreistanz tanzen, herausragt. In Vitrine 73 sieht man die außerordentlich interessante Tonstatuette der Kurotrofos – vielleicht eine Göttin –, die ein neugeborenes Kind hochhält. Einzigartig auf Kreta ist der Helm aus Eberzähnen (Vitrine 78). Eines der bedeutendsten Gefäße dieser Epoche stellt die sehr gut erhaltene prachtvolle Kultkanne nach einem metallenen Vorbild mit aufgesetzten Zacken dar (Vitrine 78).
Vitrine 85 beinhaltet einen Bronzehelm mit Wangenschutz, der einzige minoische Metallhelm. Ein Meisterwerk ist der Ring aus Isópata mit drei tanzenden Frauen und einer Gestalt, wahrscheinlich eine Göttin, die vom Himmel herabschwebt (Vitrine 87). Beachten sollte man auch das kostbare Elfenbeinplättchen mit einer Wildziege (Vitrine 88).

Ring von Isópata

Aus Villen, Herrenhäusern und Kultgrotten der Neuen Palastzeit und Nach-Palastzeit (1700–1300 v. Chr.) stammen die Exponate in Saal VII. Interessant sind die verkohlten Lebensmittel wie Getreide und Hülsenfrüchte in Vitrine 93. Ein weiteres Glanzstück des Museums ist die so genannte Schnittervase (Vitrine 94) aus Steatit mit einer sehr lebendigen Darstellung: Männer ziehen fröhlich und singend von der Getreideernte heim. Auch der so genannte Prinzenbecher oder Rapportbecher (Vitrine 95), ebenfalls aus Steatit, zeigt schönen Reliefschmuck: Vor einem jungen Mann mit Zepter steht ein Würdenträger mit einem Schwert über der Schulter, dem drei Männer, die Tierfelle tragen, folgen.

Ein Meisterwerk ist die Schnittervase.

Saal VII

*Schnittervase

*Prinzenbecher

Von dem Goldschmuck in Vitrine 101 ist das bedeutendste Meisterwerk der berühmte Anhänger mit Bienen von Mália. Zwei mit den Köpfen und den Unterleibern aneinanderstoßende Bienen bilden auf diese Weise ein ringförmiges Motiv und halten dabei mit ihren Beinen einen Tropfen Honig in der Schwebe. Die geöffneten Flügel verleihen dem Stück eine bezaubernde Wirkung, die noch gesteigert wird durch den Kontrast zwischen den glatten und granulierten Oberflächen.

**Bienen von Mália
(s. Abb. S. 54)

Archäologisches Museum (Fortsetzung) Saal VIII	In Saal VIII sind Funde aus dem Palast von Káto Zákros der Neuen Palastzeit (1700 – 1400 v. Chr.) ausgestellt. Ein weiteres Glanzstück ist das wunderschöne Rhyton aus Bergkristall mit einem Henkel aus Kristallperlen, geschmückt mit einem vergoldetem Perlenkranz (Vitrine 109). Bedeutend ist ferner das Rhyton aus graugrünem Stein mit der Darstellung eines Gipfelheiligtums, das mit Kulthörnern, Spiralmustern und Wildziegen geschmückt ist.
*Rhyton aus Bergkristall	
Saal IX	In Saal IX sind Funde aus Ostkreta, ebenfalls aus der Neuen Palastzeit (1700 – 1400 v. Chr.), zu besichtigen. In Vitrine 122 sind schöne Rhyta zu sehen, z. B. in Gestalt eines Stieres mit feinem Netzdekor. Einmalig sind die Figuren eines sitzenden und stehenden Kindes, bedeutend auch das Plättchen mit Kultknoten und Doppelaxt (Vitrine 124). Beachten sollte man außerdem die meisterhaften Siegelsteine aus Halbedelsteinen mit der Darstellung von Tieren und Kultszenen sowie Porträts, z. B. das eines bärtigen Mannes.
Saal X	Saal X zeigt Funde aus Zentral- und Ostkreta, vorwiegend aus Kammergräbern, der Nach-Palastzeit (1400 – 1100 v. Chr.). Vitrine 133 zeigt weibliche Kultidole mit erhobenen Händen, die als Kopfschmuck Kultattribute wie Mohnkapseln, Doppelhörner und Vögel tragen. Einzigartig ist die Frau auf einer Schaukel (Vitrine 143), auf deren Pfosten zwei Vögel sitzen. Die Vögel, die die Erscheinung der Gottheit symbolisieren, beweisen die kultische Funktion des Gegenstandes.
*Schaukelnde Frau	
Saal XI	In Saal XI werden Funde der subminoischen und protogeometrischen Periode (1110 – 900 v. Chr.) von verschiedenen Orten gezeigt. Von den subminoischen Exponaten sind hervorzuheben die Göttinnen aus Ton mit erhobenen Händen und das Rhyton in Form eines Ochsenkarrens (Vitrine 148).
Saal XII	Aus der geometrischen und orientalisierenden Epoche (900 – 620 v. Chr.) stammen die zentralkretischen Funde in Saal XII. Einzigartig ist die Darstellung eines Liebespaares, wahrscheinlich Theseus und Ariadne, auf dem Hals eines Kruges; bedeutend die Gefäßurne mit der Szene einer Totenklage (beide Vitrine 163). Beachten sollte man auch den Bronzegürtel mit der Darstellung von zwei Frauen

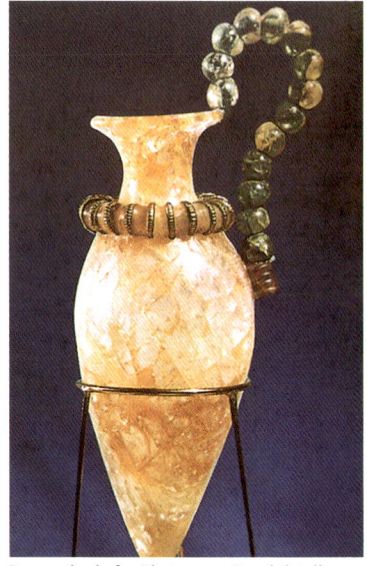

Das zauberhafte Rhyton aus Bergkristall

und einem Mann, die von Bogenschützen vor angreifenden Streitwagen geschützt werden (Vitrine 164).

Archäologisches Museum (Fts.)

In Saal XIII sind minoische Sarkophage zu sehen. Man unterscheidet zwischen eckigen und ovalen Typen, in denen die Toten in Hockstellung bestattet wurden. Die Sarkophage sind vorwiegend mit Flora- und Faunamotiven geschmückt.

Saal XIII

In Saal XIX ist die dädalische und archaische Monumentalkunst (620–480 v. Chr.) zu sehen, wobei die bedeutendsten Stücke dieses Raumes aus den Tempeln von Rizenía stammen. Saal XX präsentiert Skulpturen der klassischen, hellenistischen und römischen Epoche (5. Jh. v. Chr. – 4. Jh. n. Chr.).

Säle XIX, XX (am Ende des Rundgangs erreichbar)

In Saal XIV sind die berühmten Fresken der Neuen Palastzeit (1700–1400 v. Chr.) aus Zentral- und Ostkreta zu besichtigen. Diese beeindruckenden Meisterwerke sind zwar größtenteils rekonstruiert, vermitteln aber einen sehr guten Eindruck von der verfeinerten minoischen Kultur. Von den Fresken sind folgende besonders beachtenswert: das kultische Stierspringen, bei dem drei junge Akrobaten das rituelle Wettkampfspiel mit einem Stier austragen und einer gerade einen Salto über das Tier vollführt; und der so genannte Lilienprinz mit einer Krone aus Lilien und Pfauenfedern, der an dem Seil in seiner Hand vielleicht einen Greif führte.

Saal XIV (Obergeschoss) **Fresken

In der Mitte des Saales steht der berühmte Sarkophag von Agía Triáda (um 1400 v. Chr.), der einzige minoische Steinsarg. Er enthielt wahrscheinlich den Leichnam eines Königs. Die außerordentlich gut erhaltenen Fresken zeigen Szenen von Kulthandlungen, wobei

**Sarkophag von Agía Triáda

Der Sarkophag von Agía Triáda ist der einzige minoische Steinsarg.

Archäologisches Museum (Fortsetzung)

die Frauen an der weißen und die Männer an der braunen Farbe erkennbar sind. So bringt eine Priesterin auf einem Altar vor einem mit Doppelhörnern geschmückten Kultbau ein Opfer dar. Der Vogel auf der Doppelaxt daneben symbolisiert die Anwesenheit der Gottheit. Eine weitere Priesterin führt ein blutiges Stieropfer aus, begleitet von einem Flötenspieler. Von rechts, von der Schmalseite kommen zwei Göttinnen in einem von zwei Greifen gezogenen Wagen. Zu diesen Szenen gehören auf der anderen Längsseite die zwei von einem Lyraspieler begleiteten Priesterinnen, die Opferflüssigkeiten in einen Mischkrug gießen. Der zweite Teil dieser Seite stellt eine andere Szene dar: ein Toter, erkennbar an den fehlenden Armen, steht vor einem Grabbau. Ihm bringen drei Männer zwei Tiere und wahrscheinlich eine Totenbarke. Von der Schmalseite bewegen sich von rechts zwei Frauen und weitere Gabenbringer auf die Szene zu.

Säle XV, XVI

Von den weiteren Fresken in den Sälen XV und XVI sticht besonders die so genannte Pariserin heraus, eine Priesterin mit einem Kultknoten im Nacken.

Saal XVII (z. Zt. geschlossen)

In Saal XVIII ist die Sammlung Giamalakis ausgestellt, die minoische Meisterwerke sowie geometrische, archaische, griechische, römische und byzantinische Funde umfasst.

Saal XVIII (z. Zt. geschlossen)

In Saal XVIII sind in Fortsetzung von Saal XII des Erdgeschosses Exponate aus archaischer, griechischer und römischer Zeit (7. Jh. v. Chr. – 4. Jh. n. Chr.) zu sehen.

Bembo-Brunnen

Am Ende der Odos 1866, südwestlich des Archäologischen Museums befindet sich der Bembo-Brunnen, den 1588 Zuanne Bembo unter Einbeziehung antiker Stücke erbauen ließ. Auf einem mit Akanthusblättern verzierten antiken Sockel steht zwischen Pilastern und Säulen eine kopflose römische Statue. Ebenfalls antik ist der Sarkophag, der als Becken dient. Neben den Pilastern sind die Wappen venezianischer Familien und darüber ein Löwenkopf bzw. ein geflügelter Markuslöwe angebracht. Daneben sieht man ein türkisches polygonales Brunnenhaus, in dem heute ein Kafenion untergebracht ist.

Santa Maria dei Crocioferi / Panagía Stavrofóron

Etwas weiter südwestlich steht die Klosterkirche Santa Maria dei Crocioferi, die auf Griechisch Panagía Stavrofóron ("Marienkirche der Kreuzfahrer") heißt. Die schöne dreischiffige Basilika der Venezianer stammt aus dem 14. Jahrhundert.

Ágios Minás

Die relativ große Metropolitenkirche Ágios Minás am Ekaterini-Platz, die Hauptkirche der Stadt, wurde in der zweiten Hälfte des 19. Jh.s im neobyzantinischen Stil erbaut. Der Grundriss der fünfschiffigen Anlage mit Vierungskuppel ist ein lateinisches Kreuz. Ihre Ausstattung ist zwar sehr prächtig, aber künstlerisch nicht besonders bemerkenswert.

Westlich steht die kleine alte Ágios-Minás-Kirche (meistens geschlossen), die in einigen Bauphasen entstand, wobei der älteste Teil wohl auf das 15./16. Jh. zurückgeht. Die größte Kostbarkeit des Gotteshauses sind die reich geschnitzten Ikonostasen, die in den Jahren 1740 bis 1760 von den Brüdern Gastrofilákos geschaffen wurden.

Beim Bembo-Brunnen sind antike Bauteile verwendet.

In der Agía-Ekateríni-Kirche (1555) etwas nordöstlich war im 16. und 17. Jh. die bedeutende Hochschule der Mönche vom Berg Sinai untergebracht. Hier studierten viele bekannte Kreter jener Zeit wie die Maler Michael Damaskinós und El Greco sowie die Dichter Vitzéntios Kornáros und Géorgios Chartátzis. Das Bildungszentrum war ein sehr wichtiger Ort des Austausches zwischen orthodoxer und lateinischer Kultur. In türkischer Zeit diente die Kirche als Moschee und in den letzten Jahrzehnten als Bibliothek und Veranstaltungsort, bis sie zum Museum für Ikonen und andere sakrale Gegenstände umfunktioniert wurde.

*Ikonenmuseum

Die bedeutendsten Exponate des Ikonenmuseums sind sechs Ikonen von Damaskinós, die von 1580 bis 1591 für das Kloster Vrondísi gemalt wurden. Die an der Südwand (rechts) des Langhauses hängenden Kunstwerke zeigen folgende Darstellungen: die Anbetung der Heiligen Drei Könige, Abendmahl und Gottesmutter des brennenden Dornbusches (links unten signiert), die Heilige Liturgie, das Ökumenische Konzil von Nikäa und Christus mit Maria Magdalena/Noli me tangere. Ein weiteres Meisterwerk der Sammlung ist die ausdrucksstarke Fanurios-Ikone (ebenfalls an der Südwand des Langhauses) des 15. Jh.s, auf der der Heilige in großer Anmut dargestellt wird. Daneben befindet sich noch eine Ikone (15. Jh.) von hoher Qualität mit zwei sehr fein gearbeiteten Szenen: Christus erscheint seiner Mutter Maria und Maria Magdalena sowie Wunder des hl. Fanurios. Außerdem werden noch Kirchenbücher, liturgische Gerätschaften und bestickte Priestergewänder gezeigt. Schließlich kann man noch bedeutende Freskenfragmente des 14. Jh.s im nördlichen Kreuzarm sehen. (Öffnungszeiten: Mo.–Sa. 8^{30}–13^{30}, Di., Do., Fr. auch 17^{00}–19^{00} Uhr)

Baedeker SPECIAL

Heilige Bilder

Ikonen, die besondere Verehrung bei den Gläubigen genießen und oft mit Legenden verbunden sind, stellen einen wesentlichen Teil des Kults der orthodoxen Glaubenswelt dar.

Die transportablen Kultbilder mit den Darstellungen von Heiligen und biblischen Szenen nennt man in der orthodoxen Kirche Ikonen ("Bilder"). Auch heute noch sind sie neben der Heiligen Schrift ein Grundpfeiler der orthodoxen Glaubenswelt. Man findet die heiligen Bilder außer in Gotteshäusern auch in vielen Privatwohnungen und -fahrzeugen. Sie werden mit Edelmetallen und -steinen, kostbaren Vorhängen, Ringen und Uhren geschmückt, auf Reisen mitgenommen und sind das Ziel von Wallfahrten.

Ikonenverehrung

Ikonen bringen den Menschen die Heiligen nahe, weshalb sie große Verehrung genießen. Diese Verehrung gilt jedoch nicht der Abbildung, sondern dem Heiligen, der der Ikone gleichgesetzt wird. In den Kirchen sind die Ikonen nach einem bestimmten Schema angebracht an der Ikonostase, einer hohen hölzernen Wand, die den Altarrraum vom Gemeinderaum trennt. Auf dem Pult in der Mitte wird jeweils die Ikone des Tagesheiligen oder -festes ausgelegt. Die Ikonenmalerei gilt als liturgische Handlung, die ursprünglich nur von Priestern ausgeführt werden durfte. Sie ist hinsichtlich Komposition und Farbgebung sowie der Ma-

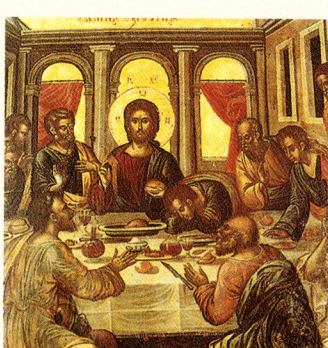

Michael Damaskinós: "Letztes Abendmahl"

terialien genau festgelegt, so dass der Maler kaum Freiheit bei der Gestaltung des Bildwerks hat und keinen eigenen Stil entwickeln kann. Der Künstler darf in die Bilder keinen persönlichen Ausdruck bringen und bleibt namenlos. Seine Aufgabe ist die Erhaltung der Tradition. Deshalb gleichen sich viele Ikonen, unabhängig davon, aus welchem Jahrhundert sie stammen. Der venezianische Einfluss hat zwar einige Lockerungen der byzantinischen Formensprache bewirkt, inhaltlich jedoch blieb es bei den überlieferten Vorgaben. Für die Darstellungsweise ist charakteristisch, dass Natur und Architektur durch Abstrahierung in den Hintergrund treten, um die zeitlose Göttlichkeit oder Heiligkeit der Figuren hervorzuheben. Die Flächigkeit der Ikonen ist durch die fehlenden Schatten bedingt, was mit der Auffassung zusammenhängt, dass das göttliche Licht alles durchdringt. Anziehend ist die einzigartige Farbigkeit der Bilder. Der Farbauftrag erfolgt meist auf Holz mit Mineralfarben. Er wird mit gekochtem Leinöl überzogen, was die erstaunliche Haltbarkeit garantiert.

Priuli-Brunnen

In der Nähe des Nearchou-Platzes an der Kum-Kapi-Bucht steht der Priuli- oder Delimarkos-Brunnen, der 1666 von dem Generalprovedítore Antonio Priuli im Renaissancestil errichtet wurde. Er war das letzte Bauwerk der Venezianer, nachdem die Türken die Wasserleitung zwischen dem Berg Jouchtas und der Stadt zerstört hatten.

*Historisches Museum

Das Historische Museum etwas weiter östlich, ist in dem neoklassizistischen Wohnhaus von Kalokairinos (Lysimahou Kolokerinou 7), des ersten Ausgräbers von Knossós, untergebracht; es wurde durch einen modernen Anbau erweitert. Das Museum vermittelt ein lebendiges Bild kretischer Geschichte von der frühchristlichen Zeit bis in die Gegenwart. (Öffnungszeiten: Mo.–Fr. 9⁰⁰–17⁰⁰, Sa. 9⁰⁰–14⁰⁰ Uhr)

Erdgeschoss

Wenn man nach der Kasse den rechten Raum betritt, fällt gleich ein großes Modell der Stadt von 1645 ins Auge. Zudem sind historische Karten und Fotos ausgestellt. Ferner wird hier die Töpferkunst auf Kreta über 1600 Jahre dokumentiert: Die Exponate stammen aus byzantinischer, venezianischer, arabischer und türkischer Zeit.

1. Obergeschoss

Im Flur sieht man venezianische Landkarten und Stiche von Kreta. In den anschließenden Räumen werden liturgisches Gerät, Ikonen, Siegel und Münzen gezeigt. Der gegenüberliegende Raum hat den Freiheitskampf Kretas gegen die Türken zum Thema. Die Sammlung von Waffen, Orden und sonstigen Exponaten – z.B. der Schreibtisch des Prinzen Georg von Griechenland – entspricht allerdings der auf Kreta üblichen undifferenzierten Darstellung dieses Themas. Zudem ist in diesem Geschoss die Rekonstruktion einer Einraumkapelle zu sehen. In einem separaten Raum hängt das El Greco zugeschriebene, um 1570 entstandene Gemälde mit der Darstellung des Katharinenklosters auf dem Sinai. Neueren Forschungen nach ist diese Zuschreibung jedoch falsch.

2. Obergeschoss

In diesem Geschoss befindet sich eine große Sammlung von kretischen Web- und Handarbeiten. Außerdem sind Musikinstrumente und Haushaltsgegenstände ausgestellt. Ferner wurde ein bäuerlicher Wohnraum mit Herd, Bettkasten und Webstuhl aufgebaut.

Im neugebauten Flügel dieses Stocks wurden die Bibliothek und das Arbeitszimmers des Dichters Níkos Kasantzákis rekonstuiert, in dem er 1948 bis 1957 in Antibes/Südfrankreich arbeitete.

San Pietro

Unweit nordöstlich des Historischen Museums befindet sich die Ruine der venezianischen ehemaligen Klosterkirche San Pietro, griech. Agios Petros (in Restaurierung), aus der ersten Hälfte des 14. Jh.s. Sie war in türkischer Zeit eine Moschee.

Stadtmauer

Die mindestens seit byzantinischer Zeit bestehende Befestigung der Stadt wurde vor allem unter den Venezianern im 16. Jh. nach Plänen des veronesischen Baumeisters Michele San Micheli erweitert. Der etwa 3 km lange Mauerring besteht aus fünf Bastionen und zwei Halbbastionen, die mit Geschützkasematten in mehreren Stockwerken versehen waren. Einige Bastionen verfügten über so genannte Kavaliere, besonders erhöhte Aussichtspunkte. Vor der Mauer lag ein heute teilweise noch erkennbarer, 20 bis 60 m breiter Trockengraben und jenseits noch ein Ring von nicht mehr erhaltenen polygonalen Vorbastionen. Die Festungsbauten waren durch ein unterirdisches, 15 bis 20 m tiefes Tunnelsystem miteinander verbunden. Die meisten der acht Stadttore sind noch vorhanden.

Martinengo-Bastion

Von der Martinengo-Bastion im Süden, deren Kavalier noch zu sehen ist, hat man einen guten Überblick über die Stadt. Auf ihr befindet sich das Grab des großen kretischen Dichters Níkos Kasantzákis (▶ Berühmte Persönlichkeiten), der hier beigesetzt wurde, weil die Kirche dem Freidenker eine Bestattung in geweihter Erde verweigert hatte. Es ist mit einer schlichten Platte und einem einfachen Holzkreuz versehen und trägt die Inschrift: "Ich erhoffe nichts, ich fürchte nichts, ich bin frei!".

Umgebung von Iráklion

Amnisós
(Αμνισός)

Der 7 km östlich von Iráklion gelegene Ort Amnisós war in minoischer Zeit wahrscheinlich ein Hafen von Knossós. Später befand sich hier ein Heiligtum, das zum Kultplatz der Eileidia-Grotte gehörte. Die Siedlung wurde in türkischer Zeit aufgegeben.
Von der Stadt ist nur noch wenig erhalten, so Hafenanlagen, Häuser und eine mächtige Brunnenanlage. Am westlichen Bergfuß zum Meer hin sind die Überreste des berühmten archaischen Zeus-Thenatas-Altars zu sehen. Zudem wurde hier eine minoische Villa, das so genannte Haus des Hafenkommandanten, gefunden. Ferner trifft man auf die Ruinen einer weiteren minoischen zweistöckigen Villa, die um 1800 v. Chr. entstand und um 1650 durch Feuer zerstört wurde. Sie wird wegen der hier gefundenen wunderschönen Fresken (im Archäologischen Museum Iráklion) "Lilienvilla" genannt. Sie verfügt über eine gepflasterte Terrasse, von wo man einen Ausblick auf das Meer hat, und eine durch einen Polythyron zu betretende große Halle.

Eileidia-Höhle
(Ειλειδια–
Σπήλια)

Die Grotte für Eileidia, eine frühe kretische Geburtsgöttin, liegt 1 km südlich von Amnisós, wenige Meter unterhalb der Straße bei einem Feigenbaum. Sie ist verschlossen und nur mit besonderer Erlaubnis des Archäologischen Museums Iráklion zu besichtigen.
In neolithischer Zeit war die Höhle Wohnplatz und vom 3. Jt. v. Chr. bis zum 6. Jh. n. Chr. Kultstätte für mehrere Kulturen und Religionen, was viele Keramik- und Idolfunde belegen. In der 63 m langen und 19 m breiten Höhle entdeckt man Stalagmiten mit Kultspuren. So wird ein hügelförmiger Stalagmit "Der Nabel" genannt, weil er mit seiner Einbuchtung wie der Bauch einer schwangeren Frau aussieht. In der Antike haben Schwangere ihren Bauch daran gerieben, weil sie glaubten, dadurch eine gute Entbindung zu haben. Die Wandnischen sind gerahmt von Stalaktiten und Sinterbecken mit – wie man glaubte – heilkräftigem Wasser. Im hinteren Teil der Höhle führt ein schmales Loch in einen unterirdischen Kultraum mit vier zusammenhängenden Kammern.

Nírou Cháni
(Νίρου Χάνι)

15 km östlich von Iráklion direkt an der Küstenstraße sind die Reste eines spätminoischen, recht gut erhaltenen Herrenhauses (1700 v. Chr.) bei Nírou Cháni zu sehen, das 1919 u. a. von Arthur Evans ausgegraben wurde. Viele Kultgegenstände wurden hier gefunden: Schalen, Altäre und die größten bisher bekannten Doppeläxte (im Archäologischen Museum Iráklion).
Nach dem Eingang betritt man zunächst einen mit Schieferplatten gepflasterten Hof und kommt anschließend in eine mit zwei Säulen versehene Vorhalle, die in den mit Steinplatten ausgelegten

Hauptraum führt. Dessen westliche Tür führt auf einen Gang, der in einem Lichthof endet. Von hier gelangt man zum Heiligtum, dem so genannten Raum der vier Doppeläxte. Am Ende des Ganges führte eine Treppe ins Obergeschoss. Durch einen ehemals mit Fresken geschmückten Korridor kommt der Besucher vom Hauptraum links in einen mit Wandbänken ausgestatteten Raum, der als Empfangsraum oder Bankettsaal diente. Östlich liegt ein dunkler, einst durch Lampen erhellter Raum, und im Süden finden sich zwei Räume, das so genannte Altarmagazin, das viele Gefäße und Dreifüße enthielt. Nördlich der Wohnanlage gibt es zahlreiche Magazine, in denen man viele Pithoi entdeckte. (Öffnungszeiten: Di. – So. 8^{30} – 15^{00} Uhr)

Nírou Cháni
(Fortsetzung)

Die Höhle von Skoteinó liegt 23 km östlich von Iráklion und 1,5 km südlich des gleichnamigen Ortes, in 220 m Höhe. Sie diente von mittelminoischer bis römischer Zeit als Kulthöhle und wurde von den Venezianern, die sie für das Labyrinth hielten, als Sehenswürdigkeit aufgesucht. Es finden sich hier auch eine Kirche und Überreste eines älteren Gotteshauses. In der Höhle, die mit 100 m Länge und 40 m Breite eine der größten Kretas ist, gibt es Stalagmiten.

Höhle von Skoteinó
(Σκοτεινό Σπήλια)

Das erst 1987 künstlich geschaffene Arolídos (13 km westlich von Iráklion) soll alte kretische Traditionen bewahren. Es verfügt über ein Kafenion, eine Kirche und Werkstätten für altes Handwerk. Zudem gibt es einige traditionell eingerichtete Gästezimmer.

Arolídos
(Αρόλιδος)

Sehenswerte Überreste dreier spätminoischer Herrenhäuser sind am Ortsrand des Dorfes Týlisos, 2 km südlich von Arolídos, zu besichtigen. Bei den hier durchgeführten Ausgrabungen kamen verschiedene Typen dieser Herrenhäuser (17./16. Jh. v. Chr.) zutage. Die Bauzeit war auch die Blütezeit des wohl wohlhabenden Ortes, der nach seiner Zerstörung um 1500 v.Chr. bald wieder besiedelt wurde. Diese Siedlung hatte dann bis in byzantinische Zeit Bestand. (Öffnungszeiten: Di. – So. 8^{30} – 15^{00} Uhr)

*Týlisos
(Τύλισος)

Architektonisch bemerkenswert sind die sorgfältig aus großen Quadern gearbeiteten Mauern, die durch senkrechte Holzbalken stabilisiert wurden. Die Wände waren verputzt und bemalt, und die Fenster öffneten sich nach innen zu den Lichthöfen. Die Häuser hatten Flachdächer.

Nach dem Eingang stößt man rechts auf Haus B, das kleinste Gebäude, das regelmäßig gebaut, aber schlecht erhalten ist.

Haus B

Haus A, das große Gebäude, ist in einen Südteil (Wohnräume) und einen Nordteil (Magazine und Nebenräume) getrennt. Der an der Ostfassade gelegene, mit zwei Pfeilern versehene Zugang öffnet sich in einen Vorraum, an dessen Rückseite eine Treppe ins Obergeschoss führte. An dem links abgehenden Korridor liegt rechts ein Vorratsraum mit einem Mittelpfeiler und am Ende ein großer Raum mit einem Lichthof. An diesen grenzt nochmals ein Raum. In der Kammer dahinter wurden mächtige Bronzekessel (im Archäologischen Museum Iráklion) gefunden. Der Nordteil des Hauses umfasst zwei große Magazine mit mächtigen Pfeilern, in denen viele Pithoi entdeckt wurden, und eine Reihe kleiner Kammern.

Haus A

Bei Haus C, dem vornehmsten Gebäude, führt der im Osten liegende Eingang ebenfalls in einen Vorraum, an den sich rechts ein Wärterraum anschließt. Von diesem Vorraum geht ein Korridor ab, wo

Haus C

Die Überreste der spätminoischen Herrenhäuser von Týlisos

Týlisos
(Fortsetzung)

rechts Räume mit noch Terhaltenen Böden liegen und links eine Treppe ins Obergeschoss führte. Links von dieser liegt ein Raum, der wahrscheinlich kultischen Zwecken diente. Am Ende des Ganges befinden sich rechts Magazine mit einem gemeinsamen Eingang; in einem ist noch eine Säulenbasis zu sehen. Gegenüber der Treppe kommt man in einen weiteren Korridor, an dem sich links eine Treppe und rechts ein kleiner Saal mit gut erhaltenen Wänden befinden.

Von hier führt nochmals ein Gang nach Osten und endet an einer Treppe. Nördlich liegt ein weiterer Saal und nordwestlich davon ein anderer Saal, der sich mit drei Pfeilertüren und einer Vorhalle mit zwei Säulen auf einen Lichthof öffnet.

An der Nordostecke des Komplexes findet man eine Zisterne, von der aus ein tönernes Leitungssystem die Häuser mit Wasser versorgte. Nördlich des Hauses erbaute man in mykenischer Zeit ein Megaron, von dem die Unterbauten der Säulen des Vorraums, die Mauer der Cella und eine wuchtige Schwelle erhalten sind. Daneben steht auf einem gepflasterten Hof der Altar eines klassischen Heiligtums.

Sklavókampos
(Σκλαβόκαμπος)

9 km westlich von Týlisos liegen links der Straße die wenigen Reste des spätminoischen Herrenhauses Sklavókampos aus der Zeit um 1500 v. Chr., das in den dreißiger Jahren ausgegraben sowie im Zweiten Weltkrieg und durch Straßenbau beschädigt wurde.

Der Haupteingang des Hauses im Osten führt durch eine Tür mit zwei Zwischenpfeilern in einen Aufenthaltsraum. Westlich schließt ein Raum an, der als Heiligtum gedeutet wird. Unter der noch weiter westlich gelegenen Treppe fand man eine mit einem Loch versehene Steinplatte mit einer Abwasserleitung, wahrscheinlich ein Abort. Ganz im Nordwesten ist eine Veranda mit drei Sitzen zu sehen. Das Zentrum des Herrenhauses bildet ein Lichthof.

Sklavókampos (Fortsetzung)

Das über 700 m hoch gelegene Großdorf Anógeia (11 km westlich von Sklavókampos) wurde 1944 von deutschen Truppen als Rache für die Entführung ihres Generals von Kreipe nach Ägypten völlig zerstört, alle männlichen Einwohner wurden erschossen. An dieses Ereignis erinnert eine Gedenktafel am modernen Rathaus. Ein paar alte Häuser sind dennoch im untersten Ortsteil mit schöner Platia zu finden. Hier weist ein Schild zum nahen Museum von Alkiwíades Skulás Grílios, einem naiven Maler und Holzschnitzer. Im Zentrum befindet sich die zweischiffige Ágios-Ioánnis-Kirche mit Fresken aus dem frühen 14. Jahrhundert.
Das Dorf, das früher ein Zentrum der Handweberei war, ist bekannt für seine Musiker und sein Festival, deshalb in der Saison oft überlaufen. Die Bewohner leben von der Schafzucht, und auch heute noch werden handgefertigte Textilien hergestellt. Anógeia ist Ausgangspunkt für Bergtouren ins Ida-Gebirge.

Anógeia (Ανώγεια)

In dem schon in minoischer Zeit besiedelten Bergort Axós, 5 km nordwestlich von Anógeia, sind vor allem die byzantinischen Kirchen sehenswert. Die Agía Iríni bildet eine reizvolle Kombination zwischen einer älteren Einraumkapelle und einer als Narthex vorgelagerten Kreuzkuppelkirche. Der Tambour gefällt durch seine eleganten Blendarkaden.
Die auf einem Friedhof stehende einfache Einraumkapelle Ágios Ioánnis mit schönen Fresken aus dem 14. und 15. Jh. ist auf den Fundamenten einer frühchristlichen Basilika erbaut, von deren Mosaikfußboden noch Reste vorhanden sind. Von dem oberhalb der Kirche gelegenen antiken Axós findet man nur noch wenige Ruinen. Von dort bietet sich jedoch ein schöner Ausblick.

Axós (Αξός)

Die Fahrt in das 18 km westlich von Iráklion gelegene Nonnenkloster Savathianón führt von Rogdiá durch Weinberge und bietet herrliche Ausblicke auf die Bucht von Iráklion. Die malerische, gepflegte Anlage befindet sich am Ende eines Tales und ist von hohen Bäumen umgeben. Sie besitzt zwei Kirchen, die mit Ikonen des 17./18. Jh.s geschmückt sind. Hervorzuheben ist die Ikone (1741) des hl. Antonius mit Szenen aus seinem Leben.

Moní Savathianón (Μονή Σαββαθιανόν)

Das inmitten von Orangen- und Olivenhainen gelegene, hübsche Dorf Fódele (29 km westlich von Iráklion) ist von einem mit Bäumen bestandenen Bach durchflossen, an dem sich in der Ortsmitte ein schattiger Picknickplatz befindet. Besonders schön ist es, hier die Zeit der Orangenblüte, wenn das ganze Tal mit Duft erfüllt ist, zu erleben. In dem Dorf wurde wahrscheinlich der berühmte Maler El Greco (▶ Berühmte Persönlichkeiten) geboren. In der Dorfmitte unter einer uralten Platane steht eine Gedenktafel für den Maler, die von der Universität Valladolid in Spanien gestiftet wurde. In der Dorfkirche gibt es ein Buch mit Reproduktionen der bekanntesten Gemälde El Grecos.
Wenn man nördlich des Ortszentrums links über eine Brücke aufwärts geht, kommt man zur Panagía-Kirche, einer gut proportionierten Kreuzkuppelkirche als Vierpfeilertypus aus dem 13. Jh., die

Fódele (Φόδελε)

Fódele (Fortsetzung)	über einer dreischiffigen Pfeilerbasilika des 8. Jh.s errichtet wurde. Im Innern beeindrucken qualitätsvolle Fresken vor allem aus dem 13. Jahrhundert. Von der Kirche führt links ein Pfad hinauf zu dem angeblichen Geburtshaus von El Greco.
Moní Agía Eiríni (Μονή Αγία Ειρήνη)	Das in der Nachkriegszeit erbaute Kloster Agía Eiríni liegt 25 km südwestlich von Iráklion auf einem grünen Hügel oberhalb des Ortes Krousónas. Die Nonnen pflegen liebevoll das Kloster mit dem blumenreichen Innenhof und leben vom Verkauf ihrer selbstgefertigten Handarbeiten.
Agía Varvára (Αγία Βαρβάρα)	Das Dorf Agía Varvára befindet sich 30 km südlich von Iráklion auf 600 m Höhe. Am nördlichen Ortseingang bezeichnet ein weißgetünchter, "Nabel Kretas" genannter Fels, auf dem die Profítis-Ilías-Kirche steht, den geographischen Mittelpunkt Kretas.
Rizenía (Ριζενία)	Bei dem Ort Priniás, 5 km nördlich von Agía Varvára, sind auf dem Berg Patéla (680 m) die wenigen Reste des antiken Rizenía zu sehen. Man erreicht das Grabungsgelände, wenn man etwa 2 km nördlich des Ortes bei einer Felsformation rechts eine Anhöhe emporsteigt; etwa 200 m vor der Ágios-Panteléimon-Kapelle breitet sich rechts das umzäunte Gelände aus. Der seit spätminoischer Zeit besiedelte Berg wurde in spätklassischer und hellenistischer Periode durch eine Umfassungsmauer und ein Kastell befestigt. Bei den Ausgrabungen kamen die Grundmauern zweier Tempel aus dem 7. und 6. Jh. v. Chr. zutage, die ältesten erhaltenen archaischen Tempel Kretas. Das nördliche, Rhea geweihte Heiligtum A setzt sich aus einem Prónaos und einer Cella mit einer Sitzbank an der Südseite zusammen. Der schmälere und in der Achse etwas verschobene Tempel B besteht ebenfalls aus diesen beiden Teilen und einem Opistodomos. In beiden Gebäuden fanden sich ungewöhnliche rechteckige Opferstätten, die aus mit Ton überzogenen Steinhaufen, eingefaßt von Steinplatten, bestanden. Berühmt ist Tempel A durch den einmaligen plastischen Bauschmuck: ein Reiterfries und die Türumrahmung der Cella mit der Darstellung der Göttin Britomartis (heute im Archäologischen Museum Iráklion). Östlich des Tempels und im Norden des Geländes finden sich Reste der Siedlung aus geometrischer Zeit und westlich die Grundmauern eines quadratischen Kastells (4. Jh. v. Chr.) mit vier vorspringenden Ecktürmen.

Baedeker TIPP **Ausblick**

Selbst für denjenigen, der sich nicht besonders für Archäologie interessiert, lohnt sich der Anstieg zu dem Ausgrabungsgelände von Rizenía, weil man von dort oben einen spektakulären Blick auf das Meer und die Umgebung hat.

Zarós (Ζαρός)	Das 47 km südwestlich von Iráklion gelegene große Dorf Zarós in 340 m Höhe erreicht man auf der Straße von Agía Varvára nach Kamáres. Es ist bekannt für seine Forellenzucht, die einmalig auf Kreta ist, und seine zahllosen Quellen, deren Wasser abgefüllt und auf der ganzen Insel verkauft wird. Forellen ("péstrofa"), die gegrillt oder als Lachsforelle angeboten werden, isst man gut und preiswert in der Taverne "Votomos". Oberhalb des Ortes liegt ein hübscher Quellsee mit Tavernen. Von diesem Quellsee führt ein Wanderweg zu dem Kloster Ágios Nikólaos mit einer zweischiffigen Kirche, die mit Fresken aus dem 15. Jh. geschmückt ist. Von hier kann man in

die Rouvas-Schlucht hineinlaufen, die 1994 durch einen Brand schwer beschädigt wurde. Östlich oberhalb liegt eine Höhle mit der Ágios-Efthímios-Kapelle, die man vom Kloster in 30 Min. erreichen kann. Dort hat man einen weiten Blick über die südlichen Ausläufer des Ida-Gebirges bis zur Messará.

Von den wenigen in der Ágios-Ethímios-Kapelle erhaltenen Fresken aus dem 14. Jh. ist die Darstellung von Christus als Schmerzensmann von guter künstlerischer Qualität. Die Legende berichtet, dass der hl. Efthímios, der in der Höhle lebte, aus Not einige Früchte stahl. Er wurde dabei erwischt und angeschossen, worauf er starb. Deshalb gilt er als Schutzpatron für diejenigen, die in einer Notlage stehlen.

Zarós
(Fortsetzung)

Vom Kloster Vrontísiou, 4 km westlich von Zarós, kann man einen weiten Blick ins Tal genießen. Vor dem Eingang der Anlage steht links unter einer mächtigen Platane ein schöner Brunnen (15. Jh.) in venezianischem Stil mit der Darstellung von Adam und Eva. Als Wasserspender dienen vier Köpfe, die die personifizierten Flüsse des Paradieses sind.

Das Gründungsdatum des Klosters ist unbekannt, die heutigen Gebäude stammen aus den Jahren 1630/1639. In dem älteren Teil der Kirche lassen sich allerdings Fresken bereits aus dem 14. Jh. nachweisen. Die Ágios-Antónios-Kirche, ein Schmuckstück byzantinischer Kunst, besteht aus zwei verschieden hohen Schiffen – das nördliche ist das ältere – und einem vorgebauten Glockenturm. Dieser in venezianischem Stil gehaltene Campanile ist einer der ältesten Kretas. Im Südschiff sind qualitätsvolle Fresken zu sehen. Einzigartig für die Insel ist in der Apsis die Darstellung des Abend-

Moní Vrontísiou
(Μονή Βροντήσιου)

Die Kirche des Kloster Vrontísiou mit altem vorgebauten Glockenturm

Die Klosterkirche von Valsomónero besitzt hervorragende Fresken.

Moní Vrontísiou (Fortsetzung)

mahls; ungewöhnlich sind im Gewölbe die zahlreichen Heiligen. Im Gewölbe des Altarraums sieht man Engel, die das Leichentuch Christi tragen. An der Ikonostase sind hervorzuheben die Ikone von Ángelos mit dem Symbol des Weinstocks, eine Panagía Odigítria und der hl. Antónios.

*Moní Valsomónero (Μονή Βαλσαμόνερο)

Das Kloster Valsomónero ("Balsamwasser") liegt 2 km von dem Ort Vorízia und 8 km von Zarós entfernt. Man erreicht das Kloster, indem man nach dem Ort links den schlechten Weg zum unteren Dorf einschlägt. Die Anlage zeichnet sich durch eine wunderschöne Lage mit Blick auf das Ida-Massiv aus.

Von den Klostergebäuden sind nur noch einige Reste vorhanden, während die Klosterkirche Ágios Fanúrios mit ihren berühmten Fresken sehr gut erhalten ist. Ihre Südfassade in gotisch-venezianischem Stil weist einen schönen Glockenstuhl auf. Ältester der aus verschiedenen Bauphasen stammenden Teile ist das größere Nordschiff, das um 1330 entstanden und der Panagia geweiht ist. Der Bau des schmaleren, Johannes dem Täufer geweihten Südschiffes geht auf das Jahr 1400 zurück. Den beiden Schiffen wurde 1426 ein Querschiff angefügt. Der sich anschließende Narthex (15./16. Jh.) ist mit einem verzierten spitzbogigen Tor und einem darüber liegenden Rundfenster versehen. Bei den Ikonostasen fehlen zwar die Bilder, aber sie sind prächtig mit Weinlaubschnitzereien und Muscheln verziert. (z. Zt. wegen Restaurierung geschlossen)

*Fresken

Von besonderem kunstgeschichtlichen Interesse sind die hervorragenden Fresken (14./15.Jh.). Folgende Themen sind dargestellt: im Südschiff über dem Eingang der Kindermord von Bethlehem, links und über den gegenüberliegenden Bögen Szenen aus dem Leben

Johannes des Täufers, an der Nordwand die Kreuzigung und daneben die Grablegung Christi, in der Apsis nochmals Johannes der Täufer, an der Südwand der Judaskuss. Im Nordschiff erkennt man: an der Südwand Hieronymus mit dem Löwen, in der Wölbung meist Szenen aus dem Leben Christi, an der Nordseite von links nach rechts Christus, der hl. Johannes von Damaskus, die Geburt Marias, nochmals Hieronymus mit dem Löwen und Christus zwischen zwei Engeln, in der Apsis Mariä Verkündigung. Im Querschiff sind vor allem erwähnenswert: in der Konche der Apsis Christus Pantokrator, darüber die Dreifaltigkeit und darunter die heilige Liturgie. Der Narthex ist mit dem Stammbaum Jesse bemalt.

Iráklion (Fortsetzung)

In dem Weinbauerndorf Myrtiá, 17 km südlich von Iráklion, befindet sich im Ortszentrum das Kasantzákis-Museum, in dem zahlreiche Erinnerungsstücke (persönliche Dinge, Bücher, Ölbilder, Zeichnungen) an Kretas größten Dichter Níkos Kasantzákis (▶ Berühmte Persönlichkeiten) ausgestellt sind. Sein Vater hat nämlich hier seine Kindheit verbracht. Für Freunde des Schriftstellers ist der Besuch ein Muss. Eine mehrsprachige Dia-Schau erzählt vom Leben des Dichters.

Myrtiá (Μυρτιά)

Einige meist ältere Mönche leben noch in dem blumenreichen Kloster Agkarathou (23 km südlich von Iráklion) aus venezianischer Zeit, das vermutlich schon im Jahr 960 gegründet wurde. In der 1941 neu gebauten Klosterkirche ist die Ikone mit der ungewöhnlichen Darstellung der stillenden Muttergottes sehenswert.

Moní Agkarathou (Μονή Αγκαραθού)

In Émparos, 46 km südöstlich von Iráklion, lohnt die einfache Einraumkapelle Ágios Geórgios wegen ihrer einmaligen Fresken einen Besuch. Die recht gut erhaltenen Malereien aus den Jahren 1436 und 1437 sind das älteste Werk von Mánuel Fokás.

Émparos (Έμπαρος)

In dem 31 km südöstlich von Iráklion gelegenen Dorf Thrapsanó, der einstigen "Hochburg der Töpferei", findet man noch einige Töpferwerkstätten, die neben den traditionellen Pithoi auch kunsthandwerkliche Kleinarbeiten anfertigen. Das Ortsbild ist von verwinkelten Gassen und alten türkischen Häusern geprägt.

Thrapsanó (Θραψανό)

Tsoutsouros, 76 km von Iráklion entfernt an der landschaftlich eindrucksvollen Südküste in einer weiten Bucht gelegen, bietet schöne Strände. Etwas oberhalb des Strandes liegt eine der kretischen Fruchtbarkeitsgöttin Eileidia geweihte Höhle, in der zahlreiche Funde aus geometrischer Zeit gemacht wurden.

Tsoutsouros (Τσούτσουρος)

Kastélli Kísamos   B 2

Καστέλλι Κίσαμος

Neugriechisch

Nomos: Chaniá
Einwohnerzahl: 3000

Kastélli Kísamos, Kretas westlichste Stadt, liegt im Süden der von zwei Halbinseln gesäumten Kisámou-Bucht und ist Zentrum des in dieser Gegend intensiv betriebenen Weinbaus. Der einzige Reiz des

Allgemeines

Allgemeines
(Fortsetzung)

noch weitgehend vom Tourismus unberührten Ortes besteht denn auch in dieser Lage an der weiten Bucht vor dem Hintergrund grüner Hügel. Der schönste Strand in Stadtnähe ist der Mávros Mólos.
In der Antike war Kastélli unter dem Namen Kísamos der Hafen des einige Kilometer weiter südlich gelegenen Polyrinía; diese Funktion hatte es auch unter den Römern, Byzantinern und Venezianern, die den Ort befestigten. Erhalten blieb hier nur ein kleiner Rest der Stadtmauer aus venezianischer Zeit, da die Mauer und die Moscheen nach dem Ersten Weltkrieg abgetragen und zum Ausbau des Hafens verwendet wurden.

Umgebung von Kastélli Kísamos

Polyrinía
(Πολυρηνία)

Etwa 30 Gehminuten oberhalb des modernen Dorfes gleichen Namens (6 km südlich von Kastélli Kísamos) liegen frei zugänglich auf einem Hügel verstreut die Ruinen der Stadt Polyrinía, die von den Dorern im 8. Jh. v. Chr. gegründet wurde und einer der wichtigsten Stadtstaaten Westkretas war. In der griechischen Periode war sie neben Falásarna die bedeutendste Stadt Westkretas. Von jener Zeit zeugen nur noch wenige Grundmauern auf der Akropolis am nördlichen Hang; aus der byzantinischen Epoche blieb eine Kirche erhalten, in der man viele antike Architekturelemente verbaute; aus venezianischer Periode stammen die wuchtigen Burgmauern. Von hier oben kann man einen schönen Blick auf den Golf von Kisámou genießen.

Topolia-Schlucht

Südlich vom Bergdorf Topolia (22 km südlich von Kastélli Kísamos) verläuft die 1,5 km lange beeindruckende Topolia-Schlucht mit schroffen, 300 m hoch aufragenden Felswänden, die teilweise nur 5 m voneinander entfernt sind.

Höhle Agía Sofía

Fährt man die Straße südlich weiter, kommt man durch einen Tunnel. Etwa 300 m weiter führt rechts ein Treppenweg in etwa 10 Minuten hinauf zur 80 m höher gelegenen Höhle Agía Sofía, die seit neolithischer Zeit benutzt wurde. Die Tropfsteinhöhle mit Stalagmiten und Stalaktiten ist allerdings im Sommer ausgetrocknet.

Kefáli
(Κεφάλι)

Die Fahrt zu dem Ort Kefáli (150 Einw.), 30 km südlich von Kastélli Kísamos, führt durch Kastanienwälder und Olivenhaine, an mit Steineichen bestandenen Hängen und hohen Platanen vorbei. Das Dorf selbst schmiegt sich unterhalb der Hauptstraße an einen Hang. Beim Bummel durch enge, gewundene Gassen sieht man schöne Innenhöfe, Gemüse- und Obstgärten sowie einige Ruinen venezianischer Herrenhäuser. Auf dem Friedhof steht die kleine Einraumkapelle Sotirós Christou mit zwei Jochen und Tonnengewölbe. Sie wurde 1320 reich mit Fresken in zwei unterschiedlichen Stilrichtungen ausgemalt.

Váthi
(Βάδη)

Das gut einen Kilometer südlich von Kefáli gelegene Dorf Váthi kann mit zwei freskierten kleinen Kirchen aufwarten. Die nur noch fragmentarisch vorhandenen Malereien der im Ort stehenden Einraumkapelle Ágios Geórgios stammen laut Stifterinschrift aus dem Jahr 1284. Südlich des Dorfes findet man die Michaíl-Archángelos-Kirche, die recht gut erhaltene Fresken des 14. Jh.s besitzt.

Das kleine weiße Kloster Chrisoskalítissa aus dem 17. Jh., 10 km von Váthi entfernt, ist vor allem wegen seiner hübschen Lage auf einem niedrigem Fels über dem Meer besuchenswert. Der Name Chrisoskalítissa ("Goldtreppe") ist mit einer Legende verbunden: Pilger müssen, um das Kloster zu erreichen, 98 Stufen einer Treppe hinaufsteigen. Die letzte Stufe aus Gold können allerdings nur Gläubige sehen.

Das modern wirkende Kloster ist in seiner wechselvollen Geschichte oft aufgegeben worden; 1944 zerstörten die Deutschen viele seiner Gebäude. Heute leben hier noch einige Mönche; die Klosterzellen werden als Gästezimmer vermietet. (Öffnungszeiten 9⁰⁰ – 12⁰⁰, 15⁰⁰ – 17⁰⁰ Uhr; Eintritt frei)

Moní Chrisoskalítissa (Μονή Ξρισοσκαλίτισσα)

Geradezu karibisch mutet der traumhaft schöne Strand von Elafonísi mit seinem blau-grünen Wasser an.

6 km südlich des Klosters Chrisoskalítissa liegt der vielbesuchte, wunderschöne Elafonísi-Strand, der durch die vielen Blau- und Grüntöne geradezu karibisch anmutet. Leider ist der Gesamteindruck durch touristische Einrichtungen – z. B. Bars – beeinträchtigt. Das Ufer fällt sanft ab; der Sandstrand mit winzigen Nebenbuchten bietet Schatten unter Tamarisken.

Hier können sich trotzdem die höchsten Wellen Kretas aufbauen. In der Sommersaison wird der Strand von Ausflugsbooten aus Palaiochóra angelaufen.

Dem Strand ist die kleine Insel Elafonísi vorgelagert, die mit dem Festland durch einen Sandstreifen verbunden, so dass man bei ruhiger See zu Fuß (max. Tiefe 1 m) zur Insel laufen kann. Die Insel ist Brutstätte für die Meeresschildkröte und die letzte Raststätte für die Zugvögel auf ihrem Flug von Europa nach Afrika.

*Elafonísi (Ελαπόνησί)

Kastélli Kísamos (Fortsetzung) **Falásarna** (Φαλάσαρνα)	Die im 5./4. Jh. v. Chr. gegründete Stadt Falásarna, 19 km westlich von Kastélli Kísamos, wurde wahrscheinlich aufgegeben, als sich im 4. oder 6. Jh. hier die Küste durch tektonische Bewegungen um fast 7 m anhob und damit die Hafenanlagen trocken lagen und unbenutzbar wurden.
	Auf dem Ausgrabungsgelände stößt der Besucher zunächst auf die Nekropole der antiken Stadt und links auf einen "Thron", dessen Bedeutung bis heute Rätsel aufgibt. Von besonderem Interesse sind die Hafenanlagen mit einem 5 m hohen erhaltenen Wachturm und ein zum Meer führender Kanal. Zudem wurde eine sich am Berg hinziehende Stadtmauer aus regelmäßigen Quadern mit einigen vorspringenden Turmfundamenten freigelegt. Folgt man dieser, kann man in der Bucht nördlich des Kaps sehen, wie hoch einst das Wasser stand. Überreste eines Bauwerks mit einigen Treppenstufen liegen auf dem Bergsattel, von wo man einen schönen Blick genießen kann.
Strand	In der weitgeschwungenen Badebucht südlich von Kap Koutri mit bizarrer Felskulisse im Hintergrund breitet sich ein herrlicher kilometerlanger Sandstrand aus, der ganz flach ins Meer hineinläuft.
Bálos	Der herrliche Sandstrand Bálos, dessen Wasser in Türkistönen schimmert, breitet sich in einer malerischen Bucht an der Westküste der Halbinsel Gramvousa aus. Er ist 10 km von Kaliviani entfernt; die Strecke ist zu etwa zwei Dritteln befahrbar. Von Kastélli Kísamos fahren Badeboote zu dem Strand. Von dort führt ein Saumpfad zum Kap Vouxa und zu den Resten eines dorischen Apollon-Heiligtums.
Gramvousa (Γραμβούσα)	Westlich der Nordspitze der Halbinsel Gramvousa liegt die Insel Gramvousa, die nur von Kastélli Kísamos mit dem Boot zu erreichen ist. Über der westlichen Steilküste der Insel erhebt sich in 135 m Höhe ein Kastell, das die Venezianer auch nach der Eroberung Kretas durch die Türken 1669 halten konnten. Venezianisch ist auch die kleine katholische Kirche mit Renaissancefassade.
	Um 1800 war Gramvousa ein überaus gefürchtetes Seeräubernest; allein in zwei Jahren, von 1825 bis 1827, wurden von den Piraten 155 Schiffe gekapert. Daraufhin zerstörte eine britisch-französische Strafexpedition den damals von etwa 6000 Menschen bewohnten Seeräuberort und befreite viele in Höhlen schmachtende Gefangene. Diese Höhlen sind auch heute noch sichtbar.

Káto Zákros   E 18

Neugriechisch	Κάτω Ζάκρος
	Nomos: Lassíthi
Allgemeines	Von Sitía gelangt man auf einer zunächst nur mäßigen, in ihrem letzten Abschnitt dann jedoch prächtigen Panoramastraße hoch über dem Meer zu den 46 km südöstlich gelegenen Ruinen des bedeutenden Palastes von Káto Zákros in der gleichnamigen Bucht.
Geschichte	Das Gebiet ist seit frühminoischer Zeit (2700 – 2250 v. Chr.) besiedelt. Der Palast mit der Hafenstadt bestand von 1600 bis 1410 v. Chr.

und erlebte durch den Handel mit Ägypten und dem Orient seine größte Blüte. Nach der Zerstörung der Stadt durch die Mykener wurde zwar der Ort für mehr als ein Jahrhundert nochmals besiedelt, der Palast aber weder wiederaufgebaut noch geplündert. Die Ausgrabungen, bei denen viele seltene Fundstücke zutage kamen, wurden von dem britischen Archäologen David G. Hogarth 1901 begonnen und von Nikolaos Platon von 1962 bis heute fortgesetzt.

Geschichte (Fortsetzung)

Ein kurzes Stück nach dem südlichen Ortsausgang von Zákros liegt rechts der Straße ein spätminoisches Herrenhaus.

Minoisches Herrenhaus

Um die Ausgrabungsstätte zu erreichen, sollte man den Fußweg durch das Tal der Toten wählen, das nach den minoischen Begräbnisstätten benannt wurde. In dem Tal gibt es Felshöhlen, in denen die Toten bestattet waren. Für den Weg durch das Tal gibt es zwei Möglichkeiten: zum einen von Zákros aus in mehr als 2 Std. oder von dem Parkplatz aus, der 2 km nach Zákros an der Straße nach Káto Zákros liegt, in etwa 1 Stunde.

Tal der Toten

Káto Zákros

Das Ausgrabungsgelände des bedeutenden Palastes von Káto Zákros

Der Besucher betritt das Ausgrabungsgelände von Osten über die Hafenstraße, an der Häuser mit Werkstätten und Läden liegen, links beispielsweise eine Metallschmelze. Die Straße führt links zu einer Treppenstraße zum Nordosthof, an dessen Nordecke sich ein Kultbassin befindet. Auf der Westseite dieses Hofes kommt man durch einen engen Korridor in den 30 x 12 m großen Mittelhof. Die quadratische Einfassung in der Nordwestecke des Hofes wird als Altar gedeutet. Ein Portikus im Nordosten des Mittelhofes leitet in eine 9 x 12 m große Halle mit sechs Pfeilern, die wohl als Küche und

*Palastruinen
Öffnungszeiten
Di. – So.
8 30 – 15 00

145

Kato Zagros

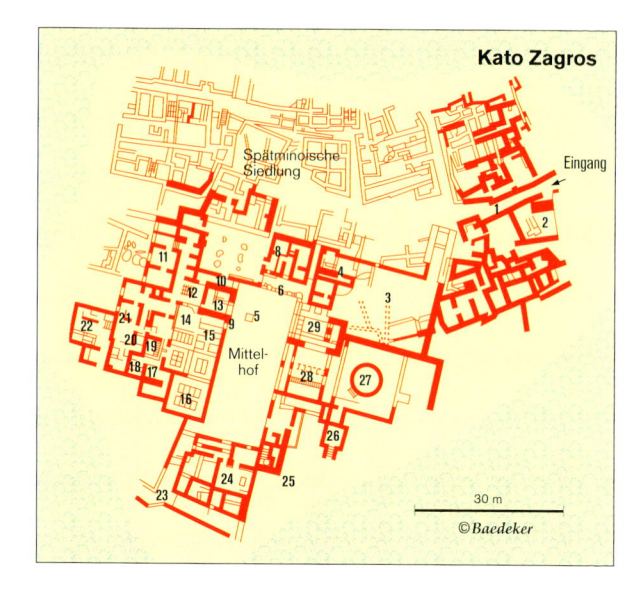

1 Hafenstraße
2 Metallschmelze
3 Nordosthof
4 Kultbassin
5 Quadratische Einfassung
6 Portikus
7 Küche und Speisesaal
8 Raum mit Küchengerät
9 Zugänge zum Westflügel
10 Korridor
11 Vorratskammern
12 Raum mit Ziegelfußboden
13 Vorhalle
14 Lichthof
15 Großer Säulensaal
16 Bankettsaal
17 Werkstatt
18 Schatzkammer
19 Kultbassin
20 Heiligtum
21 Archiv
22 Werkstatt
23 Südzugang
24 Werkstätten und Lagerräume
25 Runder Brunnen
26 Quadratisches Becken
27 Gr. rundes Becken
28 Megaron des Königs
29 Megaron der Königin

Palastruinen (Fortsetzung)

Speisesaal gedient hat. In dem benachbarten kleinen Raum wurden viele Küchengeräte entdeckt. Daneben führt eine Treppe ins Obergeschoss.

An der Nordseite des Mittelhofes leitet ein schmaler Korridor zu einem quadratischen Raum mit Ziegelfußboden, von wo im Norden Vorratskammern sowie südöstlich eine Vorhalle mit einer Säule und die Haupttreppe erreichbar sind. Kehrt man zurück, kommt man im Südwesten in einen von Säulen gesäumten Lichthof. Diesem schließt sich ein Säulensaal an, der für königliche Repräsentationszwecke genutzt wurde. An ihn grenzt südlich der so genannte Bankettsaal, wo zahlreiche Trinkgefäße gefunden wurden. Der Raum westlich wird als Werkstatt bezeichnet, weil man hier große Mengen verschiedener Steinarten entdeckte.

Ebenfalls westlich folgt die so genannte Schatzkammer mit Steinkästen, in denen feinste Keramik, Steingefäße und Einlegearbeiten mit kostbaren Materialien wie Elfenbein und Bergkristall zutage gefördert wurden (im Archäologischen Museum Iráklion). In das benachbarte Kultbassin führen einige Stufen hinunter.

Westlich gelangt man in das Heiligtum, in dem religiöse Feiern und Zeremonien stattfanden. Ihm schließt sich das so genannte Archiv an, wo Tontäfelchen mit Linear-A-Inschriften gefunden wurden. Die südwestlich angebaute Werkstatt mit Toilette hat einen separaten Eingang im Süden. In der Südwestecke des Mittelhofes liegt der Südzugang des Palastes mit einem langen Durchgang, der zu dem südlichen Stadtviertel führte. Werkstätten und Lagerräume waren im Südflügel untergebracht.

Im Ostflügel finden sich ein runder Brunnen, nordöstlich ein quadratisches Becken mit Stufen und anschließend ein großes rundes Wasserbecken, in das Stufen hinabführen, wahrscheinlich eine Zisterne. Von den beiden westlich angrenzenden Räumen bezeichnet man den nördlichen als "Megaron der Königin" und den südlichen als "Megaron des Königs". Sie werden zum Hof hin durch eine mit Pfeilern versehene Veranda abgeschlossen. Nördlich an die Palastanlage grenzen die Wohngebiete.

Káto Zákros (Fortsetzung)

Knossós   D 11

Κνωσός (Knosós)   **Neugriechisch**

Nomos: Iráklion

Etwa 5 km südöstlich von Iráklion (regelmäßige Busverbindungen der Linie 2) liegen nahe der Ortschaft Makritíchos die Ausgrabungen von Knossós, der berühmtesten und größten minoischen Palastanlage und einer der touristischen Höhepunkte Kretas. Die Palastanlage gehört in ihrer faszinierenden Anschaulichkeit und Pracht zum Pflichtprogramm jedes Kreta-Besuchers.

Allgemeines

Nirgendwo sonst auf Kreta erhält man einen so umfassenden und anschaulichen Eindruck von der minoischen Palastarchitektur, nicht zuletzt dank umfangreicher Rekonstruktionen. Wandteile und Säulen, ja sogar ganze Säle sind entsprechend den Grabungsergebnissen in farbigem Beton wiedererrichtet worden. Die ins Archäologische Museum von Iráklion verbrachten Freskenreste hat man an Ort und Stelle durch Kopien ersetzt, so dass der Besucher trotz mancher Kritik an den Rekonstruktionen ein sehr plastisches Bild von dem größten minoischen Palast erhält, der sich heute noch über eine Grundfläche von rund 20 000 m² erstreckt mit etwa 800 Räumen. Vermutlich war der Palast in seiner Blütezeit zwischen 1600 und 1400 v.Chr. noch sehr viel größer und wies sogar vier Stockwerke auf, so dass nach Schätzungen der Archäologen wohl 10 000 Menschen in der Palastanlage selbst und im Umkreis gelebt haben.

**Palastanlage Öffnungszeiten tgl. 8⁰⁰ – 19⁰⁰

Zu den Rekonstruktionen von Evans schreibt Henry Miller in seinem berühmtem Griechenland-Buch "Der Koloß von Maroussi" ("The Colossus of Maroussi", 1940; zitiert nach der deutschen Taschenbuchausgabe des Rowohlt-Verlages, 1965):

"Über die Ästhetik von Sir Arthur Evans' Restaurationsarbeiten sind die Meinungen geteilt. Ich war nicht imstande, mir ein Urteil zu bilden, ich nahm das Geschaffene als eine Tatsache hin. Wie auch immer Knossos in der Vergangenheit ausgesehen haben mag, das hier, was Evans geschaffen hat, ist das einzige, was ich je kennen werde. Ich bin ihm dankbar für das, was er getan hat, dankbar, daß er mir ermöglichte, die große Treppe hinunterzusteigen und auf jenem wunderbaren Thron zu sitzen, dessen Kopie im Haager Friedenspalast steht und jetzt schon fast ebenso ein Denkmal der

Palastanlage (Fortsetzung)

Vergangenheit ist wie das Original. Knossos spiegelt in allem, was von ihm noch erhalten ist, die Pracht und die Kraft und den Überfluß eines mächtigen friedlichen Volkes wider. Es ist lebenslustig – lebenslustig, gesund, heilsam. Das gewöhnliche Volk spielte eine große Rolle, das ist offensichtlich."
Und auch heute noch sind es gerade diese Rekonstruktionen, die die Besucher ganz besonders faszinieren.
Obwohl Forscher wie H. Wunderlich die These vertreten haben, der Palast von Knossós sei der kultische Zentralbau einer Nekropole nach Art der ägyptischen Totentempel und P. Faure den großen Palast ausschließlich als ein Heiligtum ansah, ist die Mehrzahl der Gelehrten überzeugt, dass die Palastanlage einem mächtigen Herrscher als Residenz diente und zugleich Verwaltungs- und Wirtschaftszentrum sowie religiöser Mittelpunkt eines größeren Territoriums war.

Geschichte

Die Anfänge der Besiedlung von Knossós gehen in die Jungsteinzeit zurück. Die Reste eines neolithischen Holzhauses sind auf etwa 6500 bis 6100 v. Chr. datiert worden. Insgesamt haben die Archäologen zehn Siedlungsschichten im Bereich des Westhofes nachweisen können. Der erste Palastbau aus der Zeit von 2000 v. Chr. wurde auf einem niedrigen, leicht abschüssigen Hügel oberhalb des Kératos-Tales über einer 6,5 m hohen Schicht aus Wohnschutt terrassenförmig errichtet. Er bildete den Auftakt des minoischen Palastbausystems mit seinen Zentralhöfen und komplizierten Raumgefügen von Repräsentationssälen, Privatgemächern, Kultarealen und Werkstätten bis zu Magazinen, die durch Korridore und Treppenanlagen verbunden waren. Um 1700 v. Chr. geht die Alte Palastzeit mit der Zerstörung des Baus durch ein Erdbeben zu Ende.
Ein neuer, noch prächtigerer Palast mit mehreren Stockwerken und aufwendigen Innendekorationen entstand 1600 v. Chr., dessen eindrucksvolle Überreste heute noch zu sehen sind. Mit der Übernahme der Herrschaft durch die Mykener stagnierte der Palastbau um 1400 v. Chr in Knossós. Die Eroberer nutzten zwar die Palastanlage in Knossós weiter, veränderten sie aber nach eigenen Bedürfnissen. Möglicherweise fiel in diese Zeit die Entstehung eines neuen Herrschaftgebietes unter einem mächtigen König, das ägyptische Quellen als Menus oder Minus bezeichnen. Es ist nicht auszuschließen, dass hierin die Ursprünge für die Namensgebung des sagenhaften Königs Minos liegen.
Um 1375 v. Chr. wurden große Teile des Palastes durch Feuer vernichtet, ob durch einen Aufstand oder eine Naturkatastrophe bleibt ungeklärt. Die anschließenden Renovierungen und Umbauten ließen allerdings von der minoischen Architektur nur noch wenig übrig. Gegen 1200 v. Chr. wurde der Palast von Knossós schließlich durch fremde Eindringlinge vollends zerstört. Im Verlauf des 10. Jh.s v. Chr. drangen die Dorer in das Gebiet von Knossós ein, ohne dass sich dadurch ein neues Herrschaftssystem entwickeln konnte.
Im 8. und 7. Jh. v. Chr. stand Knossós unter dem Einfluss der griechischen Lebenswelt und gelangte zu einer bescheidenen Wirtschafts- und Kulturblüte. In dieser Zeit kamen auch die griechisch-kretischen Mythen und Sagen um König Minos, Ariadne und Theseus auf. Die Griechen meinten, dass es sich bei dem Palast von Knossós

Knossós: der größte und prächtigste minoische Palast ▸

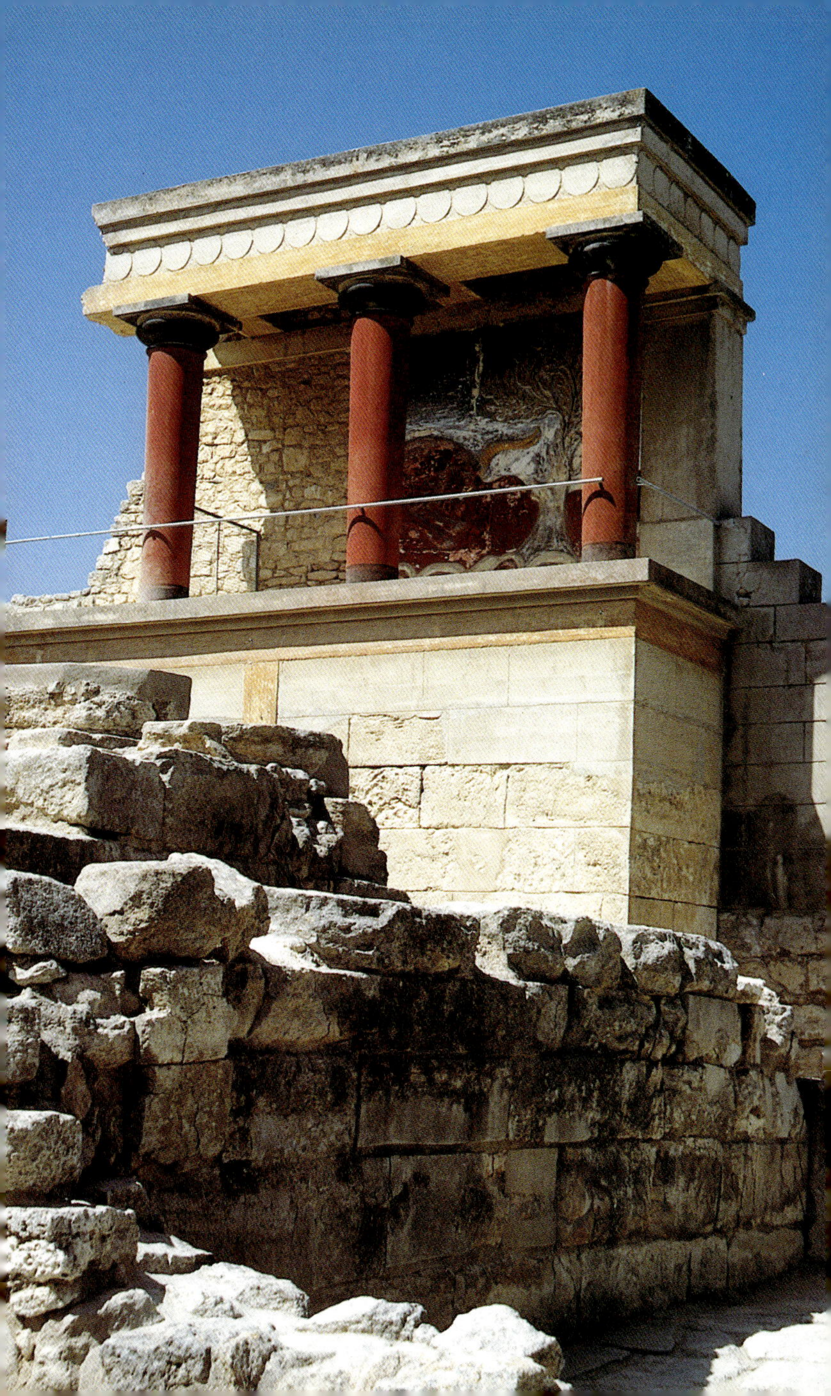

Geschichte (Fortsetzung)	wegen seiner Kompliziertheit und Unübersichtlichkeit um das Labyrinth des Minos handele. Das Wort "Labyrinth" leitet sich nämlich von dem lydischen Begriff "labrys" ("Doppelaxt") ab und bedeutet demnach "Haus der Doppelaxt". Diese war ein zentrales Kultsymbol der minoischen Kultur. Seit dem 6. Jh. wurden offenbar unter dem verwirrenden Eindruck der weitläufigen Palastruinen Goldmünzen in Knossós geprägt, die das Labyrinth und den Minotauros als Ziermotiv zeigen. Außerdem gab es drei Heiligtümer für Zeus, Hera und Demeter.

Erst im 4. Jh. v. Chr. erreichte Knossós wieder eine Art Vorherrschaft, musste aber in der Folgezeit ständig mit anderen Stadtstaaten auf der Insel um den Machterhalt kämpfen. Im Jahr 67 v. Chr. besetzten die Römer Kreta, und Knossós wurde unter dem Namen Colonia Julia Nobilis neben Górtys ein Zentrum ihrer Herrschaft. Als die Byzantiner im 4. Jh. n. Chr. die Insel in Besitz nahmen, war Knossós immer noch bewohnt, doch dann verlieren sich Einzelheiten im Dunkel der Geschichte folgender Epochen, und die Palastruinen verschwinden von der Bildfläche.

Erst 1878 entdeckte der Hobbyarchäologe Mínos Kalokerinós den minoischen Palast von Knossós wieder und grub zwei Magazinräume im Westflügel aus. Nach der Unabhängigkeit Kretas gelang es dem britischen Archäologen Arthur Evans (▶ Berühmte Persönlichkeiten), das Palastgelände zu erwerben und im Frühjahr 1900 mit der systematischen Ausgrabung zu beginnen. Mit zeitweilig 200 Arbeitern förderte er bis 1903 einen Großteil der Palastanlage ans Tageslicht und beschäftigte sich auch die nächsten Jahrzehnte bis zu seinem Tod 1941 mit der wissenschaftlichen Erforschung von Knossós. Die Grabungen gehen bis heute durch die britische Archäologische Schule weiter und konzentrieren sich nunmehr auf die Umgebung des Palastes.

Evans hat nicht nur die erste umfassende Chronologie der minoischen Palastkultur erstellt, sondern ist auch verantwortlich für die konkreten Raumbenennungen wie z. B. Baderaum der Königin, Thronsaal oder Halle der Doppeläxte, obwohl diese Funktionen nicht durch archäologische Funde bewiesen sind. Zur Erleichterung der Orientierung der Besucher sind diese Raumbezeichnungen jedoch bis heute gebräuchlich.

Rundgang	Der Rundgang durch die Palastanlage erfolgt heute auf hölzernen Wegen, wo Infotafeln aufgestellt sind. Das bedeutet allerdings, dass das Innere teilweise nicht mehr zugänglich ist.
Westhof	Den Palastbezirk betritt man über den großen gepflasterten Westhof, in dessen südwestlicher Ecke eine Bronzebüste von 1935 an Arthur Evans erinnert. Leicht erhöhte Rampenwege führen in Richtung Theater und Westeingang. Vor der monumentalen Westfassade mit dem Magazintrakt befinden sich zwei Altarsockel, die vermuten lassen, dass der Westhof kultischen Zwecken diente, möglicherweise als Sammelpunkt für Prozessionen, die anschließend zum Theater oder zum Prozessionskorridor und weiter zum Zentralhof führten. Die etwa 5 m tiefen ringförmigen Gruben mit darin gefundenen Kultgeräten und Tierknochen in der Mitte des Westhofes dienten als Abfallgruben bei Opferungen, stammen aber aus der Alten Palastzeit und wurden später bei der Planierung des Hofes zugeschüttet.

Palast von Knossos

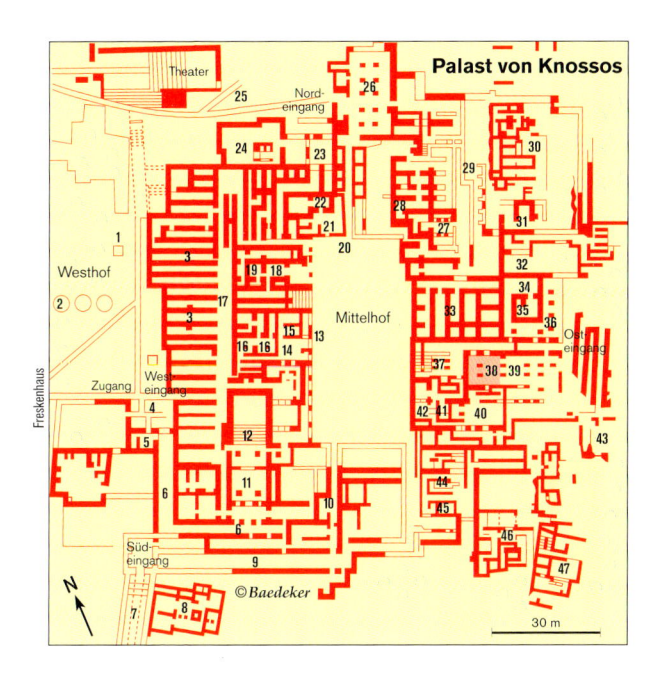

1 Altarsockel
2 Gruben
3 Vorratskammern
4 Westpropyläen
5 Wächterraum
6 Prozessionskorridor
7 Säulentreppe
8 Südgebäude
9 Südkorridor
10 Korridor
11 Südpropyläen
12 Treppe
13 Heiligtum
14 Vorraum
15 Zentralheiligtum
16 Pfeilerkrypta
17 Magazinkorridor
18 Thronsaal
19 Kultraum
20 Nordrampe
21 Gefängnis
22 Kultraum
23 Nordwestpropyläen
24 Kultareal
25 Königliche Straße
26 Zollhaus
27 Nordosthalle
28 Nordwestmagazine
29 Töpferwerkstätten (?)
30 Keramikwerkstätten
31 Magazin
32 Lichthof
33 Raum mit Wasserbecken
34 Töpferei
35 Steinmetz-Werkstatt
36 Ostveranda
37 Großes Treppenhaus
38 Halle der Doppeläxte
39 Megaron des Königs
40 Megaron der Königin
41 Baderaum der Königin
42 Boudoir der Königin
43 Ostbastionen
44 Heiligtum der Doppeläxte
45 Kultbassin
46 Haus mit heiliger Tribüne
47 Südostgebäude

In das Innere des jüngeren Palastes gelangt man durch vier Haupteingänge, die nach den vier Himmelsrichtungen ausgerichtet sind. Die Westpropyläen in Form eines kleinen Torbaus zeigen noch die steinerne Basis für eine Holzsäule, die das Portal teilte und die Überdachung trug. Durch ein Vestibül, dessen Wand ursprünglich mit einem Stierspielfresko geschmückt war, führt der Weg in einen quadratischen Raum, in dem das Wach- und Empfangspersonal untergebracht war.

Westeingang

Anschließend öffnete sich dem Besucher in minoischer Zeit eine Tür zum Prozessionskorridor, der seinen Namen von einem Freskenzyklus erhielt mit etwa 500 lebensgroßen männlichen und weiblichen Gabenträgern, die auf eine weibliche Gestalt (Königin oder Göttin) zuschritten. Der Korridor verläuft zunächst in süd-

Südflügel

Südflügel
(Fortsetzung)

licher Richtung und knickt dann nach Osten ab. Auf diese Weise erhält man auch Zugang zum Südflügel des Palastes mit einem ausgeklügelten Korridorsystem, das mit dem Südeingang in Verbindung steht, von dem einst ein säulenumstandener getreppter Weg ins Freie führte. In der Nähe liegt das Südgebäude mit einer Art Pfeilerkrypta, wo Kultgegenstände gefunden wurden, so dass es sich möglicherweise um das Wohnhaus eines Priesters handelt.

Folgt man anschließend dem Prozessionskorridor in östlicher Richtung und biegt dann nördlich ab, so erreicht man den Korridorteil mit dem dort gefundenen Fresko des sogenannten Lilienprinzen. Eine als Südpropyläen bezeichnete fresken- und säulengeschmückte Durchgangshalle (u. a. mit Kopien von jugendlichen Opfergefäßträgern) leitet zu einem monumentalen Treppenaufgang, der den Zugang in den ersten Stock ermöglicht, zum sogenannten Piano Nobile. In dessen Mitte lagen einst Kulträume mit dem auf Fresken abgebildeten Dreisäulenheiligtum, das wohl das Ziel der festlichen Prozessionen war. Vom Nord-Südkorridor des ersten Stocks blickt man auf die westlichen Magazinkammern mit großen Vorratsgefäßen aus Ton. Ein rekonstruierter Raum birgt einige Freskenkopien aus verschiedenen Palastgemächern.

Von dort gelangt man über eine kleine Wendeltreppe in den Vorraum des Thronsaales im Erdgeschoss des Westflügels. Sinnvoll ist jedoch ein kleiner Umweg über den Mittelhof, von wo man die einst mehrstöckigen, terrassenförmig mit Treppen, Säulengängen und Veranden angelegten Flügel des Palastes mit ihren Schaufassaden besser wahrnehmen kann. Dabei bemerkt man als Bauzier an den verschiedenen Fassadenteilen und an den Treppenläufen stilisierte Stierhörner.

Westflügel

Vom Mittelhof aus, wo Kulthandlungen und Hoffeste stattfanden, hat man den besten Blick auf den Westflügel mit dem achtteiligen Treppenhaus und der links davon gelegenen dreiteiligen Kultfassade eines Heiligtums, in dem vermutlich geheime Mysterien vollzogen wurden. Dahinter befinden sich Räume mit Säulenbasen und einer Steinbank, die zum Zentralheiligtum mit seinen unterirdischen Schatzgruben überleiten. In den einst nur mit Fackeln zu beleuchtenden so genannten Pfeilerkrypten wurden wahrscheinlich Erd- und Fruchtbarkeitsgottheiten verehrt. Die Doppelaxtzeichen verleihen dieser Raumgruppe Heiligkeit.

**Thronsaal

Rechts vom säulengeschmückten Treppenhaus liegt der Zugang durch einen Vorraum mit Porphyrschale zum bezaubernden Thronsaal mit angrenzendem Kultraum. An der Nordwand des Thronsaales steht der Alabasterthron, den Sitzbänke flankieren und Freskenkopien mit Greifenmotiven hinterfangen. In der Westwand führt eine Treppe zu einem nur künstlich beleuchtbaren Kultraum, und in der Südwand leiten Stufen hinab in die Kultgrotte für eine Muttergottheit.

Nordflügel

Ein rampenartiger Weg führt vom Mittelhof zum nördlichen Palastflügel mit einer Raumgruppe an der Nordwestecke, die der Archäologe Evans als Gefängniszellen interpretierte. Die dahinter- und darüberliegenden Zimmer dienten offenbar als Kulträume und waren mit schönen Wandmalereien ausgeschmückt, darunter ein Affe im Palastgarten, die Darstellung eines heiligen Hains und einer dreiteiligen Kultfassade in Miniaturformat. Die Nordrampe, die z. T.

Thronsaal mit Alabasterthron und Freskenkopien

mit hochgesetzten Säulengängen oder Veranden mit stuckierten Stierrelieffresken flankiert war, stellt auch die Verbindung mit der nördlichen Pfeilerhalle her, die Evans als Zollhaus deutete, da er annahm, dass die vom Hafen in den Palast kommenden Besucher ihre Gaben dort registrieren ließen. Vermutlich handelt es sich aber um eine große Halle für kultische und höfische Feste.

Nahebei befinden sich die Nordwestpropyläen und ein so genanntes Einweihungsareal, das aus einem Hof mit einem tiefer gelegenen Kultbassin besteht, wo vermutlich rituelle Reinigungen vollzogen wurden. Westlich des Nordeingangs führt die königliche Straße als Prozessionsweg zum so genannten Theaterbezirk, der von zwei großen, rechtwinklig aufeinanderstoßenden Freitreppen gebildet wird. Möglicherweise sahen die Einwohner von diesen Schautreppen den Stierspielen zu oder empfingen hohe Gäste und vollzogen kultisch-höfische Zeremonien. Folgt man der königlichen Straße noch weiter westlich, erreicht man das sogenannte Haus der Fresken, das wohl einem Palastbeamten gehörte, aus dem u. a. das Fresko des blauen Vogels stammt.

Nordflügel (Fortsetzung)

Im nordöstlichen Palastareal fällt zunächst eine mehrfach abknickende Schachttreppe auf mit parallel dazu verlaufenden Abflussrinnen und Senkkästen für Regenwasser, das in der Nähe der Ostbastion in zisternenartigen Becken aufgefangen wurde. Ein Teil des weitverzweigten Wasserrohrleitungssystems ist in einem Lichthof zu sehen, und in einem weiteren Raum befindet sich ein steinernes Wasserbecken in Verbindung mit den dort untergebrachten Werkstätten. Die Nordosthalle beeindruckte einst durch die vier kräftigen Säulen, von denen noch Basen erhalten sind. Die angrenzen-

Ostflügel

Ostflügel den Magazinräume dienten wohl als Lager für Keramikwaren,
(Fortsetzung) denn in der Nähe befanden sich die Töpferwerkstätten, die allerdings auch als Stallungen gedeutet werden. Weitere Keramikwerkstätten und Magazine mit imposanten Vorratsgefäßen schlossen sich daran an.

Im Nordosttrakt lag offenbar das Wirtschaftszentrum des Palastes, denn auch die Räume mit einer weiteren Töpferei sowie die Werkstatt der Steinschneider deuten darauf hin. Architektonisch eingerahmt wurde der Wirtschaftsflügel durch eine offene Säulenveranda, die den Blick auf den Osteingang und das Kératostal freigeben. Manche Forscher vermuten, dass von hier auch den Stierspielen im Tal zugesehen wurde. Die Stützmauern in Hanglage stammen noch vom älteren Palastbau (vor 1700 v. Chr.).

'Halle der Doppeläxte' im Palast von Knossós
(Rekonstruktionsversuch) ©Baedeker

Wendet man sich dem südöstlichen Palastteil zu, so gelangt man über das große eindrucksvolle, drei tiefer gelegene Geschosse verbindende Treppenhaus mit zahlreichen Originalbauteilen zunächst in den Saal der königlichen Wache mit Schildfresken und dann in die Halle der Doppeläxte, wohl ein offizieller Empfangsraum, der bereits zu den königlichen Gemächern gehört und mit eingeritzten Doppelaxtmotiven an der Westwand zum Lichthof verziert war. Zusammen mit dem Megaron des Königs, in dem sich eine Holzthron-Nachbildung befindet, bildet die gestaffelte Raumgruppe ein eindrucksvolles Bild der minoischen Wohnkultur, die sich auch im Megaron, Baderaum und Boudoir der Königin nachvollziehen lässt. Das Herrengemach und das Frauengemach waren mit Fresken geschmückt, darunter Rosetten- und Laufspiralmotive, Delphin- und Tanzdarstellungen. Die Gemächer waren durch Pfeiler und Säulen untergliedert, die Wände von mehreren Türen durchbrochen, so dass insgesamt ein farbenfroher, offener und luftiger Raumeindruck entstand.

Im südöstlichen Teil des Palastes befindet sich noch ein weiteres kleineres Kultbassin und ein kammerartiges Heiligtum der Doppeläxte, benannt nach der hier gefundenen Doppelaxt aus Speckstein als Symbol göttlicher Macht. Südöstlich wird schließlich der Palastbezirk begrenzt vom Südostgebäude und vom Haus mit der heiligen Tribüne. Darin befindet sich ein gepflasterter Raum mit einer von Säulen flankierten und erhöht liegenden tribünenartigen Vorrichtung, die wohl der Aufstellung eines Kultbildes diente.

Weitere In der Umgebung der Palastanlage von Knossós liegen weitere mi-
Ausgrabungen noische Ausgrabungen, die jedoch eingezäunt und nur mit Sondergenehmigung zugänglich sind.

Die nordöstlich vom Knossós-Palast gelegene so genannte königliche Villa inmitten der noch verschütteten minoischen Stadt ist wohl ein Privathaus in Hanglange mit einst drei Geschossen (1500–1450 v. Chr.). Eine ungewöhnliche Treppenhauskonstruktion erschließt den Zugang zu den einzelnen Stockwerken. Eingangshalle mit Toilette und Badezimmer liegen im Erdgeschoss, das als Haupträume außerdem eine Innere Halle, eine Säulenhalle, einen Lichthof und eine Art Pfeilerkrypta für kultische Zwecke birgt.

Knossós (Fortsetzung) Königliche Villa

An der Straße von Iráklion nach Knossós liegt am Ortsanfang von Knossós eine Gebäudegruppe aus der Zeitspanne von 1600 bis 1500 v. Chr., die aus großzügigen Repräsentationssälen und Kulträumen besteht. Wie im Hauptpalast finden sich auch hier Megaronanlagen, Pfeilerkrypten und Kultbassins. In Erweiterung der einfachen Lichthöfe kommt hier als architektonische Neuerung ein säulenumstandener Hof (Peristyl) vor. Im sogenannten Fetischheiligtum fand man Steinidole, die um 1300 v. Chr. entstanden sind.

Kleiner Palast

Südöstlich vom Knossós-Palast unweit der Straße nach Archánes liegt ein Gebäude (1600–1500 v. Chr.), das Karawanserei oder auch Gästehaus genannt wird. Die Teilrekonstruktionen zeigen zwei Räume, in denen u. a. ein gemalter Fries mit Rebhühnern (vor Ort als Kopie) gefunden wurde. Zahlreiche Brunnenbecken und ein Brunnenhaus mit Tonbadewannen versorgten einst die Besucher mit frischem Quellwasser.

Karawanserei

Südlich von Knossós, ebenfalls an der Straße nach Archánes, liegt die 1931 von Evans ausgegrabene hochherrschaftliche Totenstätte (1600–1500 v. Chr.), die aus einem Tempel genannten Kultbau und der Grabkammer im Fels besteht. Ein eher unscheinbarer Eingang führt in eine von zwei Säulen gestützte Vorhalle und weiter in einen gepflasterten Hof, wo sich vermutlich die Trauergemeinde versammelte mit Blick auf eine monumentale Schauwand, die der Palastarchitektur nachempfunden war. Im verandaartigen Obergeschoss mit Zugang über eine Schachttreppe im Innern fand die priesterliche Totenfeier statt, und im Untergeschoss gelangte man durch ein Tor in eine innere Halle und weiter durch ein Pfeilerheiligtum zur höhlenartigen Grabkammer, die ausgegipst und bemalt war zur Aufnahme des Sarkophags.

Tempelgrab

Kritsá

E 14

Κριτσά

Neugriechisch

Nomos: Lassíthi

Das 11 km südwestlich von Ágios Nikólaos entfernt liegende Kritsá zeichnet sich durch seine malerische Lage am Berghang und sein hübsches Ortsbild aus. Es ist zu einem vielbesuchten Vorzeige-Bergdorf geworden. Trotzdem hat sich Kritsá eine gewisse Beschaulichkeit bewahrt. Der Besucher findet hier zahlreiche Geschäfte mit den bekannten Webereien und Handarbeiten, die jedoch nicht alle aus griechischer Produktion stammen. Der Ort wird vor allem wegen der Kirche Panagía Kerá besucht.

Allgemeines

Bekannt wurde Kritsá auch durch den Film "Griechische Passion", den Jules Dassin 1957 nach einem Roman des kretischen Dichters

"Griechische Passion"

"Griechische Passion" (Fortsetzung)	Níkos Kasantzákis mit einheimischen Darstellern drehte. In diesem Film wird die Passion Christi gezeigt, wobei sich Spiel und Wirklichkeit durch den Machtmissbrauch der Dorfführung zunehmend vermischen und schließlich alles in Gewalt endet.

✶✶Panagía Kerá

Allgemeines	Eine der großartigsten byzantinischen Kunstschöpfungen ist die eindrucksvolle Kirche Panagía Kerá, die, von Ágios Nikólaos kommend, etwa 1 km vor Kritsá auf der rechten Seite liegt. Sie bezaubert durch ihre malerische Lage in einem Kiefern- und Zypressenhain, die eine stimmungsvolle Atmosphäre vermittelt. Berühmt ist die Kirche wegen ihrer ausdrucksvollen Fresken, die die bedeutendsten von Kreta sind. Die Panagía Kerá ("Muttergottes als Herrin") ist ein sehr schöner, harmonischer dreischiffiger Bau, obwohl die Schiffe aus verschiedenen Zeiten datieren. Das älteste ist das Mittel-

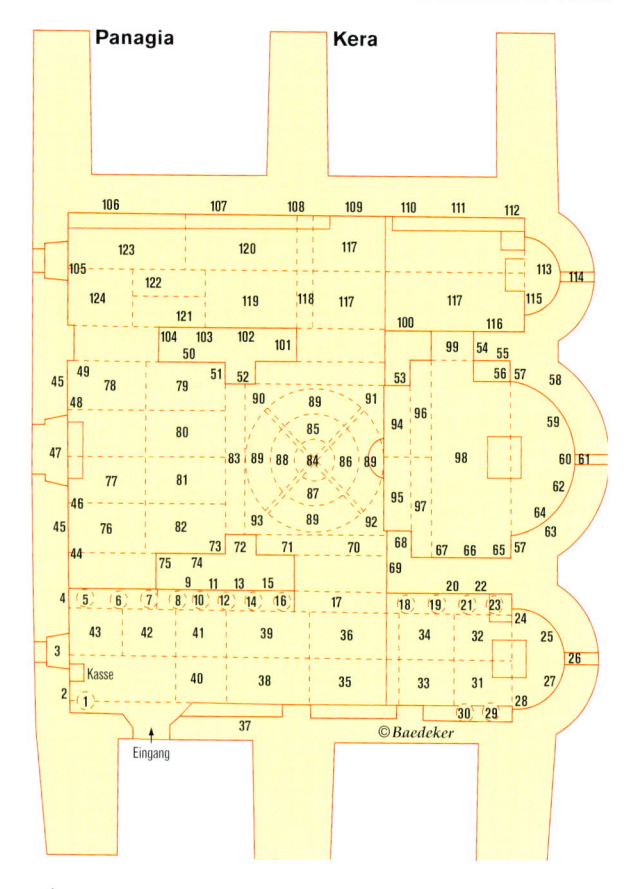

Panagia Kera

© Baedeker

Eingang

156

IKONOGRAFIE

Südschiff

1 Hl. Theophano
2 Hl. Zosimos
3 Stiftungsinschrift
4 Maria Aigyptiaca
5 Hl. Justinos
6 Hl. Johannes
7 Hl. Martinos
8 Hl. Exkustodinanos
9 Hl. Irini
10 Hl. Antonios
11 Hl. Kyriake
12 Hl. Maximilianos
13 Hl. Barbara
14 Hl. Iamblichos
15 Erzengel
16 Hl. Konstantinos
17 Ornamente
18 Hl. Amonas
19 Hl. Gurias
20 Hl. Leon
21 Hl. Alexios
22 Hl. Romanos
23 Hl. Eremit
24 Petrus von Alexandrien
25 Hl. Gregorius
26 Hl. Anna
27 Hl. Athanasios
28 Hl. Eleutherios
29 Hl. Theodulos
30 Hl. Zotikos
31 Dankopfer im Haus Joachims
32 Verkündigung des Engels an Joachim
33 Anna im Gebet
34 Begegnung Joachims und Annas
35 Geburt von Maria
36 Segnung von Maria durch den Hohepriester
37 Hl. Theodoros
38 Liebkosung Marias
39 Wasserprobe Marias
40 Tempelgang Marias
41 Traum Josephs
42 Reise nach Betlehem
43 Muttergottes mit einem Hohepriester

Mittelschiff

44 Erzengel
45 Höllenstrafen
46 Hl. Demetrios
47 Kreuzigung Christi
48 Hl. Konstantinos
49 Hl. Helena
50 Hl. Georgios
51 Hl. Franziskos
52 Hl. Sergios
53 Hl. Kyrikos
54 Hl. Titos
55 Hl. Andreas
56 Hl. Stephanos
57 Mariä Verkündigung
58 Erzengel Gabriel
59 Hl. Johannes Chrysostomos
60 Hl. Märtyrer
61 Panagia
62 Hl. Basileios
63 Erzengel Michael
64 Hl. Gregorios
65 Hl. Polykarpos
66 Hl. Eleutherios
67 Hl. Romanos
68 Hl. Julitta
69 Christus und die Muttergottes
70 Pfingsten
71 Märtyrerin
72 Hl. Bacchos
73 Hl. Petros
74 Hl. Anna und das Marienkind
75 Hl. Andreas
76 Paradies
77 Höllenfahrt Christi
78 Gastmahl des Herodes
79 Maria im Tempel
80 Abendmahl
81 Geburt Christi
82 Kindermord von Herodes
83 Merkurios Niketas
84 Engel
85 Palmenträger
86 Hl. Lazaros
87 Taufe Christi
88 Christus im Tempel
89 Die zwölf Propheten
90 Evangelist Lukas
91 Evangelist Matthäus
92 Evangelist Markus
93 Evangelist Johannes
94 Hl. Panteleimon
95 Hl. Hermolaos
96 König Salomo
97 König David
98 Himmelfahrt Christi

Nordschiff

99 Hl. Symeon Stylites
100 Hl. Antonios
101 Hl. Eugenios
102 Hl. Mardarios
103 Hl. Orestes
104 Hl. Anempodistos
105 Jüngstes Gericht
106 Die Kirchenstifter
107 Hl. Polychronia
108 Hl. Georgios Diasoreitos
109 Hl. Anastasia
110 Hl. Osia
111 Hl. Johannes Kalybitos
112 Hl. Theodosios Koinobiarches
113 Lobpreisung
114 Pantokrator
115 Hl. Johannes Chrysostomos
116 Hl. Makarios
117 Jüngstes Gericht
118 Engel
119 Paradies
120 Chor von Märtyrern und frommen Frauen
121 Die törichten Jungfrauen
122 Die klugen Jungfrauen
123 Apokalypse
124 Jüngstes Gericht

schiff, das Mitte des 13. Jh.s gebaut, bereits Ende dieses Jahrhunderts teilweise zerstört und wieder errichtet wurde. Auf ihm erhebt sich ein Tambour mit flacher Kuppel. Das Südschiff der hl. Anna mit Tonnengewölbe und eigener Apsis stammt aus der ersten Hälfte des 14. Jh.s und das dem hl. Antonius geweihte Nordschiff aus der Mitte dieses Jahrhunderts. Die mächtigen Strebepfeiler wurden später angebaut. (Öffnungszeiten: Di.- So. 8³⁰ - 15⁰⁰ Uhr)

Panagía Kerá (Fortsetzung)

Die Fresken sind von unterschiedlicher Qualität. Die ältesten Fresken finden sich im Mittelschiff, in der Apsis und im Tambour (Mit-

**Fresken

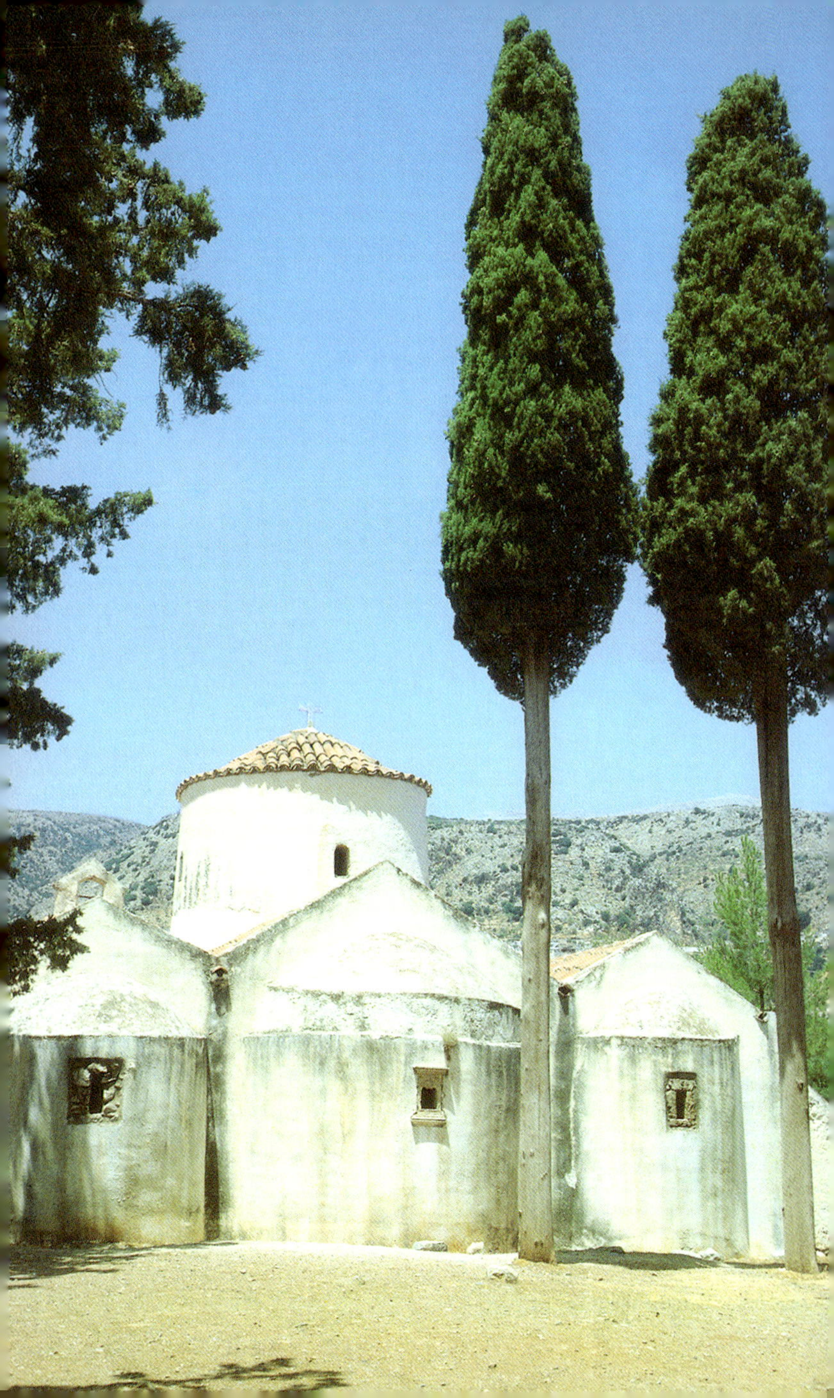

te 13. Jh.), die übrigen hier stammen vom Ende des 13. Jh.s. Das Südschiff wurde während seiner Erbauung ausgemalt. Die Malereien des Mittelschiffes zeigen, dass die Anordnung der Bilder seit mittelbyzantinischer Zeit nach streng hierarchischen Prinzipien erfolgte: von der höchsten göttlichen Macht über die himmlischen Hierarchien bis hinunter zum Menschen. Künstlerisch bedeutend ist die Himmelfahrtsszene. Im Südschiff ist die Figur der hl. Anna hervorzuheben, die durch ihre realistische Wiedergabe besticht. Am ausdrucksvollsten sind die Fresken im Nordschiff. Die einzelnen Darstellungen sind dem Grundriss auf S. 156 zu entnehmen.

Panagía Kerá (Fortsetzung)

Umgebung von Kritsá

3 km nördlich von Kritsá liegen in schöner Landschaft die Ruinen der dorischen Stadt Lató . Man erreicht sie entweder auf der Straße, die am Ortseingang von Kritsá rechts abzweigt, oder auf einem Fußweg von der Panagía-Kerá-Kirche, der hinter der kleinen Taverne beginnt und auf den Weg nach Lato trifft. (Öffnungszeiten: Di. – So. 9⁰⁰ – 15⁰⁰ Uhr; Eintritt frei)

*Lató (Λατό)

Die Gründung von Lató fällt in das 8. oder 7. Jh. v. Chr.. Es ist eine typische dorische Stadtanlage: eine an den Berghängen eines Doppelgipfels errichtete Stadt, deren Zentrum auf dem Bergsattel liegt. Die heute sichtbaren Gebäude datieren allerdings aus dem 5. und 4. Jh. vor Christus. Der Hafen der Stadt war Lató Kamára, der an der Stelle des heutigen Ágios Nikólaos lag. Um 1900 nahmen französische Archäologen Ausgrabungen vor, die in den letzten Jahren wieder aufgenommen wurden.

Geschichte

Man sollte den Rundgang am unteren Stadttor beginnen, um die Anlage in ihrer Gesamtheit besser erfassen zu können. Ein Treppenweg führt zum Zentrum der Stadt. Rechts trifft man zunächst auf zwei kleine Läden und anschließend auf eine Färberei, in der eine Zisterne mit Bassin und ein Trog zu sehen sind, und im übernächsten Raum auf den Laden eines Müllers mit einer steinernen Handmühle. Gegenüber erhebt sich ein Wachturm. Die Treppe weiter aufwärts folgen rechts einige zusammenhängende Räume, von denen der mittlere eine Zisterne, einen Steinmörser, eine steinerne Handmühle und einen großen Bottich enthält.

Rundgang

Der Weg mündet nun in einen kleinen Platz; südwestlich davon wurde ein Grab gefunden und nordöstlich sind Stufen einer Treppe zu erkennen, die ins Obergeschoss führte. Man geht nun eine lange Halle herum, kommt an einer Exedra vorbei und erreicht den bedeutendsten Teil der Stadt, die Agora. Diese diente als Versammlungs- und vor allem als Kultort, worauf das kleine Heiligtum hinweist. Daneben befindet sich eine tiefe Zisterne. Eine große schöne Treppe, die von Türmen flankiert wird, führt zum Prytaneion mit an den Wänden entlanglaufenden Sitzbänken und weiter zum Speisesaal, ebenfalls mit steinernen Sitzbänken. Auf der südöstlichen Hügelkuppe finden sich noch die Reste eines Tempels und eines Theaters.

2 km südlich von Kritsá auf der Straße nach Kroustás sieht man rechts die Kirche Ágios Ioánnis, die einst zum Kloster Toplou in Ost-

Ágios Ioánnis (Άγιος Ιωάννης)

◄ **Die Panagía-Kerá-Kirche besitzt die bedeutendsten Fresken Kretas.**

Kritsá (Fortsetzung)	kreta gehörte. Den beiden Südschiffen ist ein Querschiff vorgelagert. Bemerkenswert sind die prächtigen Ikonostasen. Nach etwa 4 km erreicht man Kroustás und nach weiteren 4 km kommt links eine Abzweigung zu einer anderen Kirche des Ágios Ioánnis, die wegen ihrer vielen qualitätsvollen Fresken aus dem Jahr 1347 bekannt ist. Zu sehen sind: in der Apsiswölbung die Deesis, darunter vier Kirchenväter und im Gewölbe darüber eine Himmelfahrt; im Tonnengewölbe Szenen aus dem Leben Jesu, unterhalb auf beiden Seiten ein Medaillonfries mit jeweils sechs Heiligen; besonders zu erwähnen ist die Geburt Christi an der Westseite der Ikonostase.
Katharó-Hochebene (Οροπέδιου Καθαρού)	Man erreicht die einsame Katharó-Hochebene in 1150 m Höhe über eine fast 17 m lange Piste von Kritsá. Dort werden Obst und Getreide angebaut; berühmt ist der Spätlese-Wein. Menschen leben auf der Hochebene nur vom 20. Mai bis zum 20. November.

Lassíthi-Hochebene   D/E 13/14

Neugriechisch	Λασίδιου (Lasídiou)
	Nomós: Lassíthi
Allgemeines	Etwa 50 km südöstlich von Iráklion und 30 bis 40 km westlich von Ágios Nikólaos – beide Strecken sind landschaftlich sehr reizvoll – breitet sich das runde fruchtbare Karstplateau Lassíthi (820 m) im Díkti-Gebirge aus, mit einer Größe von 8 x 5 km. Die Bewässerung durch die Motorpumpen, die das Wasser in Sammelbecken und

Lassíthi-Hochebene – ein Bilderbuchmotiv

dann in die schachbrettartig angelegten Bewässerungsgräben leiten, bewirkt eine reiche Vegetation. Hauptanbauprodukte sind Kartoffeln, Gemüse, Äpfel und Birnen sowie Weizen. Die Dörfer liegen alle am Rand der Lassíthi, am Fuß des Gebirges.

Allgemeines (Fortsetzung)

Die üppig grüne Lassíthi-Hochebene bietet mit den sie umrahmenden Bergen einen sehr schönen Anblick, der früher noch durch die alten, mit Segeltuch bespannten Windräder ("Tal der Windmühlen") unterstrichen wurde. Diese Windräder sind in der letzten Zeit fast vollständig durch Motorpumpen ersetzt worden.

*Landschaftsbild

Die Hochebene, die bereits in neolithischer Zeit besiedelt war, bildete immer wieder ein Rückzugsgebiet der Einheimischen, so in nachminoischer Zeit, als sich die Dorer an den Küsten niederließen, und später vor den venezianischen Eroberern. Diese vertrieben 1263 alle Bewohner der Lassíthi und den umliegenden Bergen und verboten jegliche Neubesiedlung und landwirtschaftliche Nutzung der Hochebene. Erst 200 Jahre danach erlaubten die Venezianer wegen Lebensmittelknappheit wieder die Besiedlung und Bebauung des Gebiets. Auch in der folgenden Zeit war die Lassíthi Zufluchtsstätte für die Landbevölkerung Ostkretas und Operationsbasis der Aufständischen gegen die Türken, die 1867 die Hochebene verwüsteten.

Geschichte

Sehenswertes auf der Lassíthi-Hochebene

Wenn man die Straße, die von der Küstenstraße Iráklion – Ágios Nikólaos nach Süden auf die Lassíthi-Hochebene führt, benutzt, sollte man unter einer der ältesten und mächtigsten Platanen Kretas (Stammumfang: 16 m) im Dorf Krási rasten. Daneben ist ein venezianisches Brunnenhaus zu sehen.

Krási (Κράσι)

Kurz unterhalb des 560 m hoch gelegenen Ortes Kerá, gut 1 km südlich von Krási befindet sich das Kloster Kardiótissa, das auch Kerá genannt wird. Die von Zypressen umgebene kleine Anlage bietet mit ihrem stimmungsvollen kleinen Hof und dem blumenreichen Gärtchen einen malerischen Anblick. Wie andere kretische Klöster war es in der Zeit der türkischen Herrschaft Bildungsstätte für die christlich-orthodoxe Bevölkerung.
Die im Innenhof aufgestellte, eingezäunte Säule ist mit einer Legende verknüpft: Die wundertätige Marienikone an der Ikonostase im Kircheninnern war geraubt und nach Konstantinopel gebracht worden, wo sie an eine Säule angekettet wurde. Das heilige Bild ist jedoch auf wundersame Weise mitsamt der Säule ins Kloster zurückgekehrt. Die aus Bruchsteinen gebaute Kirche aus dem 14. Jh. umfasst drei Schiffe, wobei nur das Mittel- und Nordschiff Apsiden aufweisen. Der Narthex ist an der Westfassade mit Blendbögen aus Ziegelmauerwerk verziert.
Das Kircheninnere wurde mit schönen Wandmalereien ausgestattet. Folgende Darstellungen sind zu sehen: im Südschiff Szenen zum Jüngsten Gericht sowie Christus zwischen Maria und Johannes dem Täufer, Engel, Christus mit den klugen und törichten Jungfrauen; im Mittelschiff Szenen aus dem Leben Jesu, u.a. Geburt und Höllenfahrt Christi, Pfingsten; im Nordschiff Fragmente von

Moní Kardiótissa (Μονή Καρδιώτισσα)

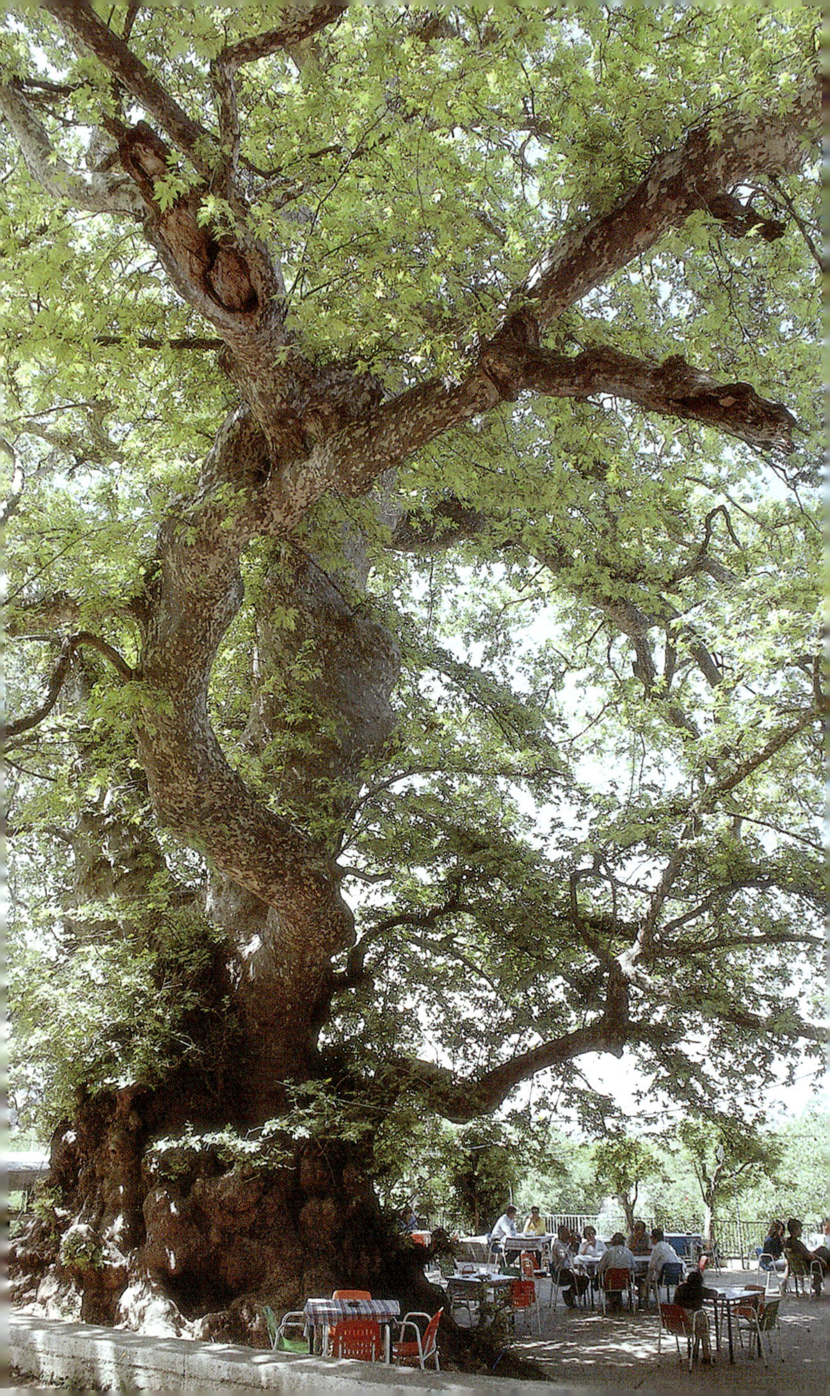

Heiligenbildern; im Tonnengewölbe eine grandiose Himmelfahrt und Szenen aus dem Leben Marias, u.a. Engel verkündigt Joachim die Geburt Marias, Mariä Geburt, Tempelgang Marias; in der Apsis Panagia mit dem Christuskind. (Öffnungszeiten: 8⁰⁰ – 13⁰⁰, 15⁰⁰ – 19⁰⁰ Uhr; Eintritt frei)

Moní Kardiótissa (Fortsetzung)

Am Südwestrand der Ebene, oberhalb des Dorfes Psichró liegt die vielbesuchte beeindruckende Tropfsteinhöhle Diktáio Ántro, die Diktäische Höhle. Dorthinauf führt ein steiler Fußweg in etwa 15 Minuten; für den Aufstieg kann man auch Esel mieten. Die Höhle ist inzwischen elektrifiziert. Es empfiehlt sich, eine Jacke mitzunehmen sowie feste Schuhe zu tragen. Im Innern ist es nämlich recht feucht und kühl. In der Höhle wurde der Sage nach Zeus geboren, weil seine Mutter Rhea fürchtete, sein Vater Kronos würde den Sohn wie schon dessen Geschwister als Konkurrenten um die Macht verschlingen. Diese Sage macht die besondere Anziehungskraft der Höhle aus. Die Höhle diente mindestens seit der mittelminoischen Periode lange Zeit als Kultort.

Von dem gewaltigen Eingang (14 x 8 m) kommt der Besucher zunächst in die Oberhöhle, in der man ganz rechts einen heiligen Bezirk mit Keramik, Altären und Idolen fand. Die anschließende Unterhöhle ist reich mit beeindruckenden Tropfsteinen ausgestattet. Auf dem Grund breitet sich ein kleiner Teich aus, in dem Zeus gebadet worden sein soll. Rechts davon hängt ein Stalaktit, der "Mantel des Zeus" genannt wird. Links befindet sich ein kleiner Raum, wo in einer Nische der Sage nach Zeus geboren wurde. In der Unterhöhle fanden sich zahlreiche Weihegaben wie Messer, Werkzeuge und Doppeläxte. (Öffnungszeiten: tgl. 8⁰⁰ – 16⁰⁰ Uhr)

*Diktáio Ántro (Δικτάιο Άντρο)

In dem Ort Ágios Geórgios am Südrand der Lassíthi kann man ein idyllisches Volkskundemuseum besuchen. Es ist in einem Haus untergebracht, das als einziges auf der Lassíthi seine Originalform von 1800 bewahrt hat. Es besitzt aus Sicherheitsgründen keine Fenster. Im Hauptraum sind ein Kamin mit Kochutensilien und der für jeden Haushalt obligatorische Webstuhl zu sehen. Unter dem Bett im Nebenraum ist die Weinpresse versteckt. Die Tongefäße im Vorratsraum erinnern stark an minoische Vorbilder. Im Stall kann man landwirtschaftliche Geräte und in einem weiteren Raum Werkzeuge von verschiedenen Handwerksberufen wie Schmied, Schreiner und Schuster besichtigen. Im Neubau nebenan sind Stickereien und moderne Malerei ausgestellt. (Öffnungszeiten: 10⁰⁰ – 16⁰⁰ Uhr)

Unweit vom Volkskundemuseum ist ein kleines Museum zum Andenken von Eleftérios Venizélos (▶ Berühmte Persönlichkeiten) eingerichtet. Vor dem Museum steht die Büste des Politikers.

Ágios Geórgios (Άγιος Γεώργιος)

Der Ausflug zu der bedeutenden nachminoischen Siedlung (1050 – 990 v.Chr.) auf dem 1100 m hohen Berg Kárfi nördlich der Lassíthi ist weniger von archäologischem Interesse, denn es sind nur noch geringe Überreste vorhanden, als wegen der landschaftlichen Schönheit zu empfehlen. Das Ausgrabungsgelände ist entweder gut 2 km oberhalb des Dorfes Kerá in etwa 1 Std. Aufstieg oder von Tzermiádon über das Níssimos-Plateau zu erreichen. Auf letzterem Weg

Kárfi (Κάρφι)

◀ **In Krási wächst eine der ältesten Platanen Kretas.**

Lassíthi-Hochebene (Fortsetzung)	kommt man an kleinen Thólosgräbern vorbei. Von der auf mittelminoischen Resten erbauten Siedlung mit ca. 3500 Einwohnern wurden etwa 100 Räume oder Häuser mit gemeinsamer Fassade, gepflasterte Gassen und Plätze gefunden. Das Bauprinzip ist schon mykenisch. Hervorzuheben sind das so genannte Haus des Stadtherrn, das an den Stadtplatz grenzt, und ganz im Norden ein Tempel, dessen nördliche Wand abgestürzt ist und in dem sich eine gemauerte Bank und ein Altar befinden. Die wichtigsten, auf dem Gelände gemachten Funde sind große weibliche Tonidole (im Archäologischen Museum Iráklion).

Mália   D 13

Neugriechisch	Μάλια
	Nomos: Iráklion
Allgemeines	Der Badeort Mália liegt 34 km östlich von Iráklion an der Nordküste in einer intensiv landwirtschaftlich genutzten Gegend (Orangen, Melonen, kretische Bananen). Er ist einer der wichtigsten Touristenorte Kretas, in dem sich zahllose Hotels, Restaurants, Bars, Souvenirläden und Diskotheken aneinanderreihen. Ein besonders reges Nachtleben wird hier geboten. Die Attraktivität des Ortes beruht vor allem auf dem kilometerlangen hervorragenden Sandstrand mit Dünen, wo es viele Wassersportmöglichkeiten gibt. Nur im kleinen historischen Ortskern südlich der Durchgangsstraße findet man noch idyllische Ecken.

Mália (Palastruinen)

Allgemeines	Bei Mália liegen die Reste des mittelminoischen Palastes von Mália, der neben den Palästen von Knossós und Festós die wichtigste Anlage Kretas ist. Von dem Badeort ist die Ausgrabungsstätte nach einem einstündigen Strandspaziergang zu erreichen.
Geschichte	Der Sage nach war König Sarpedon, der Bruder von Minos, Besitzer des Palastes. Siedlungsreste lassen sich bis in die frühminoische Periode (2700–2250 v. Chr.) zurückverfolgen. Der Palast wurde von 1900 bis 1800 v. Chr. errichtet, von 1800 bis 1700 v. Chr. erneuert und um 1420 durch die Mykener zerstört. Mália entwickelte sich durch seine Lage am Schnittpunkt des Hauptverkehrsweges zwischen Mittel- und Ostkreta bald zu einer der bedeutendsten Städte der Insel. Die archäologischen Ausgrabungen wurden von Chatzidákis begonnen und von der französischen Schule fortgesetzt, die sie bis heute weiterführt. Da der minoische Name des Palastes nicht bekannt ist, nannte man ihn nach dem nahegelegenen Ort Mália.
*Palastruinen Öffnungszeiten tgl. 8 30 – 15 00	Zu sehen sind heute überwiegend die Ruinen des neuen Palastes, vom älteren Komplex ist nur noch wenig vorhanden. Die Baukonzeption weist eine archaischere und weniger verfeinerte Art wie Knossós auf.
Rundgang	Der Besucher sollte zunächst den Palast besichtigen und anschließend die nordwestlich davon gelegenen weiteren überdachten Aus-

Mália ist neben Knossós und Festós der bedeutendste minoische Palast.

grabungen. Das kleine Museum gleich links nach dem Eingang dokumentiert die hiesigen Ausgrabungen und präsentiert ein Modell der Palastanlage.

Rundgang (Fortsetzung)

Bei dem Rundgang durch den Palast betritt man zunächst den Westhof und erreicht über eine gepflasterte Gasse den Nordeingang. Es folgt ein Vorhof, an den hinter einem gewinkelten Portikus im Norden und Osten Magazine und im Westen Werkstätten angrenzen. Ein weiterer Hof schließt sich an. Westlich führt eine Vorhalle in die königlichen Privatgemächer, die u. a. ein Polithyron und südwestlich anschließend ein Bad umfassen.

Südlich dieser Raumfolge fand sich ein Archiv. Vor dem Korridor, der von dem erwähnten Hof zum Mittelhof führt, liegt ein in späterer Zeit schrägwinklig errichteter Raum, der wahrscheinlich als Heiligtum gedient hat. An der Nordseite des Mittelhofes, in dessen Mitte ein Altar steht, befindet sich ein Vorraum mit einem Pfeiler und ein Pfeilersaal, der nach Ansicht von Archäologen als Speisesaal genutzt wurde. Seine Ostseite ist von einer Halle begrenzt, die abwechselnd von Pfeilern und Säulen gegliedert wurde. Dahinter liegen nördlich die Küche und im Osten Magazine, in denen im Fußboden noch Abflussrinnen für ausgelaufene Flüssigkeiten zu erkennen sind.

Südlich davon stößt man auf den Südosteingang und an der Südwestecke des Mittelhofes auf den Südeingang des Palastes. In dieser Ecke ist der berühmteste Fund von Mália zu sehen: ein Kernos, ein runder Opfertisch mit Vertiefungen für Früchte als Ernteweihegaben. Daneben findet sich eine Schautreppe. Weiter nördlich kommt man in eine von zwei Säulen getragene Vorhalle mit anschließender sogenannter Pfeilerkrypta. Die Treppe ins Oberge-

Palastruinen Malia

1 Westhof	9 Archiv	17 Südeingang
2 Nordeingang	10 Heiligtum (?)	18 Kernos
3 Vorhof	11 Altar	19 Schautreppe
4 Portikus	12 Pfeilersaal	20 Vorhalle
5 Magazine	13 Halle	21 Pfeiler-
6 Werkstätten	14 Küche	krypta
7 Polithyron	15 Ostmagazine	22 'Loggia'
8 Bad	16 Südosteingang	23 Rundbauten

Rundgang (Fortsetzung) schoss und die "Loggia", einehemals prunkvoller Raum, schließen sich nördlich an. An der Südwestecke der Palastanlage befinden sich acht Rundbauten, die entweder als Zisternen oder Getreidespeicher gedeutet werden.

Weitere Ausgrabungen "Agora" Nordwestlich des Palastes liegen weitere Ausgrabungen, die durch Überdachungen geschützt sind.

Zunächst kommt man zur "Agora", bei der es sich wahrscheinlich um einen Versammlungsort für profane Zwecke handelt. Westlich schließt sich die Krypta an, eine Folge von eingetieften Räumen, die über eine Treppe mit einer Reihe von Magazinen verbunden sind. Die Archäologen vermuten, dass hier geheime Sitzungen der Stadt-Ältesten stattfanden.

Westlich der "Agora" befindet sich das bedeutende Quartier My, in dem drei Werkstätten zutage kamen: eine Metallwerkstatt, eine Keramikwerkstatt und eine Siegelwerkstatt. Im Bauabschnitt A befindet sich ein kleines Heiligtum mit einem Kultbassin. Neben vielen Keramikgegenständen entdeckte man in dem Quartier auch Archivstücke mit minoischen Hieroglyphen.

Quartier My

Weitere Ziele in der Umgebung von Mália

Chersónisos (11 km nordwestlich von Mália), eines der großen Touristenzentren von Kreta, besteht aus dem alten, zwischen Olivenhainen gelegenen Dorf Chersónisos abseits der Küste mit schönem Dorfplatz und dem Badeort Limín Chersónisou ("Hafen der Halbinsel"). Dieser Touristenort besitzt die meisten Hotels auf Kreta, zudem viele Bars, Tavernen und Diskotheken. Die Sand-Kies-Strände sind für den Touristenandrang schon zu klein. Überreste von frühchristlichen dreischiffigen Basiliken mit Fußbodenmosaiken findet man im westlichen Ortskern von Limín Chersónisou auf einer kleinen Halbinsel oberhalb des Bootshafens sowie im Osten auf dem Gelände des Hotels "Nora". Direkt auf der Hafenpromenade steht noch ein römischer Brunnen aus dem 2./3. Jh. mit Mosaiken – Verweis auf die Bedeutung des Ortes in jener Zeit.

Chersónisos (Ξερσόνησος)

Im Freilichtmuseum Lychnostatis, östlich von Limín Chersónisou an der Beach Road, neben Caravan Camping gelegen, kann der Besucher ein typisches kretisches Dorf mit Kapelle, Windmühle, Weberei und Färberei sehen. Außerdem werden in einem Garten Kräuter und Blumen gezogen. (Öffnungszeiten: Di. – So. 9³⁰ – 14⁰⁰ Uhr)

Lychnostatis

Der alte und ruhigere Ortsteil von Chersónisos

Koutoulofári (Κουτουλοφά–ρι), **Piskopianó** (Πισκοπιανό)	Als ruhigere Alternative zu Limín Chersónisou empfehlen sich die beiden Orte Koutoulofári und Piskopianó, die am Berghang oberhalb des Badeortes liegen. Koutoulofári bietet einige nette Tavernen und Piskopianó ein kleines Volkskundemuseum.
Höhle von Mílatos (Μίλατος Σπήλια)	3 km östlich des Ortes Mílatos (13 km östlich von Mália) liegt die weitverzweigte gleichnamige Tropfsteinhöhle (Mo. nicht beleuchtet); der Weg dorthin ist ausgeschildert. 1823 wurden 2700 Frauen und Kinder sowie 150 Männer, die sich vor den Türken in der Höhle versteckt hatten, wochenlang belagert. Nachdem sich die Verstecken hatten ergeben müssen, wurden viele von ihnen getötet sowie Frauen und Männer in die Sklaverei verkauft. Zum Gedenken an dieses Ereignis stehen in der Höhle eine Kapelle und ein kleines Beinhaus mit den Gebeinen einiger Opfer. Man erreicht die beleuchtete Kapelle, nachdem man den niedrigen Eingang passiert hat. Die weitere Erkundung der Höhle sollte man unterlassen, da dies zu gefährlich ist.
Moní Gouverniótysas (Μονή Γου–περνιότυσασ)	Etwa 200 m vor dem Ort Potamiés, 11 km südwestlich von Mália auf dem Weg zur Lassíthi-Hochebene gelegen, führt links ein Weg zum verlassenen Kloster Gouverniótysas, wahrscheinlich um das Jahr 1000 erbaut, von dem vor allem die kleine Kreuzkuppelkirche (Schlüssel im Kafenion in Potamiés) beeindruckt. Zunächst erreicht man die Kapelle Sotíros Christou, die mit gefühlvollen Fresken aus der ersten Hälfte des 14. Jh.s ausgemalt ist. Die Panagía-Gouverniótysas-Kirche weist einen hohen Tambour mit Blendbogengliederung auf. Das Innere schmücken lebendige, jedoch teilweise nur noch schlecht erhaltene Fresken aus der zweiten Hälfte des 14. Jh.s.
Avdou (Αβδού)	In dem 6 km südöstlich von Potamiés gelegenen Ort Avdou sind mehrere byzantinische Kirchen zu sehen. Die bekannteste ist die Einraumkapelle Ágios Antónios, die erreichbar ist auf dem Weg, der gegenüber dem ersten Kafenion nach dem Ortseingang, von Potamiés kommend, abzweigt. Sie weist ungewöhnlich ausdrucksvolle Fresken in dominierenden Brauntönen aus dem frühen 14. Jh. auf. Im nördlichen Teil des Tonnengewölbes sind dargestellt: die Kreuzigung, Abendmahl und Fußwaschung; der südliche Teil des Gewölbes zeigt folgende Szenen: Verklärung, Höllenfahrt, Geburt und Taufe Christi. Wenn man vor dem Ortseingang rechts die Straße einschlägt, kommt man zum gut 1 km entfernten, ebenfalls sehenswerten Ágios-Konstantínos-Kirchlein. Die Einraumkapelle beherbergt leider schlecht erhaltene Fresken der Brüder Manuel und Johannes Fókas aus dem Jahr 1445. Am Dorfende steht noch die Panagía-Kirche, eine Kreuzkuppelkirche, vermutlich aus dem 16. Jh. mit venezianisch-gotischen Stilelementen.
Pigí (Πηγή)	Im Ort Pigí, 27 km südwestlich von Mália, ist die Ágios-Pantaléimon-Kirche architektonisch von Interesse. Sie liegt südlich des Dorfes unter hohen Eichen an einer Quelle, die einst ein vielbesuchtes Heiligtum war. Darauf weist auch der Ortsname Pigí ("Quelle") hin. Das dreischiffige Gotteshaus mit einem Spitztonnengewölbe (12./13. Jh.) ist teilweise aus byzantinischen und römischen Bauelementen errichtet. So finden sich beispielsweise Marmorblöcke mit grie-

chischen Inschriften im Mauerwerk sowie im Innern eine aus vier | **Málblack**
korinthischen Kapitellen zusammengesetzte "Säule" und an der | (Fortsetzung)
Südwand Grabstelen aus römischer Zeit. Die Südfassade ist reich
mit Blendbögen verziert, und die drei Apsiden sind mit Bogenfenstern versehen.
Der Kirchenraum enthält Fresken des 13. und 14. Jh.s: die Apsis wird beherrscht von Maria mit dem Jesusknaben, flankiert von zwei Engeln, darunter sieht man Christus mit den Jüngern beim Abendmahl und noch weiter darunter Kirchenväter.

In dem 8 km südlich von Pigí gelegenem Ort Lilianó steht die sehenswerte Ágios-Ioánnis-Basilika, die wahrscheinlich aus dem 11./13. Jh. stammt. Die Kirche umfasst einen Narthex und drei tonnengewölbte Schiffe, die in drei Apsiden enden. Bei ihrem Bau wurden antike Bauteile verwendet, z. B. Grabplatten an der Außenmauer und Säulen mit korinthischen Kapitellen. Auf der teilweise noch erhaltenen Säule an der Südwand befand sich wahrscheinlich eine über Stufen erreichbare Kanzel.
Einen befremdenden Eindruck hinterlassen Reste von Inschriften deutscher Flieger aus dem Zweiten Weltkrieg, die die Kirche als Befehlsstand benutzten.

Lilianó
(Λιλιανό)

Links vor dem Ort Sklaverochóri, von dem 4 km entfernten Pigí kommend, steht die Einraumkapelle Ossódhia Theotókou aus dem 13./14. Jh. mit hervorragenden Fresken (15. Jh.). Hervorzuheben ist die seltene Darstellung des hl. Franziskus an der Nordwand.

Sklaverochóri
(Σκλαβεροχώρι)

Palaiochóra

D 3

Παλαιοχώρα

Neugriechisch

Nomos: Chaniá
Einwohnerzahl: 1400

Palaiochóra (77 km südwestlich von Chaniá) beeindruckt durch seine herrliche Lage auf einem Kap an der Südküste, umrahmt von Bergen. "Die Braut des Libyschen Meeres", wie die Einwohner ihren früher sehr isoliert gelegenen Küstenort nannten, ist ein gut besuchter und ansprechender Badeort mit langen Kies- und Sandstränden, darunter der frequentierte Páchia-Ámmos-Strand in der Westbucht. Das ganze Dorfzentrum ist voll mit Tavernen; es gibt überwiegend kleine Pensionen und Apartmenthäuser. Im Jahr 1282 erbauten die Venezianer auf dem Kap das Kastell Selínou, das 1539 von Chaireddin Barbarossa zerstört wurde. Von hier kann man die Insel Gávdos sehen.

Allgemeines

Umgebung von Palaiochóra

Zu dem 180 m hoch gelegenen Bergdorf Anýdroi über der Südküste, 5 km nordöstlich von Palaiochóra, kann man eine sehr schöne Wanderung unternehmen. Hier ist die in der Dorfmitte stehende Ágios-Geórgios-Kirche (im Kafenion nach dem Schlüssel fragen) sehenswert. Sie war eine Einraumkapelle, die mit der im 20. Jh. südlich

Anýdroi
(Ανύδροι)

Anýdroi (Fortsetzung)	angebauten Kapelle durch deren Verlängerung nach Westen und den Durchbruch ihrer Südwand verbunden wurde. Die Wandmalereien im Kircheninnern von Ioánnis Pagoménos aus dem Jahr 1323 sind zum Teil noch gut erhalten. Hervorzuheben sind die Darstellungen des Kirchenpatrons, des hl. Georgs. Zwei Kilometer unterhalb des Dorfes liegen drei kleine, nur zu Fuß oder per Boot zu erreichende Strandbuchten, die Anýdroi Beach.
Prodrómi (Προδρόμι)	Sehr malerisch wirkt die oberhalb von Prodrómi (5 km nordöstlich von Anýdroi) gelegene Kirche Panagíatis Skafidianís, die eine Apsis mit Ziegeldekoration aufweist. Sie besitzt zudem sehenswerte Fresken aus dem Jahr 1347. Sehr schön ist die Darstellung der Pferde der Hll. Georg und Dimítrios an der Südwand.
Axogyrés (Αξογυρές)	Fährt man von Palaiochóra 10 km nordöstlich, erreicht man den stillen Bergort Axogyrés. Am Ortseingang führt ein Weg rechts an einer immergünen Platane zu einem kleinen Historischen Museum und einer Kapelle. Im weiteren Verlauf der Hauptstraße geht links ein Weg zur Höhle der "Heiligen Väter" (Ágii Patéres) ab, wo im 12. Jh. Eremiten lebten. Am hinteren Ortsausgang lädt ein idyllischer Bach, der kleine Teiche und Wasserfälle bildet, zu einer erfrischenden Rast ein.
Kántanos (Κάντανος)	18 km nördlich von Palaiochóra liegt das große Dorf Kántanos, das 1941 von der Wehrmacht als Vergeltungsaktion für den Überfall auf einen deutschen Fallschirmjägerzug zerstört wurde. Gedenktafeln auf der Platia erinnern an die Opfer beider Seiten. Fast alle Gebäude des Ortes wurden nach dem Krieg neu errichtet.
Anisaráki (Ανισαράκι)	In dem Ort Anisaráki, 2 km nordöstlich von Kántanos, sind vier einfache byzantinische Einraumkapellen sehenswert. Die Agía-Anna-Kirche besitzt Fresken aus dem Jahr 1462 und eine für Kreta seltene steinerne Ikonostase. Auf dem Friedhof stehen die Panagía-Kirche, die vollständig mit Fresken ausgemalt ist, die teilweise sehr schlecht erhalten sind, und die Paraskeví-Kirche mit z. T. stark verblichenen Fresken aus der ersten Hälfte des 14. Jh.s. Ziegeldekor schmückt die Apsis-Außenwand der Kirche Ágios Geórgios, die im Innern Fresken aus der Zeit um 1400 birgt.
Teménia (Τεμένια)	In Teménia, 11 km südlich von Kántanos, ist die in ihrer Architektur einzigartige Sotíros-Kirche aus dem 13./14. Jh. sehenswert, die 1 km südlich des Ortes auf einem Hügel rechts der Straße liegt. Das Gebäude besteht aus der älteren östlichen Einraumkapelle mit einfachem Tonnengewölbe und einer Apsis sowie einer jüngeren westlichen kleinen Kreuzkuppelkirche, die jedoch architektonisch interessanter ist. Deren Kuppel ist mit kaum drei Metern recht niedrig, und die Querarme sind durch schmale Nischen erweitert. Bei den Fresken ist die Pfingstdarstellung von besonderer künstlerischer Qualität; ikonographisch herausragend sind die seltenen Pilatusszenen.
Moní (Μονή)	In Moní, 8 km östlich von Teménia, ist die landschaftlich reizvoll gelegene Ágios-Nikólaos-Kirche von Interesse. Man erreicht sie, indem man von Norden kommend am Dorfrand bei einem Brunnen – in dem Haus hier ist der Kirchenschlüssel zu haben – links einen

Die architektonisch einmalige Sotíros-Kirche bei Teménia

Pfad hinuntergeht. Der einschiffige Bau weist dicke Mauern mit großen Pfeilern und einen später angebauten Kreuztonnen-Westnarthex (2. Hälfte 14. Jh.?) auf. Der ungewöhnliche freistehende Glockenturm mit Wendeltreppe verleiht ihm einen einzigartigen Anblick. Ioánnis Pagoménos hat die Fresken, die heute teilweise zerstört sind, im Jahr 1315 gemalt. Unter den Malereien ragt das überlebensgroße Porträt des Kirchenpatrons heraus.

Moní (Fortsetzung)

Obwohl sich der 6 km südlich von Moní gelegene Ort Sougia – das antike Syia – an der Südküste – seit etlichen Jahren zum Ferienort mit Zimmervermietung, Kafenia und Tavernen entwickelt hat, ist er doch die ruhigere und idyllische Alternative zu Palaiochóra. Sougia besitzt zwei gute, im Sommer recht belebte Kieselsteinstrände, die an einigen Stellen von Höhlen gesäumt sind, die herrlich schattige Liegeplätze bieten. Die Dorfkirche ist an der Stelle einer frühchristlichen Basilika errichtet, von der sich ein sehenswerter Mosaikfußboden aus dem 6. Jh. erhalten hat. Dessen Dekor besteht vorwiegend aus geometrischen Mustern, aber auch aus figürlichen Darstellungen wie Vögeln und dem Christussymbol des Fisches.

Sougia (Σούγια)

Von Sougia, das auf der Straße und per Boot von Palaiochóra zu erreichen ist, führt ein Pfad in etwa 1½ Std. über die westliche Höhe in die Nachbarbucht Ágios Kirikós. Zu dieser Bucht kommt man von Sougia zwar auch mit dem Boot, die kleine Wanderung dorthin ist aber wegen der Landschaftseindrücke zu empfehlen. Die Bucht ist die Stelle des antiken Lissós, das besonders in römischer Zeit für seine Heilquellen berühmt war. In Lissós sind vor allem noch die Überreste vom Tempel des Asklepios-Heiligtums aus helle-

Lissós (Λισσός)

Palaiochóra (Fortsetzung)	nistischer Zeit zu sehen. Von dem Tempel sind Cellamauern, ein Mosaikfußboden, eine Basis für Kultstandbilder und daneben ein Opferkasten erhalten. Unter dem Fußboden läuft das Wasser von der heiligen Quelle zu einem Brunnen in der Nordwestecke des Tempelinnern. Weiterhin sind im Norden des Geländes spätrömische Häuser und am Westhang Grabstätten aus hellenistischer und römischer Zeit zu finden. In der Nähe des Ufers stehen eine Ágios-Kirikós-Kapelle und westlich des Tempels eine Panagía-Kapelle; beide wurden über den Resten frühchristlicher Basiliken erbaut.
Sklavopoula (Σκλαβοπούλα)	Die Fresken der Ágios-Geórgios-Kirche in dem 20 km nördlich von Palaiochóra gelegenen Ort Sklavopoula gehören mit der Entstehungszeit um 1300 zu den ältesten Kretas; sie sind allerdings nur teilweise erhalten. Unter den Malereien sind die Darstellungen der Hll. Georgios und Theodoros sowie des Erzengels Michael hervorzuheben. In einem Olivenhain finden sich zwei weitere Kapellen: die Panagía-Kapelle und die Sotíros-Christou-Kapelle, die beide schlecht erhaltene Fresken des 15. Jh.s bergen.

Réthymnon C 7

Neugriechisch	Ρέθυμνο (Réthymno) Hauptort des Nomos Réthymnon Einwohnerzahl: 25 000
Allgemeines	Réthymnon, auf einer kleinen Halbinsel an der Nordküste gelegen, ist die drittgrößte Stadt Kretas und Verwaltungssitz des gleichnamigen Nomos. Von der venezianischen wie auch von der türkischen Herrschaft geprägt, weist es eine reizvolle Kulturmischung auf, die vor allem in der malerischen Altstadt deutlich wird. Réthymnon hat ein reges Kulturleben. Im Sommer finden Gastspiele griechischer und ausländischer Musik- und Theatergruppen statt. Der Dichter Pantélis Prevelákis (▶ Berühmte Persönlichkeiten) hat seine Heimatstadt Réthymnon in dem Buch "Chronik einer Stadt" (1938) beschrieben. An der äußeren Hafenmole beginnt der 12 km lange Sandstrand, der von vielen Hotels, Pensionen und Apartmenthäusern gesäumt wird. Die Einwohner leben zur Hälfte vom Tourismus. Auf der Landseite dehnt sich jenseits der ehemaligen Stadtmauer, deren Verlauf heute weitgehend von einer Hauptverkehrsstraße markiert wird, die weitläufige Neustadt aus.
Geschichte	Von der Stadtgeschichte ist wenig bekannt. Besiedelt war die Halbinsel von Réthymnon vielleicht erst seit spätminoischer Zeit. In der Antike erlebte die Stadt unter dem Namen Rhythymna ihre Blütezeit. Für die Venezianer war sie die wichtigste Stadt nach Iráklion und Chaniá. Im Jahr 1303 erlitt Réthymnon durch ein Erdbeben große Zerstörungen. Nach der Eroberung von Konstantinopel und des Peloponnes durch die Türken siedelten sich 1460 Flüchtlinge von dort in der Stadt an. Einige Überfälle von Piraten im 16. Jh. veranlassten die Venezianer zum Bau einer Stadtmauer und der Fortezza. Schon 1646 eroberten die Türken Réthymnon und machten es zu ihrem Verwaltungszentrum.

Sehenswertes in Réthymnon

Die malerische Altstadt mit ihren reizenden kleinen bepflanzten Gassen, den zahlreichen Überresten aus venezianischer Zeit, den türkischen Häusern mit überdachten Holzgitterbalkonen und den Moscheen und Minaretts ist äußerst stimmungsvoll.

*Altstadt

Am Beginn der Ethnikis-Antitaséos-Straße, in der ein buntes Geschäftstreiben herrscht, hat sich noch eines der alten venezianischen Stadttore erhalten, die Megáli Porta (16. Jh.).

Megáli Porta

Die einschiffige ehemalige Klosterkirche San Francesco aus dem 16./17. Jh., in einer von der Ethnikis-Antitaséos-Straße abgehenden kurzen Sackgasse gelegen, ist heute ein wichtiges Veranstaltungs- und Ausstellungsgebäude.
An ihrer Nordseite besitzt sie ein schönes Renaissance-Portal mit korinthischen Pilastern und Halbsäulen. Ein weiteres venezianisches Portal, an dem auf beiden Seiten die Reliefs von Markuslöwen zu sehen sind, führt neben der Kirche auf den großen Hof einer Schule. In türkischer Zeit setzte man diesem Portal ein kleineres

San Francesco

San Francesco (Fortsetzung)	Tor ein, das mit Halbmonden geschmückt ist. (Öffnungszeiten: tgl. 9⁰⁰ – 15⁰⁰ Uhr)
Moschee tis Nerandses	Markant im Stadtbild ist die Moschee tis Nerandses (Odos Vernardou; geschlossen) mit ihren Kuppeln und dem Minarett. Der Bau wurde von den Venezianern im 16. Jh. als Kirche errichtet und später zur Moschee umgestaltet. Heute ist hier eine Musikschule mit Konzertsaal untergebracht.
Historisches und Volkskundliches Museum	Unweit der Moschee wurde in einem venezianischen Gebäude aus dem 17. Jh. das Historische und Volkskundliche Museum (Odos Vernardou 28 – 30) eingerichtet. Sehr ansprechend, in großen Räumen wird im Obergeschoss eine wertvolle Sammlung kretischen Kunsthandwerks präsentiert: Webereien, Stickereien, Keramik, Korbflechterei und Spitzenklöppelei. Zudem sind noch Haushalts- und landwirtschaftliche Geräte zu sehen.
*Arimóndi-Brunnen	Im Zentrum des Tavernenviertels steht der sehr schöne venezianische Arimondi-Brunnen (Platia Titou Petichaki) aus dem Jahr 1629, der drei wasserspeiende Löwenköpfe zwischen schlanken, mit korinthischen Kapitellen geschmückten Halbsäulen aufweist. Auf einem Architrav ist eine fragmentarische Inschrift zu erkennen. In türkischer Zeit erhielt der Brunnen ein Vordach mit einer Kuppel, von dem man noch Reste sehen kann.
Venezianische Loggia	Die venezianische quadratische Loggia (Odos Arkadiou), eines der schönsten Beispiele für Renaissancearchitektur auf Kreta, stammt aus dem 17. Jh. und war Treffpunkt des venezianischen Adels. Heute

Der reizende venezianische Arimóndi-Brunnen im Stadtzentrum

befindet sich hier ein Geschäft, das autorisierte, sehr schöne Repliken von Kunstwerken aus griechischen Museen verkauft.

Venezianische Loggia (Fts.)

An der Ostseite der Altstadt liegt der romantische venezianische Hafen mit Mole und türkischem Leuchtturm. Er hatte immer wieder das Problem von Sandablagerungen, auch der neue Hafen mit seiner sehr langen Mole hat das gleiche Problem. Am Hafen, der von vielen Cafés, Tavernen und Fischrestaurants gesäumt wird, herrscht vor allem abends reges Leben.

*****Venezianischer Hafen**

Im Zentrum für zeitgenössische Kunst und in der Kanakakis-Galerie (Messalongion) finden Wechselausstellungen statt. (Öffnungszeiten: Di. – Sa. 10⁰⁰ – 14⁰⁰, 18⁰⁰ – 21⁰⁰, So. 10⁰⁰ – 15⁰⁰ Uhr)

Zentrum für zeitgenössische Kunst

Das 1990 im ehemaligen venezianischen Gefängnis neu eingerichtete Archäologische Museum bietet eine für Kreta in museumspädagogischer Hinsicht einmalige Ausstellung mit hervorragend präsentierten Exponaten. Die chronologisch geordnete Sammlung umfasst den Zeitraum vom Neolithikum bis zum Hellenismus. (Öffnungszeiten: Di – So. 8³⁰ – 15⁰⁰ Uhr)
Von den Ausstellungsstücken seien zunächst die spätminoischen Adorantinnen erwähnt. Die herausragenden Exponate des Museums stammen aus der spätminoischen Nekropole von Arméni. Das sind vor allem die Sarkophage; besonders interessante Verzierungen sind die Jagdszenen und die Kulthornmotive. Unter den Münzen aus verschiedenen Epochen findet man eine bemerkenswerte Goldmünze aus Knossós mit der Darstellung eines Labyrinths. Beachten sollte man noch die ausdrucksvollen weiblichen Tonfiguren und Köpfe der dädalischen und archaischen Epoche.

*****Archäologisches Museum**

*****Sarkophage**

Eine der Hauptsehenswürdigkeiten von Réthymnon ist die Fortezza, die von den Venezianern von 1573 bis 1580 errichtet wurde. Ihre Außenmauern sind gut erhalten, während die Bauten im Innern größtenteils zerstört sind, zum einen durch Erdbeben und zum anderen durch Bombenangriffe im Zweiten Weltkrieg. Nach der Eroberung der Stadt durch die Türken wandelten diese die im Zentrum der Festung gelegene Nikolauskirche in eine Moschee um (nach 1646) und versahen sie mit einer gewaltigen Kuppel. Die Sultan-Ibrahim-Moschee mit schöner Gebetsnische (Mihrab) ist neben den Resten einer Kapelle und zahlreichen Zisternen heute noch zu sehen. Im Sommer finden auf der Fortezza kulturelle Veranstaltungen unter freiem Himmel statt.

*****Fortezza**

Die kleine Kara-Mussa-Pascha-Moschee (Odos Arkadiou) am östlichen Stadtrand weist Reste früherer Bemalung in der Gebetsnische und alte türkische Grabsteine auf.

Moschee Kara Mussa Pascha

Die von mehreren Kuppeln gekrönte Veli-Pascha-Moschee (südlich der Kara-Mussa-Pascha-Moschee) aus dem 17. Jh. besitzt ein mit Rankenmotiven verziertes Portal.

Moschee Veli Pascha

Im Stadtpark, der grünen Oase an der Grenze zwischen Alt- und Neustadt, leben u. a. einige kretische Wildziegen. In der zweiten Julihälfte findet hier Kretas größtes Wein-Festival statt.

Stadtpark

Umgebung von Réthymnon

Pánormos
(Πάνορμος)

In griechischer Zeit war Pánormos (22 km östlich von Réthymnon) der Hafen der antiken Stadt Eleuthérna, von dem an der Küste noch geringe Reste zu sehen sind. Oberhalb des Ortes finden sich die Grundmauern der frühbyzantinischen Basilika Agía Sofía aus dem 5. Jh., die bereits im 7. Jh. zerstört wurde. Die dreischiffige Kirche hat eine Mittelapsis und einen Narthex. Im Westen schließt sich ein ummauerter Hof mit quadratischer Zisterne in der Mitte an. Vorhanden sind zudem noch einige Säulenreste und Kapitelle.

Melidónoi-Höhle
(Σπήλια Μελιδόνοι)

Die von der Küstenschnellstraße gut ausgeschilderte Melidónoi-Höhle, 11 km südlich von Pánormos bei dem gleichnamigen Ort Melidónoi gelegen, steht wie das Kloster Arkádi im Zusammenhang mit dem griechischen Widerstand gegen die Türkenherrschaft. In der Tropfsteinhöhle hatten sich 1824 etwa 340 griechische Frauen und Kinder sowie 30 kretische Widerstandskämpfer vor den Türken versteckt. Sie wurden entdeckt und auf grausame Weise getötet oder bei lebendigem Leib verbrannt. Ein Altar und ein Gedenkstein in der Höhle, die aus mehreren Räumen besteht, erinnern an dieses Ereignis. In klassischer Zeit wurde hier Hermes verehrt. (Öffnungszeiten: tgl. 10^{00} – 18^{00} Uhr)

Báli
(Μπάλι)

Der Fischer- und Badeort Báli (31 km östlich von Réthymnon) in einer sehr schönen Bucht hat sich durch mehrere große Hotel- und Bungalowanlagen stark gewandelt. Nur am winzigen Hafen hat sich noch etwas Ursprünglichkeit erhalten. Man badet am besten an einem kleinen, vielbesuchten Sandstrand in einer nördlich des Dorfes gelegenen Felsbucht.

Episkopí
(Επισκοπί)

Episkopí, 47 km östlich von Réthymnon, kann mit der eindrucksvollen Ruine einer Kreuzkuppelkirche, die im 13. Jh. gegründet wurde, aufwarten. Sie ist zwar Ágios Ioánnis geweiht, wird aber "Frankoklissá" genannt, was "Frankenkirche", aber auch katholische Kirche bedeutet. Das auf den Resten eines älteren Baus stehende Gotteshaus wurde mehrfach umgebaut, so im Jahr 1568, wie die Jahreszahl über der Nordtür angibt.
Von den ursprünglich fünf Kuppeln sind noch zwei erhalten. Der Narthex im Westen ist kaum noch zu erkennen. Ungewöhnlich ist die zweigeschossige Mittelapsis ausgebildet: unten vierseitig und oben dreiseitig mit Blendbögen und einem schönen dreibogigen Fenster. Von der Innenausstattung sind noch Freskenreste (Gottesmutter mit Engeln, Pfingsten), an der Südwand ein Grab und in der Mittelapsis eine Priesterbank zu sehen.

Maroulás
(Μαρουλάς)

In dem küstennahen, ruhigen Dorf Maroulás, 10 km südöstlich von Réthymnon im Vorland des Ida-Gebirges gelegen, hat sich noch viel venezianische und türkische Bausubstanz erhalten. Einige restaurierte Häuser werden an Touristen vermietet.

*Moní Arkádi
(Μονή Αρκάδιου)

23 km südöstlich von Réthymnon liegt eindrucksvoll auf einem Plateau das festungsartige Klosters Arkádi, das Nationalheiligtum der Kreter und eine der großen Sehenswürdigkeiten der Insel.

Kloster Arkádi: Nationalheiligtum der Kreter ▶

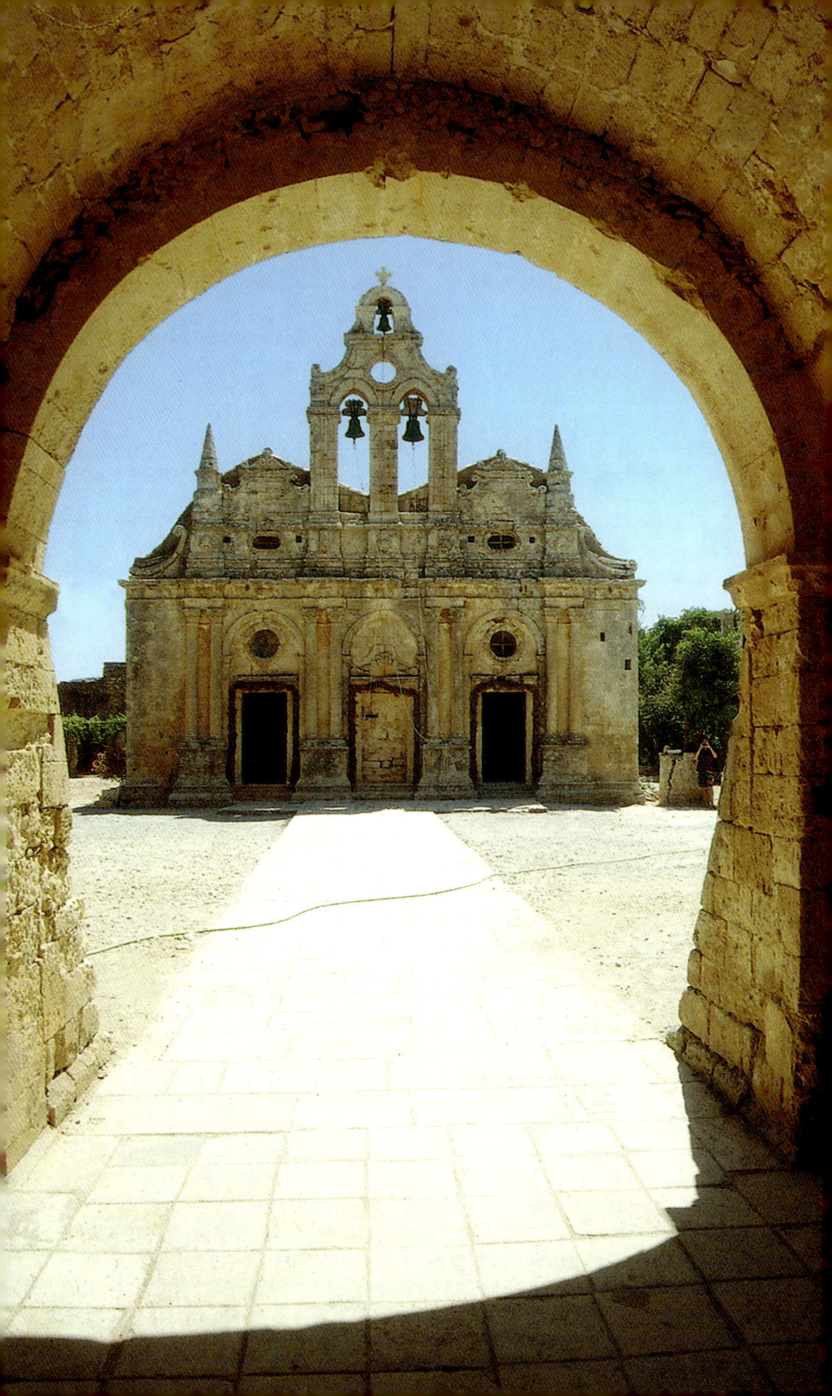

Baedeker SPECIAL

"Freiheit oder Tod"

Im 19. Jh. rebellierten die Kreter in blutigen Aufständen mehrfach gegen das Joch der osmanischen Herrschaft, bis es ihnen gelang, 1898 die Unabhängigkeit ihrer Insel zu erringen.

Blutvergießen, Heldentaten, Verzweiflungsakte, Romanzen und Legenden begleiten den Freiheitskampf der Kreter von 1770 bis 1898 gegen die osmanische Herrschaft auf ihrer Insel. "Eleftheria i thanatos" – "Freiheit oder Tod" hieß die Losung der Widerstandskämpfer und so lautet der Titel des Romans von Níkos Kasantzákis, der den Freiheitskampf am Beispiel seiner eigenen Familie literarisch verarbeitet hat. Auch Pantélis Prevelákis hat in seiner Trilogie "Der Kreter" den Aufständen von 1866 bis 1906 ein literarisches Denkmal gesetzt. In zahlreichen Gedichten, Romanen und den Rizitika-Liedern der Lévka Óri wurde dem sehnlichsten Wunsch der unterdrückten Inselbewohner nach Freiheit Ausdruck verliehen. Dass es bei diesem Freiheitskampf nicht nur "xypólites", todesmutige und unbeugsame Aufständische, sondern auch Kollaborateure – "charavanádes" ("Topfschlecker") genannt – gab, darf ebenso wenig verschwiegen werden wie der schmerzliche Verlust vieler Menschenleben auf türkischer Seite.

Aufstände

Der erste große Aufstand gegen die osmanische Herrschaft auf Kreta fand während des russisch-türkischen Krieges (1768 – 1774) im Jahr 1770 statt, angestachelt von russischen Agenten mit Billigung der orthodoxen Kirche. Unter Leitung des Dorflehrers Daskalojánnis setzten sich die Bewohner in den Bergen von Sfakiá gegen die Türken zur Wehr. Die Erhebung wurde unterbunden, als Daskalojánnis unter dem Vorwand von Verhandlungsbereitschaft in eine Falle gelockt, festgenommen und öffentlich gehäutet wurde. Trotz dieser Abschreckung war die allmähliche Verbreitung der Ideen der Französischen Revolution in der Folgezeit nicht aufzuhalten, die unter den Griechen den Ruf nach einem eigenen Staat immer lauter werden ließen. Die Festlandsgriechen rebellierten 1821 gegen die osmanische Herrschaft mit Erfolg und der revolutionäre Funke sprang auf Kreta über, wurde aber zunächst von den Türken im Keim erstickt, als sie den orthodoxen Bischof Melchisedek, der mit den Aufständischen sympathisierte, verhafteten und in Chaniá öffentlich hängten. Die orthodoxe Kirche nahm zunächst gegenüber der türkischen Herrschaft eine konsensbereite Haltung ein. Diese Haltung änderte sich in den bedeutenden orthodoxen Klöstern, als sie Gefahr liefen, an Einfluss zu verlieren. Unter dem Schutz der Kirche zogen sich die Widerständler in die schwer zugänglichen Bergregionen zurück. 1823/1824 spitzten sich die Konflikte zu, und es kam zu immer größeren Opfern unter der Zivilbevölkerung. In der Höhle von Mílatos wurden 2700 Frauen und Kinder sowie 150 Männer von türkischen Truppen eingeschlossen und zur Aufgabe gezwungen. Die Männer wurden sofort getötet, Frauen und Kinder zum Teil in die Schlucht gestürzt oder versklavt. Weitere 370 Bewohner fanden den Erstickungstod in der Melidóni-Höhle, als türki-

In der Geschichte Kretas gab es immer wieder Aufstände der Inselbewohner gegen die türkische Herrschaft.

sche Soldaten diesen Schutzraum verriegelten und Feuer legten. Um die Ordnung auf Kreta wiederherzustellen, rief die Hohe Pforte in Istanbul den ägyptischen Vizekönig Mehmed Ali zu Hilfe, der 1824 mit seinen Truppen auf Kreta landete und diesen wichtigen Brückenkopf im östlichen Mittelmeer besetzte. Die Hoffnungen der Kreter sich dem neu entstehenden Hellas anzuschließen, schwanden dahin, auch wenn man sich tapfer gegen die osmanische Herrschaft verteidigte. Die Unabhängigkeit Griechenlands 1829/1830 hatte keine Eingliederung Kretas in den Nationalstaat zur Folge. Im Gegenteil, die europäischen Mächte arrangierten sich mit dem Sultan, Kreta blieb unter osmanischer Oberhoheit und wurde schließlich 1830 dem Vizekönig von Ägypten unterstellt. Das allzu selbstherrliche Gebaren der ägyptischen Besatzer war jedoch 1840 vorbei, und die Hohe Pforte hatte wieder das Sagen. Trotz zahlreicher Niederlagen in der Vergangenheit, gaben die Kreter niemals moralisch auf. Die Gewaltspirale aus patriotischer Verpflichtung und wütender Rache, aus Volkserhebungen, Massenmorden und Vergeltungsmaßnahmen erreichte ihren Höhepunkt 1866/1867, als sich in einer Verzweiflungstat, durchdrungen von "filótimo", dem kretischen Ehrbegriff in seiner reinen und erhabensten Form, 964 Kreter, darunter 325 wehrfähige Männer und 45 Mönche, nach vorheriger Absprache im Arkádi-Kloster selbst in die Luft sprengten angesichts der Übermacht von 15 000 osmanischen Soldaten und dabei auch 1500 Türken, Ägypter und Albaner in den Tod rissen.

Autonomie

Jetzt erst sahen sich die europäischen Großmächte zum Handeln gezwungen. Zwischen 1868 und 1878 erhielt Kreta einen autonomen Status, der die Lebensbedingungen der Christen erheblich verbesserte und ihnen größere Mitsprache bei der Verwaltung der Insel einräumte. In den 1890-er Jahren war jedoch die kretische Volksvertretung vom Sultan unterminiert worden und zur beratenden Instanz verkümmert. Erneute Aufstände, Petitionen und endlose Spannungen waren die Folge. Als ein Brand im christlichen Viertel von Chaniá 1897 wieder zu revolutionären Umtrieben führte, griffen die Großmächte Großbritannien, Russland, Frankreich und Italien vermittelnd ein und teilten als Schutzmächte Kreta in vier Kontrollzonen auf unter Beibehaltung der osmanischen Oberhoheit.

Unabhängigkeit

Ein tragischer Zwischenfall im August 1898, bei dem 14 britische Soldaten und der britische Vizekonsul von Türken in Iráklion getötet wurden, führte im November zum endgültigen Abzug der Truppen des Sultans, der einen Krieg mit den Europäern fürchtete. Unter dem Schutz der vier europäischen Großmächte und dem Hochkommissariat des Prinzen Georg von Griechenland erhielt Kreta die Unabhängigkeit. Und schließlich erfolgte auf Betreiben des kretischen Politikers Eleftérios Venizélos 1913 der Anschluß Kretas an Griechenland.

Freiheitskampf

Moní Arkádi (Fortsetzung) Geschichte

Das Kloster wurde wahrscheinlich schon im 10./11. Jh. gegründet, die heutigen Gebäude stammen aus dem 17. Jh. und mussten nach der Katastrophe von 1866 restauriert werden. Es spielte eine herausragende Rolle im 18. und 19. Jh. als Zentrum von Aufständen gegen die türkische Herrschaft. Ein einschneidendes Datum für die Geschichte dieses Befreiungskampfes war der 8. November 1866, als sich hier etwa 1000 Patrioten, davon 300 bewaffnete Kämpfer, unter Führung des Abtes Gavriel vor den 15 000 Türken verschanzten. Nachdem deren Befehlshaber die Kreter vergeblich aufgefordert hatte, sich zu ergeben, drangen die Türken tags darauf nach der Sprengung des Tores mit einer Kanone ins Innere. Hier kam es zu einem schrecklichen Gemetzel. Als keine Hoffnung mehr auf Rettung bestand, sprengten der Abt und Konstantínos Giabudákis das Pulvermagazin, wohin sich die meisten Menschen zurückgezogen hatten, in die Luft. Nur 114 Menschen überlebten die Sprengung. Seither ist der 8. November der Nationalfeiertag der Kreter.

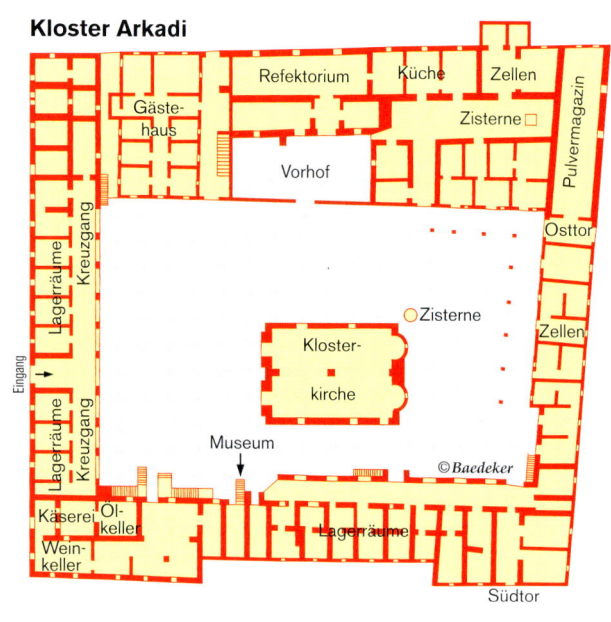

Kloster Arkadi

Klosteranlage

Die rechteckige Klosteranlage besitzt Zugänge an allen vier Seiten. Die Wohn- und Wirtschaftstrakte umschließen einen Innenhof, in dessen Mitte die Klosterkirche (1587) steht. Deren prachtvolle venezianische Fassade, die deutliche Spuren des Kampfes von 1866 zeigt, ist eine reizvolle Mischung aus Renaissance- und Barockelementen. Die beiden seitlichen Portale führen ins Kircheninnere, dazwischen befindet sich ein Scheinportal. Kannelierte Doppelsäulen mit korinthischen Kapitellen, kräftige Gesimse und geschweifte Giebelaufsätze sowie spitze Ecktürmchen gliedern die Fassade. Zudem fällt der offene, zweibogige Glockenstuhl mit volutengeschmücktem Aufsatz ins Auge

Das Innere der Kirche stammt weitgehend vom Anfang unseres Jahrhunderts; die aus Olivenholz geschnitzte Ikonostase wurde 1927 angefertigt. Im Westtrakt, durch den man die Anlage betritt, sind Lagerräume untergebracht und im Nordteil das Gästehaus, das Refektorium, die Küche und schließlich in der Nordostecke das mit der Klostergeschichte eng verbundene Pulvermagazin, das nicht wieder aufgebaut wurde. Die Mönchszellen befinden sich im Osttrakt und weitere Lagerräume im Südteil. Hier ist auch ein kleines Museum eingerichtet, in dem man anhand einer Reliefdarstellung die Kämpfe von 1866 nachvollziehen kann. Zudem bewahrt es Ikonen, liturgisches Gerät und Gewänder sowie Porträts der Freiheitskämpfer und das Banner des Aufstandes von 1866 auf. Außerhalb des Haupteingangs liegen die ehemaligen Ställe des Klosters und dahinter ein Beinhaus mit den Gebeinen der Opfer von 1866.

Moní Arkádi
(Fortsetzung)

Bei dem Dorf Eléfderna, 5 km nordöstlich vom Kloster Arkádi, liegt das antike Eleuderna, das vor allem in dorischer Zeit von Bedeutung war. Von den Überresten der auf einer Felskuppe gelegenen Stadt ist die Ruine eines mächtigen Turmes aus römisch-frühbyzantinischer Zeit beeindruckend. Auf den Terrassen dahinter finden sich noch Hausfundamente, und an der Westseite des Bergrückens sind noch zwei große Zisternen mit wuchtigen Pfeilern erhalten. Gut 1 km nördlich von Eléfderna ist eine malerische hellenistische Brücke zu sehen.

Eléfderna
(Ελεύδερνα)

Margarítes, das bekannteste Töpferdorf Kretas, liegt 6 km nordöstlich von Eléfderna ganz im Grünen auf einem Hügel. Hier haben sich überwiegend junge Kunsthandwerker und Keramik-Künstler niedergelassen. Auch heute noch werden wie zu minoischer Zeit die großen Pithoi hergestellt. Ein Besuch des Ortes lohnt sich auch wegen einiger byzantinischer Kirchen. So besitzt z.B. die Ágios-Ioánnis-Kirche gute Fresken von 1383.

Margarítes
(Μαργαρίτες)

Das ursprüngliche Bergdorf Prassiés, 11 km südlich von Réthymnon, ist ein schönes Ausflugsziel. Man bummelt durch das Dorf und läßt es sich dann bei einfacher Hausmannskost in der Taverne "Prassies" schmecken.

Prassiés
(Πρασσιές)

In Méronas, 24 km südöstlich von Prassiés, ist die dreischiffige Panagía-Kirche sehenswert. Das Äußere besticht durch harmonischen Architekturschmuck: Blendbögen und Pilaster an den Apsiden. Im Kircheninnern sind zahlreiche, teilweise noch sehr freigelegte Fresken von ausgezeichneter künstlerischer Qualität vorhanden. Die schlecht erhaltene Panagia-Ikone vom Ende des 14. Jh.s ist das zweitälteste Tafelbild Kretas.

Méronas
(Μέρωνας)

Ganz in der Nähe von Méronas liegt Thrónos (22 km südöstlich von Prassiés), dessen Panagía-Kirche in der Dorfmitte von Interesse ist. Sie birgt Fresken aus dem 14. und 15. Jh., von denen die im Altarraum etwas älter und die im Kirchenraum jünger sind. Der Mosaikfußboden im Innern, von dem außerhalb des Gotteshauses auch noch Teile zu finden sind, stammt von einer frühchristlichen Basilika. Thrónos nimmt die Stelle der antiken Stadt Sybrita ein, die wohl in dorischer Zeit gegründet wurde. Einige Ruinen dieser Stadt findet man oberhalb des Dorfes.

Thrónos
(Θρόνος)

Moní Asómaton
(Μονή
Ασώματον)

Das 43 km südöstlich von Réthymnon gelegene Kloster Asómaton aus dem 17. Jh., das in eine landwirtschaftliche Schule umgewandelt wurde, zeigt venezianische Einflüsse. Die kleine Kirche beherbergt eine prächtige Ikonostase.

Lampiótes
(Λαμπιότεσ)

Bei Lampiótes, 5 km südlich des Klosters Asómaton, ist eine der Panagia geweihte Einraumkapelle mit Fresken aus der zweiten Hälfte des 14. Jh.s sehenswert.

Vixári
(Βιζάρι)

Eine der wichtigsten Sehenswürdigkeiten der Gegend, die Ruinen einer frühchristlichen Bischofsbasilika, liegt gut einen Kilometer westlich von Vixári (3 km südöstlich von Lambiótes). Man erreicht sie, indem man den Weg gegenüber der Post einschlägt, dann scharf nach rechts abbiegt, einem Bachlauf folgt, den man rechts überquert, und dem Pfad schließlich noch etwa 500 m folgt. Die große Kirche aus dem 7. Jh. weist drei Schiffe mit gleich vielen Apsiden und einen Narthex auf. In der Apsis des südlichen Seitenschiffes ist noch ein längliches Taufbecken zu sehen.

Apodoulou
(Αποδούλου)

Gut 1 km vor Apodoulou (13 km südlich von Vixári) liegt links oberhalb der Straße ein mykenisches Kuppelgrab. Eine weitere Sehenswürdigkeit von Apodoulou ist die Ágios-Geórgios-Kirche, bei der die großen Arkaden auffallen. Die Fresken von volkstümlichem Charakter stammen aus der Mitte des 14. Jh.s.

Agía Paraskeví
(Αγία
Παρασκευί)

18 km südlich von Vixári liegt der Ort Agía Paraskeví, wo die Panagía-Kirche wegen ihrer hervorragenden Fresken aus dem Jahr 1516 einen Besuch lohnt.

Mýloi
(Μύλοι)

Rechts der Straße vom 8 km entfernten Réthymnon her liegt das moderne Mýloi, 1,5 km weiter links unten im Tal das alte, inzwischen menschenleere Mýloi, das man in 20 Minuten erreicht. Das malerische Dorf wurde wegen ständigen Steinschlags verlassen. Man geht durch verlassene Gassen an Blumengärten und überwucherten Innenhöfen vorbei. Neben der alten Kirche plätschert vom Herbst bis zum Frühjahr ein Wasserfall.

Chromonastýri
(Ξρομοναστήρι)

Das 3 km südlich von Mýloi gelegene Dorf Chromonastýri weist noch venezianische und türkische Bauten auf. Wer sich für byzantinische Kunst interessiert, kann von hier zu zwei kleinen alten Kirchen wandern. Ágios Eftíchios, einer der wichtigsten Sakralbauten Kretas, erreicht man, indem man am nördlichen Dorfeingang den Weg in östliche Richtung geht. Die Kirche stammt aus dem 10. Jh. und verbindet die Basilika- mit der Kreuzkuppelform. In der Apsis sind spärliche Freskenfragmente vorhanden.
Das zweite sehenswerte Gotteshaus ist die Kreuzkuppelkirche Panagía Kerá, die in verschiedenen Bauphasen des 11. bis 14. Jh.s entstand. Von der Innenausstattung sind eine bis unter die Kuppel reichende Ikonenwand und gut erhaltene Fresken zu erwähnen. Besonders eindrucksvoll ist hierbei die Deesis in der Apsiswölbung.

Arménoi
(Αρμένοι)

Nördlich von Arménoi (etwa 9 km südlich von Réthymnon) legten Archäologen direkt neben der Hauptstraße eine große minoische Nekropole frei. In viele der 280 Gräber kann man hineinschauen, einige sind begehbar und mit Licht versehen. Es handelt sich um kleine Felskammergräber mit 3 bis 5 m langen Dromoi, einige mit Stufen. Die hier gemachten Funde sind in den Archäologischen Museen Réthymnon und Chaniá ausgestellt, darunter einige bemalte Totenkisten, die Larnakes.

Arménoi (Fortsetzung)

Auf der Fahrt zum Préveli-Kloster kommt man nach der Abzweigung von der Hauptstraße Réthymnon – Agía Galíni bei Koxare in Richtung Süden durch die wilde beeindruckende Kourtaliótiko-Schlucht. In der Mitte der Schlucht führt ein Weg in die Tiefe, wo eine Ágios-Nikólaos-Kirche steht und einige Quellen entspringen, die den Fluss Megalou Potamou bilden.

Farangi Kourtaliótiko (Φαραγγι Κουρταλιώτικο)

Auf der weiteren Strecke zum Préveli-Kloster trifft man etwa 3 km nach dem Ort Asómatos an einem Flusslauf auf eine sehr malerische einbogige Brücke in venezianischem Stil aus dem Jahr 1850 mit alter Pflasterung.

Venezianische Brücke

Kurz darauf folgen die Ruinen des Klosters Káto Moni Préveli (Κάτω Μονή Πρέβελη), das bis ins 16. Jh. zurückreicht und im 19. Jh. aufgegeben wurde.

Káto Moní Préveli

Ein Kilometer weiter liegt links in der Schlucht die Einraumkapelle Agía Fotiní mit guten Fresken aus der Zeit um 1500. Zu erwähnen sind die eindrucksvollen weiblichen Heiligen an der Südwand.

Agía Fotiní

Nach 3 km ist das Mönchskloster Piso Moní Préveli erreicht, das vor allem wegen der grandiosen Landschaft und seiner beeindruckenden Lage sehenswert ist. Die vielleicht schon 1000 Jahre alte Anlage,

*Piso Moní Préveli

Kloster Préveli: Ort des Widerstandes gegen Fremdherrschaften

Piso Moní Préveli
(Πισω Μονή Πρέβελη; Fortsetzung)

deren Gebäude aber sehr viel jünger sind, gehörte mit seinen umfangreichen Ländereien zu den wichtigsten Klöstern Mittelkretas. Das Kloster spielte eine Rolle in zahlreichen Aufständen gegen die Türkenherrschaft im 18. und 19. Jahrhundert, und im Zweiten Weltkrieg war es ein Zentrum des Widerstandes gegen die deutschen Besatzer. Von hier gelang in dieser Zeit mit Hilfe der Mönche vielen Engländern, Australiern und Neuseeländern die Flucht mit dem U-Boot nach Ägypten.

Von dem Friedhof mit zwei Grabkapellen links vor dem Kloster hat man einen guten Gesamtüberblick über die Anlage. Ins Auge fallen die mit spitzen Hauben versehenen Schornsteine des Zellentraktes. Nach dem Klostereingang kommt man zunächst in einen tiefer gelegenen Hof mit einem Brunnen, der eine Inschrift vom 15. Juni 1701 trägt – das älteste Datum für die Anlage. Die dem Apostel Johannes geweihte Klosterkirche aus dem Jahr 1836 weist zwei Schiffe mit Apsiden und an der Westseite einen Glockenstuhl auf. Von der Innenausstattung sind die Ikonostase mit vielen alten Ikonen, die geschnitzte Kanzel und ein ebenfalls mit Ikonen versehener Buchständer zu erwähnen. Zudem findet sich auf dem Altar im Südschiff ein prächtig verziertes goldenes Kreuz mit einem Splitter vom Kreuz Christi, dem Heilkraft zugeschrieben wird.

Westlich der Kirche befinden sich das Gästehaus und unterhalb das schöne kleine Museum, in dem kostbare Messgewänder und liturgisches Gerät, Bischofskronen, darunter eine reich mit Diamanten und Smaragden geschmückt, und Votivgaben ausgestellt sind. Das wichtigste Dokument des Museums ist die Urkunde von 1798, in der das Kloster direkt dem Patriarchen von Konstantinopel unterstellt wird. (Öffnungszeiten: 8⁰⁰ – 13³⁰, 15³⁰ – 19⁰⁰ Uhr)

*Strand von Préveli

Der herrliche, inzwischen vielbesuchte Strand von Préveli erstreckt sich an der Mündung des grünschimmernden Megalou Potamou zwischen Felsen am klaren tiefblauen Meer. Hinter einer Lagune bildet der Fluss einen kleinen See. Man erreicht den Strand, indem man die Straße zum Kloster etwa 1 km bis zu dem Parkplatz auf einem Hügelplateau zurückkehrt und dann zu Fuß den Weg einschlägt, der in etwa 30 Minuten über das Plateau in die Schlucht hinunterführt.

Plakiás
(Πλακιάς)

Der beliebte Badeort Plakiás (13 km nordwestlich vom Préveli-Kloster) in der Plákias-Bucht an der Südküste mit 2 km langem Sandstrand ist durch zahllose Neubauten verschandelt.

Lambíni
(Λαμπίνη)

Lambíni, etwa 17 km südlich von Arméni gelegen, ist wegen einer der Panagia geweihten, recht formschönen Kreuzkuppelkirche (Schlüssel im Kafenion in Mixórruma) aus dem 14. Jh. besuchenswert. Die Fassade und die Tambourkuppel sind mit feingliedrigen Blendbögen geschmückt. Am Eingang findet man eine Gedenktafel, die an einen Aufstand gegen die Türken im Jahr 1827 erinnert. Diese steckten die Kirche in Brand, in die die Einheimischen geflüchtet waren. Die Fresken im Innern sind leider in keinem guten Zustand.

Spíli
(Σπήλι)

Das Bergdorf Spíli (5 km weiter auf der Hauptstraße nach Agía Galíni), Sitz eines Priesterseminars, ist berühmt wegen seiner vielen Heilquellen. Hauptsehenswürdigkeit des Ortes ist ein veneziani-

Der herrliche Strand von Préveli ist ein beliebtes Badeziel.

scher Brunnen mit 19 Löwenköpfen als Wasserspeier, dessen Wasser sehr erfrischend ist. Empfehlenswert ist auch ein Bummel durch die engen, blumengeschmückten Gassen.

Spíli (Fortsetzung)

24 km südöstlich von Spíli liegt malerisch am Golf der Messará das einst idyllische Dorf Agía Galíni ("Heilige Ruhe"), dessen Name heute nun wirklich nicht mehr passt. Es hat sich nämlich zu einem lebhaften Touristenzentrum entwickelt, das entsprechend viele Hotels, Tavernen und Bars bietet. Inzwischen ist der Ort nur für Gäste zu empfehlen, die Trubel und Kontakt suchen. Der Ortsstrand liegt östlich des Hafens. Die beiden Badebuchten Ágios Geórgios und Ágios Pávlos westlich des Ortes sind am besten mit Ausflugsbooten zu erreichen.

Agía Galíni (Αγία Γαλίνι)

Der malerische Gebirgsort Roustika (16 km südwestlich von Réthymnon) mit venezianischer Bausubstanz lädt zu einem Bummel ein. Auch die zweischiffige Panagía-Kirche lohnt einen Besuch. Sie besitzt wertvolle Fresken aus den Jahren 1381/1382 im Nordschiff und eine wundertätige Ikone. Am oberen südlichen Ortsrand findet man das von einem üppigen Garten umgebene Kloster Profítis Ilías aus dem 19. Jahrhundert.

Roustika (Ρούστικα)

Das 7 km westlich von Roustika, in waldiger Umgebung gelegene Argyroupolis befindet sich an der Stelle der antiken Stadt Lappa, von der nur noch wenige, nicht ausgegrabene Ruinen vorhanden sind. Nach der Zerstörung durch die Römer 67 v. Chr. wurde Lappa von Oktavian, dem späteren Kaiser Augustus wieder aufgebaut. Unterhalb des Ortes, an der Straße nach Asigonía kann man in den

Argyroupolis (Αργηρούπολις)

Réthymnon (Fortsetzung)	Tavernen an einem sehr hübschen Platz mit Wasserfällen unter alten Platanen rasten. Außerdem sind hier einige alte Wassermühlen zu sehen. Aus den hiesigen Quellen wird Réthymnon mit Wasser versorgt.
Myriokéfala (Μυριοκέφαλα)	Sehenswert in Myriokéfala (6 km südlich von Argyroupolis) ist die um 1000 gegründete ehemalige Klosterkirche Panagía, ursprünglich eine kleine Kreuzkuppelkirche, die durch Modernisierungsmaßnahmen des 20. Jh.s verschandelt ist. Auffallend an der Kirche sind die verkürzten Kreuzarme und das erhöhte Bema. Die älteren Fresken aus der Entstehungszeit des Gotteshauses, die vor allem in der Kuppel vollständig erhalten sind, zeigen eine frontale Darstellung mit klaren Umrissen. Hervorzuheben sind hier die Evangelisten Matthäus und Markus im südlichen Kreuzarm. Von den jüngeren Fresken (12. Jh.) sollte man besonders die Szenen aus dem Passionszyklus im Gewölbe des westlichen Kreuzarms beachten.
Georgioupoli (Γεωργιούπολη)	Der Ortsname Georgioupoli (23 km westlich von Réthymnon) erinnert an den Hochkommissar Prinz Georg. Der einst stille Ort mit seiner großen Platia, einem idyllischen Fischerhafen in einer Bachmündung und schönen Sandstränden hat sich zu einem vielbesuchten Ferienort entwickelt.
Kourná-See (Λημνη Κουρνά)	Der bis zu 45 m tiefe Kourná-See, Kretas einziger Binnensee, liegt hübsch von Bergen umrahmt unweit der Bucht von Georgioupoli. In dem Süßwassersee gibt es harmlose Wasserschlangen und Schildkröten. Man kann hier baden und mit dem Tretboot fahren; für das leibliche Wohl sorgen einige Tavernen. Ein teilweise mühseliger Weg führt in einer knappen Stunde um den See.

Samariá-Schlucht   D 4

Neugriechisch	Φαράγγι Σαμαριάς
	Nomos: Chaniá
Allgemeines	Etwa 42 km südlich von Chaniá liegt das Dorf Omálos ("eben", "flach") am Rande der gleichnamigen fruchtbaren Hochebene (1050 m). Dort wo die Straße nach weiteren sechs Kilometern am Pass von Xilóskalo (1227 m) endet, beginnt die berühmte Samariá-Schlucht in den Lévka Óri.
**Landschaftsbild	Die Samariá-Schlucht, die längste Schlucht Europas, ist einer der landschaftlichen Höhepunkte Kretas, die von zahllosen Touristen – an manchen Tagen sind es 2000 bis 3000 – aufgesucht wird. Sie ist 18 km lang, ist 600 m tief und bei den "Eisernen Toren" ("Síderoportes") nur 3 bis 4 m breit. Die Schlucht wurde 1962 zum 4500 ha großen Nationalpark erklärt, um die kretische Wildziege Agrími, die schon auf minoischen Kunstwerken abgebildet war, zu retten. Die scheuen Tiere bekommt man jedoch kaum zu Gesicht. Man trifft fast nur auf verwilderte Hausziegen. Die Schlucht ist zudem die Heimat zahlreicher Pflanzen (Kiefern, Platanen, Kermeseichen,

Samariá-Schlucht: einer der landschaftlichen Höhepunkte Kretas ▶

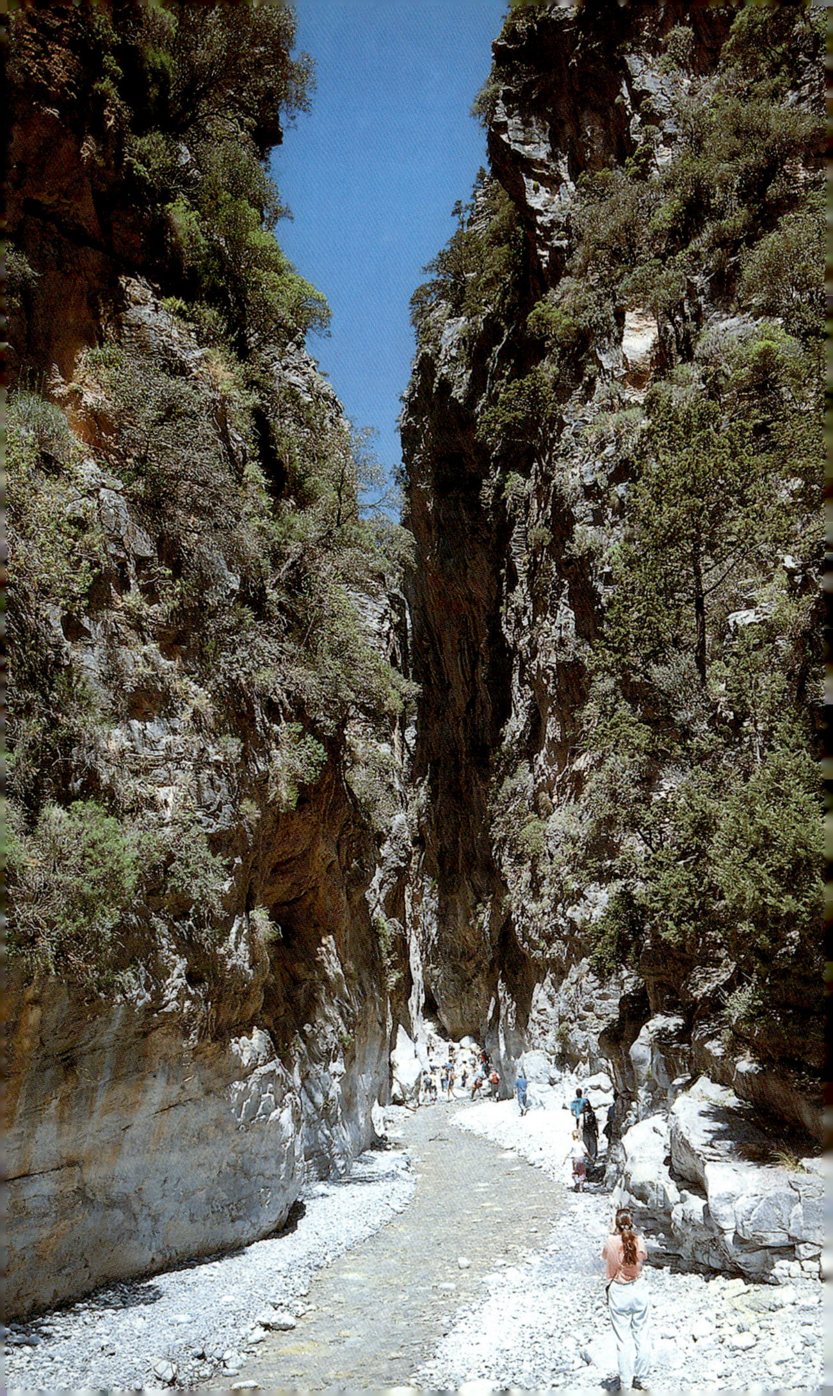

Landschaftsbild (Fortsetzung)	Zedern, Feldahorn sowie Zypressen mit einem Umfang bis zu 7 m) und Tiere (Adler, Falken, Schleiereulen). Darüber hinaus finden sich hier endemische Pflanzen, d.h., die sonst nirgends auf der Welt vorkommen. Geöffnet ist die Schlucht von 6:00 bis 16:00 Uhr; der nächtliche Aufenthalt ist verboten. Nach 16:00 Uhr darf man von beiden Seiten nur noch 2 km in die Schlucht hineingehen. Vom 1. 11. bis 30. 4. wird die Klamm wegen Steinschlag- und Hochwassergefahr gesperrt.
Wanderung	Die einmalige, jedoch anstrengende Wanderung durch die Samariá-Schlucht vom Endpunkt der Straße bis hinunter zum Libyschen Meer ist 18 km lang und dauert etwa sechs Stunden. Für die Unternehmung sind festes Schuhwerk, Sonnenschutz und Proviant unerlässlich. Durch die Schlucht wandert man am besten im Rahmen eines von einem Reisebüro organisierten Ausflugs. Man wird dabei auf die Ómalos-Hochebene hinaufgefahren und am Ende der Wanderung von Agía Rouméli mit dem Boot nach Chóra Sfakíon oder nach Palaiochóra gebracht, wo die Busse für die Rückfahrt warten. Wer jedoch den langen Fußweg durch die Klamm scheut, braucht trotzdem nicht auf den Anblick der Eisernen Tore zu verzichten. Die Reisebüros bieten nämlich eine Tour an, bei der man hin und zurück mit dem Boot nach Agía Roumeli fährt und so insgesamt nur etwa 8 km in überwiegend flachem Gelände gehen muß. Wer die Wanderung auf eigene Faust unternehmen möchte, nimmt von Chaniá und der ersten Linienbus nach Xylóskala. In Ómalos werden einige Privatzimmer vermietet. Von Chóra Sfakíon und Palaiochóra fahren Linienbusse zurück nach Chaniá.
Wegverlauf	Die Wanderung beginnt an der Xylóskala, der "Holztreppe", von wo man einen eindrucksvollen Blick hinunter in die Schlucht und auf

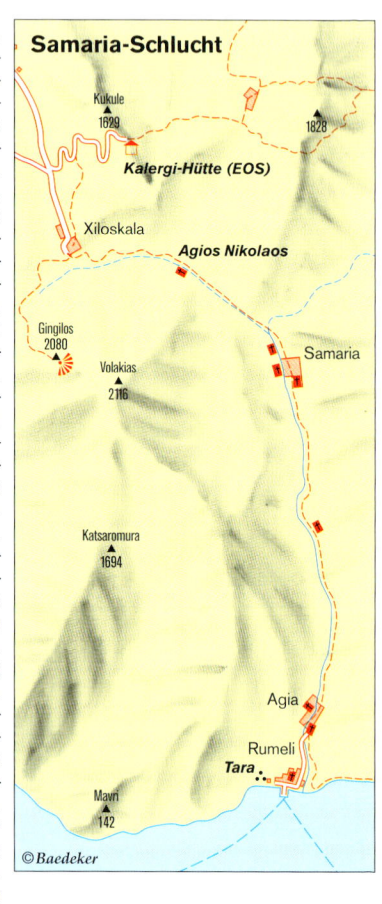

die umliegenden Berge hat. Kurz vorher führt links ein Pfad aufwärts zur Kalérgi-Hütte (1680 m) des griechischen Bergsteigerklubs EOS, die Übernachtungsmöglichkeiten bietet. Der steile, früher "hölzerne" Serpentinenweg führt im Anblick des 2080 m hohen Gíngilos durch Zypressen und Kiefern abwärts. Dabei sieht man je nach Jahreszeit Weiße Lilien, Weiße Päonien und Alpenveilchen und an den Felswänden endemische Pflanzen. Nach einer Viertelstunde ist ein kleiner Rastplatz über einer steilen Felswand erreicht und eine halbe Stunde später die Quelle Nerutsiko ("Wässerchen"; 940 m) unter einer alten Platane. Zwischen immer höher ansteigenden Felsen geht es weiter steil abwärts bis auf den von einem Bach durchflossenen Grund der Schlucht. Der nächste Rastplatz liegt bei der Quelle Riza Sikias ("Wurzel der Feige").

Man kommt an der Alm Ágios Nikólaos mit der kleinen gleichnamigen Kirche vorbei, die in einer Höhe von 660 Metern zwischen Zypressen – die mächtigste mit einem Stammumfang von mehr als 7 m – steht. Der Wanderer erreicht nun das verlassene Dorf Samariá (300 m), das von den Bewohnern aufgegeben werden musste, als die Schlucht zum Nationalpark erklärt wurde. Hier ist ein schattiger Rastplatz mit Brunnen angelegt. Es geht vorbei an der Kapelle Ossia Maria (1379), deren Name, verkürzt zu "Sa Maria", auf das Dorf und die Schlucht überging. Auf dem weiteren Weg verengt sich die Schlucht immer mehr, bis sie bei den "Eisernen Toren" nur noch 3 bis 4 m breit ist – der eindrucksvollste Teil der Wanderung. Die Felswände ragen hier fast 600 m senkrecht auf. Die letzten vier Kilometer legt man dann in einer weiten, kahlen und schattenlosen Küstenebene bis Agía Rouméli zurück.

Samariá-Schlucht (Fortsetzung)

Von Agía Rouméli am Ausgang der Samariá-Schlucht gibt es Bootsverbindungen nach Palaiochóra im Westen und Chóra Sfakíon im Osten. Hier lag einst die antike Stadt Tárra. Die Panagía-Kirche wurde 1500 an der Stelle eines antiken Tempels erbaut. Auf der westlichen Bergseite erheben sich die Ruinen eines türkischen Kastells.

Agía Rouméli
(Αγία Ρουμέλη)

Empfehlenswert ist von Agía Rouméli der etwa 4 km lange Fußweg, der stets knapp oberhalb des Strandes entlangführt, zur Ágios-Pávlos-Kirche aus dem 10./11. Jh. in eindrucksvoller Lage am Meer. Die architektonisch harmonische Kreuzkuppelkirche, die aus Quadern und Bruchsteinen errichtet ist, weist im Innern einige Fresken auf. Die Malereien stellen u. a. Szenen aus dem Leben Christi dar. Der Legende nach soll der Apostel Paulus hier gelandet sein und in einer nahegelegenen Quelle getauft haben, was jedoch in der biblischen Apostelgeschichte nicht belegt ist.

Ágios Pávlos
(Άγιος Πάυλος)

Sitía

Σητεία (Siteía)

Neugriechisch

Nomós: Lassíthi
Einwohnerzahl: 8000

Die kleine Landstadt Sitía, die östlichste Stadt Kretas, ist ein in der Südwestecke der gleichnamigen Bucht malerisch gelegener Hafenort, dessen überwiegend neuere Bebauung sich breit ausladend ei-

Allgemeines

Sitía

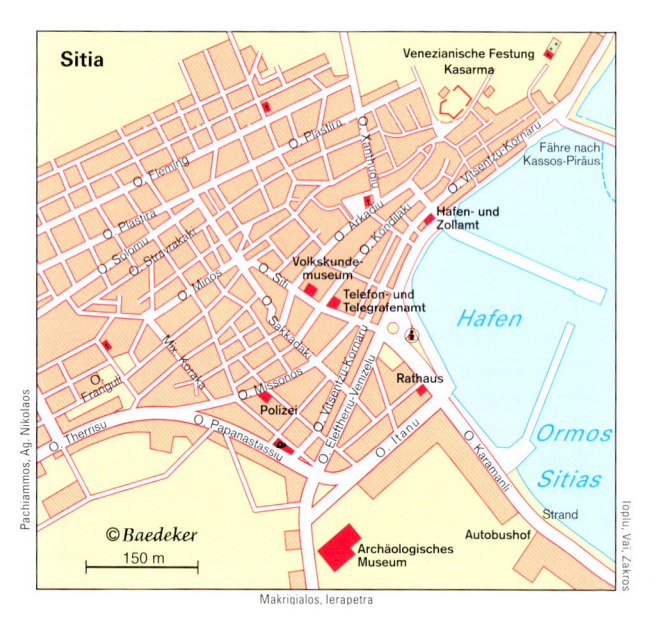

(Map of Sitía with labels: Venezianische Festung Kasárma, Fähre nach Kássos-Piräus, Pinelím, Fleming, Plastíra, Xanthoúli, Arkadíu, Solomú, Stavrákstr., Kondíláki, Hafen- und Zollamt, Minós, Sífi, Saktúraki, Volkskundemuseum, Telefon- und Telegrafenamt, Hafen, M. Fóka, Missónos, Vlisánthu Kornárú, Rathaus, Frangúli, Polizéi, Eleftheríu Venizélu, Ormos Sitías, Therrísu, Papanastasíu, Itanú, Karamanlí, Strand, © Baedeker, 150 m, Archäologisches Museum, Autobusbhof, Pachiámmos, Ag. Nikólaos, Makrigialós, Ierápetra, Tóplu, Vái, Zákros)

Allgemeines (Fortsetzung)

nen niedrigen Hang hinaufzieht. Die Uferstraße, die im Osten am guten Sandstrand beginnt, führt um den Hafen herum. An dessen zentrumsnaher Mole liegen Fischerboote und Yachten und an der äußeren Mole Frachter und Fähren. Schiffsverbindungen bestehen vor allem mit den Inseln Kárpathos und Rhódos sowie zu den Kykladen. Der zentrale Platz von Sitía ist die von Palmen bestandene Platia Iroon Politechniu am Hafen, wo man sich in Cafés erfrischen kann. Im Umkreis befinden sich alle wichtigen Geschäfte und Tavernen. Sitía, das schon in minoischer Zeit besiedelt war, hieß in der Antike Etía. Es wurde in den Jahren 1303 und 1508 durch Erdbeben und 1538 von dem türkischen Admiral Chaireddin Barbarossa zerstört. Nach der erneuten Zerstörung durch die Türken 1651 verließen die Venezianer die Ortschaft, deren Neubesiedlung erst 1870 durch die Türken stattfand. Deshalb stammen die meisten Häuser in der Altstadt aus der Zeit um die Jahrhundertwende. Sitía ist die Heimat von Vintzéntios Kornáros (▶ Berühmte Persönlichkeiten), der die noch heute in Griechenland bekannte epische Dichtung "Erotokritos" (hg. 1713) schrieb.

Sehenswertes in Sitía

Festung Kasárma

Die Festung Kasárma ("casa di arma" = "Waffenhaus"; nicht zugänglich), das einzige bedeutende Bauwerk von Sitía, stammt in seinem heutigen Erscheinungsbild aus dem Jahr 1631. Erhalten blieb neben den zinnenbekrönten Mauern ein dreigeschossiger Turm. Von der Festung hat man einen schönen Ausblick. Im Sommer finden hier Theater- und Konzertaufführungen statt.

Unterhalb der Festung Kasárma am Meer liegen knapp unter dem Wasserspiegel Fischbecken in Hufeisenform aus römischer Zeit, in dem Fische aufbewahrt wurden.

Römische Fischbecken

Das moderne Archäologische Museum zeigt Funde aus Ostkreta vom Neolithikum bis zur römischen Zeit. Die Exponate sind zwar sehr gut präsentiert, aber mangelhaft beschriftet. Die Vitrinen wurden chronologisch geordnet; die Nummerierung beginnt auf der linken Seite des Raumes und verläuft im Uhrzeigersinn. (Öffnungszeiten: Di. – So. 8^{30} – 15^{00} Uhr)

Archäologisches Museum

Gleich nach dem Eingang ist in der Mitte das herausragende Ausstellungsstück des Museums zu sehen: eine minoische Elfenbeinstatuette aus Paláikastro. Das durch Brand beschädigte Kunstwerk beeindruckt durch die außergewöhnliche Feinheit der Ausführung. Die Augen sind aus Bergkristall und das Haar aus Serpentin. Ebenfalls aus Paláikastro stammen die zwei beachtenswerten Rhytha mit Stierhornmotiven (Vitrine 5). Von den Funden aus dem Palast von Káto Zákros seien zwei hervorgehoben: die Weinpresse (links neben Vitrine 10) und das Stierhorn (Vitrine 18). Spätminoische Sarkophage stehen vor den Fenstern zum Innenhof.

*Elfenbeinstatuette

Im Ortszentrum befindet sich ein kleines interessantes Folkloremuseum. Hier ist eine Sammlung von Hausrat, Trachten, Arbeitsgeräten sowie von alten Stick- und Webarbeiten in original kretisch eingerichteten Räumen untergebracht. (Öffnungszeiten: Mo. – Sa. 9^{30} – 14^{30}, Di. auch 17^{00} – 20^{00} Uhr)

Volkskundemuseum

Umgebung von Sitía

Etwa 5 km östlich von Sitía befindet sich nördlich von Agía Fotiá, unterhalb der Straße nach Váï eine frühminoische Nekropole mit über 250 Schacht- und Kammergräbern. Agía Fotiá besitzt auch einen schönen Kiesstrand, an den sich kleine Buchten anschließen.

Agía Fotiá
(Αγία Φωτιά)

16 km östlich von Agía Fotiá – man durchfährt eine herbe Landschaft von eigenartigem Reiz – steht das festungsartige Kloster Moní Toplou, das mindestens bis auf die erste Hälfte des 14. Jh.s zurückgeht. In dem Namen steckt das türkische Wort "top" ("Kanone"), was darauf hinweist, dass das Kloster in venezianischer Zeit zur Abwehr von Seeräubern eine Kanone besaß. Die Anlage wurde mehrfach zerstört, so 1612 durch ein schweres Erdbeben. Das Kloster war Stützpunkt des Widerstandes gegen die Türken und Zufluchtsstätte vor den Deutschen im Zweiten Weltkrieg.
Durch ein schönes Rundbogentor gelangt man zunächst in einen Vorhof und durch das Tor des Glockenturms (1558) in den malerischen Innenhof, der von dreistöckigen Gebäuden mit Galerien umgeben ist, von denen aus die Mönchszellen zugänglich sind. Bei der Architektur ist der venezianische Einfluss unverkennbar.
An der Fassade der Klosterkirche sind einige interessante Steintafeln zu sehen: ein Relief der Panagia mit dem Kind, zwei Inschriften, die vom Wiederaufbau des Klosters 1612 unter dem Abt Gávriil Pantógalos mit finanzieller Unterstützung Venedigs berichten, sowie eine weitere Inschrift, die einen Vertrag (70 v. Chr.) zwischen Ítanos und Hierapytna (Ierápetra) zum Gegenstand hat. Die Kirche

Moní Toplou
(Μονή Τοπλού)

Moní Toploú
(Fortsetzung)

weist zwei Schiffe auf: das nördliche ältere ist der Gottesmutter und das südliche jüngere dem Evangelisten Johannes geweiht. Im Nordschiff wurden wertvolle Fresken des 14. Jh.s freigelegt. Unter den Ikonen ragt vor allem die Ikone "Groß bist Du, Herr" (1770) von Ioánnis Kornáros heraus, auf der in Miniaturmalerei zahlreiche biblische Szenen dargestellt sind. Die Hauptthemen sind (v. o. n. u.): Heilige Dreieinigkeit, Taufe Christi, Muttergottes mit Adam und Eva sowie Höllenfahrt Christi.

Im Museum wird die Rolle des Klosters bei den Befreiungskämpfen des 19. und 20. Jh.s beleuchtet; zudem sind Stiche und Urkunden zur Kirchengeschichte ausgestellt. (Öffnungszeiten des Klosters: 9⁰⁰ – 13⁰⁰, 14⁰⁰ – 18⁰⁰ Uhr)

*Váï-Bucht
(Βάι
Φοινικοδασός)

Bei dem bescheidenen Flecken Váï, 9 km nordöstlich vom Kloster Toploú, findet sich an der gleichnamigen schönen Sandbucht der einzige Palmenhain Kretas. Er ist zwar im Sommer überlaufen, lohnt aber der ungewöhnlichen Landschaft wegen einen Besuch. Wohnen und Zelten kann man hier allerdings nicht. Von dem Restaurant etwas oberhalb hat man einen guten Überblick über den Strand und die Felsenküste. Der Überlieferung nach geht die Entstehung des Palmenhains auf die Sarazenen zurück, die hier im Jahr 824 lagerten und nach dem Essen Dattelkerne liegenließen, aus denen dann die Palmen wuchsen.

Ítanos
(Ίτανος)

3 km weiter nördlich liegen die antiken Reste von Ítanos bei Erimoupolis, die nur dem archäologisch besonders Interessierten zu empfehlen sind. Bedeutung hatte der Ort in antiker Zeit als Hafenplatz für den Mittelmeerhandel. Durch das Bündnis mit Hierapyt-

Váï-Strand: der berühmte Palmenstrand Kretas

na (Ierápetra) im 2. Jh. v. Chr. beherrschte Ítanos zusammen mit diesem Ort Ostkreta. Nach dem Erdbeben im Jahr 795 wurde die Stadt wiederaufgebaut und im 15. Jh. wegen Piratenüberfällen endgültig aufgegeben. Auf dem küstennahen Felsen stand einst die Akropolis, von wo sich ein schöner Ausblick auf die Küste bietet. Unterhalb sieht man noch Teile eines Stadtviertels. Ebenfalls am Hang der Akropolis finden sich zudem die Grundmauern einer dreischiffigen, teilweise aus Spolien errichteten Basilika (5./6. Jh.), in deren Mittelschiff in mittelbyzantinischer Zeit eine kleine kreuzförmige Kirche erbaut wurde.

Nördlich der Stadt stößt man auf eine große Nekropole mit einem gut erhaltenen Grab aus hellenistischer Zeit. Drei grobsandige, schöne und wenig besuchte Strände laden hier zum Baden ein.

Ítanos (Fortsetzung)

Paláikastro, das östlichste Großdorf Kretas, 23 km östlich von Sitía, ist ein beliebter Urlaubsort für Individualreisende, der seine Ursprünglichkeit jedoch weitgehend bewahrt hat.

In Strandnähe wurden die Grundmauern und Straßenzüge einer minoischen Stadt mit Namen Russolákkos ("Rote Höhle") freigelegt. Da wie bei Ítanos nicht mehr allzu viel zu sehen ist, sind sie nur für den archäologisch spezialisierten Besucher von Interesse. Russolákkos, die neben Gourniá bedeutendste minoische Stadtsiedlung Kretas, erlebte ihre Blütezeit in der mittelminoischen Periode und ging in spätminoischer Zeit unter. In der Antike war es unter dem Namen Heleia bekannt. Ein großer Teil der Anfang des Jahrhunderts durchgeführten Ausgrabungen wurde im Zweiten Weltkrieg zerstört. Südlich auf dem Petsofás-Hügel liegen die Reste des gleichnamigen Gipfelheiligtums; von hier kann man eine großartige Aussicht genießen. 2 km östlich von Paláikastro kommt man zu dem hübschen Sand-Kies-Strand Chióna, wo einige Fischtavernen für das leibliche Wohl der Besucher sorgen.

Paláikastro (Παλάικαστρο)

Ein Besuch von Achládia, 8 km südlich von Sitía, empfiehlt sich wegen des spätminoischen, vollständig erhaltenen Kuppelgrabs, das allerdings schwer zu finden ist (1 km östlich des Ortes führt links leicht aufwärts der Weg dorthin). Ein steiler Dromos leitet in das 4 m hohe Grab, an dessen Rückseite sich eine kleine Grabkammer befindet.

Achládia (Αχλάδια)

Architektonisch bemerkenswert ist die Bischofskirche Ágii Apóstoli (11. Jh.) in Káto Episkopí, 3 km südlich von Sitía. Sie hat einen dreijochigen Aufbau mit kurzen Seitenarmen, die innen halbrund und außen dreiseitig sind. Über dem mittleren Joch erhebt sich eine achteckige Tambourkuppel mit Trompen. Die Apsis ist nur innen aus der dicken Ostmauer herausgearbeitet und deshalb von außen nicht sichtbar. Die Kirche soll zwei Altäre besessen haben, einen für den lateinischen und einen für den orthodoxen Ritus.

Káto Episkopí (Κάτω Επισκοπή)

Fährt man 2 km weiter südlich, liegen vor dem Ort Zou rechts oberhalb die wenigen Reste eines minoischen Herrenhauses aus der mittelminoischen Periode. Sichtbar ist u. a. noch ein Raum mit einer Sitzbank.

Zou (Ζού)

14 km südlich von Sitía findet man die Reste der antiken Stadt Praisós, das von dem gleichnamigen, sehr ruhigen Dorf in einem halb-

Praisós (Πραισός)

Praisós
(Fortsetzung)

stündigen Spaziergang erreichbar ist. Besondere Bedeutung hatte die Stadt als Rückzugsgebiet der minoischen Bevölkerung, die ihre Sprache bis in griechische Zeit bewahren konnte.
Der Besucher trifft auf ein tholosförmiges Grab und in den Fels gehauene Kammergräber. Auf drei Hügeln sind Architekturreste zu sehen. Die von einer Mauer umschlossene Stadt lag auf zwei der Hügel. Reste eines Heiligtums befinden sich auf dem Hügel außerhalb der Stadt, dem so genannten Altarhügel. Der höchste Hügel zeigt gut erhaltene Quadermauern und ein hellenistisches Haus mit einem Becken zum Auffangen von Regenwasser und mit einer Olivenpresse.

Chandrás-Hochebene

Von Néa Praisós führt eine schmale und schlechte Straße südlich weiter durch eine interessante Landschaft auf die Chandrás-Hochebene, ein Zentrum der Sultaninenproduktion. Die bessere Alternative auf die Hochebene zu kommen ist die gut ausgebaute Strecke, die von der Hauptstraße südöstlich über Etiá (s. u.) und Arméni führt. Die Dörfer auf der Chandrás haben sich ihre Ursprünglichkeit bewahrt.

Woíla

Etwa 1 km nördlich des Ortes Chandrás erkennt man am Hang die Ruinen des zerstörten mittelalterlichen Dorfes Woíla. Erhalten ist ein Wohnturm einer venezianischen, zum Islam übergetretenen Adelsfamilie. Außerdem sind noch eine Ágios-Geórgios-Kirche aus dem 16. Jh., die die Grabstätte der Familie Salamós mit einem bemerkenswerten Fresko aufweist, und schöne türkische Brunnen zu sehen.

Zíros
(Ζίρος)

In Zíros, 4 km östlich von Chandrás, steht eine Agía-Paraskeví-Kirche mit Fresken aus dem Jahr 1523 und einem Ossuarium. In diesem sind die Gebeine der Einwohner des einst südwestlich gelegenen Ortes Skaliá enthalten, das von den Türken im 17. Jh. zerstört wurde.

Etiá
(Ετιά)

Beim verlassenen Weiler Etiá, 4 km westlich von Chandrás, ist ein dreistöckiger venezianischer Palazzo zu sehen. Er wurde Ende des 15. Jh.s von der Familie de Mezzo erbaut und während der Revolution von 1897 von den Griechen zerstört. Erhalten sind noch einige Räume des teilweise restaurierten Gebäudes.

Makrygialós
(Μακρυγιαλός)

Der mit dem benachbarten Análipsis zusammengewachsene Badeort Makrygialós, 29 km südlich von Sitía in einer Bucht gelegen, ist Ziel vieler Pauschalreisender und deutscher Familien. Der Sandstrand ist lang, aber schmal. Von der Hauptstraße leitet ein Wegweiser zur frei zugänglichen Ruine einer spätminoischen Villa. Nahe der Dorfkirche sind die eingezäunten und völlig von modernen Häusern gesäumten Grundmauern einer römischen Villa (1. Jh. n. Chr.) mit zahlreichen um einen Hof gelegenen Zimmern zu erkennen.

Moní Kapsá
(Μονή Καψά)

Das am Ausgang einer Schlucht einsam auf einer schmalen Felserrasse gelegene Kapsá-Kloster (35 km südlich von Sitía) wurde wahrscheinlich im 15. Jh. erbaut. Man verehrt hier Johannes den Täufer, dessen Leben auf einer schönen Ikone dargestellt ist. Im Kloster ist zudem das Grab des Mönchs Josíf Gerondojánnis zu sehen, der

Moní Kapsá
(Fortsetzung)

Wunderheilungen vollbrachte. Von der Anlage hat man einen schönen Ausblick auf die Insel Kufonísi. (Geschlossen 13⁰⁰ – 15⁰⁰ Uhr) Oberhalb des Klosters erreicht man über schmale Felsstufen eine Eremitenhöhle, in der Gerondojánnos und andere Eremiten gelebt haben.

Moní Faneroménis
(Μονή Φανερομένις)

Verläßt man Sitía auf der Straße nach Ágios Nikólaos, zweigt nach etwa 2 km ein Schotterweg zu einer kleinen Bucht ab, in der man am Kiesstrand oder von Felsplatten baden kann. Von der kleinen Taverne gelangt man in etwa 30 Gehminuten zum verlassenen Kloster Faneroménis, das inmitten eines meist menschenleeren Ortes mit gepflegten Häusern steht. Der Ort ist nur zur Zeit der Wein- und Olivenernte bewohnt.

Chaméxi
(Χαμέξι)

In dem noch sehr urwüchsigen Bergdorf Chaméxi, 10 km westlich von Sitía, lohnt das kleine private Volkskundemuseum – im Kafenion unterhalb des Museums danach fragen – einen Besuch. Es ist ein mit zahlreichen Gebrauchsgegenständen eingerichtetes einräumiges Bauernhaus. (Öffnungszeiten: 8⁰⁰ – 13⁰⁰, 17⁰⁰ – 20⁰⁰ Uhr)
Von der Straße nach Ágios Nikólaos biegt man nach dem Ortsende auf einer Passhöhe unterhalb von zwei Windmühlenstümpfen nach links auf einen Feldweg ab, der nach 700 m auf einer Hügelkuppe endet. Hier stehen die Grundmauern eines mittelminoischen Gutshofes mit ungewöhnlichem ovalen Grundriss.

Móchlos
(Μόχλος)

Das Fischerdorf Móchlos, 30 km westlich von Sitía an der Küste gelegen, hat noch seinen ursprünglichen Charakter bewahrt. Hier erstreckt sich eine wildromantische Küste mit steilen Klippen und nur übers Meer erreichbaren Sandbuchten.
Auf der dem Ort 150 m vorgelagerten gleichnamigen Insel wurden zahlreiche Grabkammern freigelegt, in denen Geräte und Grabbeigaben aus frühminoischer Zeit gefunden wurden. Diese Funde sind heute in den Archäologischen Museen von Ágios Nikólaos, Iráklion und Sitía ausgestellt.

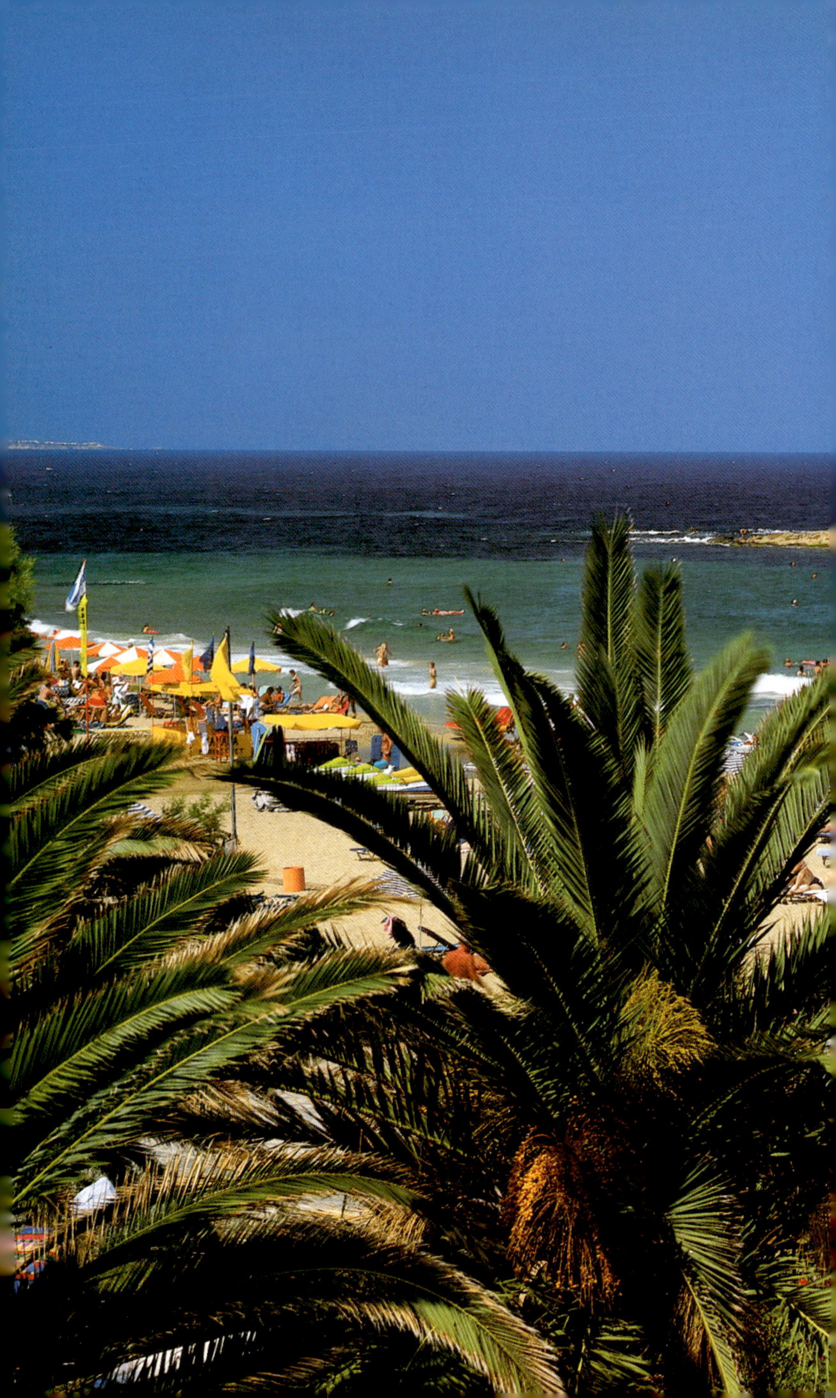

Praktische Informationen

Praktische Informationen von A bis Z

Anreise

Mit dem Flugzeug

Von Deutschland besteht zwischen Frühjahr und Herbst Charterflugverkehr ab Berlin, Dresden, Düsseldorf, Erfurt, Frankfurt am Main, Friedrichshafen, Hamburg, Hannover, Köln, Leipzig, München, Nürnberg, Paderborn und Stuttgart nach Iráklion sowie ab Frankfurt am Main und Stuttgart nach Chaniá; ferner täglicher Linienflugverkehr z. B. ab Frankfurt am Main und München nach Athen und Thessaloníki mit Anschlüssen nach Kreta.

Aus Österreich existiert einmal wöchentlich Flugverkehr von Wien nach Iráklion; ansonsten bestehen tägliche Linienverbindungen von Wien nach Athen und Thessaloníki. Von der Schweiz gibt es täglich Flüge von Zürich nach Athen und Tessaloníki.

Von Athen fliegt Olympic Airways täglich nach Chaniá und Iráklion, von Thessaloníki gibt es ebenfalls täglich Flugverbindungen nach Iráklion und zweimal wöchentlich nach Chaniá.

Mit dem Auto

Die kürzeste Strecke nach Griechenland ist die Fahrt auf der Balkan-Autobahn (Autoput) durch Slowenien, Kroatien, Serbien und Makedonien. Sie kann jedoch wegen der schwierigen Lage auf dem Balkan zur Zeit nicht in Anspruch genommen werden.

Eine Alternative zur Anreise über den Autoput ist die Anreise über Italien bzw. Kroatien und die Autofähren (▶ Fähren) nach Griechenland. Eine rechtzeitige Buchung der Fähre ist ratsam.

Mit der Bahn

Wer mit der Bahn nach Griechenland reisen möchte, ist wegen der angespannten Lage auf dem Balkan infolge des Kosovo-Krieges gezwungen, einen Umweg über Bukarest/Rumänien zu machen.

Mit dem Bus

	Auskunft Deutsche Touring Gesellschaft	Am Römerhof 17 D-60486 Frankfurt am Main ☎ 0 69/79 03-0, FAX 7 90 32 19

Antiquitäten

Die Ausfuhr von antiken Gegenständen und Kunstwerken, z. B. von Ikonen, ist unter Androhung hoher Strafen verboten. Unproblematisch sind Erwerb und Ausfuhr von Kopien antiker Museumsstücke

◀ **Mália gehört zu den beliebtesten Stränden auf Kreta.**

(u. a. Fresken, Ikonen, Schmuck), wie sie beispielsweise in den Museumsläden in Iráklion zu bekommen sind.

Antiquitäten (Fortsetzung)

Ministry of Culture and Sciences
Odos Aristidou 14
GR-10559 Athen
☎ (01) 3 23 16 93

Das Ministerium entscheidet über die Ausnahmen beim Ausfuhrverbot für Original-Kunstwerke.

Apotheken

Apotheken erkennt man an dem runden Schild mit Kreuz über dem Eingang sowie an der Aufschrift "ΦAPMAKEÍO" ("FARMA-KEÍO"). Meistens sind auch deutsche Arzneimittel vorrätig.

Allgemeines

An jeder Apotheke findet man Hinweise auf die nächste Apotheke, die Notdienst macht. Die täglich auch auf Kreta erscheinende englischsprachige Zeitung "The Athens News" nennt außerdem unter dem Stichwort "Chemists/Pharmacies" die Apotheken, die Nacht-, Sonn- und Feiertagsdienst haben.

Notdienst

☎ 100 (Polizei, die den Notruf weiterleitet)

Apothekennotruf

Ärztliche Hilfe

☎ 100

Polizeinotruf

☎ 166

Unfallrettung

Auf Kreta ist ärztliche Versorgung durch Krankenhäuser und Gesundheitszentren (Kentra Ygieias) gewährleistet. Diese Gesundheitszentren behandeln auch Touristen kostenlos.

Krankenhäuser, Gesundheitszentren

Griechenland hat die Europäische Konvention unterzeichnet, in der Regelungen über medizinische Behandlungen, einschließlich der Kosten, festgelegt sind. Vor einem Kreta-Aufenthalt empfiehlt es sich, die neuesten Bestimmungen bei der zuständigen Krankenkasse zu erfragen und sich einen Auslandskrankenschein zu besorgen. Nützlich ist auch ein bei vielen Krankenkassen erhältlicher Patienten-Pass, eine Verständigungshilfe (in mehreren Sprachen, darunter auch in Griechisch) für den Krankheitsfall; gewünschte Arzneimittel oder zutreffende Krankheiten müssen auf diesem Pass nur angekreuzt werden.

Kostenregelung

Auskunft

Internet

http://www.interkriti.org
http://kreta.de
http://gtpnet.com

Deutschland

Griechische Zentrale für Fremdenverkehr (GZF)
Neue Mainzer Straße 22

Auskunft (Fortsetzung)

D-60311 Frankfurt am Main
☎ (0 69) 23 65 61/3
FAX 23 65 76

Wittenbergplatz 3 A
D-10789 Berlin
☎ (0 30) 2 17 62 62/3
FAX 2 17 79 65

Pacellistraße 5
D-80333 München
☎ (0 89) 22 20 35/6
FAX 29 70 58

Abteistraße 33
D-20149 Hamburg
☎ (0 40) 45 44 98
FAX 45 44 04

Österreich

Opernring 8
A-1010 Wien
☎ (01) 5 12 53 17/0
FAX 5 13 91 89
E-Mail: grect@vienna.at

Schweiz

Löwenstrasse 25
CH-8001 Zürich
☎ (01) 2 21 01 05
FAX 2 12 05 16
E-Mail: eot@bluewin.ch

Ágios Nikólaos

EOT
Hafen
GR-72100 Agios Nikolaos
☎ (08 41) 8 23 84/5
FAX 8 23 86

Chaniá

EOT
Kriari 40
GR-73100 Chania
☎ (08 21) 9 29 43
FAX 9 26 24

Ierápetra

EOT
Platia E. Michail Kóthri
GR-72200 Ierapetra
☎ (08 42) 2 25 62

Iráklion

EOT
Xanthoudidou 1
GR-71202 Iraklion
☎ (0 81) 22 82 25
FAX 22 60 20

Paleochóra

Community of Palaiochora
GR-73001 Palaiochora
☎ (08 23) 4 15 07

Réthymnon

EOT
El. Venizelou
GR-74100 Rethymnon
☎/FAX (08 31) 2 91 48

Autohilfe

Polizeinotruf	☎ 100
Unfallrettung	☎ 166
ADAC-Notruf	In Athen (deutschsprachig): ☎ (01) 9 60 12 66
ELPA	Der Automobil- und Touringclub von Griechenland (ELPA) ist rund um die Uhr unter der Telefonnummer 104 erreichbar.
OVELPA	ELPA verfügt über einen Verkehrsdienst mit Streifenwagen (OVELPA), der ausländischen Fahrern Hilfe leistet. Es sind gelbe Wagen

mit der Aufschrift "Assistance Routière". Durch Offenhalten der Motorhaube oder Anbringen eines gelben Tuches an einer auffallenden Stelle sollte man im Fall einer Panne o. ä. auf sich aufmerksam machen. Die Pannenhilfe ist kostenpflichtig. ADAC-Mitglieder erhalten Sondertarife. Für Inhaber des ADAC-Euro-Schutzbriefes sind die Pannenhilfe vor Ort und das Abschleppen bis zur nächsten Werkstatt kostenlos.

Autohilfe (Fortsetzung)

Behindertenhilfe

Der offizielle Hotelführer der griechischen Hotelkammer enthält Hinweise auf behindertengerechte Unterkünfte. Er ist bei der Griechischen Zentrale für Fremdenverkehr (▶ Auskunft) erhältlich.

Botschaften

▶ Diplomatische Vertretungen

Busverkehr

Die Insel Kreta ist von einem dichten Linienbusnetz durchzogen. Hauptknotenpunkt der Fernbuslinien ist der Busbahnhof A bei der Fähranlegestelle am Hafen von Iráklion, wo sich auch die zentralen KTEL-Auskunftsbüros befinden: ☎ (0 81) 22 17 65, 2 22 34.
Busfahrpläne in englischer Sprache sind in den größeren Touristeninformationsbüros (▶ Auskunft) sowie an den Busbahnhöfen in Ágios Nikólaos, Chaniá, Ierápetra, Iráklion, Kastélli Kísamos, Réthymnon und Sitiá erhältlich. Iráklion, Chaniá und Réthymnon verfügen über mehrere Busbahnhöfe Die verschiedenen Busbahnhöfe innerhalb eines Ortes sind Standplätze für Ziele in unterschiedliche Richtungen; genaue Information ist ratsam. Meist halten Busse auch außerhalb von Bushaltestellen auf Zuwinken an. Busfahrkarten sollten im voraus am Busbahnhof besorgt werden; bei Zustieg in kleineren Orten löst man sie im Bus.

Allgemeines

Reisebüros organisieren u. a. auch Busausflüge wie Stadtrundfahrten oder Fahrten zu den Sehenswürdigkeiten der Insel. Angeboten werden beispielsweise ab Chaniá und ab Iráklion: Knossós, die Samariá-Schlucht oder Réthymnon; ab Iráklion zusätzlich Festós – Górtys – Mátala (ganztägig), Ágios Nikólaos – Kritsá und die Lassíthi-Hochebene. Weitere Empfehlungen für Ausflugsmöglichkeiten erteilt das Personal an den Hotelrezeptionen oder sind in den Fremdenverkehrsstellen vor Ort (▶ Auskunft) erhältlich.

Organisierte Busausflüge

Camping

Die überwiegende Zahl der griechischen Campingplätze unterliegt der Überwachung der Fremdenverkehrsbehörde. Die Plätze sind klassifiziert: Kat. A = gehobene Ausstattung, Kat. B = gute Ausstattung, Kat. C = zufriedenstellende Ausstattung. Auf den Campingplätzen können z. T. auch Häuser bzw. Hütten gemietet werden.

Klassifizierung der Campingplätze

Camping (Fts.) Freies Campen	Das Übernachten außerhalb von Campingplätzen, auf Straßen, Rast- und Parkplätzen sowie im freien Gelände, ist nicht erlaubt.
Campingführer	Detaillierte Hinweise über Campingplätze auf Kreta enthält der alljährlich neu erscheinende ADAC Campingführer, Band I: Südeuropa, erhältlich in jeder ADAC-Geschäftsstelle. Ferner wird von der Greek Camping Association (Anschrift s. u.) die Broschüre "Camping in Greece" herausgegeben.

Greek Camping Association
Solonos 102
GR-10680 Athen
☎ (01) 3 62 15 60
FAX 3 46 52 62

Diplomatische und konsularische Vertretungen

Griechische Botschaften

In Deutschland
An der Marienkapelle 10
D-53177 Bonn
☎ (02 28) 83 01/0
FAX 35 328 4

In Österreich
Argentinierstraße 14
A-1040 Wien
☎ (01) 5 05 57 91
FAX 5 05 62 17

In der Schweiz
Hausmattweg 2
CH-3074 Mori
☎ (0 31) 9 51 08 24
FAX 9 54 12 34

Konsulate auf Kreta

Bundesrepublik Deutschland
Daskalogianni 64
GR-73100 Chania
☎ (08 21) 5 79 44, FAX 2 71 14

Zografou 7
GR-71110 Iraklion
☎ (0 81) 22 62 88, FAX 22 25 76

Österreich
Odos Dedalou 34
GR-71201 Iraklion
☎/FAX (0 81) 22 33 79

Schweiz
Odos Dedalou
GR-71201 Iraklion
☎/FAX (0 81) 22 23 39

Einkäufe und Souvenirs

Angebot	Kreta bietet vielerlei Möglichkeiten, Andenken zu erwerben. Allerdings hat sich eine ausgedehnte Massenfabrikation entwickelt, so dass man Gegenstände von Qualität nicht immer auf den ersten Blick findet.
Volkskunst	Einen guten Einblick in die Volkskunst geben die Volkskunstläden. In manchen Dörfern der Insel bietet sich die Gelegenheit, bei der Herstellung der Volkskunsterzeugnisse zuzuschauen. Auskünfte erteilen die Fremdenverkehrsstellen vor Ort (▶ Auskunft).
Goldschmuck	An den besonders von Touristen frequentierten Orten wird Goldschmuck in großer Vielfalt angeboten. Ringe, Ketten und Armreifen sind z. T. wesentlich günstiger als in Deutschland.

In Chaniá kann man gut Lederwaren einkaufen.

Schöne Web-, Stick- und Häkelarbeiten findet man vor allem in Kritsá und Anógia. Man muss allerdings darauf achten, dass man keine im Ausland gefertigte Billigware kauft.	Handarbeiten
Ikonen werden von Kunstliebhabern geschätzt. Handgemalte Ikonen kann man sich von einem griechischen Künstler nach eigenen Wünschen malen lassen. Zudem gibt es in den Souvenirgeschäften Kopien von Ikonen.	Ikonen
Keramik wird in allen Preislagen angeboten, von schlechten Nachahmungen antiker Vasen über gute Kopien bis zu den schönsten Produkten. Die meisten Töpferwaren sind allerdings nur bedingt abwaschbar, da die Farben nicht eingebrannt werden. Töpferwerkstätten gibt es beispielsweise in Margarítes und Thrapsanó. Hier werden noch die großen, schon in minoischer Zeit benutzten Vorratsgefäße, die Pithoi, hergestellt, aber auch wegen der touristischen Nachfrage Teller und Vasen	Keramik
Kräuter, die teilweise als Tees angeboten werden, sind in vielen Läden erhältlich. Reichhaltig ist die Auswahl an Süßigkeiten (Thymianhonig, ouzogetränkter Feigenkuchen, Schokolade, Nusspaste u. a.) sowie an Trockenfrüchten und Nüssen und nicht zuletzt an verschiedenen Weinen und Spirituosen. Auch Olivenöl bietet sich als Mitbringsel an (*Baedeker Special* S. 205).	Lebensmittel, Alkoholika
Empfehlenswert für Lederwaren wie Schuhe, Gürtel und Taschen sind vor allem Réthymnon und Chaniá, wo man die so genannte Ledergasse (Odos Skridlof) aufsuchen sollte.	Lederwaren

| Einkäufe und Souvenirs (Fortsetzung) | Gegenstände aus Marmor, Onyx und Alabaster sowie aus Kupfer und Zinn, ferner Olivenholzschnitzereien sind ebenfalls beliebte Mitbringsel. |

Elektrizität

| Wechselstrom | Das griechische Stromnetz führt im Regelfall 220/230 Volt (auf den Schiffen oft nur 110 Volt) Wechselspannung. Europanorm-Gerätestecker sind normalerweise verwendbar. Dennoch empfiehlt es sich, ein überall im Elektrohandel angebotenes Adapterset von zu Hause mitzunehmen. Unter Umständen können Adapter auch an der Hotelrezeption ausgeliehen werden. |

Entfernungen

Entfernungen in Straßen-km zwischen ausgewählten Städten auf Kreta	Ágios Nikólaos	Chaniá	Chóra Sfakíon	Ierápetra	Iráklion	Kastélli Kísamos	Palaiochóra	Réthymnon	Sitía
Ágios Nikólaos	•	205	216	35	63	247	289	145	70
Chaniá	225	•	64	272	139	43	75	58	294
Chóra Sfakíon	236	64	•	237	150	107	139	69	305
Ierápetra	35	272	237	•	122	304	347	203	64
Iráklion	86	139	150	122	•	182	214	81	155
Kastélli Kísamos	268	43	107	304	182	•	72	101	339
Palaiochóra	300	75	139	347	214	72	•	133	369
Réthymnon	167	58	69	203	81	101	133	•	236
Sitía	70	294	305	64	155	339	369	236	•

Essen und Trinken

| Griechische Küche | Die griechische Küche ist in ihrer Grundstruktur eher einfach und bietet – so die Kritiker – nicht allzu viel Abwechslung. Sie wird im wesentlichen von einigen grundlegenden Bestandteilen bestimmt: Olivenöl, Tomaten, Knoblauch, Zwiebeln, Fleisch von Schaf, Ziege oder Huhn, Schafs- und Ziegenkäse sowie Gemüse der Saison. Grundsätzlich wird Brot zum Essen gereicht. Zu bedenken ist, dass in Griechenland niemand Wert darauf legt, dass das Essen heiß auf den Tisch kommt. |
| Essgewohnheiten | Das griechische Frühstück ist normalerweise recht bescheiden. Zu einer Tasse Kaffee oder einem Glas Milch gibt es ein paar Scheiben Weißbrot, dazu Butter bzw. Margarine und Konfitüre (meist Apri- |

Baedeker SPECIAL

Geschenk der Göttin

Der Olivenbaum ist seit Jahrtausenden die bedeutendste Kulturpflanze und ein wichtiges Exportprodukt von Kreta. Aus dem Westen der Insel stammen die hervorragendsten Olivenöle Griechenlands, die in einem aufwendigen Produktionsverfahren hergestellt werden.

In legendärer Zeit schenkte die Göttin Athena den Bewohnern Attikas den ersten Olivenbaum, der als rituelle Pflanze, als Medizin und Nahrungsmittel schnell Verbreitung in der gesamten griechischen Welt fand. Für die Kreter ist der Ölbaum bis heute ein Segen und ein bedeutendes Exportprodukt zugleich.

Tsounati-Bäume

Klima und Boden, Anbau, Erntemethoden und Verarbeitung prägen den Duft und den Geschmack der Olivenöle. Aus dem Westteil von Kreta stammen die hervorragendsten Olivenöle Griechenlands. Dort wachsen – z. B. im verwinkelten Tal von Kándanos auf rund 700 m Höhe oder in der Nähe von Agía Marína – die Tsounati-Bäume, aus deren grün-violetten Früchten das kostbare, kaltgepresste, native Olivenöl gewonnen wird. Nur aus reifen makellosen Oliven, aus dem hellen Fleisch mit dem weißen cremigen Saft der Tsounati-Olive lässt sich erstklassiges Öl pressen. 40 bis 70 kg Oliven werden jeweils von einem manchmal jahrhundertealten Baum geschüttelt, in Netzen aufgefangen, in Jutesäcke gefüllt und möglichst schnell zur Ölmühle

Auf Kreta findet man ein vielfältiges Angebot von Olivenöl.

gefahren, wo die Erntemenge gerade einmal 10 bis 15 Liter Olivenöl ergibt. Das so gewonnene Olivenöl zeichnet sich durch jenes fruchtige Grünaroma bei leichter Schärfe und äußerst geringem Säuregrad aus. Das Öl soll beim Pressen in der Edelstahlzentrifuge möglichst nicht über 30 Grad erwärmt werden, damit der Duft und das unverwechselbare Aroma erhalten bleiben. Der sämige Saft wird dann im Fass gelagert, um die Trübstoffe absinken zu lassen, bevor er in Flaschen abgefüllt wird.

Die besten kretischen Olivenöle

Zu den besten kretischen Olivenölen, die aufgrund der sorgsamen aufwendigen Herstellung nicht billig sind, zählt unter Feinschmeckern das herb-frische Olivenöl Prince of Crete aus dem südkretischen Dorf Plora mit dem minoischen Lilienprinzen auf der Flasche. Sehr fruchtig, mit einer grasigen Nuance schmeichelt das extra native kaltgepresste Olivenöl von Laini Thrapsano den Gaumen mit der doppelhenkeligen Bauchamphore und Olivenzweig als Markenzeichen. Das Olivenöl von Kísamos mit der Henkelkanne und dem Inselgrundriss auf dem Etikett zeichnet sich durch Gründuft aus mit einem Hauch von Bitterkeit und leichter Schärfe.

Olivenöl

205

Essgewohnheiten (Fortsetzung)	kose oder Erdbeer). Nur in gehobeneren Hotels sind reichhaltige Frühstücksbuffets aufgebaut. Ebenfalls untergeordnete Bedeutung hat das Mittagessen. Die Einheimischen begnügen sich mit kleinen Gerichten oder Imbissen. In vielen Restaurants wird mittags nur in beschränktem Umfang serviert. Am ehesten wird man im Bereich touristischer Zentren bedient. Hauptmahlzeit ist das Abendessen, das in Restaurants kaum vor 21 Uhr, eher später, eingenommen wird. Darauf müssen ausländische Besucher nicht unbedingt Rücksicht nehmen. Die meisten Restaurants bieten ohnehin durchgehend ab Mittag bis spät in den Abend hinein warme Küche. Die Griechen bestellen nie für jede einzelne Person ein individuelles Menü. Vorspeisen, Salate, Fisch- und Fleischgerichte kommen gleichzeitg auf den Tisch und jeder bedient sich.
Vorspeisen	Neben den zum Aperitif – meist Anisschnaps Ouzo – gereichten kleinen Appetithappen (mese) sind Garnelen- und Muschelgerichte, Meeresfrüchte oder mit Reis gefüllte Weinblätter (dolmadakia) sowie Salate (salates) zu nennen. Nicht zu vergessen sind Tzaziki (Joghurt mit Knoblauch und kleingeschnittenen Gurken) und gebakkene Zucchini.
Suppen (supes)	Wenn Suppen angeboten werden, sind diese sehr gehaltvoll. Beliebt ist die Fasolada (dicker Bohneneintopf). Fleisch und Fischsuppen werden meist mit Zitronensaft abgeschmeckt.
Fleischgerichte (kreas)	Bevorzugt werden Lammfleisch (arnaki) oder Hammel (arni), die oft gebraten oder gegrillt auf den Tisch kommen. Verbreitet sind Fleischspießchen (souvlakia) und am senkrechten Drehspieß gegrilltes Fleisch (gyros). Manche mögen auch Innereien am Spieß (kokoretsi).
Aufläufe	Sehr verbreitet sind Aufläufe wie Pastitio (Nudelgericht mit Hackfleisch) und Moussaka (Auberginenauflauf mit Hackfleisch).
Gemüse	Typische Gemüsearten sind Artischocken (anginares), Auberginen (melitsanes), kleine Kürbisse (kotokitakia) und Paprikaschoten (piperes), die oft mit Hackfleisch gefüllt oder in Öl gegart werden. Beliebt ist die Horta, blanchierter Spinat, der mit Zitronensaft serviert wird.
Salate	Bei den Salaten hat man die Auswahl zwischen Kopfsalat (maroulli), Tomatensalat (tomata salata), Krautsalat (lachano salata) und dem aus Gurken, Tomaten, Oliven und Schafskäse zusammengestellten Bauernsalat (choriatiki), der am meisten gegessen wird.
Fische (psari)	Da die Fanggründe um Kreta fast leergefischt sind, wird ein Großteil der Fische importiert, was zu den hohen Preisen führt. Fische und Meeresfrüchte sind trotzdem sehr beliebt, vor allem Brassen (sinagrida tsipura), Seezungen (glossa), Meerbarben (barbuni) und Thunfische (tonos). Daneben werden Hummer (astakos), Muscheln (midia), Tintenfische (kalamaria) und Kraken (oktopodi) angeboten.
Nachtisch (dessert)	Neben Eis (pagoto) gibt es viele einheimische Früchte, je nach Jahreszeit Wassermelonen (karpusi), Zuckermelonen (peponi), Pfirsi-

Fische sind auf Kreta relativ teuer.

che (rodakoni), Birnen (achladi), Äpfel (milo), Apfelsinen (portokali), Weintrauben (stafili) und Feigen (sika). Typisch griechisch sind daneben Joghurt mit Honig und Griespudding (krema).
Nachtisch (Fortsetzung)

Griechischer Käse wird aus Schaf- oder Ziegenmilch hergestellt, aus der auch der vorzügliche Joghurt (jaurti) gemacht wird.
Käse

Auf Kreta ist Wein das am meisten verbreitete alkoholische Getränk, das man in Restaurants offen und in Flaschen erhält. Es werden Rebsorten für Weißwein (aspro krassi) und Rotwein (mavro krassi) angebaut. Zu den bekanntesten kretischen Weinen gehören der Minos und der Lato. Der geharzte Retsina ist ursprünglich kein kretischer Wein, sondern wurde vom griechischen Festland importiert. Dieser Weißwein hat einen eigentümlich herben Geschmack, ist aber sehr bekömmlich. Schon in der Antike schätzte man geharzten Wein. Das Baumharz wird dem Wein während des Gärprozesses zugesetzt, um die Haltbarkeit zu verbessern.
Wein (krassi)

Mit der Regierungszeit des aus Bayern stammenden Königs Otto I. beginnt die Tradition des griechischen Brauwesens. Heute dominieren allerdings ausländische Brauereien. Bier, das man vom Fass und aus der Flasche bekommt, wird auf Kreta immer beliebter.
Bier (bira)

Als Aperitif wird Ouzo (Anisschnaps) getrunken, der gewöhnlich mit Wasser verdünnt wird und dann ein milchiges Aussehen annimmt. Dazu werden fast immer Appetithappen (meses) gereicht. Ebenfalls Anis enthält der kräftigere Raki. Die Rinde des Mastixbaumes (pistacia lentiscus) wird zur Herstellung von Mastixschnaps
Spirituosen

Essen und Trinken (Fts.)	(masticha) verwendet. Griechischer Kognak (koniak) – besonders begehrt die Marke "Metaxa" – ist fruchtig und relativ süß.
Alkoholfreie Getränke	Neben normalem Wasser (nero) erhält man Mineralwasser (metalliko nero, soda) sowie aus frischen Früchten gepresste Säfte (portokalada freska) und diverse Limonaden (lemonada; meist mit Orangen- oder Zitronenessenz).
Kaffee (kafes), Tee (tsai)	Griechischer Kaffee ist eine Art von fein gemahlenem Mokka, der Tasse für Tasse zubereitet wird. Je nach Stärke und Zuckergehalt unterscheidet man 16 Sorten. Am meisten getrunken wird der "metrios" (mittelstark und mittelsüß). Für Touristen wird daneben Nescafé angeboten, die kalte Variante nennt man Frappé. Tee wird mit Teebeuteln aufgebrüht, als Schwarztee (mavro tsai), Pfefferminztee (tsai manda) und Kamillentee (kamumillo).

Fähren

Allgemeines	Wer mit dem eigenen Fahrzeug nach Griechenland reisen will, kann die zahlreichen Fährverbindungen zwischen Italien und Griechenland nutzen. Es gibt allerdings keine direkten Fährverbindungen mehr von Italien nach Kreta. Deswegen muss man die Fähren von Italien nach Pátras bzw. Igumenítsa nehmen, auf dem Landweg nach Piräus fahren und von dort mit der Fähre nach Kreta. Von den italienischen Adriahäfen Venedig, Ancona, Bari, Brindisi, Venedig und Triest verkehren Fährschiffe nach Pátras bzw. Igumenítsa. Die kürzeste Verbindung führt von Brindisi/Apulien nach Igumenítsa.

Fährverbindungen von Italien nach Griechenland

VERBINDUNG	REEDEREI, TURNUS
Ancona – Igumenítsa – Korfu – Pátras	Strintzis Lines, 4 x wö.
Ancona – Igumenítsa – Pátras	Anek Lines, 2 – 5 x wö. Minoan Lines, 6 x wö.
Ancona – Pátras	Superfast Ferries, 4 x wö.
Bari – Igumenítsa	Marlines, 4 x wö. Ventouris Ferries, 4 x wö.
Brindisi – Igumenítsa	Ventouris Ferries, 1 x wö.
Brindisi – Korfu – Igumenítsa	Strintzis Lines, 6 x wö.
Brindisi – Korfu – Igumenítsa – Pátras	Adriatica, 3 x wö. bis tgl.
Brindisi – Pátras	Ventouris Ferries, 3 x wö.
Venedig – Igumenítsa – Korfu – Pátras	Strintzis Lines, 2 x wö.
Triest – Igumenítsa/Korfu	Anek Lines, 1 – 2 x wö.

Fähren innerhalb von Griechenland nach Kreta

Piräus – Chaniá   Anek Lines, tgl.

Piräus – Iráklion   Anek Lines, tgl.
                              Minoan Lines, tgl.

Caravan- und Wohnmobilfahrer sollten sich wegen der maximal zulässigen Fahrzeugabmessungen auf den einzelnen Autofähren bei der jeweiligen Reederei bzw. den vermittelnden Reisebüros erkundigen. Beratung über fast alle Fährverbindungen erhält man in den ADAC-Geschäftsstellen, wo man auch buchen und das Faltblatt "Kraftfahrzeug-Fähren" beziehen kann.

Allgemeine Hinweise

DERTRAFFIC
Emil-von-Behring-Str. 6
D-60439 Frankfurt am Main
☎ (0 69) 95 88-58 00
FAX 95 88-58 28
Vertritt die Reedereien Strintzis Lines, Adriatica

Seetours International
Seilerstraße 23
D-60313 Frankfurt am Main
☎ (0 69) 13 33-2 62
FAX 13 33-2 18
Vertritt die Reederei Minoan Lines

Ikon-Reiseagentur
Schwanthalerstraße 31
D-80336 München
☎ (0 89) 5 50 10 41
FAX 59 84 25
Vertritt die Reedereien Anek Lines, Ventouris Ferries

J. A. Reincke & Co.
Jersbecker Str. 12
D-22941 Bargteheide
☎ (0 45 32) 65 17
FAX 2 41 43
Vertritt die Reederei Superfast Ferries

Viamare Seetouristik
Apostelnstraße 9
D-50667 Köln
☎ (02 21) 2 77 12 77
FAX 2 77 12 88
Vertritt die Reedereien Anek Lines, Ventouris Ferries

Euronautic Tours
Fürther Str. 46
D-90429 Nürnberg
☎ (09 11) 9 26 69 15
FAX 26 89 83
Vertritt die Reederei Strintzis Lines

Feiertage

Neujahrstag (1. Januar)
Heilige Drei Könige (6. Januar)
Tag der Unabhängigkeit (25. März)
Tag der Arbeit (1. Mai)
Óchi-Tag (28. Oktober): Gedenktag an das Nein (= óchi) zum Ultimatum Italiens im Jahr 1940
Weihnachten (25. und 26. Dezember)

Gesetzliche Feiertage

Hinzu kommt noch eine Reihe von kirchlichen Feiertagen:
Katharí Deftéra (Rosenmontag)
Karfreitag
Ostern (▶ Veranstaltungskalender: Griechisches Osterfest)

Kirchliche Feiertage

Feiertage (Fortsetzung)	Pfingsten Mariä Verkündigung Mariä Himmelfahrt (15. August). Lokale Bedeutung haben Kirchweihfeste (Panigiri) und Namenstage.
Öffnungszeiten	Am 2. und am 5. Januar, am Samstag vor Fastnacht, am (griechischen) Gründonnerstag sowie am Karsamstag und Ostermontag, am 1. Mai und am Pfingstsonntag sind die meisten öffentlichen Einrichtungen und die Geschäfte allenfalls vormittags geöffnet.

Ferienwohnungen

Allgemeines	Ferienhäuser und Ferienwohnungen für Selbstverpfleger werden auch auf Kreta vielerorts angeboten. Listen sind u. a. erhältlich bei den Fremdenverkehrsstellen auf Kreta (▶ Auskunft).

Kreta Ferienwohnungen
Alexander Damianof
Ditzinger Str. 12
D-71254 Ditzingen
☎ (0 71 56) 70 99
FAX 3 23 48

Minotours Hellas Kreta
Rosalie Großheim

Hüttenbrink 1
D-37520 Osterode-Lerbach
☎/FAX (0 55 22) 39 34

TDS Travel & Data Service
Müllerstr. 47
D-80469 München
☎ (0 89) 26 09 41-8
FAX 26 93 63

Flugverkehr

Internationale Flüge	Sowohl durch die griechische Fluggesellschaft Olympic Airways als auch durch zahlreiche ausländische Fluggesellschaften ist Kreta an das internationale Liniennetz angeschlossen. Zahlreiche Chartermaschinen fliegen, besonders in der Hochsaison, Kreta an.
Innergriechische Flugverbindungen	Griechenland verfügt über ein sehr enges Netz von Inlandsflügen. Mit Olympic Airways kann Kreta von Athen und Thessaloníki erreicht werden. Von Athen werden Chaniá, Iráklion und Sitía angeflogen und von Thessaloníki ebenfalls Chaniá und Iráklion. Von Iráklion gibt es Flugverbindungen nach Rhodos.

Olympic Airways

In Deutschland
Gutleutstr. 82
D-60329 Frankfurt am Main
☎ (0 69) 97 06 72 05
FAX 97 06 72 07

In Österreich
Canovagasse 7
A-1010 Wien

☎ (01) 5 04 41 65
FAX 5 04 16 5 45

In der Schweiz
Talstrasse 70
CH-8039 Zürich
☎ (01) 2 11 37 37
FAX 2 12 30 21

Tour de l'Ille
CH-1204 Genève

☎ (0 22) 3 11 96 21
FAX 3 11 96 24

Auf Kreta
Plastira 20
Agios Nikolaos
☎ (08 41) 22 - 0 33, 28 - 9 29

Stratigou Tzanakaki 88
Chania
☎ (08 21) 4 02 68, FAX 5 37 53

Iraklion
☎ (0 81) 24 48 02, FAX 34 25 26

Koumoundourou 5
Rethymnon
☎ (08 31) 22 - 2 57

Elefteriou Venizelou 56
Sitia
☎ (08 43) 22 - 270

Flugverkehr
(Fortsetzung)

Geld

Die griechische Währungseinheit ist die Drachme (Dr., Mehrzahl Drs.) zu je 100 Lepta. Es gibt Banknoten zu 50, 100, 200, 500, 1000, 5000 und 10000 Drs., Münzen im Wert von 5, 10, 20, 50 und 100 Drs.; Lepta sind weitgehend außer Gebrauch.

Währung

Das EU-Mitgliedsland Griechenland gehört noch nicht der seit Januar 1999 bestehenden EU-Währungsunion an, da es die Beitrittskriterien bisher nicht erfüllt hat. Noch also bleibt die Drachme die einzige offizielle Währungseinheit des Landes.

EU-Währungsunion

100 Drs.	=	0,59 DM	1 DM	=	169,60 Drs.
100 Drs.	=	4,15 öS	1 öS	=	24,10 Drs.
100 Drs.	=	0,49 sfr	1 sfr	=	206,08 Drs.
100 Drs.	=	0,30 €	1 €	=	324,05 Drs.

Wechselkurse

Die Banken öffnen im Allgemeinen: Mo.–Fr. 8.00–13.30 Uhr. Die Filialen in den Touristenorten und Flughäfen haben meist längere Öffnungszeiten.

Bankschalterstunden

Wie generell in Ländern mit schwächerer Währung ist es auch in Griechenland vorteilhafter, den Geldwechsel erst im Land vorzunehmen. Die einfachste und kursgünstigste Art Drachmen zu erhalten, sind die Bankautomaten, die auch schon in kleinen Städten auf dem Land üblich sind. An ihnen kann man mit der EC-Karte – in Verbindung mit der Geheimzahl – und mit den gängigen Kreditkarten Geld abheben. An den Rezeptionen etlicher Hotels können ausländische Währungen in griechische Währung umgetauscht werden; der Auszahlungskurs ist oft jedoch ungünstiger als z.B. an Bankschaltern. Die beim offiziellen Geldumtausch ausgehändigten Wechselquittungen sollten unbedingt aufbewahrt werden, da sie unter Umständen bei der Ausreise an der Grenze vorzulegen sind. In vielen Postämtern sind Wechselstuben eingerichtet. Postsparbücher werden jedoch nicht akzeptiert.

Geldwechsel

Eurocheques werden in Griechenland kaum noch angenommen. Umgehend eingelöst werden die gängigen Reiseschecks. Reguläre Bankschecks werden nur unter Vorlage des Personalausweises und erst nach Rückfrage bei der bezogenen Bank eingelöst, was einige Tage dauern kann.

Schecks

Geld (Fortsetzung) Verlust von Schecks und Scheckkarten	Bei Verlust von Eurocheques und/oder Scheckkarten verständige man zur sofortigen Sperrung den rund um die Uhr erreichbaren Zentralen Annahmedienst für Verlustmeldungen von Eurocheque-Karten in Frankfurt am Main; Telefon aus Griechenland: (00 49) 18 05 – 02 10 21.
Kreditkarten	Die international gängigen Kreditkarten werden von Banken, von größeren Hotels, Geschäften, Restaurants der gehobenen Kategorie akzeptiert. Bei Mietwagenfirmen sind sie sogar notwendig, um die Kaution zu vermeiden. Für den Fall des Verlusts wende man sich unverzüglich an das betreffende Kreditkartenunternehmen. Die entsprechenden Notrufnummern sollte man sich vor Reiseantritt notieren.

Hotels

Zimmerreservierung	Will man auf Kreta um Ostern oder in der Hauptsaison (von Juni bis September) Urlaub machen, so ist in jedem Falle eine Zimmervorbestellung ratsam.

> **Xenodochiako Epimelitirio (Griechische Hotelkammer)**
> Odos Stadiou
> GR-10564 Athen
> ☎ (01) 3 31 00 22/6
>
> FAX 3 23 69 62
> Bei der Griechischen Hotelkammer erhält man Informationen und kann Zimmer reservieren.

Preisniveau	Während der Hauptreisezeit liegen die Unterkunftspreise in Griechenland kaum unter dem Niveau mitteleuropäischer Reiseländer, in der Vor- und Nachsaison dagegen wesentlich darunter.
Hotelkategorien	Die Hotels in Griechenland sind offiziell in sechs Kategorien gegliedert. Die Skala reicht von Luxushotels (L) über komfortable Hotels (A) bis zu Mittelklassehotels (B, C) und einfachen Unterkünften (D, E). Die nachstehende Liste fußt auf dem amtlichen griechischen Hotelverzeichnis, wobei besondere Hotels zusätzlich mit einem *Baedeker-Stern gekennzeichnet sind. Abkürzungen: Ap.=Apartements, Bung.=Bungalows, Z.=Zimmer
Privatquartiere	In fast allen Küstenorten und auch in einigen Dörfern im Inselinnern werden meist recht preisgünstige, einfach ausgestattete Privatzimmer, aber auch komfortable Apartements und Studios vermietet.

Agía Galíni

Adonis (C)
☎ (08 32) 9 13 33
FAX 9 13 34, 20 Z.
Das Adonis ist ein familiär geführtes Hotel, das sich durch eine ruhige Lage auszeichnet.

Irini Mare (C)
☎ (08 32) 9 14 88
FAX 9 14 89, 41 Z.
Am Fuß eines Hügels, 100 m vom Kiesstrand entfernt, gelegen; auf Terrasse bietet sich ein schöner Blick über die Bucht von Agía Galíni

Agiá Marína

Amalthia (B)
☎ (08 21) 6 85 42
FAX 6 80 04, 55 Z.
Die Bungalowanlage liegt an einer Durchgangsstraße am Strand; Restaurantterrasse am Strand

Santa Marina (B)
☎ (08 21) 6 85 70
FAX 6 85 71, 188 Z.
Am Sandstrand gelegen; die Zimmer sind im kretischen Stil eingerichtet

Agía Pelagía

Alexander House (A)
☎ (0 81) 81 13 03
FAX 81 13 81, 79 Z.
Komfortables Hotel in Strandnähe mit Freilichttheater

Capsis (A)
☎ (0 81) 81 11 12
FAX 81 13 14, 650 Z. und Bung., 60 Suiten
Der Hotelkomplex in herrlicher Lage auf einer lang gestreckten Halbinsel in einer Parklandschaft besteht aus dem Sofitel Capsis Palace, dem architektonisch sehr schönen und äußerst eleganten Haupthaus, und dem einfacheren Capsis Beach Hotel, zudem gibt es Bungalows.

Peninsula (A)
☎ (0 81) 81 13 13
FAX 81 12 91, 204 Z.
Die Hotelanlage liegt auf Klippen, etwa 50 m vom Sand-/Kiesstrand entfernt; umfangreiches Wassersportangebot und Animationsprogramm

Ágios Nikólaos

*Minos Beach (L)
Amoudi, Akti Ilia Sotirhou
☎ (08 41) 2 23 45/9
FAX 2 25 48, 132 Bung.
Älteste luxuriöse Bungalowanlage Kretas, an einer kleinen Lagune, 1 km nördlich von Ágios Nikólaos gelegen, mit besonders üppiger Gartenanlage und eigenem Felsstrand

*Minos Palace (L)
☎ (08 41) 2 38 01/8
FAX 2 38 16, 142 Z., 9 Bung.
Großhotel in wunderschöner und ruhiger Lage auf einer kleinen Halbinsel, umgeben von einer herrlichen Gartenanlage; verschiedene Wassersportmöglichkeiten; alle Bungalows mit Meerblick

Hermes (A)
Akti Koundourou
☎ (08 41) 2 82 53
FAX 2 87 54, 207 Z.
Komfortables Hotel an der Hafenpromenade nahe einer Badebucht mit Sandstrand

Mirabello (A)
☎ (08 41) 2 84 05
FAX 2 88 10, 174 Z.
2 km nördlich von Ágios Nikólaos gelegenes Tennisresort, das aus einem älteren Haus und einem terassenförmig angelegten Bungalowdorf besteht; fantastischer Ausblick auf den Mirambéllou-Golf; schmaler Steinstrand

Coral (B)
Akti Koundourou
☎ (08 41) 2 83 63
FAX 2 87 54, 170 Z.
Gehobenes Mittelklassehotel an der Hafenpromenade

Kastro (B)
Akti Koundourou
☎/FAX (08 41) 2 49 18, 12 Ap.
Schmales, hohes Haus direkt am Hafen; alle geschmackvoll im kretischen Stil eingerichtete Appartements besitzen eine Küchenecke und eine oder zwei große Terrassen

Marin (B)
Akti Koundourou 6
☎ (08 41) 2 38 30, 5 Z.
Familiäre Pension mit blumenbewachsenem Innenhof, die sich direkt am Hafen befindet

Limni (C)
N. Plastira 14
☎ (08 41) 2 62 74, 5 Z.
Kleine Pension; die Zimmer haben Balkons, von denen man auf den Voulisméni-See und den Hafen von Ágios Nikólaos schaut; die gleiche Aussicht bietet sich vom Café im Erdgeschoss

Ammoudára

Agapi Beach, Grecotel (A)
☎ (0 81) 31 10 84
FAX 258731
176 Z., 99 Bung., 12 Suiten
Das luxuriöse, großzügige Resort-Hotel liegt am kilometerlangen Sandstrand inmitten eines weitläufigen Gartengeländes; es bestehen Möglichkeiten zum Wassersport und zum Einkaufen

Creta Beach (A)
☎ (0 81) 25 23 02
FAX 25 17 77, 150 Z.
Die Hotel- und Bungalowanlage hat viele Sportmöglichkeiten im Angebot.

Dolphin Bay (A)
☎ (0 81) 82 12 76/7
FAX 82 13 12, 259 Z.
Weitläufige Hotel- und Bungalowanlage am Sand-/Kiesstrand

Santa Marina Beach (A)
☎ (0 81) 26 11 03
FAX 26 13 69
Ruhige und angenehme Anlage, bestehend aus Haupthaus und Reihenbungalows, direkt am schönen feinsandigen Strand

Chaniá

Amfora (A)
Parodos Theotokopoulou 20
☎ (08 21) 9 32 24
FAX 9 32 26, 20 Z.
Historisches Gebäude aus dem 13. Jh. am Venezianischen Hafen, das mit türkischen und venezianischen Antiquitäten ausgestattet ist; individuell gestaltete Zimmer, teils mit Küchenecke und teils mit Balkon; das Restaurant bietet traditionelle kretische Küche

Dogis (A)
Kondilaki 14 – 16
☎ (08 21) 9 54 66
FAX 9 60 20, 8 Ap.
Das Dogis ist in einem venezianischen Haus aus dem 13. Jh. untergebracht.

***Casa Delfino (B)**
Theophanous 9
☎ (0821) 93098
FAX 96500, 12 Ap.
In der Altstadt gelegenes Hotel in einem venezianischen Adelspalais aus dem 17. Jh.; von der Dachterrasse Blick auf den Hafen; das Hotel verfügt über geschmackvoll eingerichtete Studios mit Küchenecke sowie einen romantischen Innenhof

***Doma (B)**
Chalepa, El. Venizelou 124
☎ (08 21) 5 17 72/3
FAX 4 15 78, 25 Z.
Hotel mit "diplomatischer" Vergangenheit in einer neoklassizistischen herrschaftlichen Villa im eleganten Vorort Chalepa, dem früheren Diplomatenviertel; jedes Zimmer mit eigener Note; vom Restaurant, dessen Einrichtung seit Generationen zusammengetragen wurde, kann man einen eindrucksvoller Blick auf Altstadt und Hafen genießen

Oasis (B)
Perivolia
☎ (08 21) 9 36 07, 26 Z.
Hotel in einem schön umgebauten venezianischen Herrenhaus zwischen Oliven- und Zitronenbäumen; großer Garten mit Swimmingpool

Xenia (B)
Chalepa, Theotokopoulou
☎ (08 21) 9 12 39
FAX 7 22 38, 44 Z.
Das oberhalb vom Meer gelegene Hotel bietet eine prächtige Sicht über den Hafen; schöner Garten

Konaki (C)
Kondilaki 43
☎ (08 21) 7 08 59
FAX 9 36 47, 8 Z.
In einem venezianischen Haus; von den acht Privatzimmern zwei mit eigener Dusche und WC; blumenreicher Innenhof und schöne Terrasse

Elounda

*Elounda Bay Palace (L)
☎ (08 41) 4 15 02
FAX 4 17 83, 301 Z.
Das Luxushotel liegt an einer kleinen Bucht mit zwei Sandstränden in einer Gartenanlage; umfassendes Wassersportangebot

*Elounda Beach (L)
☎ (08 41) 4 14 12/3
FAX 4 13 73, 275 Z.
Die in landestypischer Bauweise erstellte Hotelanlage, Mitglied von "The Leading Hotels of the World", zeichnet sich durch seine Lage an traumhaften Buchten aus und besitzt einen privaten Strand und Hafen sowie eine große Gartenanlage; einige Suiten sind mit einem eigenen Swimmingpool ausgestattet; Sport, Unterhaltung und Verpflegung auf hohem Niveau

*Elounda Mare (L)
☎ (08 41) 4 11 02/3
FAX 4 13 07
Internet: http://www.integra.fr/relaischateaux/elounda.htm
E-Mail: elmare@compulink.gr, 49 Z., 47 Bung.
Die Hotelanlage ist das einzige Mitglied von "Relais et Chateaux" in Griechenland; ruhige terrassenartige Ferienanlage an einem kleinen Strand; Einrichtung in elegant-kretischem Stil; Bungalows mit eigenem Swimmingpool; Wassersportmöglichkeiten

Gouves

Aphrodite Beach (A)
☎ (08 97) 4 11 02
FAX 4 13 79, 251 Z.
Zwei miteinander verbundene Hoteltrakte; Animation auch für Kinder

Creta Sun, Grecotel (A)
☎ (08 97) 4 11 03
FAX 4 11 13, 239 Z., 106 Bung.
In dem Clubhotel mit kretischem Dorf, an einem Sandstrand gelegen, gibt es Animations- und Unterhaltungsprogramme und ein breites Angebot an Sporteinrichtungen; Kinderbetreuung wird im Miniclub angeboten

Pantheon Palace (A)
☎ (08 97) 4 20 25
FAX 4 20 31, 290 Z.
Hotel am Meer mit Sandstrand und Gartenanlage; für Aktive gibt es Sportmöglichkeiten

Ierápetra

Petra Mare (A)
☎ (08 42) 2 33 41/9
FAX 2 33 50, 227 Z.
Das Petra Mare ist ein angenehmes Strandresort der gehobenen Mittelklasse mit schönem Blick auf das Stadtpanorama und eines der besten Wassersportzentren im Süden der Insel mit ausgezeichneten Surfmöglichkeiten

Erotokritos (C)
Parodos Stratigou Samuil
☎ (08 42) 2 81 51, 5 Z.
Idyllisch gelegenes, schön bepflanztes Haus in der Altstadt mit kleinen Zimmern, die z.T. eine Küche haben

Four Seasons (C)
Oplarchigou Lakerda
☎ (08 42) 2 43 90, 9 Z.
In einer reizenden Villa mit hübschen Vorgärten; sehr gepflegte Zimmer mit alten Holzdecken

Zakros (C)
☎ (08 42) 2 41 01/2
FAX 24103, 46 Z.
Zentral gelegenes Mittelklasse-Stadthotel, das 100 m vom Strand entfernt liegt

Iráklion

Atlantis (A)
Igias 2
☎ (0 81) 22 91 03
FAX 22 62 65, 160 Z.
Großes Hotel nahe dem Archäologischen Museum; Foyer und Restaurant in kühler Designer-Eleganz

Galaxy (A)
Dimokratias 67
☎ (0 81) 23 88 12
FAX 21 12 11, 140 Z.
Modernes Stadthotel; im Innenhof befindet sich ein großer Swimmingpool

Xenia (A)
S. Venizelou 2
☎ (0 81) 28 40 00/3
FAX 28 40 04, 84 Z.
Hotel nahe dem Zentrum; von allen Zimmern Meerblick; Swimmingpool

Lato (B)
Epimenidou 15
☎ (0 81) 22 81 03
FAX 24 03 50, 50 Z.
Die meisten Zimmer in diesem Stadthotel bieten prächtige Ausblicke auf Hafen und Meer

Mediterranean (B)
Smyrnis 1
☎ (0 81) 29 93 31/4
FAX 28 93 35, 55 Z.
Hotel mit geräumigen und geschmackvoll eingerichteten Zimmern; vom Dachgarten schöne Aussicht auf die Stadt

Irene (C)
Idomeneos 4
☎ (0 81) 22 97 03
FAX 226407, 59 Z.
Sehr zentral gelegenes Hotel; Zimmer nach hinten relativ ruhig

Mirabello (C)
Theotokopoulou 20
☎ (0 81) 28 50 52, 25 Z.
Sehr ruhiges Hotel trotz zentraler Lage

Limín Chersonísou

*Creta Maris (L)
☎ (08 97) 2 21 15
FAX 2 21 30, 216 Z., 229 Bung.
Die hervorragend geführte und beliebte Anlage, eines der besten Hotels Kretas, liegt inmitten einer schönen großen Gartenanlage, direkt am Strand und ist ein stilbildender Baukomplex mit Würfel-Häusern, Gässchen und Brunnen; umfangreiches Sportangebot und Animationsprogramm; Kinderbetreuung

Knossos Royal Village Aldemar (L)
☎ (08 97) 2 33 75/6
FAX 2 31 50, 364 Bung., 49 Villa-Suiten
Die Anlage verfügt über elegante zweistöckige Bungalows direkt am Strand und hervorragende Restaurants; zudem bestehen diverse Sportmöglichkeiten

Royal Mare Village Aldemar (L)
☎ (08 97) 2 50 25
FAX 2 16 64, 391 Z.
Das 1997 eröffnete, am Strand gelegene Hotel bietet ein großes Gesundheits- und Schönheitszentrum, in dem die Thalasso-Therapie durchgeführt wird.

Cretan Village (A)
☎ (08 97) 22 99 67
FAX 22 30 00, 322 Z.
Großzügige, am Strand gelegene Ferienanlage in kretischer Architektur mit breitgefächertem Sport- und Freizeitangebot; Kindergarten

King Minos Palace (A)
☎ (08 97) 2 28 81
FAX 2 27 81, 140 Z.
Ruhig gelegene Hotelanlage, das Animationsprogramme offeriert

Nana Beach (A)
☎ (08 97) 2 29 50
FAX 2 29 54, 89 Z., 177 Bung.
Weitläufige Anlage im kretischen Stil am Sand-/Kiesstrand, das seinen Gästen Wassersportmöglichkeiten sowie Animations- und Unterhaltungsprogramme bietet

Venus Melena (B)
El. Venizelou 134
☎ (08 97) 2 28 92
FAX 2 31 66, 57 Z.
Im Ortszentrum, 200 m vom Strand entfernt gelegen

Anna (C)
El. Venizelou 148
☎ (08 97) 2 27 53
FAX 2 10 06, 44 Z.
Im kretischen Stil erbautes Haus in günstiger Lage zum Hafen

Ilios (C)
Omirou 2
☎ (08 97) 2 25 00
FAX 2 25 82, 78 Z.
In zentrumsnaher Lage

Palmera Beach (C)
☎ (08 97) 2 24 81/3
FAX 2 24 83, 100 Z.
Ruhiges Strandhotel

Pela-Maria (C)
☎ (08 97) 2 21 95, 117 Z.
Zweckmäßig eingerichtetes Hotel in der Nähe eines Sandstrandes

Mália

Ikaros Village (A)
☎ (08 97) 3 12 67/9
FAX 3 13 41, 193 Z.
Malerische Hotel- und Bungalowanlage im kretischen Dorfstil, über dem Meer am Strand gelegen mit schöner Gartenanlage, ideal für Aktiv- und Erholungsurlaub

Kernos (A)
☎ (08 97) 3 14 21
FAX 3 17 74, 271 Z.
Ferienanlage am flach abfallenden feinen Sandstrand mit einem gepflegten Garten

Malia Bay (A)
☎ (08 97) 3 28 53/6
FAX 3 22 25, 92 Z., 55 Bung.
Die Anlage liegt am Sandstrand, unweit des malerischen Dorfzentrums; diverse Wassersportmöglichkeiten

*Malia Park, Grecotel (A)
☎ (08 97) 3 14 61/2
FAX 3 14 60, 53 Z., 136 Bung.

Die Anlage in ruhiger Umgebung besteht aus dem Haupthaus sowie Bungalows und besitzt eine schöne Gartenanlage und einen eigenen Strand, zudem werden diverse Sportmöglichkeiten und Kinderbetreuung geboten.

Sirens Beach (A)
☎ (08 97) 3 13 21/4
FAX 3 13 25, 252 Z.
Unweit vom Ort, direkt am Strand gelegene Ferienanlage

Phaedra Beach (B)
☎ (08 97) 3 15 60/1
FAX 3 17 24, 132 Z.
Legere Hotelanlage am feinen Sandstrand

Artemis (C)
☎ (08 97) 3 15 83, 34 Z.
Familiär geführtes, kleines Hotel

Malia Holidays (C)
☎ (08 97) 3 12 06
FAX 3 15 65, 106 Z.
Zentral und doch ruhig gelegenes Hotel

Mátala

Matala Bay (C)
☎ (08 97) 4 51 00
FAX 4 53 01, 55 Z.
Das Hotel liegt unweit der berühmten Felshöhlen von Mátala

Palaiochóra

Rea (C)
Peraki
☎ (08 23) 4 13 07
FAX 4 16 05/14, 22 Z.
Hotel mit gepflegten Zimmern; einfaches Frühstück

Plakiás

Neos Alianthos (B)
☎ (08 32) 3 12 81
FAX 3 12 82, 94 Z.

Im kretischen Stil eingerichtetes Hotel mit familiärer Atmosphäre

Sophia Beach (C)
☎ (08 32) 3 12 52
FAX 3 12 51, 25 Z.
Leger geführtes Hotel unweit des Hafens

Réthymnon

Adele Mare (A)
☎ (08 31) 7 18 03/8
FAX 7 18 06, 114 Z.
Architektonisch reizvolle Anlage an einem kilometerlangen Sand-/Kiesstrand, 7 km von Réthymnon entfernt

*Creta Palace, Grecotel (A)
☎ (08 31) 5 51 81/3
FAX 5 40 85, 154 Z., 177 Bung., 1 Villa
Das 4 km von Réthymnon entfernte Luxushotel, direkt am breiten Sandstrand gelegen, lässt keine Wünsche offen; kretische Architektur wird mit modernem Design kombiniert; umweltschonende Hotelführung; vielfältiges Unterhaltungsprogramm und breites Angebot von Sporteinrichtungen; zudem gibt es für Familien Kinderbetreuung

El Greco, Grecotel (A)
P.O. Box 27
☎ (08 31) 7 11 02
FAX 7 12 15, 238 Z., 87 Bung.
Großzügige Anlage mit Haupthaus und terrassenförmig gebauten Bungalows in weitläufigen Gartenanlagen mit typischer Mittelmeervegetation und mit einem 400 m langen Sandstrand; umfangreiches Sport- und Unterhaltungsangebot sowie Kinderclub

Palazzo Rimondi (A)
H. Trikoupi
☎ (08 31) 5 12 89
FAX 2 67 57

Geschmackvoll restaurierter Palast in der Altstadt mit Appartements; hübscher Patio mit kleinem Swimmingpool

Rethymno Bay (A)
☎ (08 31) 2 75 13
FAX 5 52 22, 69 Z.
Im kretischen Stil erbaute Bungalowanlage inmitten eines weitläufigen Geländes mit altem Baumbestand

*Rithymna Beach, Grecotel (A)
☎ (08 31) 7 10 02
FAX 7 16 68, 436 Z., 106 Bung.
Rithymna Beach ist eines der beliebtesten Hotels und das beste Kinderhotel von Kreta, 7 km östlich von Réthymnon, direkt am Strand gelegen, eine große gepflegte, bestens durchorganisierte Anlage mit mehreren Restaurants sowie vielen Unterhaltungs- und Sportmöglichkeiten; im Restaurant "Ancient Eleftherna" exklusive französische Küche

Adele Beach (B)
☎ (08 31) 7 10 81
FAX 7 17 37, 90 Z.
Beliebte Bungalowanlage in gepflegtem Garten

Fortezza (B)
Melissinou 16
☎ (08 31) 2 38 28
FAX 5 40 73, 54 Z.
Modernes, harmonisch in die Altstadt eingepasstes Haus mit Swimmingpool unterhalb der Fortezza

Dokimaki (C)
Nikolaou Plastira 7 A
☎ (08 31) 2 23 19, 12 Studios, 1 Ap.
Venezianisches Haus mit zwei hübschen Innenhöfen und einem Blumengarten nahe dem Venezianischen Hafen

Sitía

Sitia Beach (A)
Leoforos Karamanli
☎ (08 43) 2 88 21/7
FAX 2 88 26, 162 Z.
Überwiegend von französischen Gästen aufgesuchtes Strandhotel am Stadtrand mit Blick auf den Hafen von Sitía; Wassersportmöglichkeiten sowie Animationsprogramme

Apostolis (C)
N. Katzantzaki 27
☎ (08 43) 2 81 72, 5 Z.
Sehr gepflegte moderne Zimmer in der 2. Etage eines Stadthauses

Dimitra Galletaki (C)
Leoforos Karamanli
☎ (08 43) 2 20 47, 7 Z.
Kinderfreundliche Familienpension etwas außerhalb in Strandnähe Richtung Zákros mit großem Garten

El Greco (C)
☎/FAX (08 43) 23133, 15 Z.
Ruhig gelegenes Hotel nahe dem Zentrum

Itanos (C)
K. Karamanli 4
☎ (08 43) 2 29 00
FAX 2 29 15, 72 Z.
Preisgünstiges, modernes Hotel in zentraler Lage; Zimmer mit Blick auf den Hafen

Jugendherbergen

Allgemeines Vor allem für jüngere Reisende bieten die Jugendherbergen preiswerte Unterkunft. Die meisten Jugendherbergen sind ganzjährig geöffnet. Voranmeldung ist in jedem Falle ratsam, in der Hauptreisezeit unerlässlich. Reservierungen, insbesondere für Gruppen, sind nur mit Vorauszahlung gültig. Der Aufenthalt in derselben Jugendherberge ist für Einzelpersonen zeitlich begrenzt. Voraussetzung für die Benutzung von Jugendherbergen ist ein gültiger Jugendherbergsausweis des Heimatlandes.

Jugendherbergen Jugendherbergen gibt es in Iráklion, Limín Chersonísou, Plakiás, Réthymnon und Sitía.

> **Organosis Xenonon Neotitos** Dragatsaniou 4
> **Ellados (Verband der griechischen** GR-10559 Athen
> **Jugendherbergen)** ☎ (01) 3 23 41 07

Karten

Straßenkarten Hier eine Auswahl von Straßenkarten, die im deutschsprachigen Buchhandel erhältlich sind:
1 : 275 000 Bartholomew, CS Ferienkarte Kreta mit Stadtplänen
1 : 200 000 Mairs Geographischer Verlag, Die Generalkarte: Kreta
1 : 200 000 Freytag & Berndt: Kreta
1 : 200 000 Crete, Kreta: Nelles Maps
1 : 200 000 Hildebrands Urlaubskarten: Kreta
1 : 250 000 Road Editions: Kriti/Crete
1 : 200 000 Berndtson & Berndtson: Crete/Kreta
1 : 200 000 Michael Müller Verlag: Info-Karte Kreta (mit Stadtplänen und praktischen Informationen)

Großer Shell Atlas, Shell Euro Atlas Empfehlenswert wegen ihrer reichhaltigen Karten und diversen Stadtpläne sind ferner "Marco Polo · Der Neue Große Shell Atlas" und der "Marco Polo · Shell Euro Atlas" (1 : 750000), beide erschienen in Mairs Geographischem Verlag, Ostfildern.

Kreuzfahrten

Allgemeines Eine Liste der Reedereien, die Kreuzfahrten durchführen, ist bei den Griechischen Zentralen für Fremdenverkehr (▶ Auskunft) erhältlich. Eine lohnende Kreuzfahrt ab Kreta führt beispielsweise von Iráklion über Santorin, Rhodos, Kuşadası/Türkei und Patmos nach Piräus; je nach Witterung wird der Rückweg nach Iráklion per Fähre oder Flugzeug zurückgelegt. Eine andere Kreuzfahrt beginnt und endet ebenfalls in Iráklion; angelegt wird auf Santorin, in Piräus, auf Rhodos, in Antalya/Türkei, Ashdod/Israel und Port Said/Ägypten. Detaillierte Auskünfte sind in Reisebüros erhältlich.

Tarife Der Preis für Tageskreuzfahrten schließt meist den Transfer vom Hotel zum Hafen und zurück sowie die Teilnahme am Mittagsbüfett ein; bei mehrtägigen Kreuzfahrten ist neben den Fahrtkosten die volle Verpflegung enthalten (Ermäßigungen für Kinder auf Anfrage).

Kreuzfahrten (Fortsetzung)

Über die hohen Hafensteuern, die bei der Ausreise aus Griechenland in die Türkei (und in umgekehrter Richtung) verlangt werden, erkundige man sich bei der Griechischen Zentrale für Fremdenverkehr (▶ Auskunft).

Ausflüge in die Türkei

Türkisches Generalkonsulat ☎ (0 69) 7 95 00 30
Zeppelinallee 17 FAX 70 90 32
D-60325 Frankfurt am Main

Literaturempfehlungen

Homer: Die Odyssee
Liegt in verschiedenen deutschen Übersetzungen vor, als Prosatext, z. B. von Wolfgang Schadewaldt, Hamburg 1958

Klassik

Níkos Kasantzákis: Alexis Sorbas · Abenteuer auf Kreta, 1946
Der weltberühmte Roman über die Freundschaft zweier gegensätzlicher Männer, eines intellektuellen Schriftstellers und eines vitalen Arbeiters, populär geworden durch den gleichnamigen Film mit Anthony Quinn in der Hauptrolle (▶ *Baedeker Special* S. 64/65)

Belletristik

Níkos Kasantzákis: Freiheit oder Tod, 1953
Der Roman schildert den Kampf der Kreter um die Unabhängigkeit von den Türken.

Pantelis Prevelakis: Chronik einer Stadt, Frankfurt 1981
Der Dichter hat mit diesem Buch seiner Heimatstadt Réthymnon ein literarisches Denkmal gesetzt.

Harry Mulisch: Die Elemente, 1989
Der Roman erzählt von dem Urlaub eines erfolgreichen Werbemanagers mit seiner Familie auf Kreta.

Henry Miller: Der Koloß von Maroussi, Hamburg 1956
Einfühlsame Beschreibung einer Griechenlandreise und Porträts von Menschen, die Miller auf der Reise traf. Miller beschreibt beispielsweise die Besichtigung von Knossós (Zitat s. S. 147)

Reiseberichte

Erhart Kästner: Kreta · Aufzeichnungen aus dem Jahre 1943, Frankfurt 1975
Anschauliche und sensible Reisebeschreibung; so schildert Kästner auch einen Flug über die Insel und eine Wanderung durch die Samariá-Schlucht

Kreta, Verlag Bucher, München 1998
Der Band beschreibt Reiseziele, denen Karten beigefügt sind, und liefert praktische Informationen; zudem gibt es einige interessante Spezialkapitel.

Bildbände

Literaturempfehlungen (Fortsetzung)	Barbara Mutzenbacher, Ralf Alder: Kreta, Kultur · Relgion · Geschichte, Stuttgart 1999 Buch mit reichem, sehr gutem Bildmaterial Gerhard P. Müller, Michael Herl: Kreta, München 1998 Repräsentativer Band mit sehr guten, aber teilweise etwas klischeehaften Bildern; beiliegendes Heft mit praktischen Informationen
Sachbücher	Nikolas Platon: Archaelogia Mundi, München 1968 Umfassende Darstellung der minoischen Kultur Klaus Gallas, Klaus Wessel, Manolis Bourboudakis: Byzantinisches Kreta, München 1983 Historische und kunsthistorische Einführung in die byzantinische Epoche, Beschreibung von Kirchen und Klöstern

Mietwagen

Allgemeines	Auf Kreta bieten außer den international tätigen Mietwagenfirmen vor Ort – insbesondere in Ágios Nikólaos, Chaniá, Iráklion und Réthymnon – einheimische Unternehmen Leihfahrzeuge an. Mietwagenfirmen sind an den internationalen Flughäfen vertreten; auch Hotelrezeptionen übernehmen die Vermittlung. Die Mietwagenpreise sind relativ hoch. Außer Mietwagen – u. a. auch Jeeps sowie Minibusse für fünf bis sieben Personen – vermieten einheimische Mietwagenunternehmen auch Motorräder, Motorroller, Mopeds, Fahrräder und Mountainbikes.
Mietbedingungen	Bedingungen für das Mieten eines Kraftfahrzeuges ist in der Regel der Besitz eines internationalen Führerscheins. Für deutsche Staatsbürger genügt der nationale Führerschein, der schon mindestens ein Jahr lang gültig sein muss.
Reservierung in Deutschland	Avis: ☎ (0180) 5 55 77 europcar: ☎ (0180) 5 22 11 22	Hertz: ☎ (0180) 5 33 35 35 Sixt: ☎ (0180) 5 23 22 22

Museen

Öffnungszeiten	Die Museen und archäologischen Stätten haben unterschiedliche Öffnungszeiten, die bei dem jeweiligen Stichwort in den Reisezielen von A bis Z aufgeführt sind. In aller Regel haben die archäologischen Stätten etwa zwischen 9⁰⁰ und 15⁰⁰ Uhr geöffnet: Viele Museen sind am Wochenanfang – meist montags, manchmal auch dienstags – geschlossen. Halbe Tage können sie aufgesucht werden am 6. Januar, Rosenmontag, Karsamstag, Ostermontag (griechische Ostertermine ▶ Veranstaltungskalender), 1. Mai, Pfingstsonntag, 15. August und 28. Oktober. Geschlossen sind die meisten archäologischen Stätten und Museen am 1. Januar, 25. März, Karfreitag (bis 12⁰⁰ Uhr) sowie am Ostersonntag, am 1. Mai und an den Weihnachtsfeiertagen.

In der Regel sind für Museen und Ausgrabungsstätten Eintrittsgelder zu entrichten; ausgenommen sind Schüler und Studenten mit einem entsprechenden gültigen Ausweis. **Museen (Fts.) Eintrittsgebühren**

Weitere Auskünfte über Ermäßigungen bzw. freien Eintritt erteilt die Griechische Zentrale für Fremdenverkehr (▶ Auskunft). **Ermäßigungen**

Notdienste

Notdienste in Griechenland

Notruf des ADAC
☎ (01) 9 60 12 66
Der deutschsprachige Notruf des ADAC ist ganzjährig in Athen zu erreichen.

Touristenpolizei
Ágios Nikólaos:
☎ (08 41) 2 69 00
Chaniá:
☎ (08 21) 9 44 77
Iráklion:
☎ (0 81) 28 31 90
Die wichtigste Anlaufstelle für Touristen ist die Touristenpolizei (Astynomia Allodapon), die in vielen Touristenorten vertreten ist und allgemeine Auskünfte und Hinweise auf Unterkünfte gibt.

Polizei
☎ 100

Erste Hilfe
☎ 166

Feuerwehr
☎ 199

Feuermeldung bei Waldbränden
☎ 191

Straßenhilfsdienst
☎ 104

Notdienste in Deutschland

ADAC-Notrufzentrale München
☎ aus Griechenland:
(00 49/89) 22 22 22
(rund um die Uhr)

ADAC-Telefonarzt
☎ aus Griechenland:
(00 49/89) 76 76 76
(tgl. 8.00 – 20.00 Uhr; in der Hauptsaison 7.00 – 23.00 Uhr)
Der Telefonarzt gibt bei leichteren Beschwerden Medikamentenempfehlungen und kann in ernsten Fällen den Rücktransport veranlassen. Bei Bedarf nennt er auch deutschsprechende Ärzte.

ACE-Notrufzentrale
Stuttgart
☎ aus Griechenland:
(00 49/1 80) 2 34 35 36

Deutsche Flug-Ambulanz Düsseldorf
☎ aus Griechenland:
(00 49/2 11) 43 17 17

Deutsche Rettungsflugwacht Stuttgart
☎ aus Griechenland:
(00 49/7 11) 70 10 70

DRK-Flugdienst
Bonn
☎ aus Griechenland:
(00 49/2 28) 23 00 23

Notdienst in Österreich

ÖAMTC-Notrufzentrale Wien
☎ aus Griechenland:
(00 43/1) 9 82 13 04

Notdienst in der Schweiz

Schweizerische Rettungsflugwacht Zürich
☎ aus Griechenland:
(00 41/1) 3 83 11 11

Öffnungszeiten

Apotheken — Mo., Mi. 8³⁰ – 15³⁰, Di., Do., Fr. 8³⁰ – 14⁰⁰, 17⁰⁰ – 20⁰⁰ Uhr

Banken — Die Banken öffnen im Allgemeinen von Mo. bis Fr. von 8⁰⁰ bis 13³⁰ Uhr. Die Filialen in den Flughäfen und in den Urlaubsorten haben meist längere Öffnungszeiten.

Geschäfte — In Griechenland bestehen keine Ladenschlusszeiten. Die Läden können werktags rund um die Uhr geöffnet sein, ebenso an Sonn- und Feiertagen, wenn das Geschäft in einer von Touristen frequentierten Region liegt. In den größeren Städten sind die Geschäfte in der Regel geöffnet: 8⁰⁰/9⁰⁰ – 13³⁰/14³⁰, 17⁰⁰/17³⁰ – 20³⁰ Uhr.

Postämter — Postämter sind in den Orten im Allgemeinen Mo. bis Fr. zwischen 7³⁰ und 14⁰⁰ Uhr, in den größeren Städten auch bis 18⁰⁰ oder 20⁰⁰ Uhr sowie samstags bis 14⁰⁰ Uhr geöffnet.

Restaurants — Restaurants kann man normalerweise von 12⁰⁰ bis 16⁰⁰ und von 20⁰⁰ bis 24⁰⁰ Uhr besuchen. Für Lokale und Bars gibt es keine Sperrstunde.

Post

Allgemeines — Die griechischen Postämter unterstehen der staatlichen Postverwaltung Elliniká Tachidromía (ELTA · ΕΛΤΑ). Die Postkästen sind gelb; sie werden täglich geleert. Postlagernde Sendungen müssen mit dem Vermerk "Poste restante" versehen sein.

Porto — Das Porto für eine Ansichtskarte und einen Brief bis 20 g ins europäische Ausland beträgt 170 Drachmen. Da sich das Postporto laufend erhöht, erkundige man sich an der Hotelrezeption oder im Postamt nach den aktuellen Tarifen. Briefmarken sollte man bei der Post kaufen, da an anderen Stellen, z. B. an Kiosken, mehr berechnet wird.

Reisedokumente

Hinweis für EU-Bürger — Seit 1993 entfallen im Allgemeinen Passkontrollen für EU-Bürger. Seit Oktober 1997 wird das Schengener Abkommen zwischen EU-Staaten, das den Grenzübertritt ohne Personenkontrollen vorsieht, auch in Griechenland umgesetzt.

Personalpapiere — Deutsche, österreichische und Schweizer Staatsbürger benötigen bei einem Aufenthalt bis zu drei Monaten einen gültigen Personalausweis oder Reisepass (für Kinder unter 16 Jahren Kinderausweis oder Eintrag im Elternpass). Wurde der Reisepaß neu ausgestellt, sollte bei der Einreise mit einem Kraftfahrzeug auch der abgelaufene Pass mitgeführt werden. Überschreitet die Aufenthaltsdauer drei Monate, ist spätestens 20 Tage vor Ablauf der Frist ein Gesuch um Verlängerung bei der nächsten Polizeidienststelle einzureichen. Weist ein Reisepass Eintragungen von Nordzypern auf, kann die Einreise nach Griechenland u. U. verweigert werden.

Die nationalen Führerscheine der Bundesrepublik Deutschland und der Republik Österreich werden anerkannt; Inhaber einer schweizerischen Lizenz benötigen einen Internationalen Führerschein. Obligatorisch sind ferner der Fahrzeugschein und das ovale Nationalitätszeichen. Außerdem sollte man die grüne Internationale Versicherungskarte für den Kraftverkehr mit sich führen.

Reisedokumente (Fortsetzung) Fahrzeugpapiere

Wer Haustiere nach Kreta mitnehmen will, benötigt für diese einen Internationalen Impfpass mit Tollwutimpfbescheinigung oder ein amtstierärztliches Gesundheitszeugnis in englischer oder französischer Sprache, das nicht älter als zehn Tage sein darf. Die Impfung des Tieres muß spätestens 15 Tage vor der Einreise nach Griechenland erfolgt sein und darf nicht länger als zwölf Monate zurückliegen.

Tiere

Reisezeit

Nach Kreta mit seinem mediterranen Klima (▶ Zahlen und Fakten, Klima) reist man am besten im Frühjahr, etwa von der zweiten Märzhälfte bis Ende Mai, sowie im Herbst in den Monaten September und Oktober. Sowohl das Frühjahr als auch der Herbst eignen sich ideal zum Wandern.

Allgemeines

Die Monate März bis Mai sind mild, und die Natur steht in prachtvoller Blüte. In diese Zeit fallen auch die Osterfeierlichkeiten, die im ganzen Land glanzvoll begangen werden.

März bis Mai

Klimatabelle Monate	Temperaturen in °C			Sonnenscheinstunden pro Tag	Regentage pro Monat
	Durchschnittsmaximum	Durchschnittsminimum	Meerwasser		
Januar	15.6	8.7	16	3.4	12
Februar	16.2	8.8	15	4.7	7
März	17.1	9.6	16	5.7	8
April	20.1	11.6	16	8.1	4
Mai	23.7	14.8	19	10.3	2
Juni	27.5	19.1	22	11.6	1
Juli	29.0	21.3	24	12.7	0
August	29.2	21.7	25	11.7	0
September	26.6	19.1	24	9.7	2
Oktober	23.5	16.2	23	6.5	6
November	20.8	13.5	20	5.7	6
Dezember	17.4	10.8	17	4.0	10

Die Sommermonate sind recht heiß, doch durch die Lufttrockenheit und den ständig wehenden Nordwind Meltemi in der Ägäis gut verträglich. Im Juli und August kann der Meltemi allerdings starken Wellengang verursachen, wobei das Meer entsprechend aufgewühlt wird und das Schwimmen im Meer u. U. beeinträchtigt wird. Der Sommer bietet ideale Voraussetzungen für einen Besuch der Festspiel- und Folkloreaufführungen sowie der Weinfeste mit Weinproben.

Mitte Juni bis Anfang September

| Reisezeit (Fts.) Oktober und November | Ab Oktober werden die Temperaturen wieder milder, und oft hält auch das schöne Wetter im November noch an. Mit ersten Regenfällen ist allerdings zu rechnen. |

Restaurants

Allgemeines	Tavernen sind die traditionellen griechischen Speiselokale, deren Einrichtung einfach ist. In den Touristenzentren gibt es zunehmend mehr Restaurants nach mitteleuropäischem Vorbild. In den Lokalen hier wird einerseits verstärkt internationale Küche angeboten und andrerseits sind auch vermehrt kretische Spezialitäten erhältlich.
	Die Speisekarte ist meist in Griechisch, Englisch und Deutsch abgefasst. Viele Tavernen servieren ab Mittag bis nach Mitternacht warmes Essen. Die Griechen essen die Gerichte lauwarm. Zudem ist es in Griechenland üblich, dass pro Tisch nur eine Rechnung erstellt wird.
Kafenion	▶ *Baedeker Special S. 23*

Ágios Nikólaos

Aguas
K. Paleolougou 44
Angenehme Grilltaverne in einem schönen Garten

Itanos
Kyprou 1
☎ (08 41) 2 53 40
Traditionelles, alteingesessenes Lokal im Stadtzentrum, neben der Kathedrale mit schmackhaften Gerichten

Chaniá

Aeriko
Akti Miaouli/Odos Nikiforou Foka
Ruhig gelegenes Restaurant an der Bucht östlich des Hafens; hier findet man seltene Spezialitäten wie mit Käse gefüllte Tintenfische und Hühnerfleischspieß

Kali Kardia – Good Heart
Odos Kondilaki 31
Gemütliche Taverne, wo Wein vom Fass ausgeschenkt wird; Spezialitäten: Kléftiko-Lamm, Schwein in Weinsauce

Tamam
Odos Zambeliou 49
In dem in einem ehemaligen türkischen Bad untergebrachten Lokal wird deftige und gute Hausmannskost zu moderaten Preisen serviert. Neben der Speisekarte gibt es täglich wechselnde Gerichte.

Ierápetra

Kastro
An der Uferstraße, gegenüber dem Fort
Das Kastro ist eine Ouzerie, in der man Ouzo, Raki und Retsina trinken und eine Vielzahl kleiner Gerichte essen kann.

Tzaki
Odos Filitheou A 33
☎ (08 42) 2 51 39
Am östlichen Ortsausgang, gegenüber einer Kirche gelegenes, stimmungsvolles Weinlokal mit Kamin ("tzáki") – daher der Name –, das bei Einheimischen sehr beliebt ist. In dem Lokal wird kretischer Wein vom Fass serviert, dazu Steaks sowie Fleisch- und Käsefondue.

Iráklion

Ionia
Odos Evans 5
Beliebte, typisch griechische Taverne in zentraler Lage nahe dem Markt, die landestypische Gemüsegerichte und die traditionelle Kuttelsuppe Patsá serviert

Ippokambos
Odos S. Venizelou 2 – 3
In der Ouzerie am Venezianischen Hafen werden auf zwei Etagen kretische Köstlichkeiten serviert.

*Kiriakos
Leoforos Dimokratias 53
☎ (0 81) 22 46 49
Das moderne Lokal mit gemütlicher Atmosphäre etwas abseits vom Zentrum gilt als eines der besten Restaurants der Stadt und ist Treffpunkt der einheimischen Geschäftsleute; gepflegte griechische Küche

Réthymnon

Castellvecchio
Chimaras 29
Kleine Familientaverne nahe der Fortezza mit schönem Blick über die Altstadt; man bekommt kretische Hausmannskost und frischen Fisch

La Rentzo
Odos Radamanthiou 9
☎ (08 31) 2 67 80
Ein gepflegtes Restaurant in einem jahrhundertealten Gewölbe, stilvoll mit schönen Antiquitäten eingerichtet; griechische und internationale Küche; in der Saison sollte man einen Tisch vorbestellen.

Samaria
El. Venizelou 39 – 40
☎ (08 31) 2 46 81
Alteingesessene Taverne, beliebt bei Einheimischen; vorzügliches, aber nicht billiges Essen; empfehlenswert ist die Fischsuppe

Sitía

O Michos
Odos Kornarou 11
Taverne in der Haupteinkaufsstraße der Stadt; die Spezialität sind Hähnchen

Zorbas
Platia Kosma Zotou
Große Taverne am Hafen; gutes Essen; Tipp: frische Fische

Restaurants
(Fortsetzung)

Sport

Sport

Dem Reisenden bieten sich auf Kreta unzählige – in Vor- oder Nachsaison eingeschränkte – Möglichkeiten, aktiv Sport – vor allem natürlich Wassersport – zu treiben. Die Angebotspalette reicht von Wassersportarten wie Surfen und Tauchen über Tennis bis zu geführten Wanderungen.

Allgemeines

Star Waterpark, Aqua Splash	Eine breite Palette zum Ausüben diverser Sportarten bietet der Star Waterpark in Limín Chersonísou, der neben zahlreichen Wassersportarten (Wasserski, Surfen, Schwimmbad, Wasserrutsche; Tauchschule, Bootsverleih) auch über Einrichtungen für Billard, Minigolf, Parasailing und Volleyball sowie einen Kinderspielplatz und ein Restaurant verfügt. Etwas außerhalb von Limín Chersonísou, an der Straße nach Kastélli findet man noch Aqua Splash, den größten Wasserpark Kretas, mit Wasserrutschen und Wellenbecken.
Bergsteigen	▶ Wandern
Fahrradfahren, Mountainbiking	▶ Wandern, Radwandern
Reiten	Es bestehen derzeit nur wenige Möglichkeiten zum Reiten auf Kreta. Die besten Reitzentren findet man bei Iráklion, Ágios Nikólaos und Réthymnon.
Rudern	In der Regel werden in Griechenland Ruderboote von Marineklubs vermietet. Marineklubs gibt es in Ágios Nikólaos, Chaniá, Iráklion und Réthymnon.
Segeln	In den größeren Ferienorten gibt es Wassersportzentren mit Bootsverleih, in denen auch Segelkurse angeboten werden. Weitere Informationen ▶ Sportschiffahrt
Sportfischerei	Seit 1996 ist die Sportfischerei in allen Staaten der EU für Ausländer verboten. Erlaubt ist lediglich, von der Küste aus zu angeln. Auskünfte erteilen die Hafenämter, z. B. von Iráklion (☎ 0 81/24 49 56).
Surfen	Auf Kreta gibt es unzählige Möglichkeiten zum Surfen; Surfbretter werden fast überall verliehen. Auch Surfunterricht wird vielfach angeboten. Für Anfänger in dieser Sportart ist die Nordküste empfehlenswert, die in der Regel ruhigen Seegang hat, während die Südküste, an der der Wind bis Stärke 8 auffrischen kann, für Fortgeschrittene geeignet ist. So gilt Plakiás an der Südküste als bestes Surfrevier der Insel.
Tauchen	Das Tauchen mit Atmungsgeräten ist sowohl im Meer als auch in den Seen und Flüssen Griechenlands – bis auf einige Ausnahmen – zum Schutz der unter Wasser liegenden kulturellen Schätze verboten. In Regionen, die von diesem Verbot ausgenommen sind, muss man sich streng an die vom Amt für Unterwasseraltertümer beim Kulturministerium herausgegebenen Vorschriften halten. Eine Liste der Ausnahmeregionen und ihre aktuellen Bestimmungen sowie über Unterwasserfischen, Pressluftfüllstationen ist bei der Griechischen Zentrale für Fremdenverkehr (▶ Auskunft) erhältlich. In jedem Fall ist es ratsam, zunächst beim zuständigen Hafenamt Erkundigungen über die örtlichen Bedingungen einzuholen. Auskünfte erteilt auch das Scubakreta Diving Center in Limín Chersonísou (☎ 08 97/2 23 68).
Tennis	Tennisplätze (meist Hartplätze) gehören vielfach zu den gehobenen Hotels. Klubeigene Tennisanlagen finden sich u. a. in Chaniá und Iráklion.

▶ dort — Wandern

Schulen für Wasserski stehen auf Kreta zur Verfügung. Ausgebildete Trainer findet man u. a. an den Stränden von Mália, Limín Chersonísou, Ágia Pelagía und Elounda. Inzwischen wird an großen Badeorten auch Parasailing angeboten. — Wasserski, Parasailing

Wintersport ist beispielsweise im Ida-Massiv möglich. Auskünfte erteilen die Alpinklubs (▶ Wandern) in Chaniá, Iráklion und Réthymnon, die auch Schutzhütten unterhalten. — Wintersport

Sportschifffahrt

Jachten, die aus dem Ausland kommen und in den griechischen Gewässern kreuzen möchten, müssen als erstes einen mit Zollabfertigung ausgestatteten und als Ein- und Ausreisehafen klassifizierten Haupthafen anlaufen. — Einreise
Boote aus den Mitgliedsländern der EU unterliegen keiner hafenamtlichen Kontrolle. Boote aus Ländern außerhalb der EU müssen sich jedoch dieser Kontrolle unterziehen und benötigen ein Transit-Log, das zu sechsmonatigem Verkehr in griechischen Gewässern berechtigt.
Passkontrollen werden bei allen Passagieren aus dem Ausland kommender Jachten durchgeführt, wobei ausländische Passagiere als "Durchreisende" gelten.
Sportboote, die auf dem Landweg eingeführt werden, unterliegen den gleichen Formalitäten wie diejenigen aus Nicht-EU-Ländern.
An allen wichtigen Orten haben die Griechischen Zentralen für Fremdenverkehr, die örtlichen Behörden sowie private Segelklubs Marinas.

Bei der Griechischen Zentrale für Fremdenverkehr (▶ Auskunft) ist die Broschüre "Segelsport" erhältlich, die über Einreisebestimmungen, Bootscharter und Marinas informiert. Außerdem kann man bei den folgenden Stellen Auskunft zum Segeln einholen. — Segeln

Griechischer Segelverband (E I O)
Leoforos Possidonos 51
GR-18344 Moschato
☎ (01) 9 30 48 25

Akti N. Kountourioti 7
GR-18534 Piräus
☎ (01) 4 13 73 51
FAX 9 30 48 29

Hellenic Yachting Federation (H.Y.F.)

Haupthafenamt Piräus
☎ (01) 4 51 13 11/9

Innerhalb der griechischen Hoheitszone dürfen nur solche Schiffe verchartert werden, die unter griechischer Flagge laufen und für die Charter amtlich zugelassen sind. Eine Kopie des Mietvertrags ist beim Hafenamt des Ausgangshafens zu hinterlegen, eine zweite muss der Schiffsführer besitzen. Gleiches gilt für die Liste von Mannschaften und Passagieren. Voraussetzung für das Chartern eines Bootes ohne Besatzung ist, dass der Mieter und eine zweite Person an Bord den entsprechenden Bootsführerschein besitzen. — Bootscharter

**Sportschifffahrt
(Fortsetzung)
Wetter-
vorhersagen**

Beim Griechischen Nationalen Wetterdienst (EMY) in Athen können rund um die Uhr Wettervorhersagen für die griechischen Gewässer abgerufen werden: ☎ (01) 9 69 93 16/7/8/9.
Sturmwarnungen und auf Wunsch auch reguläre Wetterberichte werden von Hellas Radio (ERA) auf VHF-Kanal 16 durchgegeben.
Im Radio (ER 1) können ferner auf MW 729 kHz sowie UKW 105,8 MHz und 91,6 MHz tgl. um 6⁰⁵ Uhr Wetter- und Seewetterberichte sowie ggf. Sturmwarnungen gehört werden.
Das Erste Programm des griechischen Fernsehens (ET 1) bringt täglich um 20⁰⁰ und 24⁰⁰ Uhr sowie Mo. um 17³⁰ Uhr, das 2. und 3. Programm (ET 2 und ET 3) täglich um 21⁰⁰ und um 24⁰⁰ Uhr Wettervorhersagen in griechischer Sprache; sie sind durch international übliche meteorologische Symbole auf der Wetterkarte leicht verständlich.

**Ärztlicher
Notdienst**

Die griechischen Funktelefonstationen übermitteln neben Wetterberichten und Warnmeldungen auch Anweisungen zu ärztlicher Hilfe. Ein ärztlicher Notdienst in englischer Sprache ist rund um die Uhr über Athens Radio, Rufzeichen SVN, Ruf 2182 kHZ, auf Mittelwelle zu erreichen.

Sprache

Verständigung

Im Allgemeinen wird der Fremde in Griechenland einen Einheimischen finden, mit dem er sich in einer der europäischen Verkehrssprachen (in erster Linie Englisch) verständigen kann. Deutschkenntnisse sind in den letzten Jahren durch heimgekehrte Gastarbeiter häufig geworden. Auf dem Lande aber ist es gut, wenigstens über einige Grundkenntnisse der neugriechischen Sprache zu verfügen.

Neugriechisch

Das Neugriechische unterscheidet sich wesentlich vom Altgriechischen, wenngleich die Zahl jener Wörter, die seit den Zeiten des Dichters Homer unverändert geschrieben werden, immer noch erstaunlich groß ist.
Doch auch bei diesen sind die Abweichungen der Aussprache von der deutschen Schulaussprache des Altgriechischen zu berücksichtigen.
Die veränderte Aussprache gilt für beide Sprachformen des Neugriechischen, die sowohl in der Grammatik als auch im Wortbestand beträchtliche Unterschiede aufweisen: die Dhimotiki (Volks- oder Umgangssprache) und die Katharevoussa ("gereinigte" Amts- oder Schriftsprache).
Alle amtlichen Bekanntmachungen, Hinweisschilder, Fahrpläne u. ä., auch die politischen Artikel der Zeitungen, waren früher in der Katharevussa geschrieben.
Diese Sprachform ist durch Annäherung an das als klassische, vorbildlich geltende Altgriechisch gewonnen worden, so dass, wer auf der Schule Altgriechisch gelernt hat, sie ohne allzu große Mühe lesen kann.Gesprochen und seit 1975 offizielle Sprachversion ist aber die Dhimotiki.
Sie ist das Ergebnis einer langen Sprachentwicklung und hat sich auch in der neugriechischen Literatur wie auch im Unterhaltungsteil der Zeitungen längst durchgesetzt.

Griechisches Alphabet

		Neugriechisch	Umschrift	Aussprache
Α	α	alfa	a	a
Β	β	wita	v	w
Γ	γ	ghamma	g	gh, vor e und i: j
Δ	δ	dhelta	d	dh
Ε	ε	epsilon	e	kurzes e
Ζ	ζ	sita	z	stimmhaftes s
Η	η	ita	i	i
Θ	θ	thita	th	th
Ι	ι	iota	i	i
Κ	κ	kappa	k	k
Λ	λ	lamvda	l	l
Μ	μ	mi	m	m
Ν	ν	ni	n	n
Ξ	ξ	xi	x	ks
Ο	ο	omikron	o	o
Π	π	pi	p	p, nach m: b
Ρ	ρ	rho	r	r
Σ	σ	sigma	s	stimmloses s
Τ	τ	tav	t	t, nach d: d
Υ	υ	ipsilon	y	i
Φ	φ	fi	f	f
Χ	χ	chi	ch	ch: vor a, o, u: wie in "Bach" vor e, i: wie in "ich"
Ψ	ψ	psi	ps	ps
Ω	ω	omega	o	o

Hinweise zur Umschrift

Es gibt keine allgemein verbindlichen Richtlinien für die Umschrift der griechischen Buchstaben ins lateinische Alphabet. In diesem Reiseführer erfolgt die Umschrift nach einer auch von der UNO verwendeten Transliterationstabelle. Die Übertragung der griechischen Buchstaben in lateinische Buchstaben ist in der obenstehenden Tabelle angegeben. Ergänzend dazu gibt es jedoch noch etliche Besonderheiten. So wird "γγ" mit lateinischen Buchstaben als "ng" und "μπ" am Wortanfang mit "B" (ansonsten aber als "mp") umschrieben. Die Umschrift für "αυ" lautet vor Vokalen (und manchmal auch Konsonanten) "av", vor Konsonanten und am Wortende immer "af" (gleiches gilt für "ευ" und "ηυ"). Die Umschrift für "ου" lautet "ou". Akzente werden bei dieser Umschrift im Deutschen nicht gesetzt. Die nachfolgende Sprachtabelle orientiert sich möglichst nah an der tatsächlichen Aussprache, daher wurde hierfür nicht die zuvor beschriebene Transliteration verwendet. Die gesetzten Akzente erleichtern die Betonung.

Kleiner Sprachführer

Ja	nä.	Ναι.
Nein.	'ochi.	Όχι.
Vielleicht.	'issos.	Ίσως.
Bitte.	paraka'lo.	Παρακαλώ.
Danke.	äfchari'stο.	Ευχαριστώ.

Entschuldigung!	si'gnomi!	Συγνώμη!
Wie bitte?	o'ristä?	Ορίστε;
Ich verstehe Sie.	ðä sass katala'wäno.	Δε σας καταλαβαίνω.
Bitte, wiederholen Sie es.	na to ksana'pite, paraka'lo.	Νά το ξαναπείτε, παρακαλώ.
Ich spreche nur wenig ...	mi'lo 'mono liga ...	Μιλώ μόνο λίγα ...
Können Sie mir bitte helfen?	bo'ritä na mä woi'θisätä paraka'lo?	Μπορείτε να με βοηθήσετε, παρακαλώ;
Ich möchte ...	'θälo ...	θέλω ...
Das gefällt mir (nicht).	af'to ðän mu a'rässi.	Αυτό δεν μου αρέσει.
Haben Sie ...?	'ächätä ...?	Έχετε ...;
Wieviel kostet es?	'posso ko'stisi?	Πόσο κοστίζει;
Wieviel Uhr ist es?	ti 'ora 'inä?	Τι ώρα είναι;
Heute	'simära	Σήμερα
Morgen	'awrio	Αύριο

Kennenlernen

Guten Morgen!	kali'mära!	Καλημέρα!
Guten Tag!	kali'mära!/'chärätä!	Καλημέρα!/Χαίρετε!
Guten Abend!	kali'spära!	Καλησπέρα!
Hallo! Grüß dich!	'jassu!	Γειά σου!
Wie geht es Ihnen/dir?	'poss 'istä?/'issä?	Πώς είστε;/είσαι;
Danke. Und Ihnen/dir?	äfchari'sto. äs'sis/äs'si?	Ευχαριστώ. Εσείς/εσύ;
Auf Wiedersehen!	a'dio!	Αντίο!
Tschüs!	'jassu!	Γειά σου!

unterwegs

links/rechts	aristä'ra/ðäks'ja	Αριστερά/Δεξιά
geradeaus	ef'θia	Ευθεία
nah/weit	ko'nda/maykri'a	Κοντά/Μακριά
Wie weit ist es zum/zur ...?	'posso ma'kria 'inä ja ...?	Πόσο μακριά είναι για ...;
Ich möchte ... mieten.	'θälo na ni'kjasso ...	Θέλω να νοικιάσω ...
... ein Auto	'äna afto 'kinito	ένα αυτοκίνητο
... ein Fahrrad	'äna po'ðilato	ένα ποδήλατο
... ein Boot	'mia 'warka	μία βάρκα
Bitte, wo ist ...?	paraka'lo, 'pu 'inä ...?	Παρακαλώ, πού είναι ...;

Panne

Ich habe eine Panne.	'äpaθa zim'ja.	Έπαθα ζημειά
Würden Sie mir bitte einen Abschleppwagen schicken?	θa bo'russatä na mu 'stilätä 'äna 'ochima ri'mulkissis?	Θα μπορούσατε να μου στείλετε ένα όχημα ρυμούλκησης;
Wo ist hier in der Nähe eine Werkstatt?	'pu i'parchi ä'ðo kon'da 'äna sinär'jio?	Πού υπάρχει εδώ κοντά ένα συνεργείο;

Tankstelle

Wo ist bitte die nächste Tankstelle?	'pu 'inä, sass paraka'lo, to e'pomäno wensi'naðiko?	Πού είναι, σας παρακαλώ, το επόμενο βενζινάδικο;
Ich möchte ... Liter ...	'θälo ... 'litra ...	Θέλω ... λίτρα ...
... Normalbenzin.	... ap'li wän'sini.	... απλή βενζίνη.
... Super./... Diesel.	... 'supär./'disäl.	... Σούπερ./Ντήζελ.
... bleifrei/... verbleit.	... a'moliwði/mä 'moliwðo.	... αμόλυβδη/με μόλυβδο.
... mit ... Oktan.	... mä ... o'ktanja.	... με ... οκτάνια.

Deutsch	Aussprache	Griechisch
Volltanken, bitte.	jä'mistä. paraka'lo.	Γεμίστε, παρακαλώ.
Prüfen Sie bitte den Ölstand.	äksä'tastä, paraka'lo ti 'staθmi tu lað'ju.	Εξετάστε, παρακαλώ τη στάθμη του λαδιού.

Unfall

Hilfe!	wo'iθja!	Βοήθεια!
Achtung!/Vorsicht!	prosso'chi!	προσοχή!
Rufen Sie bitte schnell ...	ka'lästä, paraka'lo, 'grigora ...	Καλέστε, παρακαλώ, γρήγορα ...
... einen Krankenwagen.	... 'äna asθäno'foro.	... ένα ασθενοφόρο.
... die Polizei.	... tin astino'mia.	... την αστυνομία.
... die Feuerwehr.	... tin piroswästi'ki ipirä'sia.	... την πυροσβεστική υπηρεσία.
Geben Sie mir bitte Ihren Namen und Ihre Anschrift.	'pästä mu paraka'lo to 'onoma kä ti ðiäfθin'si sass.	Πέστε μου παρακαλώ το όνομα και τη διεύθυνσή σας.

Essen/Unterhaltung

Wo gibt es hier ...	pu i'parchi ä'ðo ...	Πού υπάρχει εδώ ...
... ein gutes Restaurant?	... 'äna ka'lo ästia'torio?	... ένα καλό εστιατόριο;
Gibt es hier eine gemütliche Taverne?	i'parchi ä'ðo ta'wärna mä 'anäti at'mosfära?	Υπάρχει εδώ ταβέρνα με άνετη ατμόσφαιρα;
Reservieren Sie uns bitte für heute abend einen Tisch für 4 Personen.	kra'tistä mas paraka'lo ja 'simera to 'wraði 'äna tra'päsi ja 'tässära 'atoma.	Κρατήστε μας παρακαλώ για σήμερα το βράδυ ένα τραπέζι για 4 άτομα.
Bezahlen, bitte.	paraka'lo, na pli'rosso.	Παρακαλώ, να πληρώσω.
Messer	ma'chäri	Μαχαίρι
Gabel	pi'runi	Πηρούνι
Löffel	ku'tali	Κουτάλι
Teelöffel	kuta'lakki	Κουταλάκι

Einkaufen

Wo finde ich ...?	pu θa wro ...?	Πού θα βρω ...;
Apotheke	to farma'kio	το φαρμακείο
Bäckerei	to artopo'lio	το αρτοπωλείο
Fotoartikel	ta fotografi'ka 'iði	τα φωτογραφικά είδη
Kaufhaus	to polika'tastima	το πολυκατάστημα
Lebensmittelgeschäft	to ka'tastima tro'fimon	το κατάστημα τροφίμων
Markt	i ajo'ra	η αγορά

Übernachtung

Können Sie mir bitte ... empfehlen?	bo'ritä paraka'lo na mu si'stissätä ...	Μπορείτε παρακαλώ να μου συστήσετε ...
... ein Hotel	... 'äna ksänoðo'chio?	... ένα ξενοδοχείο;
... eine Pension?	... 'mia pan'sjon?	... μία πανσιόν;
Ich habe bei Ihnen ein Zimmer reserviert.	'äðo sä sas 'äklissa 'äna ðo'matjo.	Εδώ σε σας έκλεισα ένα δωμάτιο.
Haben Sie noch Zimmer frei?	'ächätä a'kommi ðo'matja ä'läfθära?	Έχετε ακόμη δωμάτια ελεύθερα;
... für eine Nacht	... ja mja 'nichta	... για μια νύχτα
... für zwei Tage	... ja 'ðio 'märäs	... για δυο μέρες
... für eine Woche	... ja mja wðo'maða	... για μια βδομάδα

Was kostet das Zimmer mit ...	'posso ko'stisi to ðo'matjo mä ...	Πόσο κοστίζει το δωμάτιο με ...
... Frühstück?	... proi'no?	... πρωινό;
... Halbpension?	... 'mäna 'jäwma?	... μένα γεύμα;

Praktische Informationen

Arzt

Können Sie mir einen guten Arzt empfehlen?	bo'ritä na mu siss'tissätä 'änan ka'lo ja'tro?	Μπαρείτε να μου συστήσετε έναν καλό γιατρό;
Ich habe hier Schmerzen.	ä'ðo 'ächo 'ponnus.	Εδώ έχω πόνους.

Bank

Wo ist hier bitte ...	'pu inä ä'ðo paraka'lo ...	Πού είναι εδώ παρακαλώ ...
... eine Bank?	... mja 'trapäsa?	... μια τράπεζα;
... eine Wechselstube?	... äna gra'fio sina'lagmatos?	... ενα γραφείο συναλλάγματος;
Ich möchte ... DM (Schilling, Schweizer Franken) in Drachmen wechseln.	'älo na a'lakso ... järmani'ka 'marka (sä'linia, älwäti'ka 'franga) sä ðrach'mäs.	Θέλω να αλλάξω ... γερμανικά μάρκα (σελίνια, ελβετικά φράγκα) σε δραχμές.

Post

Was kostet ...	'posso ko'stisi ...	Πόσο κοστίζει ...
... ein Brief ...	... 'äna 'gramma	... ένα γράμμα
... eine Postkarte ...	... mja 'karta	... μια κάρτα
... nach Deutschland?	... ja ti järma'nia?	... για τη Γερμανία;
Österreich/Schweiz	Afs'tria/Elwe'tia	Αυστρία/Ελβετία

Zahlen

0	mi'ðän	μηδέν		19	ðäkaä'näa	δεκαεννέα
1	'äna	ένα		20	'ikossi	είκοσι
2	'ðio	δύο		21	'ikossi'äna	είκοσι ένα
3	'tria	τρία		22	'ikossi'ðio	είκοσι δύο
4	'tässära	τέσσερα		30	tri'anda	τριάντα
5	'pändä	πέντε		40	sa'randa	σαράντα
6	'äksi	έξι		50	pä'ninda	πενήντα
7	ä'fta	εφτά		60	ä'ksinda	εξήντα
8	o'chto	οχτώ		70	äwðo'minda	εβδομήντα
9	ä'näa	εννέα		80	og'ðonda	ογδόντα
10	'ðäka	δέκα		90	änä'ninda	ενενήντα
11	'ändäka	έντεκα		100	äka'to	εκατό
12	'ðoðäka	δώδεκα		200	ðia'kosja	διακόσια
13	ðäka'tria	δεκατρία		1000	'chilia	χίλια
14	ðäka'tässära	δεκατέσσερα		2000	'ðio chi'ljaðäsl	δύο ξιλιάδες
15	ðäka'pändä	δεκαπέντε		10000	'ðäka chi'ljaðäs	δέκα ξιλιάδες
16	ðäka'äksi	δεκαέξι				
17	ðäkaä'fta	δεκαεφτά		1/2	to 'äna 'ðäftäro	(το) ένα δεύτερο
18	ðäkao'chto	δεκαοχτώ		1/4	to 'äna 'tätarto	(το) ένα τέταρτο

Essen und Trinken

Πρωινό		Frühstück
Καφέ σκέτο	ka'fä 'skäto	ungesüßter Kaffee
Καφέ με γάλα	ka'fä ma 'jala	Kaffee mit Milch

Τσάι με λεμόνι	'tsai mä lä'moni	Tee mit Zitrone
Τσάι από βότανα	'tsai a'po 'wotana	Kräutertee
Σοκολάτα	soko'lata	Schokolade
Χυμό φρούτου	chi'mo 'frutu	Fruchtsaft
Αυγό μελάτο	aw'jo mä'lato	weiches Ei
Ομελέτα	omä'lätta	Omelette
Αυγά μάτια	aw'ja 'matja	Spiegeleier
Αυγά με μπέηκον	aw'ja mä 'bäikon	Eier mit Speck
Ψωμί/ψωμάκι/τοστ	pso'mi/pso'maki/'tost	Brot/Brötchen/Toast
Κρουασάν	kruas'san	Hörnchen
Φρυγανιές	frigan'jäs	Zwieback
Βούτυρο	'wutiro	Butter
Τυρί	ti'ri	Käse
Λουκάνικο	lu'kaniko	Wurst
Ζαμπόν	sam'bon	Schinken
Μέλι	'mäli	Honig
Μαρμελάδα	marmä'laða	Marmelade
Γιαούρτι	ja'urti	Joghurt
... με καρύδια	... mä ka'riðja	... mit Walnüssen
Φρούτα	'fruta	Obst

Ορεκτικά/Σούπες		**Vorspeisen/Suppen**
Ελιές	ä'ljäs	Oliven
Φέτα	'fäta	Scheibe Ziegenkäse
Μελιτζάνα σαλάτα	mäli'dsana sa'lata	Auberginensalat
Ντολμαδάκια	dolma'ðakja	Gefüllte Weinblätter (kalt)
Γίγαντες	'jigandäs	Pferdebohnen
Γαρίδες	ga'ridäs	Krabben
Τυρόπιτα	ti'ropitta	Käsetasche
Σαγανάκι	saga'naki	Gebratene Käsescheiben
Κοτόσουπα	kot'tosupa	Hühnersuppe
Ψαρόσουπα	psa'rosupa	Fischsuppe
Ταραμοσαλάτα	taramosa'lata	Fischeiersalat
Ζωμός κρέατος	so'mos 'kräatos	Kraftbrühe
Τοματόσουπα	toma'tosupa	Tomatensuppe
Λαχανόσουπα	lacha'nosupa	Gemüsesuppe
Μαγειρίτσα	maji'ritsa	Ostersuppe

Σαλάτες		**Salate**
Σκορδαλιά	skorðal'ja	Kartoffel-Knoblauch-Püree
Τομάτα	to'mata	Tomate
Αγγουράκια	angu'rakja	Gurken
Χωριάτικη	chor'jatiki	Bauernsalat
Μαρούλισαλάτα	ma'ruli sa'lata	Römersalat
Τζατζίκι	dsa'dsiki	Cremiges Joghurt mit geriebenen Gurken und Knoblauch
Λαχανοσαλάτα	lachanosa'lata	Krautsalat
Πατατοσαλάτα	patatosa'lata	Kartoffelsalat
Άγρια Χόρτα	'agria 'chorta	Unkrautsalat (Löwenzahn, Huflattich und Brennnessel)

Ψάρια		**Fischgerichte**
Αστακός λαδολέμονο	asta'kos laðo'lämono	Hummer mit Öl- und Zitronensoße

Γαρίδες	ga'riðes	Krabben
Χταπόδι	chta'poði	Krake
Μπαρμπούνια σχάρας	bar'bunia 'ßcharas	Rotbarben gegrillt
Γλώσσα τηγανητά	'glossa tijani'ta	Seezunge gebraten
Μύδια	'miðia	Muscheln
Καλαμαράκια τηγανητά	kalama'rakja tigani'ta	Tintenfische gebraten
Μπακαλιάρος φούρνου	baka'ljaros 'furnu	Stockfisch im Backofen
Πέστροφα	'pästroffa	Forelle
Σολομός	solo'mos	Lachs
Κακαβιά	kakaw'ja	Bouillabaisse
Καραβίδες	kara'wiðes	Große Scampi
Χριστόψαρο	chris'topsaro	Petersfisch
Σκουμπρί	skum'bri	Makrele
Κολοιος	kol'jos	Makrele
Τσιπούρα	tsi'pura	Dorade
Φαγκρί	fan'gri	Zahnbrasse
Τόνος	'tonnos	Thunfisch
Ξιφίας	ksi'fias	Schwertfisch

Πουλερικά και άγρια

Κότα μέ σούπα αὐγολέμονο	'kota mä 'supa awgo'lämono	Huhn in Zitronensuppe
Κοτόπουλο ψητό	ko'topulo psi'to	Brathuhn
Γαλοπούλα ψητή	galo'pula psi'ti	Truthahn gebraten
Κουνέλι	ku'näli	Kaninchen

Φαγητά μέ κρέας

Μπόν φιλέ	bon fi'lä	Lendenfilet
Παϊδάκια ἀρνίσια	pai'ðakja ar'nisia	Lammkotelett
Μπριζόλες χοιρινές	bri'soläs chiri'näs	Schweinekotelett
Σουτζουκάκια	sudsu'kakja	Würstchen
Σουβλάκι	su'wlaki	Fleischspieß
Σουβλάκια	su'wlakja	Kleine Fleischspieße
Μπιφτέκι	bi'ftäki	Gehacktes vom Grill
Ἀρνί ψητό	ar'ni psi'to	Lammbraten
Ἀρνί στό φούρνο	ar'ni sto 'furno	Lammfleisch im Backofen
Μοσχάρι κοκκινιστό	mos'chari kokkini'sto	Kalbfleisch gedämpft
Μοσχάρι ψητό	mos'chari psi'to	Kalbsbraten
Μιξτ Γκριλλ	'mikst 'gril	Gemischtes vom Grill
Γουρουνόπουλο	guru'nopulo	Spanferkel gebraten
Γύρος	'jiros	Diverse Fleischsorten am senkrechten Drehspieß
Βοδινό φιλέτο ψητό	woði'no fi'läto psi'to	Rinderfilet
Κατσίκι	kat'siki	Zicklein

Λαχανικά

Ντολμάδες	dol'maðäs	Gefüllte Weinblätter (warm)
Λάχανο	'lachano	Weißkohl
Ἀγκινάρες	angi'naräs	Artischocken
Μελιτζάνες γεμιστές	mäli'dsanäs jämi'stäs	Gefüllte Auberginen
Τομάτες γεμιστές	to'matäs jämi'stäs	Gefüllte Tomaten
Πιπεριές γεμιστές	pipär'jäs jämi'stäs	Gefüllte Paprikaschoten
Τουρλού	tur'lu	Bunter Gemüseeintopf
Φασολάκια	faso'lakja	Grüne Bohnen

Μουσακάς	mussa'kas	Auberginen-Fleisch-Auflauf
Μπάμιες	'bamjäs	Okras
Πιπεριές τηγανητές	pipär'jäs tigani'täs	Paprika gebraten
Παστίτσιο	pa'stitsjo	Nudelauflauf mit Fleischfüllung
Κολοκυθάκια	koloki'θakja	Zucchini
Φασόλια	fas'solja	Weiße Bohnen
Πατάτες τηγανητές	pa'tatäs tigani'täs	Pommes frites
Σπανακόρυζο	spana'koriso	Spinat mit Reis

Επιδόρπια / Nachspeisen

Μπακλαβάς	bakla'was	Blätterteig in Sirup mit Nußfüllung
Κρέμα	'kräma	Griespudding
Ρυζόγαλο	ri'sogalo	Reispudding
Σταφύλια	sta'filia	Trauben
Καρπούζι	kar'pusi	Wassermelone
Πεπόνι	pä'poni	Honigmelone
Ροδάκινα	ro'ðakina	Pfirsich
Μήλο	'milo	Apfel
Αχλάδι	ach'laði	Birne
Μούσμουλα	'mussmulla	Mispeln

Ποτά / Getränke

Αλκοολούχα ποτά / Alkoholische Getränke

Ούζο	'uso	Anisschnaps
Άσπρο κρασί	'aspro kras'si	Weißwein
Κόκκινο κρασί	'kokkino kras'si	Rotwein
Χύμα	'chima	Wein vom Faß
Ξερό	kse'ro	trocken
Ημίγλυκο	i'miglikko	halbtrocken
Ρετσίνα	rä'tsina	Geharzter Weißwein
Κονιάκ	kon'jak	Weinbrand
Τσίπουρο	'tsippuro	Tresterschnaps
Μπύρα	'bira	Bier

Μη αλκοολούχα ποτά / Alkoholfreie Getränke

Φραπέ	frap'pä	Kalter Kaffee
Ελληνικός καφές	alini'kos ka'fäs	Griechischer Mokka
Τσάι	tsai	Tee
Πορτοκαλάδα	portoka'laða	Orangeade
Λεμονάδα	lämo'naða	Limonade
Μεταλλικό νερό	mättali'ko nä'ro	Mineralwasser

Strände

Allgemeines

Kreta verfügt über zahlreiche Sandstrände – z. T. auch Grobsand und Kiesel – und schöne Buchten. Viele Strände sind touristisch erschlossen. Liegen und Sonnenschirme werden vermietet, Bars versorgen die Badegäste mit Getränken und Snacks und es bestehen Möglichkeiten zum Wassersport wie Surfen und Wasserski. Die Strände an der Nordküste, die touristischen Kernzonen der Insel, sind sehr überlaufen und mit Hotels verbaut. Weniger besucht da-

Falássarna im Nordwesten von Kreta gehört
zu den schönsten Stränden der Insel.

Strände (Fortsetzung)	gegen sind die Strände an der Südküste, die man teilweise nur zu Fuß oder mit dem Boot erreicht. FKK wird in Griechenland in geschlossenen, öffentlich nicht zugänglichen Anlagen toleriert. Aus Rücksicht auf kretische Moralvorstellungen sollte man sich außerhalb dieser Anlagen am Strand nicht ohne Badekleidung aufhalten.
Badesaison	Die Badesaison geht von April bis November. Zwischen Juni und September betragen die durchschnittlichen Wassertemperaturen je nach Nord- oder Südlage etwa zwischen 19 °C und 23 °C.
Die schönsten Strände	Zu den schönsten Sandstränden Kretas zählen der kilometerlange Küstenabschnitt bei Geogioupoli an der Nordküste und der herrliche Strand von Falássarna im Nordwesten der Insel. Ganz am anderen Ende der Insel, im Nordosten liegt bei Váï Kretas berühmter und vielbesuchter Palmenstrand. Sehr schön ist auch der Chióna-Strand bei Palékastro an der Ostküste. An der Mündung des Flusses Mégalou Potamou erstreckt sich der herrliche Préveli-Strand an der Südküste. Ein hinreißender, karibisch anmutender Sandstrand mit herrlichem grün-blauen Wasser ist der Elafonísi-Strand an der Westküste Kretas.

Straßenverkehr

Straßennetz	Die meisten Straßen auf Kreta sind aphaltiert, doch sind sie im bergigen Landesinnern oft eng und kurvenreich, in manchen Gegenden sogar unbefestigt.

Auf Kreta gelten weitgehend die internationalen Verkehrsregeln. Verkehrssündern drohen drastische Geldbußen! Sprachkundige Polizeibeamte tragen eine Armbinde mit der Aufschrift "Tourist Police". In Städten ist das Hupen untersagt. Sicherheitsgurte sind während der Fahrt anzulegen und das Telefonieren mit Handy ist nur mit einer Freisprechanlage erlaubt. In hell erleuchteten Ortschaften wird nachts lediglich mit Standlicht gefahren; bei Begegnungen außerorts wird das Licht z.T. ganz ausgeschaltet! Das Schild Vorfahrtsstraße bedeutet Parkverbot. Die Alkohol-Promillegrenze liegt bei 0,5.

Straßenverkehr (Fortsetzung) Verkehrsvorschriften

Für Pkws, auch mit Anhänger (und Motorräder über 100 cbm^3), gelten folgende Geschwindigkeitsbegrenzungen: innerorts 50 km/h (40 km/h), außerorts auf Landstraßen 110 km/h (70 km/h), auf Autobahnen und Schnellstraßen 120 km/h (90 km/h). Wer zu schnell fährt, muß mit einer empfindlichen Geldbuße und evtl. mit Führerscheinentzug rechnen; unter Umständen werden die Kennzeichen vom Fahrzeug entfernt.

Höchstgeschwindigkeiten

Auf Kreta gibt es nahezu flächendeckend bleifreies Superbenzin (unleaded; 95 Oktan), Normalbenzin (90 Oktan), Superbenzin (96 Oktan), Dieselkraftstoff, Motorenöl (normal und super), allerdings selten Autogas. Die Mitnahme von Kraftstoff in Kanistern ist auf Fährschiffen verboten.

Kraftstoff

Taxi

Taxis tragen das internationale Zeichen "Taxi" auf dem Dach und halten auch auf Zuruf oder Winken am Straßenrand. In den Städten sind Taxis in größerer Zahl an allen Plätzen mit starkem Publikumsverkehr (Flughäfen, Busbahnhöfen, u.a.) sowie vor den großen Hotels und Museen zu finden.

Allgemeines

Die Preise für Taxifahrten auf Kreta sind günstiger als beispielsweise in Deutschland. Zusätzliche Gebühren werden berechnet für das Besteigen des Taxis an Busbahnhöfen, See- und Flughäfen, für jedes Gepäckstück über 10 kg und für Nachtfahrten zwischen 1^{00} und 5^{00} Uhr. Sonderzuschläge werden auch an Ostern und Weihnachten erhoben.

Preise

Eine noch preisgünstigere Alternative zu den üblichen Taxis bieten die in manchen Ferienzentren verkehrenden Sammeltaxis, die so lange Fahrgäste aufnehmen, wie im Wagen noch Platz ist.

Sammeltaxis

Vor Antritt von Ausflugsfahrten mit dem Taxi sollte der Fahrpreis ausgehandelt werden.

Ausflüge mit dem Taxi

Telefon

Die meisten Orte und Inseln Griechenlands, darunter auch Kreta, sind an das internationale Fernsprech-Durchwahlnetz angeschlossen. Telefonieren ist in Postämtern nicht möglich, dafür zuständig ist das Telefon- und Telegrafenamt (OTE), das fast in jedem Ort vor-

Allgemeines

Telefon (Fortsetzung)	handen ist. Telefonate können sowohl bei OTE als auch von Kiosken mit Telefonanschluss, in Tavernen und Hotels – hier ist es allerdings teuer – geführt werden. Kartentelefone sind eingeführt; Telefonkarten sind bei OTE, Kiosken etc. erhältlich. Wenn man bei diesen Telefonen die Taste "i" drückt, erscheinen die Anweisungen auf Englisch.
Fernsprechauskunft	Inland: ☎ 151 Ausland: ☎ 161
Bargeldlos nach Deutschland telefonieren	Von Kreta kann unter der Telefonnummer 0 08 00 49 11 die Vermittlungszentrale der deutschen Telekom (Deutschland-Direkt-Dienst; 0⁰⁰ bis 24⁰⁰ Uhr) gebührenfrei angerufen werden, die das Gespräch an den gewünschten Gesprächsteilnehmer in Deutschland weitergibt. Die Berechnung der recht hohen Gesprächsgebühr erfolgt entweder nach der Zustimmung des Angerufenen auf dessen Fernmeldekonto oder wird dem eigenen Konto belastet.
Ländernetzkennzahlen	Von Deutschland, Österreich, der Schweiz und Liechtenstein nach Griechenland: 00 30 Von Griechenland nach Deutschland: 00 49 Von Griechenland nach Österreich: 00 43 Von Griechenland in die Schweiz und nach Liechtenstein: 00 41 Die Null der jeweiligen Ortsnetzkennzahl entfällt.

Trinkgeld

Hotels	In den Hotels werden in der Regel Inklusivpreise angegeben und verlangt. Bei Hotelboys und Zimmerfrauen ist dennoch Trinkgeld willkommen.
Restaurants, Cafés	In Restaurants und Cafés sind 15 % Bedienungsgeld üblich. Außerdem rundet man die Summen nach oben auf und lässt vielleicht noch einen kleinen Betrag auf dem Tisch liegen.
Taxi	Taxifahrer erhalten 10 % Trinkgeld; Fahrgäste runden in der Regel die zu entrichtenden Summen auf. Am griechischen Osterfest erwarten Taxifahrer, Friseur usw. ein "Geschenk" in Form von Geld.

Veranstaltungskalender

Allgemeines	Während der Sommersaison veranstalten die Städte eine Reihe von Kulturfestivals. Informationen dazu sind bei der Griechischen Zentrale für Fremdenverkehr (▶ Auskunft) erhältlich. In vielen Dörfern Kretas werden Kirchweihfeste mit traditioneller Musik und Volkstänzen begangen.

Veranstaltungen (Auswahl)

6. Januar	Dreikönigstag (Theophanie; Wasserweihe mit Kreuzversenkung)
Februar/März	Karneval in vielen Orten (v. a. in Iráklion und Réthymnon)

Drachensteigen auf den Hügeln, Einstimmung auf die Fastenzeit mit ungesäuerten BroteRosenmontag",4>n, Fischen, Meeresfrüchten, Salaten und Wein	Katharí Deftéra (Rosenmontag)
Militärparaden	25. März Nationalfeiertag
Tag des hl. Georg: besondere Feierlichkeiten in Asi-Gonia (Chaniá) mit Schafschur ("Kura")	23. April
Das griechisch-orthodoxe Osterfest, das mit Abstand wichtigste Kirchenfest in Griechenland, wird – terminlich abweichend von den katholischen und protestantischen Gepflogenheiten – jeweils am ersten Sonntag nach dem ersten Vollmond nach dem Frühlingsanfang (21. März) gefeiert. Die bestimmende Farbe an Ostern ist Rot – z. B. rot gefärbte Ostereier –, das das Blut Christi symbolisiert.	Griechisches Osterfest
Am Karfreitag finden Kerzenprozessionen statt. In der Nacht von Karsamstag auf Ostersonntag werden Messen zelebriert, die in dem Ausruf "Christós anésti" (= "Christus ist auferstanden") um Mitternacht ihren Höhepunkt finden. Glockengeläute, Böllerschüsse und Feuerwerke gehören ebenso zum griechischen Osterfest wie die Majritsa (Ostersuppe), das Eierkicken und der Austausch von Geschenken. Als Festmahl wird Lammbraten vom Spieß gereicht. Das typische Ostergebäck heißt "Tsureki" und ist mit einem roten Ei geschmückt.	Osterbräuche
2000: 30. April 2001: 14. April 2002: 5. Mai	Ostertermine
Tag der Arbeit mit Umzügen, Blumenfesten und Ausflügen ins Grüne	1. Mai
Chaniá: Tanzfestival zur Erinnerung an die Schlacht um Kreta	27. – 29. Mai
Achládes: Aprikosenfest	Juni
Piskokephalo und Krusta: Weissagungsspiel "Klidonas"	Ende Juni
Iráklion: Festival "Heracleion-Summer" mit Opern-, Theater-, Folklore- und Tanzaufführungen sowie Ausstellungen, Lesungen, Symposien	Während der Sommermonate
Ágios Nikólaos: "Lato" mit Volkstanzdarbietungen, Theateraufführungen und Konzerte mit moderner Musik Seewochenfestival mit Bootsrennen, Schwimm- und Surfwettbewerben sowie Feuerwerken im Hafen	Juli – Sept.
Dafnes und Réthymnon: Weinfeste mit Musik und Tanz Sitía: Sultaninenfest	Juli
Réthymnon: Renaissancefestival (15 Tage lang) im venezianischen Kastell mit nationalen und internationalen Open-Air-Theater-, -Musik- und -Tanzaufführungen, Konzerte, Kino und diversen anderen Darbietungen im Stil der Renaissance	Juli – August
Anógia: Jahrmarkt mit Folklore	August

Veranstaltungskalender

15. August	Mariä Himmelfahrt: besonders feierlich u. a. in Neápolis
28. Oktober	Óchi-Tag: Nationalfeiertag mit Militärparade (▶ Feiertage)
8. November	Réthymnon: Gedenktag des Aufstandes im Kloster Arkádi 1866
11. November	Iráklion: Fest des hl. Minás
31. Dezember	Am Silvesterabend ziehen die Kinder singend von Haus zu Haus und werden dafür mit kleinen Geschenken belohnt. Zu Hause schneidet man den Neujahrskuchen an; derjenige, der die darin versteckte Münze findet, wird im nächsten Jahr viel Glück haben.

Wandern

Allgemeines

Wandern auf Kreta erfreut sich zunehmender Beliebtheit. Es gibt jedoch keine speziell angelegten Wanderwege oder entsprechendes Kartenmaterial, so dass es ratsam ist, sich Spezialreiseveranstaltern oder ortskundigen Führern anzuschließen.

Informationen

Eine Broschüre mit einigen Wanderzielen und den Anschriften von Wandervereinen sind bei der Griechischen Zentrale für Fremdenverkehr (▶ Auskunft) erhältlich. Weitere Auskünfte erteilen Reisebüros. Der Griechische Bergsteigerverein E.O.S. unterhält auf Kreta Hütten in den Levká Óri (Kallérgi und Vólika) und auf dem Psilorítis (Príno, Asítes). Man bekommt beim Verein Informationen in Iráklion (☎ 0 81/28 71 10) und in Chaniá (☎ 08 21/4 46 47).

Wanderführer

Im Buchhandel ist eine Reihe von guten Wanderführern über Kreta erhältlich.

Tourenvorschläge
Europawanderweg 4

Der Europawanderweg 4 führt über die ganze Insel und ist mit gelbschwarzen "E 4"-Schildern markiert. Die Route verläuft von Kastélli Kísamos im Nordwesten bis Káto Zákros im Südosten, wobei sie sich im Westen in eine Berg- und eine Küstenroute unterteilt.

Samariá-Schlucht

Die sechsstündige Wanderung durch die Samariá-Schlucht (▶ Reiseziele von A bis Z, Samariá-Schlucht) gehört zu den großartigsten Erlebnissen, die der Wanderfreund auf Kreta erfahren kann.

Wandern wird auf Kreta immer beliebter.

Górtys – Festós – Mátala – Ágia Galíni – Spíli (rund 200 km) Zákros – Váï – Kloster Toplou (rund 60 km) Réthymnon – Kloster Arkádi (23 km) Makrigialós – Ierápetra – Gourniá (rund 180 km)	**Wandern** (Fortsetzung) Weitere Touren
▶ Reiseziele von A bis Z, Ida-Gebirge	Kamáreshöhle, Idäische Höhle

Radwandern

Auskünfte erteilen der Iraklion Bicycling Club Kastro (☎ 0 81/ 24 34 45) und Hellas Bike Travel auf Kreta.	Auskunft
Von Kastélli Kísamos, an der Nordwestküste Kretas, führt eine 24 km lange Strecke mit wenig Steigungen in nordöstlicher Richtung über Plakálona und Kolimbári nach Tavronitis.	Tourenvorschläge ab Kastélli Kísamos
Von Réthymnon fährt man auf ebener Strecke zunächst am Meer entlang in nordöstlicher Richtung bis Stavroménos, von dort geht es ostwärts über wenige Hügel über Alexándrou nach Pérama und Mourtzána am Kouloukonas-Gebirge entlang nach Apladianá. Die Strecke ist 40 km lang und landschaftlich reizvoll.	ab Réthymnon
Spíli, südöstlich von Réthymnon, ist Ausgangspunkt einer abwechslungsreichen, 22 km langen, leichten Tour durch reizvolle Landschaft über Mixórruma, Koxaré, Asómatos nach Plakiás.	ab Spíli
Von Plakiás über Sellía, Káto Rodákino, Argoulés, Frangokastéllo und Vouvás nach Chóra Sfakíon führt eine 48 km lange Strecke, auf der mehrere Steigungen zu überwinden sind; schöne Aussichten auf Küstengebirge und Meer entschädigen jedoch für die Mühe.	ab Plakiás
Iráklion bietet sich als Ausgangspunkt für eine Radtour in das größte Weinanbaugebiet Kretas an. Die 49 km lange Strecke führt in südwestlicher Richtung mit einigen Steigungen über Voutes, Ágios Mýronas, Pírgou, Káto Asítes und Ano Asítes sowie Priniás nach Agía Varvára und Ágioi Déka.	ab Iráklion
Ab Ierápetra ostwärts über Férma und Agía Fotiá nach Análipsi führt eine 28 km lange leichte Radtour über mäßig hügeliges Gelände an schönen Badestränden vorbei.	ab Ierápetra

Zeit

Im Winterhalbjahr gilt die Osteuropäische Zeit (OEZ = MEZ + 1 Std.), ab Ende März bis Ende Oktober die Sommerzeit (OEZ + 1 Std. = MESZ + 1 Std.).	Osteuropäische Zeit

Zeitungen und Zeitschriften

Deutschsprachige Zeitungen und Zeitschriften sind auf Kreta – meist mit einem halben oder ganzen Tag Verspätung – u. a. erhältlich in Agía Galíni, Agía Pelagía, Ágios Nikólaos, Chaniá, Gouves, Iráklion, Limín Chersonísou, Linoperamata, Mália, Mátala, Réthymnon und Sitía.	Deutschsprachige Presse
Aktuelles aus Griechenland und der ganzen Welt enthält die täglich erscheinende englischsprachige Zeitung "Athens News".	"Athens News"

Zeitungen (Fortsetzung) "This Month Crete"	Bei der Griechischen Zentrale für Fremdenverkehr (▶ Auskunft) und in Olympic Airways Büros (▶ Fluggesellschaften) ist eine spezielle europäische Ausgabe – u. a. eine deutsch-englische Ausgabe – von "This Month Crete" erhältlich.
Verkaufsstellen	In den größeren Städten sind zahlreiche ausländische Zeitungen und Zeitschriften sowie Bücher außer in internationalen Buchhandlungen auch an Kiosken und in Souvenirläden erhältlich. Eine Buchhandlung, die internationale Presseerzeugnisse aus aller Welt (Tageszeitungen, Magazine; Bücher) führt, ist beispielsweise International Press, El. Venizelou & Petichaki, Réthymnon.

Zollbestimmungen

Einfuhrverbot	Grundsätzlich verboten ist die Einfuhr von Pflanzen, Funkgeräten und Waffen (mit Ausnahme von Jagdwaffen). Reisende unter 18 Jahren dürfen weder Tabakwaren noch Spirituosen, Jugendliche unter 15 auch keinen Kaffee einführen.
EU-Binnenmarkt	Seit dem 1. Januar 1993 bilden die Mitgliedsstaaten der Europäischen Union, darunter Griechenland, Deutschland und Österreich, einen gemeinsamen Wirtschaftsraum, den EU-Binnenmarkt. Aus Griechenland dürfen daher Waren für den privaten Gebrauch eigentlich ohne Beschränkung eingeführt werden. Allerdings gibt es gewisse Richtmengen, deren Überschreitung, neben anderen Kriterien, als Indiz für gewerbliche Einfuhr gelten kann; dies sind 800 Zigaretten, 400 Zigarillos, 200 Zigarren, 1 kg Rauchtabak, 10 l Spirituosen, 20 l Zwischenerzeugnisse, 90 l Wein, 110 l Bier. Auf Flughäfen und Schiffen werden Zollkontrollen vorerst weiterhin vorgenommen.
Einreise nach Griechenland aus Nicht-EU-Ländern	Für Reisende aus Nicht-EU-Ländern (z.B. Schweizer Staatsbürger) liegen die Freimengengrenzen für Personen über 18 Jahre bei 200 Zigaretten oder 100 Zigarillos oder 50 Zigarren oder 250 g Rauchtabak, ferner bei 2 l Wein und 2 l Schaumwein oder 1 l Spirituosen mit mehr als 22 Vol.-% Alkoholgehalt oder 2 l Spirituosen mit weniger als 22 Vol.-% Alkoholgehalt, 50 g Parfüm und 1/4 l Eau de Cologne, 500 g Kaffee oder 200 g Pulverkaffee, 100 g Tee oder 40 g Tee-Extrakt. Abgabenfrei sind ferner Geschenkartikel bis zu einem Wert von 10 000 Drs. (Kinder unter 15 Jahre: 5500 Drs.).
Ausfuhrverbot	Hinweise für EU-Bürger s. oben. Ansonsten sind abgabenfrei: Reiseproviant im Wert von bis zu 50 US-Dollar sowie Reiseandenken im Wert von höchstens 150 US-Dollar. Ein Ausfuhrverbot besteht grundsätzlich für Antiquitäten und Kunstgegenstände. Kopien antiker Vorlagen können frei ausgeführt werden.
Wiedereinreise in die Schweiz	Abgabenfrei sind Reiseproviant sowie gebrauchtes persönliches Reisegut; außerdem für Personen ab 17 Jahre an Tabakwaren 200 Zigaretten oder 50 Zigarren oder 250 g Rauchtabak, an alkoholischen Getränken 2 l mit bis zu 15 Vol.-% Alkoholgehalt und 1 l mit mehr als 15 Vol.-% Alkoholgehalt; ferner Geschenke im Werte bis 100 sfr., für Personen unter 17 Jahre bis 50 sfr. Eine Anpassung dieser Werte an die EU-Beträge ist geplant.

Glossar

Abakus	Säulenordnungen
Agora	Marktplatz, Mittelpunkt des öffentlichen Lebens einer Stadt
Akropolis	Oberstadt
Alabastron	Salbölgefäß
Ambo	Erhöhtes Pult in christlichen Kirchen
Amphiprostylos	Tempel mit vorgestellten Säulen an beiden Schmalseiten
Amphore	Enghalsiges Gefäß zur Aufbewahrung von Wein, Öl, Honig etc.
Ante	Pfeilerartige Ausbildung einer vorspringenden Mauer
Antentempel	Tempel mit Säulen zwischen den Antenmauern an der vorderen Schmalseite
Apsis	Meist halbrunder Raum am Ende eines Kirchenraumes
Architrav	▶ Säulenordnungen
Aryballos	Kleines Salbgefäß
Basilika	Drei- oder fünfschiffige Grundform christlichen Kirchenbaus
Basis	▶ Säulenordnungen
Bema	1. Rednertribüne in der Antike 2. Altarraum einer christlichen Kirche
Cavea	Muschelförmiger Raum der Sitzreihen eines römischen Theaters
Cella	Hauptraum im antiken Tempel
Chthonisch	Der Erde zugehörig
Deesis	Darstellung des im Jüngsten Gericht thronenden Christus zwischen Maria und Johannes dem Täufer
Diakonikon	Rechte Seitenapsis einer byzantinischen Kirche
Dorische Ordnung	▶ Säulenordnungen
Dromos	Gang, insbesondere der in Kuppelgraber führt

Echinus	▶ Säulenordnungen
Exedra	Meist halbkreisförmiger Raum mit Sitzbänken
Hydria	Wasserkrug
Ionische Ordnung	▶ Säulenordnungen
Ikonostase	Den Gemeinderaum vom Altarraum trennende Bilderwand in einer byzantinischen Kirche
Kapitell	Kopfstück von Säule und Pfeiler
Kantharos	Weitbauchiger, doppelhenkliger Becher oder Kanne
Kernos	Kultgefäß
Konche	Muschelförmiger Gebäudeteil
Korinthische Ordnung	▶ Säulenordnungen.
Krater	Krug zur Mischung von Wasser und Wein
Kreuzkuppelkirche	Kirchenbautyp mit einer Zentralkuppel über dem Schnittpunkt von vier gleich langen Kreuzarmen (s. Auf- und Grundriss S. 58).
Krypta	Unterirdische Grabanlage unter dem Chor von romanischen und gotischen Kirchen
Larnax	Kleiner Sarkophag, Urne
Megaron	Hauptraum mykenischer Paläste; wird oft als Grundform des griechischen Tempels angesehen
Metope	▶ Säulenordnungen
Naos	Tempel, Tempelinneres
Narthex	Vorhalle einer byzantinischen Kirche
Nekropole	Totenstadt, Begräbnisplatz
Nymphaion	Ein den Nymphen geweihter Bezirk; eine reich ausgestattete Brunnenanlage
Odeon	Gebäude für Musikaufführungen
Oinochoe	Weinkanne mit Henkel
Opistodomos	Raum hinter der ▶ Cella eines Tempels
Orchestra	Ursprünglich der Tanzplatz des Chores; runde oder halbrunde Fläche zwischen Bühne und Zuschauerraum

Ossuarium	Gebeinurne
Pantokrator	Darstellung des thronenden Christus in der christlichen, besonders in der byzantinischen Kirche
Patene	Hostienteller
Pelike	Vorratsgefäß, ähnlich der ▶ Amphore
Peripteros	Tempel mit rings umlaufenden Säulenreihen
Peristyl	Säulenumgang, Säulenhalle, Säulenhof
Pilaster	Wandpfeiler
Pithos	Großes tönernes Vorratsgefäß
Polythyron	Pfeilersaal
Portikus	Säulenhalle
Pronaos	Vorhalle eines Tempels
Prothesis	Linke (nördliche) Seitenapsis einer byzantinischen Kirche
Protome	Menschlicher oder tierischer Ober- bzw. Vorderkörper als Schmuck an Bauten oder Gefäßen
Pyxis	Dose aus Ton mit Deckel
Rhyton	Trink- und Spendegefäß mit einem engen Ausguß, oft in Gestalt eines Tierkopfes
Säulenordnungen	In der griechischen Tempelbaukunst werden drei Säulenordnungen unterschieden:
Dorisch	Leicht geschwellter Säulenschaft mit Kanneluren (rillenförmige Vertiefungen) ohne Basis (Fuß der ionischen und korinthischen Säule) auf dem Stylobat (Unterbau), Kapitell mit Echinus (Wulst) mit Abakus (viereckiger Deckplatte). Im Architrav (auf der Säule aufliegender waagrechter Steinbalken) ein Fries mit abwechselnd Triglyphen (dreischlitzigen Platten) und Metopen (Figurenreliefs)
Ionisch	Schlanke Säulenschäfte mit durch Stege getrennte Kanneluren auf einer Basis, Kapitell mit Voluten (Spiralelement), Architrav mit durchgehendem Relieffries
Korinthisch	Ähnelt der ionischen Ordnung bis auf das Kapitell mit zwei Ringen aus Akanthusblättern und kleinen Voluten
Skene	Bühnengebäude
Spolien	Wiederverwendete Bruchstücke älterer Bauten

Stamnos	Gefäß mit sehr niedrigem Hals und zwei Henkeln
Tambour	Zylinderförmiges Zwischenteil bei Kuppeln
Tholos	Rundbau
Vestibül	Vorhalle
Volute	▶ Säulenordnungen
Votiv	Opfergabe

Register

ACE-Notrufzentrale 223
Achládia 193
ADAC-Notruf 200, 223
ADAC-Telefonarzt 223
Agiá 100
Agía Eiríni, Moní 138
Agía Fotiá 191
Agía Galíni 185
Agía Paraskeví 182
Agía Rouméli 189
Agía Sofía, Höhle 142
Agía Triáda 74
Agía Triáda, Moní 96
Agía Varvára 138
Ágioi Déka 113
Ágioi Theodóri 98
Ágios Geórgios 163
Ágios Ioánnis 108, 159
Ágios Ioánnis
 Pródromos 89
Ágios Nikólaos 76
Ágios Pávlos 189
Agkarathou, Moní 141
Agrími 20
Alíkampos 102
Alikianós 101
Alkoholika 203
Almiros 17
Alte Palastzeit 33
Amnisós 134
Anatolí 119
Anemóspilia 87
Anisaráki 170
Áno Viánnos 119
Anógeia 137
Anópoli 104
Anreise 198
Antiquitäten 198
Anýdroi 169
Apodoulou 182
Apotheken 199, 224
Apothekennotruf 199
Áptera 101
Aqua Splash 228
Arabische Besetzung 39
Arádena 105
Archaische Zeit 37
Archánes 85
Archäologische
 Stätten 222
Aretíou, Moní 83
Argyroupolis 185
Ariadne 26

Arkádi, Moní 176
Arménoi 182
Arolídos 135
Árvi 119
Askífou, Hochebene
 von 105
Asómaton, Moní 182
Asómatos 87
Asterousia-Gebirge 16
Aufläufe 206
Auskunft 199
Autohilfe 200
Avdou 165
Axogyrés 170
Axós 137

Badesaison 238
Báli 176
Bálos 144
Banken 211, 224
Bankschecks 211
Bärenhöhle 97
Behindertenhilfe 201
Bevölkerung 22
Bevölkerungs-
 entwicklung 22
Bevölkerungszahl 22
Bier 207
Bodenschätze 32
Bootscharter 229
Britomartis 27
Bürgerkrieg 41
Busausflüge 201
Busverkehr 201
Byzantinische Periode 39

Camping 201
Campingführer 202
Chaméxi 195
Chandrás-Hochebene 194
Chaniá 89
Chersónisos 164
Chóra Sfakíon 103
Chorafákia 98
Chortátzis, Georgios 43
Chrisoskalítissa,
 Moní 143
Chrissí 120
Christós 119
Chromonastýri 182

Dädalos 27
Damaskinós, Michael 43

Daskalojánnis 43
Deutsche Flug-
 Ambulanz 223
Deutsche Rettungsflug-
 wacht 223
Día 18
Diktáio Ántro 163
Diktäische Höhle 163
Díkti-Gebirge 16
Diktýnnaion 99
Diplomatische
 Vertretungen 202
Dolinen 16
Drachme 211
Dreikönigstag 240
Dríros 83
DRK-Flugdienst 223

Ebenen 16
EC-Karte 211
Eileidia-Höhle 134
Einkäufe 202
El Greco 44, 61, 137
Elafonísi 143
Eléfderna 181
Elektrizität 204
Elounda 81
ELPA 200
Elytis, Odysseas 43
Émparos 141
EOT 200
Episkopí 100, 119, 176
Erdbeben 14, 15
Erosion 15, 21
Erste Hilfe 223
Essen 204
Essgewohnheiten 204
Etesien 19
Etiá 194
EU-Währungsunion 211
Eurocheques 211
Europa 25
Evans, Arthur Sir 44

Fähren 208
Fährverbindungen 208
Falásarna 144
Familienpolitik 24
Familienstrukturen 22
Faneroménis, Moní 195
Fauna 20
Feiertage 209
Ferienwohnungen 210

Fernsprechauskunft 240
Festós 105
Feuerwehr 223
Fische 206
FKK 238
Fleischgerichte 206
Flora 19
Flugverkehr 210
Fódele 137
Fourní 86
Fournou Korýfi 119
Frangokástello 105
Frigana 19

Gastfreundschaft 24
Gávdos 18, 110
Gebirgsmassive 16
Geld 211
Geldwechsel 211
Gemüse 206
Gemüseanbau 31
Geologie 13
Geometrische Epoche 35
Georgioupoli 186
Geschäfte 224
Geschichte 33
Geschlechter-
  beziehung 24
Gesundheitszentren 199
Goldschmuck 202
Goniás, Moní 99
Górtys 111
Gourniá 84
Gouvernéto, Moní 97
Gouverniótysas,
  Moní 165
Grabbauten 51
Gramvousa 144
Griechisch-orthodoxe
  Kirche 29
Griechische Hotel-
  kammer 212
Griechische Zentrale für
  Fremdenverkehr
  (GZF) 199
Griechischer
  Segelverband 229
Griechisches
  Alphabet 231
Große Göttin 28, 34
Grotten 16

Handarbeiten 203
Handel 32
Handwerk 32

Hellenismus 38
Herákleion 120
Herakles 27
Höchstgeschwindig-
  keiten 239
Hochzeit 24
Höhlen 16
Holzschnitzereien 204
Homer 221
Hotelkategorien 212
Hotels 212
Hotelverzeichnis 212

Ida-Gebirge 16, 115
Idaío Ántro 116
Idäische Höhle 116
Ierápetra 117
Ikaros 27
Ikonen 132, 203
Ikonographisches
  Programm 59
Imbros-Schlucht 103
Industrie 32
Instrumente 62
Internet 199
Iráklion 120
Ítanos 192

Jahreszeiten 18
Jouchtas 88
Jugendherbergen 220

Kafenion 23
Kaffee 208
Kalámi, Festung 95
Kaloí Liménes 109
Kalýves 102
Kamáreshöhle 116
Kántanos 170
Kapsá, Moní 194
Kardiótissa, Moní 161
Kárfi 163
Karneval 240
Karten 220
Kasantzákis, Níkos 44,
  64, 141, 221
Käse 207
Kastélli 83
Kastélli Kísamos 141
Kästner, Erhart 221
Katharó-Hochebene 160
Katholikó, Moní 98
Káto Episkopí 193
Káto Zákros 144
Kefáli 142

Keramik 203
Keratókambos 120
Kiriakosélia 102
Klassik 37
Klima 18
Klöster 30
Knossós 147
Kófinas 16
Komboloi 23
Komitádes 103
Kommós 109
Konsularische
  Vertretungen 202
Kornáros, Vitsentsos 45
Kouloukonas-Bergland 16
Kourná-See 17, 186
Kourtaliótiko,
  Farangi 183
Koutoulofári 164
Kraftstoff 239
Krankenhäuser 199
Krási 161
Kreditkarten 212
Kreuzfahrten 220
Kritsá 155
Kufonísi 120
Kultbauten 51
Kunstgeschichte 47
Küsten 18

Lambíni 184
Lampiótes 182
Ländernetzkenn-
  zahlen 240
Landwirtschaft 30
Lassíthi-Hochebene 16,
  17, 160
Lató 159
Lederwaren 203
Léntas 114
Levká Óri 16
Lilianó 166
Lissós 171
Literaturempfehl-
  ungen 221

Makrygialós 194
Máleme 98
Mália 164, 166
Mantinádes 62
Margarítes 181
Mariä Himmelfahrt 241
Maroulás 176
Mátala 109
Máza 102

250

Meeresschildkröten 20
Melidónoi-Höhle 176
Méronas 181
Mesklá 101
Messará-Ebene 16
Metallwaren 204
Mietwagen 222
Mílatos, Höhle von 165
Militärdiktatur 41
Miller, Henry 221
Minoische Kultur 34
Minoische Religion 28
Minos 26
Minotauros 26
Mírtos 119
Móchlos 195
Moní 170
Mulisch, Harry 221
Museen 222
Musik 62
Mýloi 182
Mykenische Herrschaft 35
Myriokéfala 186
Myrtiá 141
Mythologie 25

Nach-Palastzeit 35
Nachtisch 206
Nationalfeiertag 241
Naturraum 13
Nea Dimokratia (ND) 42
Nekropolen 51
Neolithikum 33
Neue Palastzeit 33
Neugriechisch 230
Nída-Hochebene 116
Nírou Cháni 134
Notdienste 223

ÖAMTC-Notrufzentrale 223
Obstanbau 31
Óchi-Tag 242
Odigítrias, Moní 109
Öffnungszeiten 224
Oliven 30
Olivenbaum 19
Olous 81
Olympic Airways 210
Orientalisierende Epoche 37
Orthodoxe Akademie 99
Osterbräuche 241
Osterfest 241

Ostertermine 241
Osteuropäische Zeit 243
OVELPA 200

Paláikastro 193
Palaiochóra 169
Palastbau 47
Panagía Kerá 156
Panhellenische Sozialistische Bewegung (PASOK) 41
Pánormos 176
Parasailing 229
Patriarchalismus 22, 24
Personalpapiere 224
Pflanzen 19
Pigí 166
Pírgos 119
Piskopianó 164
Pitsídia 109
Pláka 83
Plakiás 184
Plátanos 114
Polizei 223
Poljen 16
Polyrinía 142
Porto 224
Post 224
Postämter 224
Praisós 193
Prassiés 181
Prevelákis, Pantélis 45, 225
Préveli, Káto Moní 183
Préveli, Piso Moní 183
Préveli, Strand von 184
Priester 30
Privatquartiere 212
Prodrómi 170
Profítis Ilías 96
Protogeometrische Epoche 35
Psilorítis 16, 115
Psíra 81

Quinn, Anthony 64

Radwandern 243
Reisedokumente 224
Reiseschecks 211
Reisezeit 225
Reiten 228
Relief 15
Religion 28
Restaurants 226

Réthymnon 172
Rizenía 138
Rodopou 98
Römische Zeit 38
Roustika 185
Rudern 228

Salate 206
Samariá-Schlucht 186
Sammeltaxis 239
Savathianón, Moní 137
Schecks 211
Schweizerische Rettungsflugwacht 223
Seen 17
Segeln 228, 229
Sfakiá-Hochebene 103
Siedlungsstruktur 22
Sitía 189
Sklaverochóri 166
Sklavókampos 136
Sklavopoula 172
Skoteinó, Höhle von 135
Souda, Bucht von 95
Souda, Festung 95
Sougia 171
Souvenirs 202
Spíli 184
Spiliá 100
Spinalónga 82
Spirituosen 207
Sport 227
Sportfischerei 228
Sportschifffahrt 229
Sprache 230
Sprachführer 231
Star Waterpark 228
Stavrós 98
Steinwaren 204
Stierkult 29
Stierspringen 29
Straßenhilfsdienst 223
Straßenkarten 220
Straßennetz 238
Straßenverkehr 238
Strände 18, 237
Stýlos 101
Suppen 206
Surfen 228

Tag der Arbeit 241
Tal der Toten 145
Talos 27
Tanz 62
Tauchen 228

Tavernen 226
Tavli 23
Taxi 239
Tee 208
Telefon 239
Teménia 170
Temperaturen 18
Tennis 228
Theodorakis, Mikis 46, 62
Theseus 26
Thrapsanó 141
Thrónos 181
Thryptis-Berge 16
Tierhaltung 32
Toplou, Moní 191
Topolia-Schlucht 142
Tourismus 32
Touristenpolizei 223
Transliterationstabelle 231
Traubenanbau 31
Trinken 204
Trinkgeld 240
Tryptí 85
Tsoutsouros 141
Türkische Zeit 40
Türkisches Generalkonsulat 221
Týlisos 135

Umschrift 231
Umweltschutz 21
Unfallrettung 200

Váï-Bucht 192
Valsomónero, Moní 140
Vassilikí 85
Váthi 142
Vathýpetro 88
Venezianische Zeit 39
Venizélos, Eleftérios 46
Veranstaltungskalender 240
Verband der griechischen Jugendherbergen 220
Verständigung 230
Verwaltungsgliederung 13
Villen 51
Vixári 182
Volkskunst 202
Vóri 108
Vorpalastzeit 33
Vorspeisen 206

Voulisméni-See 17
Vrísses 102
Vrontísiou, Moní 139

Währung 211
Wanderführer 242
Wandern 242
Wasserläufe 17
Wasserski 229
Wassertemperaturen 19
Wechselkurse 211
Wein 207
Winde 19
Wintersport 229
Wirtschaft 30
Woíla 194

Zarós 138
Zeit 243
Zeitschriften 243
Zeitungen 243
Zeus 25, 116
Zíros 194
Zollbestimmungen 244
Zou 193
Zweiter Weltkrieg 40
Zwischenkriegszeit 40

252

Verzeichnis der Karten und grafischen Darstellungen

Lagekarte 12
Verwaltungsgliederung 13
Minoisches Kreta 48/49
Byzantinische Kreuzkuppelkirche: Grundriss 58
Routenkarte 70
Agia Triada: Lageplan 75
Agios Nikolaos:
  Stadtplan 78
  Archäologisches Museum 79
Chania: Stadtplan 90
Ierapetra: Stadtplan 118
Iraklion:
  Stadtplan 123
  Archäologisches Museum: Grundriss 125
Kato Zakros: Lageplan 146
Knossos:
  Lageplan 151
  Halle der Doppeläxte: Rekonstruktionszeichnung 154
Panagia Kera: Grundriss 156/157
Malia (Palastruinen): Lageplan 166
Rethymnon: Stadtplan 173
Kloster Arkadi: Grundriss 180
Samaria-Schlucht 188
Sitia: Stadtplan 190
Entfernungstabelle 204
Klimatabelle 225

Bildnachweis

Archiv für Kunst und Geschichte: S. 44, 45, 46, 179
Boldt: S. 82
Ehrenfried-Warme: S. 76, 95, 185
Galenschovski: S. 31, 40, 122, 140, 171, 183
Hackenberg: S. 15, 23, 63, 88, 104, 106, 113, 115, 143, 145, 160, 167, 192, 203, 207, 238, 242
HB Verlags- und Vertriebsgesellschaft mbH: S. 86, 162
Henseler: S. 8/9, 9 (unten), 34, 36, 50, 77, 84, 124, 131, 153
Huber: S. 10/11, 66/67, 196/197
Lade: S. 187
Schapowalow: S. 117
Schumann: S. 17
Strobel: S. 177
Strüber: S. 1, 8 (unten), 9 (oben), 20, 26, 28, 33, 52, 54, 55, 59, 80, 91, 96, 97, 100, 110, 127, 128, 129, 132, 136, 139, 149, 158, 165, 174, 205, 215, 219, 227

Titelbild: ZEFA/Brockhaus – Hafen von Réthymnon

Umschlagseite hinten: Hackenberg – Kirche am Meer

Impressum

Ausstattung:
94 Abbildungen
23 Karten und grafische Darstellungen, 1 große Inselkarte

Text: Carmen Galenschovski
mit Beiträgen von Helmut Linde, Reinhard Strüber, Andrea Wurth

Bearbeitung: Baedeker Redaktion (Carmen Galenschovski)

Kartografie: Harms, Erlenbach; Franz Huber, München; Mairs Geographischer Verlag, Ostfildern (große Inselkarte)

Gesamtleitung: Rainer Eisenschmid, Baedeker Ostfildern

5. Auflage 2000
Gänzlich überarbeitete und neugestaltete Auflage

Urheberschaft: Karl Baedeker GmbH, Ostfildern
Nutzungsrecht: Mairs Geographischer Verlag GmbH & Co., Ostfildern

Sprachführer in Zusammenarbeit mit Franz Klett Verlag GmbH,
Redaktion PONS Wörterbücher

Der Name *Baedeker* ist als Warenzeichen geschützt.
Alle Rechte im In- und Ausland sind vorbehalten.
Jegliche – auch auszugsweise – Verwertung, Wiedergabe, Vervielfältigung, Übersetzung, Adaption, Mikroverfilmung, Einspeicherung oder Verarbeitung in EDV-Systemen ausnahmslos aller Teile dieses Werkes bedarf der ausdrücklichen Genehmigung durch den Verlag Karl Baedeker GmbH.

Druck: Franz Spiegel Buch
Printed in Germany
ISBN 3-89525-826-1   **Gedruckt auf 100% chlorfreiem Papier**

Baedeker **Programm**

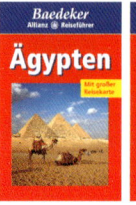

Reiseziele in aller Welt

- Ägypten
- Algarve
- Amsterdam
- Andalusien
- Athen
- Australien
- Bali
- Baltikum
- Bangkok
- Barcelona
- Belgien
- Berlin
- Bodensee · Oberschwaben
- Brasilien
- Bretagne
- Brüssel
- Budapest
- Burgund
- Capri
- China
- Costa Brava
- Dänemark
- Deutschland
- Dominikanische Republik
- Dresden
- Elba
- Elsass · Vogesen
- Finnland
- Florenz
- Florida
- Franken
- Frankfurt am Main
- Frankreich
- Französische Atlantikküste
- Fuerteventura
- Gardasee
- Gran Canaria
- Griechenland
- Griechische Inseln
- Großbritannien
- Hamburg
- Harz
- Hawaii
- Hongkong · Macao
- Ibiza · Formentera
- Indien
- Irland
- Ischia · Capri · Procida
- Israel
- Istanbul
- Istrien · Dalmatinische Küste
- Italien
- Italienische Riviera · Ligurien
- Japan
- Jordanien
- Kalifornien
- Kanada
- Kanada · Osten
- Kanada · Westen
- Kanalinseln
- Karibik
- Kenia
- Köln
- Kopenhagen
- Korfu · Ionische Inseln
- Korsika
- Kreta
- Kuba
- Kykladen
- La Palma
- Lanzarote
- Lissabon
- Loire
- Lombardei · Mailand· Oberital. Seen
- London
- Madeira
- Madrid
- Malaysia
- Malediven
- Mallorca · Menorca
- Malta · Gozo · Comino
- Marokko
- Mecklenburg-Vorpommern
- Mexiko
- Moskau
- München
- Namibia
- Nepal
- Neuseeland
- New York
- Niederlande
- Norditalien
- Norwegen
- Oberbayern
- Österreich
- Paris
- Polen
- Portugal
- Potsdam
- Prag
- Provence · Côte d'Azur
- Rhodos
- Rügen · Hiddensee
- Sachsen
- Salzburger Land
- San Francisco
- St. Petersburg
- Sardinien
- Schleswig-Holstein
- Schottland
- Schwäbische Alb
- Schwarzwald
- Schweden
- Schweiz
- Seychellen
- Singapur